Peter Bierl
Schwundgeld, Freiwirtschaft und Rassenwahn
Kapitalismuskritik von rechts: Der Fall Silvio Gesell

Herausgegeben von Friedrich Burschel

W0064903

Peter Bierl

Schwundgeld, Freiwirtschaft und Rassenwahn

Kapitalismuskritik von rechts: Der Fall Silvio Gesell

Herausgegeben von Friedrich Burschel

konkret
Texte 57
KVV konkret, Hamburg 2012
Lektorat: Wolfgang Schneider
Gestaltung & Satz: Niki Bong
Titelabbildung: dpa
Druck: Beltz Bad Langensalza
ISBN 978-3-930786-64-0

Mit dankenswerter Unterstützung der
ROSA LUXEMBURG STIFTUNG

Inhalt

Vorwort

Von Friedrich Burschel

Was den Deutschen der Ballermann auf Mallorca ist Villa Gesell für die Argentinier. Eine Dreiviertelmillion besucht jedes Jahr den kleinen Badeort an der Atlantikküste, etwa 500 Kilometer von Buenos Aires entfernt. »Im Zentrum der Kleinstadt kreischen Autoscooter, flimmern Neonreklamen, aus Nachtbars wummern Techno und Disko-Beat. Zur Ausnüchterung nach durchtanzten Nächten lockt die Brandung des Südatlantiks an mehr als fünfzig Kilometer Strand«, heißt es im Reiseteil der »Zeit«.[1] Zur Hochsaison verwandelt sich »die Avenida 3, die Geschäftsstraße von Villa Gesell, in eine Fußgängerzone, wo sich Abertausende in der glühenden Hitze an Boutiquen und Bistros vorbeidrängen – eine einzige Sommerparty für die Jugend der besseren Kreise aus Buenos Aires«.

Villa Gesell ist nach Silvio Gesell benannt, dessen Person, skurrile Ideen und deren fragwürdiges Fortwirken bis in die augenblickliche Krisenzeit Gegenstand dieses Buches sind. Sein Sohn Carlos Idaho Gesell hatte die neue Siedlung Anfang der 1930er Jahre sogar komplett seinem gerade verstorbenen Vater gewidmet – der ursprüngliche Name lautete »Villa Silvio Gesell«. Ist man ortsunkundig, wird man bei der Art, wie die Einheimischen den Namen ihrer Stadt aussprechen, nie auf die Idee kommen, in Villa Gesell zu sein: Gesell klingt im Spanischen wie »Chessel«.

In Argentinien kennt diesen Namen buchstäblich jedes Kind, denn die von Silvio Gesell mitgegründete und von seinen Söhnen weitergeführte Firma »Casa Gesell« stellte seit 1900 mit großem Erfolg Produkte für Kinder- und Babypflege her. Das Label »Gesell« stand für diese Kinderprodukte wie im deutschen Sprachgebrauch »Tempo« für Papiertaschentücher oder »Selters« für Mineralwasser. Carlos Idaho Gesell rang den unüberschaubaren und unbewohnten hohen Dünen dieses Küstenstreifens einst mit Pflanzungen (nach einem eigenen Patent mit bestimmten Pflanzröhrchen) mit Sandverbauungen und aus Deutschland importiertem Strandhafer urbares Land ab. Der Plan, hier Holz zu produzieren, scheiterte jedoch nach zehn Jahren, in denen Carlos Gesell hohe Verluste machte und

---

1 Ulrike Wilhelm und Gerhard P. Peringer, »Argentinien: Der Ferienort Villa Gesell verdankt seine Existenz einem beharrlichen Utopisten«, »Die Zeit«, 4.4.1997; http://pdf.zeit.de/1997/15/gesell.txt.19970404.xml.pdf (zuletzt aufgerufen am 11.6.2012).

schließlich beschloß, aus dem Idyll einen Badeort zu machen.[2] Heute erstrecken sich dort – der spanischen Mittelmeerküste nicht unähnlich – kilometerweit Appartment-Hochhäuser, Hotels und Wohnblöcke für Feriengäste, die jenseits der Saison meist leerstehen.

Die Vision von Carlos Gesell war eigentlich eine ganz andere: Er wollte einen idealen, paradiesischen Ort schaffen, wo ein kultivierter Menschenschlag abseits der verderblichen Zivilisation leben und arbeiten sollte. Ausgehend von seiner Pionierpflanzung sollten Siedlungen mit schönen, villenartigen Häusern entstehen. Die spleenigen Vorstellungen seines Vaters Silvio, die der heranwachsende Carlos in der Kolonie Eden in Oranienburg bei Berlin und in der Schweiz erlebte, nachdem sein Vater mit ihm nach Europa zurückgekehrt war, entsprachen dem zeittypischen lebensreformerischen Streben nach einem neuen, gesunden, naturverbundenen und überlegenen Menschen und strahlten bis in Carlos' Siedlungsprojekt aus: Bis in die 1950er Jahre hinein herrschte in Villa Gesell Rauchverbot, Alkohol gab es nur zu Festtagen, und Glücksspiel war generell untersagt. Es hat sich doch alles etwas anders entwickelt. Die puritanischen Regeln des »Verrückten der Dünen«, der fast sein gesamtes Vermögen aus der Familienfirma in die Gründung steckte, wären heute auf der Geseller Vergnügungsmeile undenkbar, wo geraucht, gesoffen, gespielt wird und Hekatomben von Fleisch verzehrt werden, wie es sich für einen Badeort gehört.

Im Oktober 2011 mache ich mich – das entstehende Gesell-Buch vor Augen – selbst auf den Weg nach Villa Gesell: Wenn man, nach stundenlangem Zuckeln durch die Vorstädte der Megacity Buenos Aires, die gleichnamige Provinz in südöstlicher Richtung mit dem Bus durchquert, zunächst auf der Autobahn Richtung Mar del Plata und östlich dann über Land, fährt man durch die Pampa Verde, grasgrünes Flachland, vollgestellt mit Vieh, vor allem jenen pechschwarzen, bis zu 900 Kilo schweren Angus-Giganten, die das legendäre zarte Fleisch, aber eben auch furzend Myriaden Tonnen Methan produzieren. Angeblich soll man die Gaswolke, die hier aufsteigt, auf Wärmebildern von Satelliten aus sehen können. Wie auch immer, jedenfalls gelangt man dann über die Städtchen General J. Madariaga und Pinamar an die Atlantikküste, das Mar Argentino.

Von den Pioniertagen übriggeblieben ist ein wunderbarer verwilderter Park und das Gesellsche Familienhäuschen mit Türen in alle vier Himmelsrichtungen, um im Notfall den Sandverwehungen zu entkommen. Das Haus ist heute ein Museum, das dem Gründer der Stadt gewidmet ist, aber eben auch

---

2 Infoblatt der Stadt Villa Gesell, »Villa Gesell – Kurze historische Beschreibung«, Municipalidad de Villa Gesell, Secretaría de Turismo y Cultura, undatiert.

der Familie Gesell und dem großen Ahnen Silvio Gesell. Eine altertümlich anmutende Ausstellung, die von einer Schar sehr freundlicher und zugewandter Damen besorgt und gepflegt wird, enthält nicht nur entzückende Exponate aus der berühmten Kinderausstattung der Firma »Casa Gesell« in Buenos Aires, sondern auch Vitrinen mit Bildern und Originalausgaben von Großvater Gesell sowie zahlreiche Veröffentlichungen über ihn in mehreren Sprachen. Deutsche Bücher dominieren die Sammlung, was offenbar der Verbindung des Museums zum Herausgeber der Gesell-Gesamtausgabe, Werner Onken, geschuldet ist. Die Damen, erfreut über einen spanisch radebrechenden Besucher aus Deutschland mit Hintergrundwissen zu ihren Gesells, bleiben auch neugierig und freundlich, als ich von dem Buch erzähle, das ich mit dem Autor Peter Bierl plane und das einen eher kritischen Blick auf Silvio Gesell, seine Ideen und seine Wirkung bis heute stark machen will. Wir wollen in Kontakt bleiben, sie sind gespannt auf das Ergebnis.

Im krisengeschüttelten Argentinien jedoch kennt man den Namen nicht nur wegen des legendären Firmenlogos, sondern auch wegen Silvio Gesells Ideen von Freiwirtschaft, Bodenreform und Schwundgeld, die nach dem wirtschaftlichen Zusammenbruch des Landes Anfang der 2000er Jahre in vielen Tauschringen (trueques), Regionalmärkten und Schwundwährungen fröhliche Urstände feierten und den Menschen oft, zumindest kurzfristig, aus der blanken Not halfen (s. Kapitel 1, »Regionalgeld«).

Ja, und hier ist es jetzt, das Buch. Es kommt zur rechten Zeit, denn auch unter Linken, Globalisierungskritikern und Kapitalismusgegnern machen sich seit Jahren und nun noch verstärkt durch die verunsichernden Umstände der aktuellen Krise des Weltwirtschaftssystems die falschen Vorstellungen Silvio Gesells wieder breit. Und auch wenn Silvio Gesell selber, so das Ergebnis der Recherchen von Peter Bierl, dem allgegenwärtigen, zum guten Ton zählenden Antisemitismus seiner Zeit weitgehend abhold war, bieten seine über weite Strecken rassistische Lehre, seine (um die Produktionssphäre gänzlich) verkürzte Kapitalismuskritik und seine horriblen Visionen von einem neuen Manchesterkapitalismus und Sozialdarwinismus sowie seine Frauenfeindlichkeit noch heute vielen Verschwörungstheoretikern, rechten und antisemitischen Gegnern eines anonymen »Finanzkapitalismus«, aber eben auch wohlmeinenden und naiven Kritikern von »Geld und Zins«, eine prekäre Projektionsfläche.

Wie unkritisch und naiv einem in seiner Zeit vermeintlich verkannten Visionär und Propheten gehuldigt wird, zeigen zahlreiche Artikel, die zu Silvio Gesells 150. Geburtstag im Frühjahr 2012 in »seriösen« Zeitungen erschienen und die geeignet sind, den Eindruck zu erwecken, daß Gesells Vorstel-

lungen tatsächlich etwas zur Lösung der drängenden Finanzkrise und Menschheitsprobleme beitragen könnten. Kaum ein
kritischer Ton findet sich in einer Eloge in der linken Tageszeitung »Neues Deutschland«[3] und einer Reportage im »Deutschlandradio Kultur«[4]. Und selbst in der Wirtschaftszeitung
»Handelsblatt«[5] spricht man von einer der »schillerndsten Fi-
guren der Volkswirtschaftslehre«, die als »Autodidakt« eine
»wissenschaftliche Denkschule« gegründet habe. Daß ausgerechnet im »Handelsblatt« Gesells fixe Idee vom »Geldhorten«
als »wissenschaftlich« kolportiert wird, läßt tief in diese beein-
druckend unkritische Rezeption blicken. Als sei tatsächlich die
Verwendung des Geldes als »Wertaufbewahrungsmittel«, das so
als »wichtiges Tauschmittel« dem Markt entzogen und auf die
»hohe Kante« gelegt würde, das Problem der krisenhaften kapitalistischen Wirtschaft. Und nicht, wie es Tomasz Konicz in
»Konkret« auf den Punkt gebracht hat, der Kapitalismus per se:
»Spätestens mit dem Ausbruch der Finanzkrise dürfte jedem
klar geworden sein, daß die Kapitalakkumulation an die Warenproduktion gekoppelt ist und nicht allein über die Finanzmärkte dauerhaft aufrechterhalten werden kann. Das Kapital ist
aufgrund der Notwendigkeit permanenter Verwertung das logi-
sche Gegenteil einer ressourcenschonenden Wirtschaftsweise,
die notwendig wäre, um das Überleben der menschlichen Zivilisation zu sichern. Um immer wieder aus Geld mehr Geld zu
machen, müssen Arbeit, Rohstoffe und Energie in permanent
wachsendem Ausmaß verheizt, müssen alle Waren möglichst
schnell obsolet, müssen im kulturindustriellen Dauerbombar-
dement immer neue Bedürfnisse kreiert werden. Das Kapital ist
gewissermaßen das Parademodell effizientester Ressourcenver-
schwendung, das auf die permanente Optimierung seines irren
Selbstzwecks (höchstmögliche Verwertung) ausgerichtet ist.«[6]
   Statt dessen versteigt sich Gesell-Herausgeber Onken in einem braven »Zeit«-Interview[7] gar dazu, mit dem Autodidakten

3 Rolf Höller, »Nicht auf Kosten der anderen. Die Kritik des Silvio Gesell an einem
raffgierigen System«, »Neues Deutschland«, 10.3.2012; http://www.neues-deutsch-
land.de/artikel/220788.nicht-auf-kosten-der-anderen.html (zuletzt aufgerufen am
11.6.2012).
   4 Agnes Steinbauer, »Rostende Banknoten als Weg aus der Krise. Vor 150 Jahren
wurde der Sozialreformer Silvio Jean Gesell geboren«, »Radiofeuilleton / Kalender-
blatt« auf »Deutschlandradio Kultur« am 17.3.2012; http://www.dradio.de/dkultur/
sendungen/kalenderblatt/1705767/ (zuletzt aufgerufen am 11.6.2012).
   5 Norbert Häring, »Silvio Gesell. Der Erfinder des rostenden Geldes«, »Handelsblatt«, 15.3.2012; http://www.handelsblatt.com/politik/oekonomie/nachrichten/
silvio-gesell-der-erfinder-des-rostenden-geldes/6330904.html (zuletzt aufgerufen am
11.6.2012).
   6 Tomasz Konicz, »Noch fünf Jahre. Wie der Kapitalismus der Menschheit die Le-
bensgrundlagen entzieht«, »Konkret«, Nr. 6/2012.
   7 Wolfgang Uchatius, »Silvio Gesell. ›Geld muß rosten!‹ Interview mit dem
Wirtschaftswissenschaftler Werner Onken«, »Die Zeit«, Nr. 12 vom 15.3.2012; http://
www.zeit.de/2012/12/Interview-Onken (zuletzt aufgerufen am 11.6.2012).

Gesell selbst Marx in Frage zu stellen, der ja schließlich in seinem Leben – so könnte man ironisch zuspitzen – keinen Handschlag gearbeitet habe: »Karl Marx hatte keinerlei praktische Erfahrungen, die ihn in seinen Theorien hätten verunsichern können.« Daß sich Gesell trotz seiner praktischen Erfahrungen lediglich an Geld und Zins und ihrem »Horten« und »Hekken« abarbeitete und die gesamte Produktionssphäre in seiner Analyse nicht vorkommt, führt Onkens Anwürfe ad absurdum. Auch Onkens Versuch, Gesell über seine kaum zehntägige Amtszeit als Bayerischer Finanzminister der ersten Räterepublik zu einem Linken oder gar Anarchisten zu stilisieren, läßt sich historisch nicht halten. Onken, der zum Jubiläum von aller Welt befragt wurde, ist dabei dem Objekt seines Forschens gegenüber nicht immer so unkritisch. In einem Bericht der »Märkischen Oderzeitung« (mit Einzugsbereich Oranienburg, wo bis heute die Genossenschaft Eden existiert, in der Silvio Gesell viele Jahre lebte) wird er durchaus mit relativierenden Worten zitiert: Gesell habe sich auch »zuweilen verrannt« und »zumindest mißverständlich geäußert«, was es Nationalsozialisten, aber auch Kommunisten erlaubt habe, ihn zu »mißbrauchen«. Man muß nicht Onkens totalitarismustheoretische Gleichmacherei gutheißen, um zu ergänzen, daß bis heute nicht nur das »Mißverständliche« und Vernagelte von Gesells Theorien Anhänger in den dubiosesten Kreisen findet, sondern auch seine schlicht falschen Annahmen.

Wir wollen mit diesem Buch, das übrigens rein zufällig im Gesell-Jubiläumsjahr erscheint, eine Auseinandersetzung mit Gesells zeittypisch wirren Lehren und deren Neuauflage ermöglichen. Wir werden Gesell in seinem historischen Kontext aufsuchen, seine Schriften durchforsten und auf ihren Gehalt untersuchen und zeigen, daß es unangebracht ist, sich heute noch auf seine Lehren zu berufen. Es geht, im besten Sinne, um Aufklärung, Information und politische Bildung, mit denen dem Unwesen eingefleischter Neu-Gesellianer beizukommen wäre.

Der aufwendigen Aufgabe, Gesell im Original zu lesen, die Äußerungen seiner Zeitgenossen und Vordenker, seiner Epigonen und Anhänger zu überblicken, die zum Teil entlarvenden Kontinuitäten vom Ersten Weltkrieg über die Nazizeit und eine von Aufarbeitungen ungetrübte Nachkriegszeit bis in unsere Tage am »Ende der Geschichte« und vor dem Kollaps des globalen Kapitalismus nachzuzeichnen und den menschenfeindlichen Kern dieser Denkwelt herauszuarbeiten, hat sich der Autor dieses Buches, Peter Bierl, gestellt. Er legt uns hier ein dichtes, faktengesättigtes und hoch spannendes Werk vor, das am Anfang einer kritischen Gesell-Aufarbeitung zu stehen beansprucht und nicht an deren Ende.

Peter Bierl hat mit seinem (für linke Verhältnisse) Bestseller *Wurzelrassen, Erzengel und Volksgeister. Die Anthroposophie des Rudolf Steiner und die Waldorfpädagogik* Maßstäbe im Umgang mit den Irrlehren unserer Zeit gesetzt. Er ist ein unermüdlicher Gegner von Dummheit, Verfälschung und Verkürzung, Geschichtsklitterung und gefährlichem Irrglauben, gegen die er auch harte Bandagen anlegt. Dabei verliert er einen hohen emanzipatorischen Bildungsauftrag und -anspruch nie aus den Augen. Auch insoweit ist er der Richtige für diesen Job; er legt ein weiteres exzellentes Buch vor: Dafür danke ich ihm als Herausgeber ebenso wie dem Konkret Verlag und seiner Geschäftsführerin Katrin Gremliza, daß sie dem Buch ihre verlegerische Rückendeckung geben, dem umsichtigen Lektor Wolfgang Schneider für seine Geduld und meiner Arbeitgeberin, der Rosa Luxemburg Stiftung, für einen Druckkostenzuschuß.

Friedrich Burschel
September 2012

Einleitung

Geld regiert die Welt, aber eine andere Welt ist möglich, ohne Banken und Börsen, Zocker und Raffzähne, meinen Globalisierungskritiker. CDU-Kanzlerin Angela Merkel schimpft auf Spekulanten, während ihre Regierung einschlägige Unternehmen mit dreistelligen Milliardenbeträgen stützt. Sozialdemokraten hetzen gegen »Heuschrecken« aus Amerika, während sie in Koalition mit den Grünen Hartz IV, die Rente mit 67 und einen Niedriglohnsektor einführen. Im Unterschied zum globalen »Raubtierkapitalismus« (Helmut Schmidt) und der Herrschaft der Wallstreet (Jörg Haider) wird die heimische Ökonomie vorzugsweise als idyllische soziale Marktwirtschaft dargestellt, die dem Gemeinwohl verpflichtet sei. Man könnte das als Propaganda abhaken, würden solche Vorstellungen nicht auch von Linken, Umweltschützern und Gewerkschaftern gepflegt.

Das Credo der Globalisierungskritik lautet: Transnationale Konzerne, Banken und internationale Bürokratien wie die Welthandelsorganisation (WTO), Verbrecher und Verrückte regierten die Welt; die gewählten Regierungen seien machtlos, die Nationalstaaten würden zerstört. Globalisierung gilt als negative Entwicklung, die sich in jüngster Zeit ereignet haben soll und vom Finanzsektor mit Hilfe modernster Kommunikations- und Informationstechnik dominiert wird, während bis dato Staaten und Unternehmer dem Gemeinwohl verpflichtet waren. Im Zentrum von Analyse und Aktion stehen scheinbar von der »Realwirtschaft« abgekoppelte Finanzmärkte.[1]

Sehr pointiert hat Ignacio Ramonet im Dezember 1997 die gängige Sichtweise formuliert. Der Herausgeber der internationalen Monatszeitung »Le Monde Diplomatique« forderte dazu auf, unter der Parole »Die Märkte entwaffnen« eine neue Bürgerbewegung zu gründen, um die Macht des Finanzkapitals zu beschränken. »Die Globalisierung des Finanzkapitals ist dabei, die Menschen rundum zu verunsichern«, schrieb Ramonet. »Sie umgeht und erniedrigt die Nationen und Staaten. Dabei sind sie der rechtmäßige Ort für die Ausübung der Demokratie und die Garanten des Gemeinwohls. Zudem haben die Finanzmärkte längst einen eigenen Staat geschaffen, einen supranationalen Staat, der über eigene Apparate, eigene Beziehungsgeflechte und eigene Handlungsmöglichkeiten verfügt. Es handelt sich um das institutionelle Viereck aus dem IWF, der Weltbank, der OECD und der WTO. Dieser Weltstaat ist ein Machtzentrum

---

1 Wahl, Waldow, 2002, S. 12 f.

ohne Gesellschaft. An deren Stelle treten die Finanzmärkte und die Riesenkonzerne, die der Weltstaat repräsentiert.«[2]

Kapitalismus ist ein globales und mörderisches System, seit im 16. Jahrhundert der berüchtigte transatlantische Dreieckshandel eingerichtet wurde: Sklaven aus Afrika nach Amerika, Gold, Silber und landwirtschaftliche Produkte aus der Neuen Welt ins alte Europa und von dort wieder Fusel, Waffen und Metallwaren nach Afrika. Damals agierten holländische, englische, französische und brandenburgische Ost- und Westindische Companys auf eigene Rechnung und mit Privatarmeen. Heute sind transnational agierende Konzerne auf starke Nationalstaaten als Operationsbasis und politisch-militärische Helfer angewiesen, die für die Infrastruktur und die Zurichtung der Ware Arbeitskraft sorgen.

Der Mainstream der Globalisierungskritik trennt, was nicht zu trennen ist: Staat und Kapital, Finanzkapital und Industriekapital, Wirtschaft und Gesellschaft. Es gibt keine »Marktwirtschaft« ohne Kapitalismus, ohne Banken und Börsen. Jeder Unternehmer spekuliert auf Gewinn, bevor er investiert. Geld und Devisen sind nicht erst im Zeitalter der New Economy eine Ware geworden, mit der gehandelt wird, sondern waren dies schon zu Zeiten des Eisenbahn-Booms im 19. Jahrhundert. Eine der frühesten und bizarrsten Spekulationsblasen entwickelte sich im frühen 17. Jahrhundert um seltene Tulpenzwiebeln in Holland. Einzelne Zwiebeln kosteten bis zu 10.000 Gulden, was gereicht hätte, eine mehrköpfige Familie ein halbes Leben lang zu unterhalten oder ein großes, schönes Haus in Amsterdam zu kaufen.[3] Wer bloß Geld, Banken, Spekulation und Finanzmärkte ins Visier nimmt, betreibt keine verkürzte Kapitalismuskritik, sondern gar keine. Historisch wurde das Räsonnement über Börsen, Spekulanten, Wucher und Zins im Regelfall verbunden mit dem Stereotyp des jüdischen Spekulanten und Weltbeherrschers.

Verkürzte und falsche Analysen des Kapitalismus finden sich in den gängigen Kritiken von Finanzmärkten und Börsen, eines »Raubtier-« oder »Turbokapitalismus«, in Vorstellungen zu einer solidarischen Ökonomie, Postwachstumsökonomie oder ökofeministischer Subsistenzökonomie, in regionalistischen Ansätzen sowie älteren Vorstellungen aus der Ökologiebewegung, die mit dem Slogan »Small is beautiful« verbunden sind. Für David Graeber, den als Mastermind der Occupy-Bewegung gefeierten Anarchisten und Anthropologen, ist alles eine Frage unserer falschen Einstellung gegenüber Schulden oder das Resultat von Gewalt. Seit 5.000 Jahren habe sich eigentlich

---

2 Ramonet, 2004, S. 89 f.
3 Dash, 2002, S. 134 ff.

nichts geändert. So wichtig es ist, auf direkte oder strukturelle Gewalt zu verweisen – was Graeber ausblendet ist der stumme Zwang der ökonomischen Verhältnisse, die Angst vor Armut und Ruin, die unser Handeln bestimmt.[4] Für Graeber scheint ein allgemeiner Schuldenerlaß die große Lösung. Andere meinen, die gesellschaftlichen Widersprüche, zunehmende Verarmung, globale Verelendung und Umweltzerstörung durch »fairen« Handel, ethische Banken und ethisches Investment, durch eine lokal oder regional begrenzte Ökonomie, Grundeinkommen, Genossenschaften und Bodenreformen oder den selbstbestimmten Gemüseanbau in den Hinterhöfen von *Transition Towns* beheben zu können.

Bezeichnenderweise sind es gerade auch Linke oder ehemalige Linke, die sich mit solchen Vorschlägen profilieren: Christoph Strawe, vormals Vorsitzender der DKP-Studentenorganisation MSB Spartakus und heute Anthroposoph, will eine Bodenreform, eine Nutzungsabgabe so ähnlich wie Henry George (1839–97) oder Adolf Damaschke (1865–1935) vor hundert Jahren.[5] Sahra Wagenknecht (2011), in den Medien gern als Gespenst des Kommunismus vorgeführt, favorisiert eine »Marktwirtschaft ohne Kapitalismus«, mit verstaatlichten oder selbstverwalteten Großkonzernen und Banken und vielen »schöpferischen Unternehmern« in kleinen und mittleren Betrieben.[6]

Sogar das »Islamic Banking« erfreut sich einer gewissen Beliebtheit in deutschen alternativen und linken Kreisen: Oskar Lafontaine (2006) entdeckt Schnittmengen mit dem Islam wegen dessen Zinsverbot und weil der Islam auf Gemeinschaft statt auf »übersteigerten Individualismus« setze.[7] Der Gesellianer und Volkswirtschaftsprofessor Bernd Senf debattierte 2002 im Rahmen der 9. Berliner Islamwoche als Vertreter von Attac Deutschland über die kritische Haltung zum Zins in Christentum und Islam sowie bei Silvio Gesell. Das ist kein Einzelfall, die Lehre Gesells ist für Muslime durchaus interessant.[8] Die Freiwirtin Margrit Kennedy lobt die geistlichen Oberhäupter des Islam in Schweden, weil diese die dortige Jak-Bank empfehlen, die zinslose Kredite vergibt und damit »den ethischen Grundsätzen der Scharia für den Umgang mit Geld vorbildlich folgt«.[9]

Alle diese Sichtweisen verkennen die Dynamik des Kapitalismus und seinen Daseinszweck, die profitorientierte Ver-

---

4 Graeber, 2012, S. 8, 11, 13, 25. Die Marxsche Wertlehre als Werkzeug, um den Mechanismus kapitalistischer Ausbeutung zu verstehen, lehnt er ab (S. 368 ff.).

5 Strawe, 2006, S. 10 f.

6 Wagenknecht, 2011.

7 Lafontaine, 2006.

8 »Islamische Zeitung«, 15.10.2002; http://www.islamheute.ch/: Dort wird unter der Rubrik »Islam und Wirtschaft« auf Gesells Hauptwerk und ein Symposium in Steyerberg mit Creutz, Lietaer, Senf und anderen verwiesen (25.5.2012).

9 Kennedy, 2011, S. 44.

wertung und Akkumulation von Kapital; sie beschränken sich auf bestimmte Erscheinungsformen, meist aus der Zirkulationssphäre, die aus diesem Kontext gerissen, als Probleme behandelt und gelöst werden sollen. Viele Ansätze basieren auf der Annahme, Geld als »zinsheckendes« Geld sei schuld an allen Übeln dieser Welt. Diese Vorstellung findet sich schon bei Theoretikern im 18. und 19. Jahrhundert, die als Frühsozialisten bezeichnet werden, später in der Lebensreformbewegung und heute in der Globalisierungskritik. Die kämpferisch klingende Abkürzung »Attac« steht für die bescheidene Forderung nach einer Steuer auf bestimmte Finanztransaktionen (Association pour une taxe Tobin pour l'aide aux citoyens).

Daß sich die Welt mit Geldpfuschereien nicht verbessern läßt, belegen der Zusammenbruch des argentinischen Tauschringe-Netzes (2002) und die gefeierten Mikrokredite von Muhammad Yunus und seiner Grameen Bank, die Zehntausende Frauen in den Ruin gestürzt und in Indien angebliche einige in den Selbstmord getrieben haben.[10] Gleichwohl erzielen solche Ideen eine gewisse Resonanz, wozu beiträgt, daß der keynesianische Reformismus, der Marxismus-Leninismus in Gestalt des »Realsozialismus« sowie nationaler Befreiungsbewegungen gescheitert sind. Anarchistisch-syndikalistische oder rätekommunistische Konzepte mußten sich dem Praxistest nicht stellen, weil die Bewegungen vorher militärisch-polizeilich zerschlagen wurden.[11]

Das vorliegende Buch will einen Beitrag zur Orientierung leisten, indem es sich mit Ideen auseinandersetzt, die seit 200 Jahren verbreitet sind und die suggerieren, eine Marktwirtschaft ohne die negativen Seiten des Kapitalismus wäre möglich. Im Zentrum steht die Freiwirtschaftslehre des Kaufmanns Silvio Gesell (1862–1930). Diese Bewegung existiert seit mehr als hundert Jahren und hat, obwohl zahlenmäßig klein, in verschiedene politische Spektren ausgestrahlt und Bewegungen beeinflußt.

Die ersten Organisationen entstanden vor dem Ersten Weltkrieg unter dem Begriff »Physiokratie«, den Georg Blumenthal (1872–1929) einführte. Der Name verweist auf die französischen Physiokraten des 18. Jahrhunderts, die Landwirtschaft als einzige produktive Tätigkeit begriffen. Man fühle sich aber weder »historisch noch theoretisch« mit ihnen verbunden, betonte Blumenthal. Er sprach von »teils ungeklärten, teils direkt falschen Theorien der Physiokraten des 18. Jahrhunderts«.[12] Lediglich das Motto »laissez faire, laissez passer«, die Formel des Manchesterkapitalismus, die Blumenthal den Physiokraten zu-

10 Klas, 2011.
11 Bookchin, 2005; Arendt, 1963.
12 Blumenthal, 1919a, S. 6.

schrieb, ließ er gelten.[13] Blumenthal interpretierte den Begriff als »Herrschaft der natürlichen Ordnung«. Die bisherige »unnatürliche« Ordnung im »Staats- und Völkerleben« sollte durch eine Gesellschaft ersetzt werden, die »sowohl der Natur der volkswirtschaftlichen Faktoren als auch der der Menschen gerecht wird«. [14] Diese »Herrschaft der Natur« ist sozialdarwinistisch. »Wer sich behaupten, wer sich nicht ›fressen‹ lassen will, dem bleibt nichts anderes übrig als der Kampf, der ewige, unablässige, schonungslose Kampf. Deshalb nennen wir uns Physiokraten, weil wir die Herrschaft dieses Naturgesetzes bewußt anerkennen, uns ihm unterordnen und mit ihm rechnen, da wir sonst geräuschlos zermalmt würden«, definierte Blumenthal im Frühjahr 1913.[15] Später und bis heute verwenden die Anhänger Gesells als Selbstbezeichnung die Begriffe »Freiwirtschaft« nach den Forderungen nach Freigeld, Freiland und Freihandel oder »NWO-Bewegung« nach Gesells Hauptwerk, *Die Natürliche Wirtschaftsordnung* (NWO).

Im ersten Kapitel geht es um Tauschringe, Regional- und Komplementärwährungen, die weltweit zu finden sind. Viele beziehen sich auf Gesells Lehre, wonach der Zins die Wurzel allen Übels sei und mit Schwundgeld, also Geld, das automatisch und regelmäßig an Wert verliert, die Probleme zu lösen wären. Die argentinische Bewegung zeigt, wie daraus in einer Notsituation eine Massenbewegung werden kann. Analysiert werden Vorläufer aus der Zeit der »Großen Depression« der 1930er Jahre, die bis heute von Freiwirten als »Wunder« und Bestätigung gefeiert werden. Das nordamerikanische *Stamp Scrip*, Stempelgeld mit eingebautem Wertschwund, war in Hunderten von Kommunen verbreitet. Im zweiten Kapitel folgt eine Skizze frühsozialistischer Ansätze, der Vorstellungen Pierre Joseph Proudhons (1809–65) sowie der Boden- und Geldreformer, in deren Tradition Gesell steht. Dessen ökonomischer Ansatz wird im dritten Kapitel analysiert und mit Vorstellungen von Karl Marx (1818–1883) zu Geld, Zins und Kreditwesen als integralen Bestandteilen des Reproduktionsprozesses des Kapitals konfrontiert.

Gesells Prämisse war die irrige Annahme, Geld sei wertbeständig, es roste und verfaule nicht wie alle anderen Waren. Sinke der Zins unter eine bestimmte Marke, die von ihm und seinen Anhängern unterschiedlich zwischen 2,5 und sechs Prozent angegeben wird, würden die »Geldbesitzer« Scheine und Münzen zu Hause horten. Mit diesem »Geldstreik« könnten »Geldbesitzer« eine Wirtschaftskrise auslösen und alle anderen erpressen,

---

13 Blumenthal, 1919b, S. 37; Blumenthal, 1923, S. 15.
14 Blumenthal, 1919a, S. 6.
15 Blumenthal, 1913, Spalte 3; Blumenthal, 1923, S. 8.

einen höheren Zins zu zahlen. Dabei kannte Gesell durchaus das Phänomen der Inflation. In manchen Schriften forderte er wie die Ökonomen John Maynard Keynes (1883–1946) und Irving Fisher (1867–1947) eine Geldmengensteuerung durch eine zentrale Instanz. Bis heute halten seine Anhänger an seiner Idee fest. Helmut Creutz (geboren 1923), der wichtigste zeitgenössische Theoretiker in dieser Tradition, hat deshalb alle Mühe zu begründen, warum im Zeitalter von Kreditkarten, Online-Versand und Online-Banking immer noch die Menge des umlaufenden Bargelds die Konjunktur bestimmt oder umgekehrt das Horten von Scheinen und Münzen eine Krise auslösen soll. Dabei blockiert nicht einmal Dagobert Duck mit den Fantastilliarden in seinem Geldspeicher die Wirtschaft in Entenhausen. Im real existierenden Kapitalismus gibt es solche Geldspeicher nicht.

Während für Gesell der Zins ein Tribut, eine Art Wegzoll war, der nichts mit irgendwelchen Leistungen oder der Herstellung von Gütern und Dienstleistungen zu tun hat, betrachtete Marx den Zins als Teil des Gewinns, als jenen Teil des Mehrwerts, den der industrielle Kapitalist dem Geldkapitalisten dafür gibt, daß dieser ihm Geld leiht. Keynes sah im Zins eine Liquiditätsprämie, und in der neoklassischen Volkswirtschaftslehre ist er ein Kostenfaktor, wie bei Marx der Preis des Geldes, und hat damit eine Steuerungsfunktion: Bei steigenden Zinsen sinken die Investitionen, während sinkende Zinsen die Konjunktur beflügeln sollten. Moderne Freiwirte behaupten, durch Zins und Zinseszins würde ein exponentielles Wachstum erzeugt, das über »natürliches Wachstum« hinausgehe, die ökologische Krise verursache und zum Zusammenbruch des Systems führen werde. Sie behaupten, in allen Gütern sei ein versteckter Zins enthalten, eine Erpressung, die wir ohne ihre geniale Erkenntnis gar nicht sehen könnten. Freiwirte haben vor einigen Jahren einen Bierdeckel verteilt, auf dem zu lesen stand, 30 Prozent des Preises eines Bieres bestünde aus Zinsen. Dieser versteckte Zins mache bei der Müllabfuhr zwölf Prozent, beim Trinkwasser 38 Prozent und im sozialen Wohnungsbau 77 Prozent der »Kapitalkosten« aus; im Durchschnitt aller Preise würden bei einem durchschnittlichen Einkommen etwa 40 bis 50 Prozent aller Ausgaben eigentlich für Zinszahlungen getätigt, behauptet Margrit Kennedy. Indem sie von Kapitalkosten spricht, verwendet sie einen Begriff aus der Betriebswirtschaftslehre, der Fremdkapitalkosten, also Zins, und Eigenkapitalkosten, also den Gewinn, umfaßt. Damit vermischt sie Zins und Gewinn, subsumiert beides unter dem Begriff Zins und blendet gemäß der Gesellschen Theorie den Produktionsprozeß aus.[16]

---

16 Kennedy, 2009, S. 421.

Gesells Blickwinkel war der des Kaufmanns, der Kunden zum Geldausgeben animieren will. Daraus resultierte sein Vorschlag eines »rostenden« Geldes, auch Schwund- oder Freigeld genannt, mit eingebautem automatischen Wertverlust. Aus dem Begriff »Freigeld« sind die Begriffe »Freiwirtschaft« und »Freiwirt« für diese Doktrin und ihre Anhänger abgeleitet. Zweites Element ist eine Bodenreform; mit ihr wollte Gesell das private Eigentum an Grund und Boden abschaffen und diese als Freiland an die Meistbietenden verpachten. Die Grundrente sollte als Pacht an Mütter verteilt werden, gestaffelt nach der Zahl der Kinder. Der Begriff »Freiland« stammt von dem Wiener Journalisten Theodor Hertzka (1845–1924). Gesell verband die Bodenreform mit rassenhygienischen Vorstellungen, die zusammen mit der Frage des Antisemitismus im vierten Kapitel behandelt werden. Wie Proudhon lehnte Gesell Frauenemanzipation ab und behauptete, die natürliche Berufung einer Frau sei die Mutterschaft. Seine Mutterrente sollte Frauen sowohl von der Erwerbsarbeit als auch von der Versorgungsehe befreien. Sie sollten sich voll und ganz auf eine »Hochzucht« der Menschheit konzentrieren und nur erbbiologisch wertvolle Männer als Partner akzeptieren. In einem utopischen Roman (1927) beschrieb Gesell eine Gesellschaft, in der Frauen nur bis zur Empfängnis mit einem Mann zusammenleben, sich dann in eine Frauenkommune zurückziehen, um das Kind zu gebären und zu betreuen, bevor sie sich auf die Suche nach dem nächsten Erzeuger machen. Gesell reduzierte Frauen auf den Status von Gebärmaschinen und wirtschaftlich erfolgreiche Männer auf den von Samenspendern. Mit seiner Attacke auf die Monogamie zählte er im Kaiserreich und der Weimarer Republik zu den radikalsten Rassenhygienikern.

Vermutlich hat der Lebensreformer Gustav Simons (1861–1914), ein Antisemit und Rassist, der schon im Kaiserreich die Ermordung von Behinderten forderte, die er als »Ballast« abqualifizierte, Gesell stark beeinflußt. Simons, ein Multifunktionär in der völkischen Szene, wurde um 1903 einer der ersten Anhänger der Freiwirtschaft. Der Begriff der »natürlichen Wirtschaftsordnung«, den Gesell und seine Anhänger verwendeten, hat nichts mit Umweltschutz zu tun, sondern bezieht sich auf die sozialdarwinistische Vorstellung vom »Kampf ums Dasein«, die die ideologische Grundlage der Freiwirtschaft darstellt. Für Karl Walker (1904–1975), einen ihrer wichtigsten Theoretiker in der Zeit nach dem Zweiten Weltkrieg, ist dieser Kampf ums Dasein ein Naturgesetz, der Mensch ein Egoist und eine Wirtschaftsordnung »natürlich«, die diesen Annahmen entspricht. Der real existierende Kapitalismus und die Sozialcharaktere, die er hervorbringt, werden biologistisch verklärt und gerechtfertigt. Im Kaiserreich und in der Weimarer Republik verwendeten Gesellianer darum den Begriff »Physiokratie«, also »Herrschaft der Natur«, für ihr Modell einer Zukunftsgesellschaft.

Die rassenhygienischen Vorstellungen Gesells werden derzeit nur von wenigen offensiv vertreten. Viele Anhänger behaupten irreführend, Gesell habe die Lage der Frauen und Kinder verbessern wollen – als sei es ihm um Emanzipation und Kindergeld gegangen. Auf Kritik reagieren Gesellianer mit »brutalstmöglicher Aufklärung«. Onken (2004), der Herausgeber der *Gesammelten Werke* Gesells, und die frühere Vorsitzende der Initiative für Natürliche Wirtschaftsordnung (INWO), Wera Wendland (2010), erklären, Gesell habe eben dem »darwinistischen« Zeitgeist gehuldigt. Selbstkritische Auseinandersetzung sieht anders aus.

Ebenso deutlich werden in Gesells Schriften rassistische Vorurteile gegenüber Sinti und Roma, Schwarzen oder amerikanischen Ureinwohnern, trotz der gelegentlichen pathetischen Erklärung, Freiland solle allen Menschen zugänglich sein. Gesells Überzeugung gründete auf den Stereotypen der Faulheit der »Minderwertigen« und einer kulturellen Überlegenheit von Weißen. Differenzierter war seine Haltung gegenüber Juden und Antisemiten. Für ihn war der Zins ein Systemfehler, keine Machenschaft bestimmter Gruppen. Gesell hatte philo- und antisemitische Vorurteile, paktierte mit Antisemiten, sprach sich aber in Schriften und Briefen gegen die »Judenhetzerei« aus. Gleichwohl ist die Freiwirtschaft offen und anschlußfähig für antisemitische Positionen, weil sie die Vorstellung beinhaltet, eine parasitäre Klasse von Geldbesitzern erpresse Zins von Arbeitern und Unternehmern. Wie Proudhons Lehre nahm der Ansatz Gesells die nationalsozialistische Vorstellung vom »schaffenden« und »raffenden« Kapital vorweg und bereitete ihr den Boden.

Hans-Joachim Werner (1999) belegt, wie stark innerhalb der Freiwirtschaftler-Partei Freisoziale Union (FSU) rassistische Vorstellungen verbreitet waren. Über Jahre hinweg galt in der Gesellianer-Szene Yoshito Otani als wichtiger Vordenker, dessen Schriften empfohlen wurden, ein Autor, der Verschwörungstheorien entwickelte und sich auf die *Protokolle der Weisen von Zion* stützte, die schon lange als perfide Fälschung enttarnt sind. Typisch für den Umgang mit solchen Lehren ist Kennedy (1989, 1991), die sich bei Otani für seine »Gesamtschau« bedankte und erst nach heftiger Kritik 2005 von ihm distanzierte.

Das fünfte Kapitel enthält einen Überblick über die Geschichte der Freiwirtschaft, angefangen bei Gesell und seinen ersten Anhängern bis zur Gründung der Grünen, an der Freiwirte beteiligt waren. Im Schlußkapitel geht es um die aktuelle Bedeutung dieser Lehre und ihre Einflußnahme auf soziale Bewegungen. Die Komplementärwährungen, die Kennedy und der belgische Finanzexperte Bernard Lietaer propagieren, sind für autoritäres Krisenmanagement und Elendsselbstverwaltung geeignet. Die Einnahmen aus manchen dieser Komplementärwährungen könnten nur für bestimmte Zwecke ausgegeben werden, die Empfänger unterliegen damit einem ähnlichen Regime wie Asylbewerber, die befristete Lebensmittelgutscheine bekommen. Diese Fortentwicklung der Freiwirtschaft in Verbindung mit unaufgearbeiteten faschistoiden Elementen macht die Gefährlichkeit dieser Strömung bis heute aus.

Zur Freiwirtschaftsbewegung gibt es zahlreiche Schriften aus ihren eigenen Reihen. Fast von Anfang an gab es Kritik an Gesell und seiner Lehre aus dem liberalen, linken und rechten politischen Spektrum. Die Geschichte der FSU bis in die frühen 1980er Jahre und die Beteiligung an der Gründung der Grünen haben Richard Stöss (1986) und Silke Mende (2011) kursorisch aufgearbeitet. Es gibt Beiträge über Verbindungen zu faschistischen Strukturen (Volkmar Wölk 1992, Oliver Geden 1996, Jost Fritz 2004) und eine kritische Auseinandersetzung mit dem ökonomischen Ansatz (Jürgen Kaun 1986, Robert Kurz 1995, Elmar Altvater 2004). Nadja Rakowitz (2000) hat in ihrer Studie über die Ideologie der einfachen Warenproduktion auch Gesells *Natürliche Wirtschaftsordnung* gewürdigt. Hans G. Helms (1966) hat den Einfluß des Anarchisten Max Stirner (1806–56) auf die Freiwirtschaft untersucht, wobei er jedoch nicht zwischen verschiedenen Flügeln differenzierte und abweichende Positionen überging. Zu Tauschringen und Regionalgeld in Deutschland gibt es neben vielen (Selbst-)Darstellungen von Beteiligten einige Schriften von wissenschaftlichem Charakter (Hubert 2004, Rösl 2006).

Was fehlt, ist eine kritische Gesamtdarstellung der Gesellianer bzw. der Freiwirtschaftsbewegung, ihrer Theorie und Entwicklung, von Vorläufern und aktuellem Einfluß in Deutschland. Das ist das Anliegen dieses Buches, das sich an politisch und historisch Interessierte und Aktivisten in Gewerkschaften, Bürgerinitiativen, antifaschistischen, linken und globalisierungskritischen Gruppen wendet. Quellen sind die 19bändige Ausgabe der *Gesammelten Werke* Gesells, die wichtigsten Schriften seiner Epigonen wie Walker, Creutz oder Kennedy sowie Zeitschriften, Flugblätter, Broschüren und Internetauftritte der Gesellianer. Zur Geschichte der Freiwirtschaft wird Archivmaterial aus dem Bundesarchiv Berlin, dem Bayerischen Staatsarchiv München sowie vielen kommunalen Archiven präsentiert, um Legenden über Gesells Wirken in der Münchner Rätezeit und das Verhalten von Freiwirten während der NS-Zeit zu prüfen. Zu Tauschringen und Regionalgeld wurden Angaben der einschlägigen Verbände und Gruppen ausgewertet.

Wie andere antimonopolistische Konzepte beinhaltet die Freiwirtschaftslehre die Utopie einer statischen Ökonomie kleiner Betriebe, von Selbständigen und Handwerkern, Landwirten und Händlern; sie entspricht damit bestimmten kleinbürgerlichen Vorstellungen und Interessen. Solche Lehren können in Krisenzeiten plötzlich auf große Resonanz stoßen, besonders in einem Land wie Deutschland, in dem sich die große Mehrheit zur Mittelschicht zählt, auch wenn es sich dabei um schlecht bezahlte Lohnabhängige oder prekär beschäftigte (Schein-) Selbständige handelt. Ein Hinweis auf das gesteigerte Interesse in Krisenzeiten sind Medien wie »Die Zeit«, die dem Regionalgeld, der Lehre Gesells oder dem »Wunder von Wörgl« viel Platz einräumt.[17] Selten kommen kritische Stimmen zu Wort wie etwa in der österreichischen Zeitung »Der Standard« (2007), die immerhin eine Diskussionsreihe veranstaltete.[18] Sogar das linke »Neue Deutschland« würdigte 2012 Gesells Kritik an einem »raffgierigen System«. Es ist nicht die einzige Lobhudelei in einem Jahr, in dem die Freiwirte den 150. Geburtstag ihres Meisters feiern.[19]

Daß Regionalgeld als Geld der Globalisierungskritiker bezeichnet wird, ist insofern ein Witz, als Gesell einen neuen Manchesterkapitalismus etablieren wollte und sozialstaatliche Elemente strikt ablehnte, weil er meinte, ein mit Schwundgeld und Freiland reformierter Markt könne alles und viel besser re-

17 Ann-Kristin Mennen, »Mit Chiemgauer gegen den Euro-Crash«, »Spiegel-Online«, 6.8.2012, http://www.spiegel.de/wirtschaft/service/regiogeld-ein-waehrungsmodell-ist-gescheitert-a-844830.html (Abfrage 13.8.2012); Carolin Stihler, »In der Euro-Krise greifen Kunden zu regionaler Währung«, »Stuttgarter Nachrichten«, 9.2.1912; Jürgen Schäfer, »Botschaft an Europa«, »Südwest-Presse«, 12.1.2012, http://www.swp.de/goeppingen/lokales/voralb/Botschaft-an-Europa;art5775,1289766 (16.1.2012); Niels Boeing, »An den Banken vorbei«, »Zeit-Online«, 17.11.2011, http://www.zeit.de/zeitwissen/2011/06/Alternative-Waehrungen (18.11.2011); Alexander Hahn, »History repeating – Das Wunder von Wörgl als Vorbild«, »Wirtschaftsblatt.at«, 8.7.2011, http://www.wirtschaftsblatt.at/archiv/history-repeating-das-wunder-von-woergl-als-vorbild-479773/index.do (8.7.2011); Christoph Zotter, »Das andere Geld«, »Zeit-Online«, 24.5.2011, http://www.zeit.de/2011/21/A-Waldviertel (7.6.2011); Wolfgang Uchatius, »Das Wunder von Wörgl«, »Zeit-Online«, 28.12.2010, http://www.zeit.de/2010/52/Woergl (10.1.2011); Helmut Creutz, »Das verflixte Geld«, »Die Zeit«, Nr. 35/2007; Michael Ruhland, »Zinslos glücklich«, »Süddeutsche Zeitung«, 19.12.2006; Chris Löwer, »Das Geld der Anti-Globalisierer«, »Die Zeit«, Nr. 33/2004.
18 Helmut Creutz, »Die Sache mit dem verflixten Geld«, »Der Standard«, 1.10.2007, http://derstandard.at/3012753/Die-Sache-mit-dem-verflixten-Geld?_lexikaGroup=2 (10.8.2012); Brigitte Unger, »Rettender Engel Regionalwährungen«, »Der Standard«, 6.9.2007, http://derstandard.at/3012953/Rettender-Engel-Regionalwaehrung?_lexikaGroup=2 (11.9.2007); Götz Werner, »Regionalwährungen und das Altern des Geldes«, »Der Standard«, 10.9.2007, http://derstandard.at/3028675/Regionalwaehrungen-und-das-Altern-des-Geldes?_lexikaGroup=2 (10.8.2012); Gerhard Kirchgässner, »Freigeld und Nominalzins«, »Der Standard«, 31.8.2007, http://derstandard.at/3012769/Freigeld-und-Normalzins?_lexikaGroup=2 (10.8.2012).
19 Rolf Höller, »Nicht auf Kosten der anderen. Die Kritik Silvio Gesells an einem raffgierigen System«, »Neues Deutschland«, 10.3.2012.

geln. In ihrer Agitation aber betonen Freiwirte lieber Ausbeutung und Verschuldung durch Zins und Zinseszins und können damit an viele Diskurse und Strömungen andocken, von Anarchisten und Sozialisten über Umweltschützer, Christen und Globalisierungskritiker bis hin zu antisemitischen Verschwörungstheoretikern, die sich seit Ausbruch der jüngsten Wirtschaftskrise vermehrt im Internet austoben.

Freiwirte sind bei Grünen und Attac präsent. Über Gesells Lehren wurde 2004 und 2008 in der NPD-Zeitung »Deutsche Stimme« debattiert. Der Schlagersänger Christian Anders (»Es fährt ein Zug nach nirgendwo«) ist ein Anhänger Gesells, der zum völkischen Troll mutierte Ex-Linke Jürgen Elsässer schwärmt von Regionalgeld. Die faschistische Deutsche Volksunion (DVU) beantragte im brandenburgischen Landtag 2007, die Regionalgeld-Gruppen im Land zu unterstützen. Die ehemalige Bundesgeschäftsführerin der Piratenpartei, Marina Weisband, findet Experimente mit Regionalgeld wichtig, der Landesverband Sachsen-Anhalt der Piraten hat in einem Positionspapier freiwirtschaftliche Forderungen nach Komplementärwährungen übernommen.[20]

Die Gesellianer sind Krisengewinnler. Es ist zu erwarten, daß die aktuelle Krise ihnen ebenso wie die Depression der 1930er Jahre größeren Anhang verschafft. Sie verstärken falsche Vorstellungen über Geld und Kapitalismus und behindern damit aufklärerische und emanzipatorische Prozesse. Im schlimmsten Fall befördern sie antisemitische Vorurteile, verbreiten sozialdarwinistische und rassenhygienische Lehren, die, wie der Erfolg Thilo Sarrazins zeigt, auf große Resonanz stoßen, und bereiten damit wie im Kaiserreich und in der Weimarer Republik faschistischen Tendenzen den Boden.

Was die Sprache betrifft, so verzichtet der Verfasser auf geschlechtsneutrale Formen, um das Buch lesbarer zu machen. Es ist zwar sinnvoll, durch einen anderen Sprachgebrauch die Beteiligung von Frauen sichtbar zu machen, das Ergebnis aber nicht immer optimal. Zumal es Fälle gibt, in denen geschlechtsneutrale Formulierungen eine Gleichheit vorspiegeln, die nicht existiert. So sind in der Freiwirtschaftsbewegung zwar Frauen beteiligt, aber in führenden Positionen unterrepräsentiert und als Theoretikerinnen nicht von Bedeutung. In den Zitaten in diesem Buch wurde die Schreibweise der Quellen übernommen und in der indirekten Rede sowie der Diskussion der jeweiligen Autoren deren Begriffe beibehalten, um die Zuordnung deutlich zu machen. Deswegen werden bisweilen Begrif-

---

20 Weisband, 2012, S. 38 f.

fe wie »Rasse«, »Rassenhygiene«, »Zigeuner« oder »Indianer« verwendet, ohne daß in jedem Fall die ablehnende Haltung des Verfassers kenntlich gemacht wird.

1

Regionalgeld & Tauschringe

Marotten, Modelle und Moneten

Spielerei für wohlhabende Birkenstockträger
Utting liegt am Ammersee, südwestlich von München. Vom Ufer aus sieht man auf der gegenüberliegenden Seite des Sees das barocke Kloster Andechs und im Süden an schönen Tagen die Alpen. Neben dem Fußballplatz gibt es vom Frühling bis in den Herbst jeden Samstag einen Markt mit Gemüse, Obst, Brot, Käse, Fleisch und Wurst aus biologischer Herstellung. Die Händler nehmen auch den *AmmerLechTaler*, eine sogenannte Regionalwährung, die seit 2007 im Umlauf ist. Der Name beschreibt den Geltungsbereich: das Gebiet bis zum Lech im Landkreis Landsberg im westlichen Oberbayern sowie das Ostufer des Sees im Landkreis Starnberg. Die Taler werden vom AmmerLechTaler-Verein für nachhaltiges Wirtschaften gegen Euro im Verhältnis 1:1 in Scheinen zu einem, fünf, zehn, 20 und 50 Talern ausgegeben. Man kann damit in ein paar Läden einkaufen, in Kneipen sein Bier bezahlen oder Vereinsmitglieder entlohnen, die den Rasen mähen oder die Kinder hüten.[1]

Die Taler würden die Region aufwerten und ihr Image verbessern, Unternehmer und Verbraucher zögen an einem Strang, behauptet der Verein. Sie würden Kaufkraft binden, die Nachfrage steigern und so zu einer höheren Wertschöpfung und zu besseren Umsätzen vor Ort beitragen. »Der *AmmerLechTaler* bleibt in meinem Dorf bzw. in meiner Stadt, in meiner Region, in meinem Verein. Er kommt immer wieder zu mir zurück«, heißt es in einem Flugblatt. Dadurch würde »Gemeinsinn« erlebbar, schreiben die Autoren, als sei das bloß eine Frage der Währung. Sogar neue Jobs verspricht der Verein: »In der näheren Zukunft könnte ich sogar eine Anstellung bei einem Vereinsmitglied bekommen und einen Teil meines Gehalts in *AmmerLechTaler*. Ich kann so mein Schicksal in meine eigene Hand nehmen.«[2]

Alle diese Effekte sind empirisch nicht belegt und nicht plausibel. Einen Teil des Einkommens gibt man immer dort aus, wo man lebt, ob in Mark, Euro oder mit Regionalgeld ist ökonomisch einerlei. Wieviel jemand wo ausgibt, hängt von seinen Vorlieben und vom Angebot ab. Wer Kunden anlocken will, muß die Konkurrenz übertrumpfen. Und keineswegs bleibt alles Geld, das vor Ort ausgegeben wird, auch dort, weil Händler und Produzenten mindestens einen Teil ihrer Waren, Arbeitsgeräte, Rohstoffe oder Vorprodukte von anderswo beziehen.

---

1 AmmerLechTaler-Verein, 2006.
2 Ebd.

Autarkie oder halbwegs Selbstversorgung von Dörfern, Städten und Regionen gibt es längst nicht mehr und wäre auch nicht wünschenswert, weil das bedeuten würde, daß der Lebensstand sich dem europäischen Mittelalter oder den heutigen Armutsregionen dieser Welt nähern würde.

Wir stellen uns den optimalen Fall vor: Alle Einwohner eines Dorfes kaufen ihre Fahrräder beim örtlichen Händler und bezahlen mit Regionalgeld. Hergestellt werden Fahrräder trotzdem woanders. Zweitwährungen ändern nichts an der überregionalen und internationalen Arbeitsteilung. Ohne diese gäbe es entweder keine Fahrräder mehr, oder es müßte in jeder Region eine eigene Fahrradindustrie samt Aluminiumwerken und Kunststoffabriken aufgebaut werden. Daß wäre ökonomisch unsinnig, ökologisch eine Katastrophe, und das Aluminiumerz Bauxit gibt es sowieso nicht überall.

Regionalgeld ziele auf Abschottung und behindere den Handel, ohne den sich eine Region nicht entwickeln könne, kritisiert der Volkswirt Gerhard Rösl (2006) in einer Studie im Auftrag der Deutschen Bank. Dadurch würde man sich selbst und potentielle Handelspartner schädigen.[3] Christian Gelleri, Mentor des bislang erfolgreichsten deutschen Regionalgelds, des bayerischen *Chiemgauers*, meint, Regionalgeld solle langfristig keine »Nischen- oder Nebenwährung« bleiben. Er fordert eine »ganzheitliche Neugestaltung des Geldwesens in Richtung einer föderalen Grundstruktur der Geldorganisation«.[4] Der Anthroposoph Thomas Mayer, Margrit Kennedy und der belgische Finanzexperte Bernard Lietaer, die Komplementärwährungen propagieren, prophezeien, der Euro und das internationale Währungs- und Finanzsystem würden bald zusammenbrechen. Die bunten Regio-Scheine wären dann »Rettungsboote«.[5]

»Der Regio soll den Euro ergänzen, nicht ersetzen«, hatte Kennedy noch 2004 versichert.[6] Zum ersten Mal seit dem 19. Jahrhundert existiere wieder eine Währung, die es erlaube, »die in der Region produzierten Güter und Dienstleistungen bevorzugt einzukaufen und damit gezielt zu fördern«.[7] Logisch erschließt sich nicht, warum der Kunde nicht mit Euros in der Region einkaufen soll. Sollte Kennedy Deutschland meinen, müßte sie sich auf den Zustand vor der Reichsgründung von 1871 beziehen. Die Industrialisierung und der Handel unterminierten jedoch die ökonomische Basis deutscher Kleinstaaterei und

---

3 Rösl, 2006, S. 12.

4 Gelleri, 2005, S. 19.

5 Mayer, 2004; Kennedy, 2005a, S. 20 ff.; Kennedy, 2005b; Kennedy, 2009, S. 417 f.; Lietaer, 2009, S. 463.

6 Kennedy, 2004, S. 9 ff.; Kennedy, »Projekte ergänzen nur den Euro«, »Frankfurter Rundschau« (»FR«), 15.10.2004.

7 Kennedy, 2005c, S. 14; Kennedy, »FR«, 15.10.2004.

regionaler Währung. Die zunehmende Arbeitsteilung erforderte damals einen entsprechenden staatlichen, wirtschafts- und währungspolitischen Rahmen, ähnlich wie heutige Konzentrations- und Zentralisationsprozesse des Kapitals im Verbund mit technischen Entwicklungen dazu geführt haben, daß in Europa etliche nationale Währungen zugunsten des Euro abgeschafft wurden.

Kennedy schätzte 2004, daß zehn bis 30 Prozent der Produkte des täglichen Bedarfs mit Regionalgeld gekauft werden können.[8] Dadurch würden sich für den Mittelstand neue Perspektiven eröffnen, prophezeit die Professorin, die dem Regiogeld allerlei Vorzüge zuschreibt: Es sei gemeinnützig, demokratisch, ökologisch, identitätsstiftend. Auch wer Selbstdarstellungen diverser Initiativen für bare Münze nimmt, könnte glauben, Regionalgeld schaffe blühende Landschaften. Warum »lokalpatriotisches Geld«[9] die Leute animieren soll, mehr vor Ort auszugeben, und wie, wenn sie dies täten, dafür gesorgt werden könnte, daß diese größere Nachfrage nicht dadurch befriedigt wird, daß Händler mehr Waren außerhalb der Region einkaufen, verraten Regionalgeldbefürworter nicht.

Abgesehen davon, daß ein Betrieb vor Ort eine üble Klitsche sein kann, mit miesen Arbeitsbedingungen, schlechten Löhnen, gesundheits- und umweltschädigend, wäre es im Prinzip sinnvoll, wenn Menschen wieder mehr Güter aus der Umgebung verbrauchen, in der sie leben, weil dadurch Transportwege verkürzt werden. Bloß, wer das ernsthaft will, muß die Produzenten vor Ort stärken, und dafür wäre es sinnvoller, Kooperativen und Genossenschaften aufzubauen. Dagegen ist Regionalgeld eine oberflächliche Spielerei.[10] Der Unternehmensberater Egon W. Kreutzer rügt »währungspolitische Kleinstaaterei« und prognostiziert: »Das funktioniert allenfalls mit 40 gutverdienenden Birkenstockträgern um den Kirchturm herum.«[11]

Das Scheitern der Tauschringe

Anhänger Gesells haben ab 1994 in Deutschland sogenannte Tauschringe gegründet. Das sind Gruppen von Menschen, die untereinander Dienstleistungen und Güter kaufen und verkaufen. Sie benutzen als Zahlungsmittel jeweils interne Verrechnungseinheiten. Keineswegs wird direkt getauscht, wie der Name nahelegt. Die Verfechter sagen, es handele sich um gegenseitige Hilfe, um Selbsthilfe, die neue soziale Netze schaffe, ein lokales Gegengewicht zur »Globalisierung der

---

8 Ebd.
9 So der ironische Titel eines Berichts von Nona Schulte-Römer für n-tv, 23.5.2007.
10 Sonia Shinde, »Taler, Taler, du mußt wandern ... «, »Handelsblatt«, 30.1.2007.
11 »Die Zeit«, Nr. 33/2004.

Geldwirtschaft«.[12] Tauschringe würden über Anziehungskraft und emotionale Bedeutung verfügen, die sich nicht in Geld messen lasse: Dieser geldvermittelte Tausch bedeute Selbstverwirklichung und Selbstbetätigung, fördere Gemeinschaft und Solidarität und hole Menschen aus der sozialen Isolation.[13] Tauschringe seien Teil einer »gesamtgesellschaftlichen Umorientierung« und »Experimentierfelder für Gemeinwesenarbeit, lokale, soziale und nachhaltige Ökonomie«.[14]

Bei jedem Tauschvorgang wird auf dem Tauschring-Konto des Käufers ein Minus und auf dem des Verkäufers ein Plus gebucht. Maßeinheit für Soll und Haben ist in der Regel die Zeit, wobei theoretisch jede Arbeitsstunde gleichviel wert sein soll, in der Praxis bestimmen oft Angebot und Nachfrage den Preis. Grundsätzlich werden in Tauschringen für erbrachte Arbeiten oder Güter keine Sozialversicherungsbeiträge oder Steuern abgeführt. Soweit handelt es sich um normale Tauschakte, vermittelt durch Geld. Allerdings gibt es einige Besonderheiten: Es handelt sich nicht um einen offenen Markt, die Teilnehmer müssen vorher einem Tauschring beitreten. Sie zahlen eine Gebühr, oft in harten Devisen, um eine Zentrale zu finanzieren, die Angebot und Nachfrage vermittelt, etwa über eine Marktzeitung oder eine Internetseite, für jeden Teilnehmer ein Konto führt und wie ein Vereinsvorstand agiert, der Presse- und Außenkontakte wahrnimmt und Versammlungen und Veranstaltungen organisiert.[15]

Für Guthaben auf Tauschring-Konten gibt es keine Zinsen, im Gegenteil, in einigen Tauschringen wird davon in regelmäßigen Abständen ein kleiner Betrag abgezogen.[16] Das entspricht der Schwundgeld-Lehre Gesells. In Deutschland, Österreich und der Schweiz beziehen sich praktisch alle Tauschringe auf ihn, ebenso Gruppen in angelsächsischen Ländern und in

12 Reichenbach, 2002, S. 33 ff.

13 Weiß, 1998, S. 6.

14 BAG Arbeitsgemeinschaft bundesdeutsche Tauschsysteme, 2000, S. 1.

15 So verlangt(e) der döMak-Tauschring in Halle eine Kontoführungsgebühr von zehn Mark im Jahr (»döInfo 97«, Dezember 1997, S. 8), der Tauschring Fünf-Seen-Land im Landkreis Starnberg eine Aufnahmegebühr von zehn Euro plus fünf Euro Jahresbeitrag (»Marktzeitung«, November 2001, S. 8), der Tauschring Westerwald für jedes Konto im Jahr eine Organisationsgebühr von 60 DM und 60 Talenten (Flugblatt des Tauschrings Westerwald, undatiert).

16 DöMak Halle zog von Guthaben jeden Monat ein Prozent des Wertes ab (»döInfo 97«, Dezember 1997, S. 9, 16), ebenso der Tauschring Karlsruhe (Tauschring Karlsruhe, »Spielregeln«, April 2001) und die MaDiTa-Gruppe in Mannheim (Diefenbacher, Leipner, 1997, S. 43). Der Tauschring in Gommern bei Magdeburg mit der Phantasiewährung *Praktaten* veranstaltete vier Mal im Jahr einen richtigen Markt und verhängte ebenfalls ein Prozent Schwund pro Monat als Umlaufsicherung (»Contraste«, April 2004, S. 8). Bei Talente Aarau in der Schweiz waren es 0,5 Prozent Schwund pro Monat (»Wochenzeitung« (»Woz«), Nr. 22, 31.5.1996), ebenso beim Tauschring Westerwald (Flugblatt des Tauschrings Westerwald). Der Verein Talent-Schweiz zieht ebenfalls monatlich von den Guthaben einen gewissen Betrag ab, der für den Aufbau des Vereins genutzt wird (Talent-Schweiz, »Grundsätze«).

Frankreich. Der erste Tauschring in Argentinien wurde von Gesell-Fans, der Verband Talent-Schweiz 1992 von der Initiative für Natürliche Wirtschaftsordnung (INWO) gegründet.[17]

Das von einigen Tauschringen als Name verwendete Kürzel Lets steht für *Local Exchange Trading System* oder auch *Local Employment and Trading System* und verweist auf die erste Gruppe, die 1983 in Kanada gegründet wurde.[18] Heute gibt es Lets-Organisationen in USA, Neuseeland, Argentinien, Australien und Europa. In Frankreich heißen solche Gruppen entsprechend *Systemes d'echanges locaux* (SEL). Der Tauschring Halle dürfte in Deutschland zu den Pionieren zählen. Die Gruppe entstand im Zusammenhang einer »Sommerrüstzeit« der Arbeitsgemeinschaft für evangelische Schülerarbeit (Ost), die sich mit dem Thema Anarchismus befaßte. Im Herbst 1992 wurde ein Tausch-System, begrenzt auf die evangelische Jugendbildungsstätte »Villa Jühling«, in Halle etabliert. Im Mai 1994 wurde der döMak-Tauschring in der Stadt eingeführt.[19]

Der Tauschring in Halle stellte die ideologische Motivation deutlich heraus. Für die *döMak* galt das Schwundprinzip, die Gruppe veröffentlichte eine Broschüre über »gerechtes Geld«, in der allerlei Texte von Gesellianern publiziert wurden.[20] Empfohlen wurden vom Tauschring Bücher von Creutz, Kennedy, Senf und das Werk *Silvio Gesell – Marx der Anarchisten*, in dem Klaus Schmitt dessen Menschenzuchtphantasien lobt, dazu die Zeitschrift der FSU sowie das antisemitische Werk *Untergang eines Mythos* von Otani.[21] 1997 berichteten der »Spiegel« und die »Tagesthemen« der ARD über braune Aktivitäten im Tauschring Oste Talente (Tosta) bei Stade in Niedersachsen. In der Tosta-Marktzeitung warb Alfred Beyer, der den örtlichen Ring mitgegründet hatte, demnach für ein Buch über Friedrich Nietzsche mit dem Titel *Neues Licht über Zarathustra*. Das Werk enthalte frauenfeindliche und rassistische Positionen, stamme von einem ehemaligen Mitglied der Waffen-SS und werde von der faschistischen Tempelhofgesellschaft herausgegeben. Beyer fungierte als regionale Kontaktperson der Deutschland-Bewegung von Alfred Mechtersheimer und trat sowohl bei dieser Truppe als auch bei den »Hetendorfer Tagungen« als Referent auf.[22] Das Nazi-Schulungszentrum Hetendorf wurde im Februar 1998 vom niedersächsischen Innenministerium geschlossen und die beiden Trägervereine, deren Vorsitzender der Anwalt Jürgen Rieger war, verboten. Tosta-Sprecherin Sigrid Beyer war

17 Talent-Schweiz, »Grundsätze«.
18 Roland, 1996, Wendel, 1996.
19 »döInfo 97«, Dezember 1997, S . 4 f.
20 »döInfo II«, 1996.
21 Ebd. S. 32 f.; »döInfo 97«, 1997, S. 17 f.
22 Einladung zur 3. Hetendorfer Tagungswoche vom 19. bis 27.6.1993.

jahrelang in der ebenfalls von Rieger geführten »Artgemein-
schaft – Germanische Glaubens-Gemeinschaft wesensgemäßer
Lebensgestaltung« aktiv. Ihr wurde außerdem vorgeworfen, sie
stelle den Holocaust in Frage. Die Beyers vertrieben darüber
hinaus allerlei esoterische Literatur.[23] In der Lokalpresse bestritten sie einige der Vorwürfe.

Im Sommer 2002 existierten in Deutschland etwa 350
Tauschringe mit 25.000 Mitgliedern.[24] 2009 gab es etwa 200
Tauschringe, die, aufgrund des begrenzten Angebots, vor sich
hin dümpelten.[25] Aktuell scheint es rund 230 aktive Tauschringe zu geben.[26] Der Talente-Kreis in Graubünden in der Schweiz
meldete schon 1996 Stagnation: Angeschlossene Bauern hätten
sich geweigert, Nahrungsmittel gegen Massage und Esoterikan-
gebote wie Reiki abzuliefern.[27] Britische Lets-Leute berechne-
ten Mitte der 1990er Jahre, daß dort durchschnittlich im Monat
je Teilnehmer nur umgerechnet 20 Euro umgesetzt wurden.[28]

Creutz, der führende zeitgenössische Theoretiker der Freiwirtschaft, rügte, die Nachfrage sei aufgrund des begrenzten
Sortiments geringer als das Angebot. Häufig würden gleiche
oder ähnliche Spektren von einfachen Leistungen angeboten
und darum nur geringe Umsätze von maximal 20 Euro je Mitglied und Monat erzielt.[29] Er hatte von Anfang an vor einem
»Ausweichen auf eine Nebenwährung« als falschem Weg ge-
warnt.[30] Kennedy dagegen hatte die Tauschringe 1991 als »erste
Antwort auf die Übermacht der Großkonzerne« gefeiert, gelang-
te aber nach einiger Zeit zu der Erkenntnis, daß über Tauschringe allenfalls ein bis zwei Prozent des täglichen Bedarfs gedeckt
werden können.[31] Eine negative Bilanz bei grundsätzlicher
Sympathie zog 2004 die Wirtschaftswissenschaftlerin Eva-
Maria Hubert: Es mangele an attraktiven Angeboten, geboten
würden überwiegend Dienstleistungen auf dem Niveau von

23 Christiane Wiedemann, Susann Weimann, Bodo Koppe, »Memorandum. Neo-
germanische Beeinflussung im Tauschring«, 15.8.1997 (Manuskript); »Zinsfrei für
Deutschland«, »Der Spiegel«, Nr. 46/1997, S. 93 ff.; »Rechtsradikale Unterwande-
rung?«, »Niederelbe Zeitung«, 11.11.1997; »Tauschring wurde geschickt mißbraucht«,
»Stader Tageblatt«, 10.11.1997; »Rechtsextreme Aktivitäten unter harmlosem Gewand«,
»Stader Tageblatt«, 8.11.1997; »Wir sind patriotisch ausgerichtet«, »Niederelbe Zeitung«, 8.11.1997; »War Mißgunst im Spiel?«, »Stader Wochenblatt«, 10.9.1997; »Wird
Tauschring unterwandert?«, »Stader Wochenblatt«, 30.8.1997.
24 Mischa Täubner, »Vom Stamme Nimm und Gib«, »Die Zeit«, Nr. 28/2002.
25 http://www.tauschringservice.de/Tauschringportal/indexi.html; bei dieser Liste
heißt es zu manchen Gruppen: »gestorben« oder »wahrscheinlich gestorben« (Stand
14.10.2009).
26 http://www.tauschring.de/adressen.php; im Impressum wird für 2008 angegeben, es hätten zwischen 250 und 300 Tauschringe existiert (Abfrage 19.4.2012).
27 Wendel, 1996, S. 27.
28 Ebd. S. 24.
29 Creutz, 2008, S. 270 ff.; Creutz, 2005, S. 30; Creutz, 2003, S. 587 f. Woher Creutz
die Zahl von 20 Euro Umsatz hat, schreibt er nicht.
30 Creutz, 1997, S. 10.
31 Kennedy, 1991, S. 191; Kennedy, »FR«, 15.10.2004.

»Jedermann-Qualifikationen«, während Teilnehmer handwerkliche Leistungen, Lebensmittel und Hilfe für die Handhabung von Computern nachfragten. Die zusätzlichen Kosten für die eigene Verrechnungswährung würden eine gegenüber der gängigen Ökonomie »ungünstigere Kostenstruktur« bedingen und dazu führen, daß einkommensschwache Haushalte sich kaum beteiligen könnten. Hubert beschreibt die Tauschringe als Mittelstandsphänomen und bescheinigt Tauschring-Aktivisten eine diskriminierende Haltung gegenüber Erwerbslosen, die sich doch durch Arbeit im Tauschring aus dem Sumpf ziehen könnten, wenn sie nur wollten.[32]

Es könnte auch ein vom Staat geförderter Sektor entstehen, um Marginalisierte ruhigzustellen. Staatliche Förderung gab es bereits: Die Stadt Witten in Nordrhein-Westfalen kooperierte mit dem örtlichen Tauschring. Dessen Mitglieder trafen sich in städtischen Räumen und bezahlten dafür Miete in ihrer Phantasiewährung; von dem Guthaben bezahlte die Stadt wiederum Mitglieder des Tauschrings, die Räume renovierten. Anders ausgedrückt: Bürger mußten für die Nutzung städtischer Infrastruktur bezahlen und arbeiten.[33] Die EU förderte das Tauschring-Archiv in Osnabrück und damit auch die »Tauschring-System-Nachrichten« (»TSN-Online«), und das Bundesgesundheitsministerium sponserte das Bundestreffen der Tauschringe 2002 mit über 9.000 Euro.[34]

Die Tauschringe der Gesellianer haben nichts mit Nachbarschaftshilfe zu tun. Sie funktionieren weder nach dem Prinzip der »gegenseitigen Hilfe«, wie es der Anarchist Peter Kropotkin (1842–1921) verfochten hat, noch nach dem von Marx formulierten kommunistischen Prinzip »Jeder nach seinen Fähigkeiten, jedem nach seinen Bedürfnissen«. Im Gegensatz zu dem Gerede von Solidarität gelten im Prinzip die Mechanismen des Manchesterkapitalismus. Wer keine Arbeit, keine Dienstleistungen oder Güter einbringen kann – etwa Kranke, Behinderte und Alte –, ist prinzipiell ausgeschlossen. Strafzinsen verhindern eine Vorsorge in Form von Ersparnissen.

Regionalwährungen in Deutschland

1993 kursierte im Stadtviertel Prenzlauer Berg in Berlin zwei Monate lang der *Knochen*, der in Kneipen, Cafés und Szeneläden angenommen wurde. Insgesamt sollen Scheine im Wert von knapp 110.000 Mark gedruckt worden sein, aber nur knapp 15.000 zirkuliert haben. Das Design der Scheine entwarf eine Gruppe von Künstlern, darunter der Sozialdemokrat Klaus

---

32 Hubert, 2004, S. 142 ff., 169 f., 225, 227.
33 Biene, 2002, S. 64 f.
34 »Die Zeit«, Nr. 28/2002.

Staeck. Der Witz daran war, daß jeder, der *Knochen* eintauschte, hoffte, ein Schnäppchen zu machen, nämlich einen Schein zu ergattern, den ein halbwegs bekannter Künstler entworfen hatte. Kunst- und Geldscheinsammler sollen druckfrische Bündel zum Preis von 1.050 Mark gekauft haben. Von dem Erlös seien die Künstler bezahlt worden. Der Wert dieser *Knochen* schwand von Woche zu Woche.[35] In Köln teilten Künstler 1995 die *Welkenden Blüten* aus, die Schwundgeld-Idee steckte bereits im Namen. Die Scheine wurden wie in Berlin in Szenekneipen und Läden akzeptiert und verloren jede Woche an Wert. Ausgegeben wurden zunächst 20.000 Blüten zu je 20 Stück für eine Mark. Im Projektpapier der Künstlergruppe Herzgehirn heißt es: »Geld bleibt ewig jung, es rostet in keinem Tresor und verfault unter keinem Kopfkissen. Geld ist der Gott, es macht alles neu.«[36] Handelte es sich bei *Knochen* und *Welkenden Blüten* um PR-Projekte für die Lehre Gesells, wollen die Regionalgeld-Gruppen dauerhaft eine Zweitwährung etablieren, während in Tauschringen nur virtuelle Verrechnungseinheiten existieren. Der döMak-Tauschring in Halle gab bereits »Geschenkgutscheine« heraus, scheiterte aber an mangelnder Akzeptanz.[37]

Das erste Regionalgeld-System war 2001 der *Roland* in Bremen, der *Chiemgauer* folgte. Seit Januar 2003 kursiert am Chiemsee südöstlich von München der *Chiemgauer*, den der Lehrer einer Waldorfschule mit seinen Schülern entwickelt hat. Die Scheine werden im Verhältnis zum Euro 1:1 getauscht und verlieren jährlich acht Prozent ihres Werts, was ihre Vertreter als eingebaute Umlaufsicherung bezeichnen. Der Besitzer des *Chiemgauers* muß jeweils zum Quartalsende eine Marke kaufen, die zwei Prozent des Wertes eines Scheines kostet, und diesem aufkleben. Um die Gebühr zu sparen, würden die Besitzer versuchen, die Scheine vorher auszugeben. Wer *Chiemgauer* zurücktauschen will, muß fünf Prozent abgeben, zwei Prozent für den Verein »Chiemgauer Regional – Verein für nachhaltiges Wirtschaften«, den die Waldorfleute gegründet haben, drei Prozent fließen an örtliche Vereine.[38]

Bundesweit sind die meisten, aber nicht alle Initiativen im Regiogeld e.V. organisiert, einem Zusammenschluß von etwa 60 Gruppen aus Deutschland (2012) sowie aus Österreich, der Schweiz und den Niederlanden. Der Verband hat »Werte- und Qualitätsstandards« beschlossen, die einen »Umlaufimpuls«, das ist der automatische Schwund, demokratische Regeln und Transparenz der Gruppen vorsehen. Überschüsse sollen »für

35 Uwe Rada, »Knochen unter Umlaufdruck«, »Die Tageszeitung« (»Taz«), 12.11.1993.
36 Max Annas, »Blühendes Geld«, »Stadtrevue« (Köln), Nr. 10/1995, S. 20.
37 Stefan Höhne, »Urstromtaler im Euro-Land«, »Mitteldeutsche Zeitung«, 6.5.2005.
38 Faltblatt »Chiemgauer.info«, April 2005.

das Allgemeinwohl in der Region« eingesetzt werden. Weiter heißt es, »wichtige Daten werden veröffentlicht (dazu zählen die Anzahl der Akzeptanzstellen und die ungefähre Anzahl der Nutzer)«, und »mindestens einmal jährlich wird die umlaufende Regiomenge veröffentlicht«.[39]

Genaue Informationen zu bekommen ist trotzdem schwierig. Als Quellen für die folgenden Einschätzungen dienen die Angaben auf den Homepages von Regiogeld e.V. und den einzelnen Mitgliedsgruppen sowie von Initiativen, die nicht dem Verband angehören, Flyer und Zeitungsberichte. Zwei Anfragen bei einer Reihe von Initiativen 2007 und 2012 erbrachten nur wenige Antworten mit relevanten Informationen.[40] Die postulierte Transparenz scheint bei manchen Gruppen keinen großen Stellenwert zu haben; eine ähnliche Erfahrung hat bereits Hubert bei ihrer Studie über die Tauschringe beklagt, die keine Primärdaten für wissenschaftliche Zwecke zur Verfügung gestellt hätten.[41] Manche Angaben auf den Homepages von Regiogeld und einzelnen Gruppen sind veraltet, lückenhaft und überholt. Die Zahlen in den nächsten Absätzen sind darum eher als Angaben zu Größenordnungen denn als exakte Daten zu verstehen.

Aufgrund dieses Materials ergibt sich, daß derzeit (Mai 2012) insgesamt nur 24 Initiativen in ihrer Region tatsächlich ein System betreiben: mit Vereinen und Satzungen, eigenen Scheinen und Umtauschstellen sowie Unternehmen, die das alternative Zahlungsmittel, meist formell als Gutschein bezeichnet, akzeptieren.[42] Zwei Initiativen, der *Urstromtaler* in Sachsen-Anhalt und der *KannWas* in Schleswig-Holstein, erheben den Anspruch, ein ganzes Bundesland versorgen zu wollen, allerdings hat der *Urstromtaler* 2010/2011 mit der *Havelblüte* in Potsdam fusioniert.

Die meisten dieser Geldsysteme sind in den Jahren 2004 bis 2007 entstanden (22). Neun Regionalwährungen sind seit Beginn der aktuellen Wirtschaftskrise neu auf den Markt gekommen. Die Mehrzahl der Initiativen (27) befindet sich in der Vorbereitungsphase, einige seit Jahren. Mindestens zehn Regionalwährungen sind in den vergangenen Jahren wieder eingeschlafen, darunter die Projekte in Berlin, Gießen, Göttingen, Kaiserslautern, Stuttgart und die *döMak* in Halle. Der *Regio Ostallgäu*, der mit Unterstützung von Stadt und Landkreis Kaufbeuren sowie des Regierungsbezirks Schwaben 2007 gestartet war, hat sich mangels Resonanz inzwischen ebenso wie der *Regio München* dem *Regio Oberland* angeschlossen, dessen Schwer-

---

39 Regiogeld e.V., 2006/07
40 Auskunft *Ampertaler*, Dachau; *Augusta*, Göttingen (21.5.2012); *Roland*, Bremen (31.5.2012).
41 Hubert, 2004, S. 130.
42 http://www.regiogeld.de/initiativen.html (18.5.2012).

punkt im Landkreis Bad Tölz/Wolfratshausen, der Heimat von Edmund Stoiber, liegt.[43]

Der Umtauschkurs zum Euro ist meistens 1:1 (in seltenen Fällen mehr oder weniger). Der Clou ist der automatische Wertverlust der Scheine. Der *AmmerLechTaler* verliert in jedem Quartal zwei Prozent seines Wertes. Wer dem Verein den entsprechenden Betrag in Euro überweist, dessen Schein wird gestempelt und behält seinen Wert. Der wieder eingestellte *Dreyecker* im baden-württembergischen Schopfheim büßt wie der *Chiemgauer*, der *Carlo* in Karlsruhe oder der *Gwinner* in Villingen-Schwennigen ebenso jedes Vierteljahr zwei Prozent ein. Wer den Schwund ausgleichen will, muß eine sogenannte »Verlängerungsmarke« als »erneuten Umlaufimpuls« kaufen und aufkleben. Ähnlich funktioniert die *Havelblüte* in Potsdam.

Die *Dreyecker*-Initiative meinte: »Weil nicht das Geld arbeitet, sondern die Menschen, soll es im Umlauf bleiben und nicht gehortet werden.« Denn es ist rational, ein Tauschmittel, das absehbar und regelmäßig an Wert verliert, möglichst schnell auszugeben. Diese Umlaufsicherung gilt bei so ziemlich allen Regionalgeld-Systemen in Deutschland. Die Begründung, daß Geld nicht gehortet werden, sondern möglichst oft umlaufen soll, entspricht der Lehre Gesells. Für Regionalgeld gilt, daß diejenigen, die die Scheine zum Verfallsdatum in den Händen haben, in Euro ausgleichen müssen. Wie bei einem Schneeballsystem zahlt der letzte die Rechnung, kritisiert Rösl.[44] Er rechnet, daß die Regionalgeld-Initiativen theoretisch jährlich 15 Prozent des Wertes der gewechselten Regios in Euro einnehmen, acht Prozent aus dem eingebauten Werteschwund bzw. dem Verkauf von Ersatzmarken oder Stempelaufdrucken, fünf Prozent als Abschlag von Teilnehmern, die ihre Regios in Euro zurücktauschen wollen, und zwei Prozent, wenn sie eingetauschte Euros auf einem Sparkonto anlegen und dafür Zinsen kassieren. Wobei Rösl nicht unterstellt, daß sich die Macher bereichern, sondern daß 13 Prozent für Druckkosten ausgegeben werden.[45]

Sämtliche Regionalgeld-Initiativen geben an, daß sie Überschüsse für soziale und ökologische Projekte in ihrer Gegend spenden. Beim *Chiemgauer* liegt die Fördersumme, die örtlichen Vereinen und Projekten zugute kommt, bei insgesamt 223.655 Euro in knapp neun Jahren, wobei die Waldorfschulen in Prien und Rosenheim zusammen über 36.000 Euro bekamen.[46] Der

---

43 http://www.der-regio.de/cms/website.php?id=1/index.html (22.5.2012); »*Regio Ostallgäu* hat bald ausgedient«, in: »Augsburger Allgemeine«, Lokalteil Mindelheim, 12.8.2010.

44 Rösl, 2006, S. 16.

45 Ebd. S. 14.

46 http://www.chiemgauer.info/ (21.5.2012).

Sterntaler in Südostbayern bringt es auf 21.565 Euro.[47] Der sächsische *Zschopautaler* erwirtschaftete 21.332 Einheiten, die allerdings in der Regionalwährung ausgezahlt werden.[48] Die Beträge weniger erfolgreicher Gruppen sind entsprechend geringer. Eine Aufstellung der *Carlos*-Initiative aus Karlsruhe für 2006 besagt, daß in diesem Jahr 5.000 *Carlos* im Umlauf waren und die Gruppe 5.600 Euro zurücklegen konnte. Mit über 660 Euro seien gemeinnützige Projekte gefördert worden, darunter der örtliche Tauschring und Carlos-Regional sowie anthroposophische Projekte. Ein Drittel der Spenden von *Carlos* wäre demnach Projekten zugute gekommen, die zum anthroposophischen oder Gesellianer-Umfeld gehören.[49]

Regionalgeld-Verfechter betonen einerseits die Wirkung des Schwundprinzips, andererseits beschwichtigen sie, Wertverlust und Rücktauschgebühren seien zu vernachlässigen. »In der Praxis sind dies winzige Beträge, die keinem wehtun«, heißt es etwa.[50] Kennedy versichert, Kaufleute könnten Regionalgeld mit geringem Verlust zurücktauschen oder an andere Geschäfte oder ihre Angestellten weitergeben, dann erlitten sie selbst durch das Schwundprinzip gar keinen Verlust. »Für die Mehrheit der Geschäftsleute ist es eine Kundentreue-Aktion. (...) Eine Unterstützung der regionalen Währung durch die Geschäftsleute würde ihnen also keine zusätzlichen Kosten bereiten.«[51] Der Vorschlag, Lohnabhängige mit Schwundgeld abzuspeisen, bedeutet, daß sie über einen Teil ihres Einkommens nicht frei verfügen können, sondern nur nach Maßgabe örtlicher Unternehmer, die die Regios akzeptieren.

Der *Chiemgauer* dient aufgrund seines relativen Erfolgs als Vorbild.[52] 2008 bedienten sich 1.713 Verbraucher und 607 Anbieter, also Unternehmer, dieses Zahlungsmittels. Der Umtausch von Euro in *Chiemgauer* wurde mit über 1,1 Millionen Euro angegeben (plus 30 Prozent gegenüber 2007). Der *Chiemgauer*-Umlauf betrug rund 308.000 Euro, der Umsatz aller Unternehmen in dieser Zweitwährung etwa 3,7 Millionen Euro.[53] Der Umsatz stieg seit 2008 trotz Wirtschaftskrise weiter kräftig an und erreichte 2011 ein Volumen von knapp 6,2 Millionen Euro.[54] Im Mai 2012 gab der Verein einen Umlauf von *Chiemgauern* im Wert von über 490.000 Euro an. Knapp 600 Unternehmen und Organisationen akzeptieren demnach in der Region die bunten

47 http://www.regiostar.com/89.0.html (21.5.2012).
48 http://www.zschopautaler.info/ (21.5.2012).
49 *Carlos*-Jahresstatistik 2006.
50 Bundestreffen der Tauschringe in Bad Aibling, 3.–5. Oktober 2003, Workshop »Vom Ringtransfer zur regionalen Währung – Eine Antwort auf die Globalisierung«.
51 Kennedy, 2004, S. 18; Kennedy, 2005c, S. 16; Bode, 2005, S. 6 f.
52 Chiemgauer, 2007.
53 Chiemgauer, 2006.
54 Gelleri, 2012.

Scheine.[55] Das sind Zahlen, von denen bis auf den *Roland* alle anderen Regiogeld-Gruppen in Deutschland nur träumen können. Allerdings muß man diese Daten mit den Gegebenheiten des Chiemgaus ins Verhältnis setzen. Das Chiemgau im südöstlichen Oberbayern besteht aus den Landkreisen Rosenheim und Traunstein, die zusammen etwa 415.000 Einwohner haben. Die Kaufkraft in Deutschland je Einwohner lag 2011 im Schnitt bei etwa 19.684 Euro, der Durchschnittswert der beiden Landkreise liegt etwas über diesem Betrag.[56] Angenommen, das Chiemgau wäre bloß von 400.000 Einwohnern bevölkert, die je 19.000 Euro in der Tasche haben, würde die gesamte Kaufkraft 7,6 Milliarden Euro betragen. Dagegen nimmt sich ein *Chiemgauer*-Umsatz von 6,2 Millionen bescheiden aus.

An zweiter Stelle rangiert der Bremer *Roland*, der allerdings keine Scheine im Tausch gegen Euro ausgibt wie der *Chiemgauer*, sondern Scheckgutscheine, deren Wert erst beim jeweiligen Einkauf festgelegt wird. Der Jahresumsatz des *Roland* ist von einem Wert in Höhe von 2.000 Euro (2002) stetig auf über 288.000 Euro (2011) gestiegen. Für 2012 erwarten die Organisatoren einen Umsatz von etwa 400.000 *Roland*.[57] Demnach ist das Bremer Regionalgeld die zweitgrößte Komplementärwährung in Deutschland.

Rösl (2006) schätzt, daß Mitte 2006 insgesamt Regionalgeld-Scheine im Wert von 200.000 Euro in Deutschland im Umlauf waren.[58] Ich vermute, daß Ende 2007 im ganzen Land Regionalgeld im Wert von mindestens 400.000 Euro kursierte, das von insgesamt etwa 2.500 Betrieben akzeptiert wurde. Die Summe dürfte bis Ende 2009 auf etwa 900.000 Euro gestiegen sein. Aktuell dürfte sich die umlaufende Summe aller 24 Regionalgeld-Systeme zwischen einer Million und 1,2 Millionen Euro bewegen. Das ist angesichts des organisatorischen Aufwands und des Propagandagetöses bescheiden. Zu berücksichtigen ist, daß daran der *Chiemgauer* einen Anteil von über 50 Prozent und der *Roland* von rund 28 Prozent haben, was die geringe Bedeutung der übrigen 22 Systeme anzeigt.

Es ist kein Zufall, daß der *Chiemgauer* in einer wohlhabenden Region so erfolgreich ist. Auffällig ist, daß von 24 Regionalgeld-Systemen zwölf (2012), also die Hälfte, in den reicheren Bundesländern Bayern und Baden-Württemberg arbeiten, aber nur fünf in den neuen und ärmeren östlichen Bundesländern. Schwach vertreten ist auch der Westen der Republik, mit vier Gruppen in Nordrhein-Westfalen, Hessen und Rheinland-Pfalz.

55 http://www.chiemgauer.info/ (21.5.2012).
56 Gfk Geo Marketing, Kaufkraft 2011.
57 Auskunft Michael Knecht, *Roland*, 25.5.2012.
58 Rösl, 2006, S. 3.

Regionalgeld ist mit Ausnahme des Bremer *Roland* ein Phänomen ländlicher, klein- und mittelstädtischer Gebiete: Es gibt kein Regionalgeld in Berlin, Hamburg, Frankfurt, Köln, Stuttgart. Der *Regio München* und der *Regio Ostallgäu* haben mit dem erfolgreicheren *Regio Oberland* fusioniert.

Der *AmmerLechTaler*, der auf dem Uttinger Wochenmarkt gilt, soll den Landkreis Landsberg und einen Teil des Landkreises Starnberg abdecken, das ist einer der reichsten Landstriche in ganz Deutschland. Die Erwerbslosenrate in Landsberg liegt bei 2,7 Prozent, weit unter dem Bundesdurchschnitt von sieben Prozent (April 2012). Utting zählt zum Speckgürtel von München, wo sich junge Familien aus der akademischen Mittelschicht ansiedeln, weil dort die Immobilienpreise zwar steigen, aber immer noch günstiger sind als in der Stadt und weil Eltern wollen, daß ihre Kinder »im Grünen« aufwachsen. Menschen aus diesem Milieu kaufen auf dem Wochenmarkt ein, egal ob mit Euro oder Talern.

Eine Studie über den österreichischen *Waldviertler* kommt zu dem Ergebnis, daß Regionalgeld in einem Gebiet mit hoher Erwerbslosigkeit »nicht optimal« sei, weil die »Liquiditätsprobleme« nicht beseitigt werden könnten, zumindest in der Anfangsphase. Geld, ob als Euro oder *Waldviertler*, müsse schon vor dem Tauschakt vorhanden sein, was bei Erwerbslosigkeit »nur eingeschränkt der Fall« sei. Obendrein könnten sich Erwerbslose teurer produzierte regionale Produkte oft nicht leisten.[59]

Für die Einschätzung, Regionalgeld sei eine Spielerei für wohlhabende Leute aus dem grünen und esoterischen Segment der akademischen Mittelschicht, spricht auch die Branchenverteilung der Betriebe, die Gutscheine akzeptieren. Produzierendes Gewerbe ist praktisch nicht zu finden; der *Chiemgauer* deckt immerhin ein großes Spektrum des Einzelhandels ab, während die meisten anderen Gruppen überwiegend Restaurants und Cafés, Naturkostläden, Musiker und Künstler sowie Computerläden angeben. Kennzeichnend ist der hohe Anteil von Geschäften aus dem Gesundheits- und Wellnessbereich sowie der Esoterikszene mit Angeboten wie Reiki und Fengshui. Der *Regio München* hatte eine Aura-Leserin und Schamanen im Angebot. Seltenheitswert besaßen eine Autowerkstatt und ein Heizungsmonteur, die der *Urstromtaler* von Sachsen-Anhalt neben Reiki und Meridian-Massage 2007 meldete.[60]

Schon auf dem dritten bundesweiten Kongreß der Regionalgeld-Initiativen 2005 waren die Berichte ernüchternd. Muriel Herrmann, eine Studentin der Umweltwissenschaften an der

---

59 Visotschnig, 2010, S. 137.
60 http://urstromtaler.de/akzeptanzpartner (13.12.2007).

Universität Lüneburg, referierte eine Befragung von Betrieben, die *Chiemgauer* und *Sterntaler* im Berchtesgadener Land akzeptierten. Die Unternehmer lobten die Projekte als identitätsstiftend, gaben aber an, daß das Regiogeld ihnen ökonomisch wenig Vorteile beschere, kaum neue Kunden binde oder Arbeitsplätze schaffe. Sogar Kennedy scheint inzwischen realistischer: »Die größte Schwierigkeit ist, daß heutzutage so wenig regional hergestellt wird. Selbst der *Chiemgauer*, das erfolgreichste Modell, ist immer noch relativ klein.« Die Leute dort seien »weit entfernt davon, 50 Prozent dessen, was sie brauchen, mit Regionalwährung bezahlen zu können«.[61]

Regionalismus und Schwundgeld

Regionalgeld vereint ideologisch die Freiwirtschaft, den Regionalismus sowie Vorstellungen einer lokal begrenzten Ökonomie, wie sie in Teilen der globalisierungskritischen Szene zu finden sind, etwa bei den Ökofeministinnen. Geld fließe dahin, wo möglichst viel Gewinn bzw. Zins zu erwarten sei, argumentiert die Gruppe Regio Oberland nicht zu Unrecht. Das führe zu einer Konzentration des Geldes – wo und wie wird nicht näher ausgeführt –, und in der Region, vor Ort, würde nicht mehr investiert. Dort sänken die Umsätze, den Kommunen fehlten aufgrund sinkender Steuereinnahmen die Mittel, und Menschen würden arbeitslos.[62]

Aber in der Geschichte des Kapitalismus werden ständig Produktionsstätten und -zentren verlagert, und »verlassene« Gebiete verarmen. Das hat nichts mit dem Zins zu tun, sondern zum Beispiel damit, daß das Kapital auf der Suche nach Extraprofiten dorthin geht, wo billige Arbeitskräfte zu finden sind, oder weil in einem Staat oder einer Region die Steuern und Sozialabgaben besonders niedrig sind, oder um Einfuhrbeschränkungen zu umgehen. Was Regionalgeld-Fans nicht reflektieren, ist, daß Kapital nie in einen luftleeren Raum abfließt, sondern die Rendite dann eben in einer anderen Region gemacht wird, daß es relativ reiche und arme Regionen gibt und in jeder Region wiederum reiche und arme Menschen leben. Statt dessen erscheint die Region den Regionalisten als eine heimelige, überschaubare, heile Welt. Das Label »regional« wurde in den 1970er Jahren von der Alternativszene und der sogenannten Neuen Rechten, insbesondere deren Vordenker Henning Eichberg, propagiert. Dieser Ideologie folgen chauvinistische Bewegungen wie die Lega Nord in Italien oder der katalanische Separatismus. In Deutschland ist die Region ein Markenzeichen, das Kommunen und Landkreise in der Standortkonkurrenz und

61 Kennedy, 2011, S. 17.
62 Oberland Regional e.V., Faltblatt.

Betriebe als Qualitätsmerkmal nutzen, so wie »Bio« und »Öko«. Was sich hinter dem Etikett verbirgt, sollte sorgfältig geprüft werden. Selbst ein Atomkonzern wie Eon präsentiert sich als Grundversorger, der »regionale Verantwortung« trägt und in der Region sportliche, kulturelle und soziale Projekte sponsert, im Gegensatz zu »Billiganbietern«, die als anonym und kundenfern geschmäht werden.[63]

Regionalgeld wird in Deutschland scheitern wie zuvor die Tauschringe, weil die Arbeitsteilung zwischen Regionen, Staaten und Kontinenten sowie die Mechanismen von Konkurrenz und Profitmaximierung ignoriert werden. Die absolute Grenze für Regionalgeld wird dadurch gesetzt, daß die Betriebe einer Region einen großen Teil ihrer Waren (Fertigprodukte, Maschinen, Zubehör, Rohstoffe) in anderen Regionen kaufen müssen. Andererseits sind begrenzte Erfolge nicht auszuschließen. Der *Chiemgauer* und der *Roland* zeigen das Potential in einer reichen wie in einer strukturschwachen Region, entsprechend professionelles Management vorausgesetzt. Clever beim *Chiemgauer* ist, daß die Vereine und Einrichtungen, die als Ausgabestellen fungieren, den Überschuß behalten dürfen. Ökonomische Effekte spielen aber eine untergeordnete Rolle, es geht um einen Mix aus Marketing und Identitätsstiftung, Heimattümelei und dem Glauben, für sich und seine Umwelt etwas Gutes und Richtiges zu tun, um ein Kuriosum mit Werbepotential, politische Symbolik, die den Teilnehmern einen Wohlfühleffekt und Prestigegewinn durch Spenden beschert.[64]

Der zweite Grund für kurzzeitige Erfolge könnte die Wirtschaftskrise sein. Die fortschreitende Verarmung wird Menschen massenhaft zu skurrilen Scheinlösungen greifen lassen. Oder die Sparpolitik, wie sie die Bundesregierung innerhalb der EU exekutiert, führt zu einer Deflation, so daß Geld an Wert gewinnt und seine Zurückhaltung, also das Horten, Gewinn verspricht. Historische Beispiele dafür sind die *Social-Credit*-Bewegung in Kanada, die allerdings theoretisch nichts mit der Freiwirtschaft zu tun hat, die *Stamp-Scrip*-Bewegung in den USA sowie Versuche im österreichischen Wörgl in den 1930er Jahren bzw. in Argentinien zu Beginn des 21. Jahrhunderts.

Historische Vorbilder: Wära, Wörgl und Stamp Scrips
Die Experimente aus den 1930er Jahren werden von Anhängern der Freiwirtschaft und Regionalgeld-Initiativen als »Wunder«, als Vorbild und Bestätigung für die Lehren Gesells gewertet. Dabei war ihre ökonomische Wirkung ungewiß und umstritten.

---

63 Eon Bayern, »energie.aktiv«, 4/2007, S. 5.
64 Rösl, 2006, S. 13 ff.

Der Gedanke, Freigeld auszugeben, statt auf einen politischen Umschwung zu warten, geht auf Georg Blumenthal zurück, der 1909 die erste Gesellianer-Organisation in Deutschland aufbaute. Er propagierte einen »Geldstreik« anstelle der Arbeitsniederlegung, die die Freiwirte ablehnen. Blumenthal glaubte, damit den Kapitalismus in kürzester Zeit umstürzen zu können, ähnlich jenen radikalen Linken, die sich von einem Generalstreik die Revolution erwarten. Nach Blumenthal sollen die Arbeiter ihren Lohn in einer Zentrale der Freiwirte gegen Freigeld tauschen, dann den Handel zwingen, dieses zu akzeptieren. Als nächstes sollen die Arbeiter die Unternehmer dazu nötigen, den Lohn nur noch in Freigeld auszuzahlen. Beteiligt sich eine große Masse, wären die Kapitalisten gezwungen, Freigeld als Währung zu akzeptieren; damit wäre der Kapitalismus überwunden.[65] Der Schriftsteller Rolf Engert (1889–1962) griff die Vorstellung 1918 auf; er glaubte, dafür Gewerkschaften, Konsumvereine und Konsumenten gewinnen zu können. Eine Freigeld-Zentrale sollte die umgetauschten konventionellen Banknoten bei der Nationalbank gegen Gold und Silber eintauschen und dieses einschmelzen. Freigeld würde durch seine Menge schließlich das konventionelle, goldgedeckte Geld verdrängen und den Weg für eine »absolute Währung« freimachen, ein Papiergeld ohne Golddeckung mit Schwund. Der Zins würde beseitigt, und die internationalen Wechselkurse würden fixiert.[66]

Hans Timm und Helmut Rüdiger vom Fisiokratischen Kampfbund (FKB) entwickelten 1925/26 ein System von Gutscheinen, die anfangs innerhalb ihrer kleinen Splitterorganisation verwendet werden sollten. Timm fungierte als Obmann eines Ausschusses für »Bundesgutscheine« des FKB.[67] Der Name Wära setzt sich zusammen aus den Worten »Währung« und »währen«, ein Wära war eine Reichsmark wert, die Gutscheine verloren jeden Monat ein Prozent ihres Wertes. Ausgabe und Verwaltung der Gutscheine war Sache des FKB. Der Wära »dient nur dem Bunde und der Verbreitung des Schwundgeldgedankens und schließlich der Vorbereitung des Geldstreiks«, erklärte Timm. Im Sommer 1926 berichtete er von Anfangserfolgen, anscheinend gab es erste Geschäfte, die die Papiere als Zahlungsmittel akzeptierten.[68] Den Wert der ausgegebenen Scheine bezifferte Timm Ende September mit 705 Reichsmark, eine bescheidene Summe.[69]

Daraus entstand im Oktober 1929 eine Wära-Tauschgesellschaft mit Ortsgruppen in 20 bis 30 Städten, der schließlich

65 Bartsch, 1994, S. 24; Werner, 1990, S. 53.
66 Engert, 1918.
67 »Freiwirtschaft«, Heft 8, April 1926, S. 167.
68 Timm, August 1926, S. 323 ff.
69 Timm, September 1926, S. 356.

über 1.000 Betriebe in Deutschland angehört haben sollen, die die Gutscheine als Zahlungsmittel akzeptierten. 1929 kaufte der Bergbau-Ingenieur Max Hebecker (1882–1948) für 8.000 Reichsmark ein in Konkurs gegangenes Braunkohlebergwerk in Schwanenkirchen bei Deggendorf in Niederbayern. Er war Mitglied im FKB, dessen Aktivisten um Timm ein *Wära*-Finanzkonsortium aufbauten, um Hebecker einen Kredit über 50.000 Reichsmark zu verschaffen, der zum größeren Teil in *Wära* ausbezahlt wurde. Hebecker entlohnte seine erst 45 dann etwa 60 Arbeiter mit *Wära* und zum kleineren Teil in Reichsmark. Die Arbeiter konnten anfangs nur in Hebeckers Kantine damit einkaufen. Er setzte dadurch jedoch die einheimischen Händler unter Druck, die schließlich bereit waren, die Gutscheine zu akzeptieren. Anscheinend widerwillig, wie der Journalist Cheskel Zwi Kloetzel (1891–1951) berichtete.[70] Jedenfalls gelang es Hebecker, das Bergwerk wieder in Betrieb zu nehmen, was von Freiwirten als »Wunder von Schwanenkirchen« gepriesen wird.

Kloetzel lieferte eine ökonomische Erklärung: Daß das Bergwerk seinen Betrieb wieder aufnehmen konnte, liege nicht am *Wära*, sondern am Kredit. Eine Wirtschaftsinsel mit Separatwährung im Bayerischen Wald sei jedoch »eine Fiktion«. Zwar könnten Bäcker und Schlachter ihre Produkte untereinander gegen *Wära* tauschen, aber beim Großhändler, der Rohstoffe kaufen müsse, ende das Projekt. Es funktioniere nur, weil die *Wära*-Tauschgesellschaft Verträge abgeschlossen habe, in denen sie sich verpflichtete, die *Wära*-Beträge wieder gegen Reichsmark einzutauschen, schrieb Kloetzel. Er nahm 1932 vorweg, was Timm erst nach Hebeckers Tod einräumte.[71] Dabei war Kloetzel durchaus von Gesells Lehre angetan, dessen organisierte Anhänger kennzeichnete er aber als Wirtschaftssekte, über der stets ein »Hallelujah« schwebe und die dank Schwanenkirchen nun auf ein »winziges gelobtes Land« verweisen könne.

Der Initiator der *Wära*-Aktion zog 1949 eine gemischte Bilanz: »Die Gelder waren oft schon eher und für andere Sachen als vorgesehen verbraucht, und nachdem ein Wirbelsturmunglück großen Schaden angerichtet hatte, mußte das *Wära*-Finanzkonsortium dauernd Geld zuschießen. Immer wieder kamen Brandbriefe von Hebecker etwa des Inhalts, wenn wir ihm nicht binnen acht Tagen diese oder jene Summe zuschießen können ... Dabei erfüllten sich auch weiterhin niemals die Versprechungen Hebeckers, daß mit dieser ›letzten Summe‹ das Bergwerk saniert sein würde. Hebecker hielt uns weiter an der Angel, und wir kamen nicht los«, berichtete Timm. Schwanenkirchen erwies sich als »Faß ohne Boden«, die *Wära*-Leitung

---

70 Kloetzel, 1932, S. 218.
71 Ebd., S. 230 ff.

war dem Bergwerk »völlig ausgeliefert« und »die ganze *Wära*-Aktion gelähmt«. Am Ende mußten Timm und andere Freiwirte die *Wära*-Beträge wieder in Reichsmark einlösen. Er selber habe einen Grundstücksanteil verkauft, andere hätten sich »bis aufs Letzte« verausgabt. Es war der Preis für einen Propagandaerfolg: »Das Prestige des ersten großen, weltberühmt gewordenen Freigeldversuchs ... wurde so gerettet.«[72]

Demnach hätte Hebecker seine Genossen übers Ohr gehauen. Nur deren persönlicher Einsatz erlaubte es, das zu vertuschen und die Aktion als Erfolg zu verkaufen.[73] Ein weiterer Glücksfall für die Freigeld-Anhänger war, daß das Reichsfinanzministerium am 30. Oktober 1931 den *Wära* per Notverordnung verbot. Der konservative Reichskanzler Heinrich Brüning (1885–1970) rettete Timm und Freunde davor, als Massenbetrüger dazustehen, schreibt Helms; er verschaffte ihnen statt dessen einen Märtyrerstatus, wie Kloetzel schon vorhergesagt hatte.[74]

D as nächste »Wunder« ereignete sich rund 160 Kilometer südlich in Wörgl/Tirol. In dem Ort nahe Innsbruck lebten Anfang der 1930er Jahre etwas über 4.000 Menschen, sie lebten von der Landwirtschaft und einigen Fabriken, knapp 400 waren erwerbslos, davon bekam die Hälfte keine Arbeitslosenunterstützung mehr. Rechnet man das Umland dazu, waren 1.500 Menschen erwerbslos. Die Gemeinde hatte Schulden in Höhe von 1,3 Millionen Schilling und konnte nicht einmal die Zinsen bezahlen. Im Gemeinderat saßen seit 1928 zwölf Vertreter der SPÖ und zwölf Bürgerliche, der Bürgermeister wurde per Los bestimmt. Im Dezember 1931 war Michael Unterguggenberger (1884–1936) an der Reihe. Der Sozialdemokrat hatte es vom Hilfsarbeiter zum Mechaniker gebracht, eine Anstellung bei der Bahn bekommen, er baute in Wörgl die Gewerkschaft auf und gehörte seit 1919 dem Gemeinderat an. In zweiter Ehe war er mit der Inhaberin eines Modegeschäfts verheiratet.[75]

Von Marx hielt Unterguggenberger wenig. Während des Ersten Weltkriegs lernte er die Lehren von Gesell kennen und war später ein Fan von Henry Ford (1863–1947). 1929 traten Unterguggenberger und seine Familie aus der katholischen Kirche aus, nachdem der Bischof von Graz Unterguggenbergers Freund, dem Priester und Freiwirt Johannes Ude (1874–1965), aus politischen Gründen Redeverbot erteilt hatte.[76] Bereits im Frühjahr 1931 stand Unterguggenberger in Kontakt mit Timm und Hebek-

72 Timm, 1949, S. 555 ff.
73 Zimmermann, 1946, S. 38 ff.; Onken, 1997, S. 38 ff.; Rohrbach, 2002, S. 139; Wendnagel, 2010, S. 43.
74 Helms, 1966, S. 443; Kloetzel, 1932, S. 235.
75 Ottacher, 2007, S. 16 ff.; Muralt, 1933, S. 306 f.
76 Ottacher, 2007, S. 21.

ker und besuchte Schwanenkirchen zu Pfingsten. In Wörgl hatte am 1. Januar eine Zellulosefabrik geschlossen, die nach Unterguggenbergers Vorstellungen wieder eröffnet werden und eine ähnliche Funktion wie das Bergwerk in Schwanenkirchen haben sollte. Timm schlug vor, daß Wörgl sich dem *Wära* anschließt, Unterguggenberger erwog, Braunkohle und Briketts aus Niederbayern zu importieren. Keine dieser Ideen wurde verwirklicht.[77]

Nach seiner Ernennung zum Bürgermeister begann Unterguggenberger unter Arbeitern und Geschäftsleuten für Freigeld zu werben. Er gewann außer seiner Frau, der Modehändlerin, vier Geschäftsleute, den Herausgeber der Lokalzeitung, den Pfarrer sowie den Führer der lokalen Heimwehr, einer antidemokratischen, faschistischen Organisation, für den Plan. Die Parteileitung der SPÖ in Innsbruck lehnte seine Idee ab, den Gemeinderat konnte Unterguggenberger überzeugen. Im Juli 1932 stimmte das Gremium einstimmig für ein Schwundgeld in Gestalt von Arbeitsbestätigungsscheinen.[78] Es sollten Scheine im Wert von einem, fünf und zehn Schillingen, insgesamt 32.000 Schilling, ausgegeben werden, die neben der nationalen Währung als Zahlungsmittel in Wörgl kursierten. Die Arbeitsscheine verloren jeden Monat ein Prozent ihres Wertes, was durch Klebemarken ausgeglichen werden konnte. Der Gesamtwert war zu 100 Prozent durch Schilling gedeckt, die der Bürgermeister bei der Raiffeisenbank deponierte; sie wurden gegen sechs Prozent Zinsen verliehen.[79] Die Kommune bezahlte ihre Arbeiter und Angestellten zunächst zur Hälfte, dann zu 75 Prozent mit den neuen Zetteln und startete ein Notstandsprogramm, in dem 60 Menschen einen Job fanden, die komplett in der Zweitwährung bezahlt wurden. Mit den Scheinen konnte man Steuern und Gebühren bei der Gemeinde bezahlen, und wie in Schwanenkirchen waren in Wörgl bald viele Geschäftsleute bereit, sie zu akzeptieren. Außerdem wechselte die Gemeinde die Arbeitsscheine jederzeit gegen Schilling ein, gegen eine Gebühr von zwei Prozent.[80] Dank des Schwundgelds, einem Kredit des Landes Tirol sowie einem Zuschuß aus der Arbeitslosenversicherung konnte Unterguggenberger ein kommunales Konjunkturprogramm auflegen. Insgesamt investierte Wörgl 1932 und 1933 rund 180.000 Schilling in Arbeitsscheinen und regulärer Währung in Kanalisation und Straßenbau, ein Wasserbassin für die Feuerwehr, Parkanlagen und Licht auf dem Bahnhofsvorplatz, eine Eisenbetonbrücke sowie eine neue Skischanze, mehrere Wanderwege und 120 Sitzbänke, um Touristen anzulocken.[81]

77 Broer, 2007, S. 19 f.
78 Ottacher, 2007, S.33 ff., 37.
79 Ebd., S. 38 ff.; Muralt, 1933, S. 306 f..
80 Ottacher, 2007, S. 43, 61; Broer, 2007, S. 31, 164; Muralt, 1933, S. 275 ff.
81 Ottacher., 2007, S. 45 f.

Über die Wirkung waren die Zeitgenossen uneins. Manche Journalisten schrieben vom »Wunder von Wörgl« und von Unterguggenberger als »Zauberer«, andere Zeitungen titelten vom »Bluff von Wörgl«.[82] Nach Berechnungen von Gebhard Ottacher (2007) sank die Erwerbslosigkeit während der 15monatigen Schwundgeld-Periode in Wörgl um elf bis 16 Prozent. Er widerspricht damit Darstellungen, die von 25 Prozent ausgehen. Er verrechnet die etwa 100 neuen Arbeitsplätze mit dem Stellenabbau, der in Wörgl weiterging.[83]

Der Umlauf der Scheine soll sehr hoch gewesen sein, weswegen statt der vorgesehenen 32.000 Schilling nur 12.000 in Form der Arbeitsscheine ausgegeben wurden. Im Schnitt seien Scheine im Wert von 5.460 Schilling also 1,3 pro Kopf, im Umlauf gewesen, dagegen habe damals jeder Österreicher statistisch 158,76 Schilling in der Tasche gehabt. Jeder Schwundgeld-Schein sei im Jahr statistisch 36,43 mal in der Gemeindekasse eingelaufen. Jeder offizielle Schilling sorgte für Absatz im Wert von 8,55 Schilling während der Dauer des Versuchs, jeder Freigeld-Schein habe dagegen 73 Schilling an Zuwachs geschaffen, behauptet Ottacher.[84] Nimmt man diese Werte und multipliziert sie mit der Zahl der Einwohner, so kommt man zu dem Ergebnis, daß der Umsatz in Wörgl zu über 93 Prozent weiterhin in Schillingen getätigt wurde, während nicht einmal sieben Prozent auf das Schwundgeld entfielen. Ottacher geht davon aus, daß das Freigeld mindestens fünf Prozent zusätzlichen Umsatz generierte. Am meisten profitiert hätten Bäcker, Metzger und Schuster, weil Arbeiter und Angestellte dort ihre Arbeitsscheine ausgaben. Preissteigerungen seien nicht zu verzeichnen gewesen. »Die Summe der umlaufenden AB-Scheine war zu klein, um preiswirksam zu werden«, schreibt er.[85]

Bis heute beschwören Freiwirte und Journalisten das »Wunder von Wörgl«; eine Gruppe um Georg Otto empfahl das Experiment den fünf neuen Bundesländern 1992 als Vorbild für eine »Nothilfe Ost«, bei der Darstellung von Broer (2007) könnte man an ein welthistorisches Ereignis glauben.[86] Die Bilanz Ottachers und des Schweizer Physikers und Mediziners Alexander von Muralt (1903–1990), der Wörgl während des Experiments besuchte, fällt bescheidener aus. Die Gemeinde habe durch den Ausbau der Infrastruktur gewonnen, den die Arbeiter und Gewerbetreibenden durch kleine Verluste bezahlt hätten, der

82 Ebd., S. 47; Broer, 2007, S. 11.
83 Ottacher, 2007, S. 61; Broer, 2007a, S. 17; Broer, 2007b; Kennedy, 2009, S. 436.
84 Ottacher, 2007, S. 43; Muralt, S. 307.
85 Ottacher, 2007, S. 61 f.
86 »Freiwirtschaft«, Heft 3, Sommer 1933, S. 79 ff.; Kennedy, 1991, S. 42 ff.; *Alternative 2000*, 1992; Radi K. Linsky, 1992; Onken, 1997, S. 42 ff.; Rohrbach, 2002; Creutz, 2003, S. 544 f.; Uchatius, 2010; Wendnagel, 2010, S. 333 ff.; Hahn, 2011.

Versuch sei aber zu begrenzt gewesen, um daraus Schlußfolgerungen zu ziehen, schreibt Muralt.[87] Ottacher urteilt, Wörgl bestätige »nur in sehr beschränktem Ausmaß« die Lehre Gesells. Die Arbeitsscheine waren nicht das einzige Zahlungsmittel, und die Zinsen sanken nicht, wie es die Theorie prognostiziert, aufgrund der lokalen Beschränkung.[88] Sein Fazit lautet, daß eine abgeänderte Variante von Gesells Theorie unter den Deflationsbedingungen der 1930er Jahre in einem räumlich begrenzten Gebiet »zu einer Belebung der Wirtschaft geführt« habe.[89]

Daten über den Umfang, in dem Schillinge von den Wörglern wegen der Deflation gehortet worden wären, liegen nicht vor, aber ein Drittel des Schwundgelds wurde aus dem Verkehr gezogen. Diese Scheine wurden von Freiwirten und Freigeld-Touristen als Sammelobjekte und Souvenirs zweckentfremdet. Sie handelten gegen Gesells Intention, die Scheine möglichst rasch wieder auszugeben. Die Gemeinde profitierte, weil sie den Gegenwert ebenso behalten konnte wie den Zinsgewinn von der Bank für die eingezahlten 12.000 Schilling, den von Muralt mit 720 Schilling pro Jahr beziffert. Die Einnahmen aus dem Schwund beliefen sich nur auf ungefähr 680 Schilling, weil viele, insbesondere Gewerbetreibende, mit den Scheinen ihre Steuerschulden beglichen oder sogar im voraus zahlten.[90]

Das Schwundgeld in Wörgl hatte zwei Wirkungen: Es funktionierte wie eine nichtprogressive Steuer (Schwund), die ärmere Bürger proportional zu ihrem Einkommen stärker belastet als Reiche, und wie ein Kredit, den die Kommune bei ihren Arbeitern und Angestellten erhob, indem sie diese einfach mit Schwundgeld entlohnte. Das Geld verwendete Unterguggenberger im Sinne einer nachfrageorientierten Politik: Er ließ die Infrastruktur ausbauen. Zur Verklärung eignet sich zudem, daß die Aktion ebenfalls verboten wurde. Die österreichische Bundesregierung intervenierte, die regionalen und Landesbehörden schienen den Bürgermeister zu unterstützen, indem sie das Verfahren in die Länge zogen. Im September 1933 mußte die Gemeinde die Scheine dann doch aus dem Verkehr ziehen, andernfalls hätte die Polizei eingegriffen. Zwei Monate später wies der Verwaltungsgerichtshof in Wien die Beschwerde der Gemeinde als unbegründet zurück.[91]

In Paris entstand 1933 nach dem Vorbild von *Wära* und Wörgl die Tauschgesellschaft *Mutuelle national d'echange*, die das Schwundgeld *Valor* herausgab, bis es 1935 verboten wurde.[92]

87 Muralt, 1933, S. 312 ff.
88 Ottacher, 2007, S. 69; ähnlich Hubert, 2004, S. 105 ff.
89 Ottacher, 2007, S. 70.
90 Ebd., S. 53, 69 f.; Muralt, 1933, S. 307 f.
91 Ottacher, 2007, S. 49 ff.; »Freiwirtschaft«, Heft 4/5, 1933, S. 133 ff.
92 Onken, *Modellversuche*, 1997, S. 51 f.

In der Schweiz gründeten die Freiwirte Werner Zimmermann und Paul Enz, Geschäftsführer eines Reformhauses in Zürich, 1934 den Wirtschaftsring (WIR) als Genossenschaft kleiner und mittlerer Betriebe, die untereinander Waren mit zinsloser Verrechnung tauschten. Guthaben auf den Konten der Teilnehmer wurden nicht verzinst, das WIR-Geld unterlag einem Schwund, der 1948 aufgegeben wurde. 1998 wandelt sich der Wirtschaftsring zur WIR-Bank-Genossenschaft; er hat 2009 eine Bilanzsumme von über 3,7 Milliarden Schweizer Franken. Ein Drittel des Umsatzes entfällt auf das WIR-Geld, rund 70.000 Betriebe in der Schweiz beteiligen sich an dem Verrechnungssystem.[93]

Ähnlich wie in Österreich waren Kommunen in den USA in den 1930er Jahren von der Weltwirtschaftskrise geplagt. Der prominente Irving Fisher, angeregt von seinem Mitarbeiter Hans Cohrssen (Jahrgang 1905), einem Freiwirt, beschäftigte sich mit *Wära* und Wörgl und schlug ähnliche Komplementärwährungen vor. Im Januar 1932 scheint in Kalifornien die erste Kommune *Stamp Scrips* ausgegeben zu haben, einige hundert Städte und Gemeinden schlossen sich an. Fisher berichtete auch von über 400 Tauschringen mit mehr als einer Million Teilnehmern im ganzen Land. Die Bezeichnung *Stamp Scrips* leitet sich daraus ab, daß diese Zettel jede Woche gestempelt werden mußten. Die Scheine wurden von Banken und Kommunen ausgegeben und verloren jede Woche zwei Cent an Wert. Um diesen Schwund auszugleichen, mußte der Besitzer jeden Schein jede Woche gegen eine Gebühr von zwei Cent abstempeln lassen. Die Ausgeber der Scheine behielten also einen Überschuß von vier Cent für Verwaltung und Druckkosten der *Stamp Scrips*.[94]

Fisher meinte, daß die Scheine zweimal pro Woche umlaufen würden, die Dollars wegen der Deflation aber nur einmal in sechs Wochen. Allerdings würden die *Stamp Scrips* im Vergleich zum Dollar nicht zwölfmal mehr Umsatz erzeugen, weil sie nur einen Bruchteil der gesamten Geldmenge ausmachten und dafür ein Teil des konventionellen Geldes ganz ausfalle. Für den US-Ökonomen waren die *Stamp Scrips* kein Einstieg in Gesells Utopie, sondern nur eine vorübergehende Maßnahme, solange die Deflation anhielt. Unter Freiwirten hielt sich die Begeisterung in Grenzen. Sie kritisierten den hohen Schwund. »Die Amerikaner hatten gar nicht begriffen, um was es ging«, rügte der Schweizer Fritz Schwarz.[95] Cohrssen fand, die Gesellsche Idee werde auf den Kopf gestellt, weil es Geld koste, Geld auszugeben, sprach aber von einem wichtigen Schritt von der Theorie zur Praxis.[96]

93 Wirtschaftsring, 2012; Werner, 1990, S. 45.
94 Fisher, 1933.
95 Ottacher, 2007, S. 66; Onken, 1997, S. 53 f.; Werner, 1990, S. 45.
96 Cohrssen, 1936, S. 228 f.

Cohrssen war ein deutscher Lebensreformer jüdischer Herkunft, der 1926 in die USA auswanderte. Die Deflation im Gefolge der Weltwirtschaftskrise bestätigte für ihn die freiwirtschaftliche Doktrin. Er arbeitete als wirtschaftswissenschaftlicher Autodidakt für Fisher, der versuchte, die US-Präsidenten Herbert Hoover und Franklin D. Roosevelt von seinen Ideen zu überzeugen. Später wird Cohrssen als überzeugter Antikommunist behaupten, die New-Deal-Administration habe aufgrund ihrer marxistischen Zielsetzung die *Stamp Scrips* verboten.[97]

Creditos in Argentinien

In Argentinien eröffnen drei Anhänger Gesells 1995 den ersten Tauschring (spanisch *Club de Trueque*) in der Provinz Buenos Aires. Fünf Jahre später gibt es angeblich etwa 450 Tauschvereine mit über 370.000 Mitgliedern. Die Tauschringe konstituieren sich als Netzwerk mit Knotenpunkten oder Clubs vor Ort. Dazu führen sie eine eigene Währung, den *Credito*, ein. Getauscht wird in Argentinien auf richtigen Märkten, für die man Eintritt bezahlen muß.[98] Angebot und Nachfrage bestimmen die Preise. Verkauft werden gebrauchte Kleider, Möbel und Bücher, gelegentlich auch fabrikneue Ware, wenn etwa Arbeiter in Naturalien »entlohnt« werden, dazu gibt es Dienstleistungen wie Haareschneiden. Es mangelt an Lebensmitteln. Eine Schweizer Zeitung berichtet in einer Reportage von einem Taxifahrer, der auf ein neues Auto spart und auf dem Tauschmarkt selbstgemixte Tees verkauft, von denen er behauptet, sie würden die Potenz steigern.[99]

Die Zahl der Clubs steigt bis 2001 auf etwa 1.800. Die Hälfte der Erwerbsbevölkerung ist zu diesem Zeitpunkt nach offiziellen Angaben erwerbslos oder unterbeschäftigt, die Hälfte der Argentinier vegetiert unterhalb der Armutsgrenze. Bis März 2002 werden noch einmal 5.000 neue Clubs gegründet.[100] Schätzungen und Umfragen zufolge leben im Sommer 2002 etwa zehn von 36 Millionen Menschen völlig oder teilweise von dem Tauschring-System.[101] Im September 2002 geben die Organisatoren neue »rostende« *Creditos* aus, die gemäß der Schwundgeld-Lehre Gesells regelmäßig an Wert verlieren.

97 Cohrssen, 1996, S. 64 ff., 70, 72, 92 f., 101.

98 Zu den argentinischen Tauschringen: http://www.trueque.org.ar/; Ravera, 2003; Hoffmann, 2002, S. 7 ff.; Perez, 2002, S.19 ff.; Margreiter, 2002; Hilmar Poganatz, »Geschnipselte Ökonomie«, »Jungle World«, Nr. 9, 19.2.2003; »Revolutionäre Situation in Argentinien?«, »Wildcat-Zirkular«, Nr. 65, Februar 2003, S. 35 ff.; Brigitte Hagemann, »Argentinien: Durchwursteln auf Pump«, »Financial Times Deutschland«, 15.11.2001; Romeo Rey, »Das neue Geld der Armen«, »FR«, 2.8.2000.

99 Ulrich Achermann, »Besser Monopoly-Geld als gar keines«, »Neue Luzerner Zeitung«, 20.12.2001.

100 Colectivo Situaciones, 2003, S. 152 ff.; Thimmel, 2003, S. 161; »FR«, 2.8.2000.

101 Ravera, 28.1.2003.

Die deutschen Gesellianer feiern die argentinischen Clubs und *Creditos*. Wieder einmal zeige sich, daß »schuldenfreies Geld (Freigeld) besser funktioniert als die schuldenbelasteten Pesos und Dollars«, und das »wohl sehr zum Ärger aller Finanzmagnaten«, schwärmt die INWO-Zeitschrift »r-evolution« Anfang 2002. Die »Tauschring-System-Nachrichten« berichten von über 7.000 Tauschmärkten und einem Umsatz von umgerechnet rund einer Milliarde Dollar. Schätzungsweise 150 Millionen *Creditos* seien im Umlauf.[102] Der Gründer des ersten Clubs, Rubén Ravera, habe keine Angst vor gefälschten Scheinen: »Wer *Creditos* nachmachen will, fördert am Ende doch nur den Handel.«[103] Selbst die linke argentinische Gruppe Colectivo Situaciones, die als Anhänger von Antonio Negri und Michael Hardt überall die rebellische Subjektivität der Multitude am Werke sieht, schwärmt von einer neuen Entwicklungsdynamik, von einer »wirklichen materiellen Vergesellschaftung des eigenen Tuns«, die unabhängig vom kapitalistischen Reproduktionszusammenhang schon im Hier-und-Jetzt »alltäglich und konkret die soziale Reproduktion« gewährleisten soll.[104]

Der massenhafte Zulauf und die vermehrte Ausgabe von *Creditos* führen aber nicht – wie nach der Theorie der Gesellianer erwartet – zu einem Anstieg der produktiven Aktivitäten. Statt dessen spekulieren Teilnehmer mit knappen Gütern, fälschen *Creditos* oder nutzen Preisunterschiede zwischen verschiedenen Märkten.[105] Insbesondere fehlt es an Nahrungsmitteln. Für viele geht es ums Überleben, ein Flohmarkt-Sortiment hilft da nicht weit. Mitte 2002 tauchen insgesamt 260 Millionen gefälschte Scheine auf, die Folge ist eine rapide Inflation. Im Herbst 2002 bricht das System zusammen, im März 2003 sind nur noch 200.000 Menschen beteiligt.[106] Noch nach dem Scheitern verklärt Colectivo Situaciones die Tauschringe als »erstaunliche alltägliche Praxis solidarischer Ökonomie«, die mehr sei als Überlebensstrategie – sie umfasse »alternative Praktiken im Umgang mit Geld und Waren«. »Der solidarische Tausch bricht mit den Distributionsstrukturen des formalen Marktes und setzt auf die Herausbildung und Festigung von Gesellschaftsstrukturen, die sich nicht am kapitalistischen Markt orientieren oder von diesem bestimmt sind.«[107]

Die Suche nach neuen Strategien, nach neuen Formen linker Politik, und die Skepsis gegenüber Avantgarde-Konzepten in allen Ehren, aber Tauschringe und Schwundgeld haben damit gar

102 Hoffmann, 2002, S. 7 f.
103 Ebd., S. 11.
104 Colectivo Situaciones, 2003, S. 19.
105 Ebd., S. 158 f.
106 Thimmel, 2003, S. 163 ff.
107 Colectivo Situaciones, 2003, S. 21.

nichts zu tun, im Gegenteil. »Die Menschen verhielten sich nach den gleichen Mustern wie im traditionellen kapitalistischen Marktsystem. Mit dem gleichen Egoismus, der gleichen individualistischen Haltung«, bilanziert Stefan Thimmel zutreffend, wenngleich moralisierend und ohne die ökonomischen Zusammenhänge zu analysieren.[108] Die argentinischen Clubs prägen den Begriff »Prosument«, eine Kombination aus Konsument und Produzent, getreu der Annahme, der *Credito* würde die Nachfrage stimulieren.[109] »Ein Mitglied muß prosumieren. Das heißt: produzieren und konsumieren zugleich. Jeder muß im Klub irgend etwas anbieten, um *Creditos* zu erhalten, mit denen er Waren erwerben kann«, berichtet die Journalistin Gaby Weber aus Argentinien.[110] Produktion bedeutet aber nicht, Waren auf einem Markt anzubieten, sondern etwas herzustellen – Nahrungsmittel, Kleider oder Medikamente. Dazu braucht man Kapital, Produktionsmittel, Land, Rohstoffe. Die Armen und die Proletarier müßten Fabriken, Büros und Land besetzen und in Eigenregie führen, was in Argentinien ja zum Teil auch geschah.

Daß sich *Creditos* und Tauschclubs in Argentinien, wo schon der Mittelstand verarmte, ausbreiteten, überrascht nicht. Habseligkeiten, einfache Dienstleistungen, Gemüse und Obst aus dem Garten gegen Nahrungsmittel, Kleider oder Schuhe zu tauschen, ist eine Überlebensstrategie.[111] Dadurch können Menschen ihr tägliches bescheidenes Auskommen finden, sie bleiben aber Teil der kapitalistischen Ökonomie. Den Tauschringen in Argentinien gelang für eine begrenzte Zeit der Sprung aus der Nische in die Massenwirksamkeit, sie funktionierten aber wie ihre deutschen Pendants ohne jede sozialstaatliche Absicherung. Wer keine Dienstleistungen oder Güter einbringen konnte, war prinzipiell ausgeschlossen.

Interessant sind Einschätzungen, die die Journalistin Weber zitiert, die auf dem Höhepunkt der Entwicklung im Sommer 2002 mit Sympathie berichten. »Wenn sich die Menschen nicht mehr über die Tauschklubs ernähren könnten, würden sie alle auf die Barrikaden steigen«, erklärt ihr ein Geschäftsmann. Deshalb sehen es die argentinische Regierung und die internationalen Finanzorganisationen »mit Wohlwollen, daß sich die Armen selbst über die Runden bringen und nicht länger dem Staats-

108 Thimmel, 2003, S. 166.
109 Weber, Juli 2002.
110 Weber, August 2002.
111 Nach dem Zweiten Weltkrieg eröffnete in München eine Oberbayerische Tauschzentrale, ein Verbund von Geschäften. Die Kunden konnten Produkte verkaufen und erhielten Berechtigungsscheine, mit denen sie ein halbes Jahr lang in einem anderen Geschäft des Ringes einkaufen durften. Auf Umwegen konnte so etwa eine Hose gegen eine Radioröhre eingetauscht werden (»Süddeutsche Zeitung«, 23.11.1945). Im Raum Stuttgart scheint von 1945 bis 1947 ebenfalls ein Tauschringsystem bestanden zu haben (Hubert, 2004, S. 111 ff.).

haushalt zur Last fallen«, schreibt Weber. So sei eine »informelle Wirtschaft« entstanden, »mit privaten Tausch-Tickets, wo keine Steuern erhoben werden und wo vom Staat nichts erwartet wird, keine Krankenkassen, Renten und die Förderung von sozial Benachteiligten. So kann sich der Staat aus der Sozialarbeit herausziehen, können Finanzmittel und Beamte eingespart werden.«[112]

---

112 Weber, August 2002.

2

»Die Welt ist keine Ware«

*Zur Geschichte der verkürzten Kapitalismuskritik:
Frühsozialisten, Sozial-, Boden- und Geldreformer*

Frühsozialisten

Die Vorstellung, Geld und Zins, Handel und Börse, Banker und Spekulanten seien verantwortlich für Wirtschaftskrisen, Ausbeutung und Elend, ist weit verbreitet. Nicht bloß die Gesellsche Freiwirtschaft ist auf Phänomene der Zirkulationssphäre fixiert, sondern auch viele Sozialisten und Sozialreformer des 19. Jahrhunderts waren das. Im Unterschied zu ihren Wiedergängern lebten die Frühsozialisten in einer noch agrarisch-handwerklich geprägten Zeit. Ihre Forderungen entsprachen dem, was der englische Sozialhistoriker Edward Palmer Thompson (1924–93) als »moral economy« bezeichnet hat: In vorindustriellen Gesellschaften verteidigten Arbeiter, Bauern und Handwerker ihre Ansprüche und ihre Existenz unter Verweis auf angebliche traditionelle Rechte und Gebräuche, zum Beispiel kommunale Weiden oder das unentgeltliche Sammeln von Holz in den Wäldern. Die Preise von lebenswichtigen Gütern wie Brot sollten fixiert werden. Die Rebellen wollten eine Gesellschaft unabhängiger handwerklicher und bäuerlicher Produzenten, patriarchaler Familienbetriebe, mit Herren und Meistern und genossenschaftlicher Kooperation.

Der Grundbuchbeamte François Noel, genannt Gracchus Babeuf (1760–97), verlangte anfangs bloß, den Grundbesitz zu besteuern, Kirchengüter an landlose und arme Bauern zu verpachten, er forderte eine Bodenreform sowie allgemeines Wahlrecht. Später wollte er das Privateigentum abschaffen. Alle sollten für große Warenspeicher arbeiten und nach ihren Bedürfnissen konsumieren. Die Konkurrenz sei blind, verschwende Rohstoffe und ende im Monopol, monierte Babeuf. In manchen Schriften forderte er, Güter und Arbeit gleichmäßig auf die Menschen zu verteilen. Er hoffte, daß Maschinen und Arbeitsteilung die Ergiebigkeit der Landwirtschaft steigern würden. Die aufkommende Manufakturindustrie wollte Babeuf dagegen auflösen. Er fand, sie produziere bloß überflüssige Luxusgüter. Den Handel rügte er als Gift, dessen sich Tyrannen bedienten; er führe zu Korruption, Verweichlichung, Ausbeutung und Spekulation.[1]

Eine Gütergemeinschaft, wie sie Babeuf vorschwebte, lehnte Charles Fourier (1772–1837) strikt ab. Er favorisierte Produktiv-

---

1 Höppner, 1975, S. 49 ff., 54 ff., 70 ff.; Bambach, 1991, S. 45.

genossenschaften. Der wirtschaftliche Ertrag sollte im Verhältnis zum Einsatz von Kapital, Arbeit und Talent verteilt werden. Gemeinsame Arbeit, Synergieeffekte und Produktivitätssteigerung kämen allen zugute, trotz individueller Verteilung. Die Mitglieder seiner Gemeinschaften waren eher Genossenschafter oder Aktionäre.[2] Seine Kritik richtete sich nicht grundsätzlich gegen den Kapitalismus; er behauptete, Produzenten und Konsumenten würden von Händlern und Geschäftsleuten ausgeplündert: durch Warenhortung, Preistreiberei, Betrug, Erpressung und Bankrott, durch Spekulation, Wucher und Monopole. Allenfalls rügte er, daß die Konkurrenz zu Lohnsenkungen führe, und sah darin einen Widerspruch zwischen Gesamt- und individuellem Interesse.[3]

Juden galten Fourier als Parasiten und Schmarotzer, Wucherer und Räuber, Denunzianten und Henkersknechte. Sie seien eine »Pest, die den Körper der Gesellschaft verwüstet«. Man müsse sie durch Arbeit umerziehen und fernhalten vom Meer und dem Handel, der »Wiege aller Verbrechen und Schandtaten«.[4]

Ähnlich wie Fourier propagierte Robert Owen (1771–1858) den friedlichen Wandel durch Siedlungsgenossenschaften, die sich vor allem der Landwirtschaft widmen sollten. Die weltgrößte Baumwollspinnerei in New Lanark in Schottland gehörte ihm. Dort experimentierte Owen mit betrieblichen Sozialreformen. Er verkürzte die Arbeitszeit von damals üblichen 13 bis 16 Stunden auf 10,5 Stunden, richtete Kranken- und Altersrentenversicherungen ein, ließ Wohnungen bauen, die er günstig vermietete, und verkaufte den Arbeitern Güter des täglichen Bedarfs zu niedrigen, aber rentablen Preisen. Den Verkauf von Alkohol schränkte Owen ein. Er ließ keine Kinder unter zehn Jahren in der Fabrik arbeiten, sondern errichtete eine Schule, die Kinder ab zwei Jahren aufnahm. 1825 verkaufte er seine Anteile an der Fabrik und reiste in die USA, wo er in New Harmony im Bundesstaat Indiana ein genossenschaftliches Siedlungsprojekt initiierte, das scheiterte. Owen identifizierte geringe Kaufkraft als Ursache von Krisen und forderte den »vollen Arbeitsertrag«. Arbeitsbörsen mit eigenem Arbeitsgeld sollten den Austausch der Waren unter den Produzenten regeln und eine nationale Austauschbörse den landesweiten Absatz von Produkten organisieren, unter Ausschaltung des Handels. 1832 gründete Owen die erste Arbeitsbörse in London, es folgten weitere in Liverpool und Birmingham, die aber Bankrott gingen.[5]

2 Fetscher, 1991, S. 58 ff.; Höppner, 1975, S. 175, 188.
3 Fetscher, 1991, S. 61; Höppner, 1975, S. 200 ff.
4 Silberner, 1962, S. 16 ff.
5 Elsässer, 1991, S. 50 ff.

Das Beispiel Owen zeigt, daß eine auf Geld verkürzte Analyse des Kapitalismus keineswegs immer zum Antisemitismus führen muß. Selbst daß er sämtliche Religionen ablehnte, machte Owen nicht blind für die besondere Geschichte des Judentums. Er schlußfolgerte aus der jahrhundertelangen Verfolgung, daß die Juden das »uneigennützigste und gewissenhafteste religiöse Volk« seien, weil das Festhalten an ihrem Glauben ihnen auf Erden nur Elend und Leid beschert. Er setzte sich aktiv für die Gleichberechtigung der Juden ein und verfaßte 1830 eine entsprechende Petition an das britische Unterhaus.[6]

Proudhon

Der Tauschbank von Pierre-Joseph Proudhon (1809–65) war eine wesentlich kürzere Lebensdauer beschieden als Owens Arbeitsbörse, dafür entfaltete der Vorschlag des Franzosen eine anhaltende ideologische Wirkung. Die Tauschbank sollte einen gerechten und gleichen Austausch von Gütern zum Arbeitszeitwert regeln und Arbeitergenossenschaften zinslose Kredite gewähren. Proudhon gründete sie im Februar 1849 im Pariser Vorort St. Denis und gab Kleinstaktien zu fünf Francs aus. Innerhalb von acht Wochen zeichneten 12.000 Teilhaber Anteile über mehr als 36.000 Francs. Proudhon floh jedoch nach Belgien, als er wegen einer Kritik an Louis Bonaparte, dem späteren Kaiser Napoleon III., die als Aufruf zum Bürgerkrieg verstanden wurde, ins Gefängnis sollte, und löste das Unternehmen auf. [7]

In seiner ersten Schrift vertrat Proudhon 1839 die Auffassung, Eigentum müsse beschränkt werden, kritisierte den »wucherischen« Aufkauf von Lebensmitteln und Arbeit und plädierte für ein Existenzrecht für jeden.[8] Im folgenden Jahr erschien seine Schrift *Was ist das Eigentum?* mit den Sätzen: »Eigentum ist Diebstahl! Gott ist das Übel! Die beste Regierung ist die Anarchie.« Die Parolen machten ihn auf einen Schlag in ganz Europa berühmt, Marx war begeistert, und Proudhon genoß fortan fälschlicherweise einen Ruf als Umstürzler, den er kultivierte, obwohl er jene berühmten Sätze später als »fürchterliche Formeln« bedauerte.[9] Die Formeln täuschen darüber hinweg, daß Proudhon Kommunismus und Sozialismus entschieden ablehnte und das Eigentum verteidigte. Es sollte bloß nicht mißbraucht werden und den Arbeitern ein gerechter Anteil zukommen. In seinem Buch *System der ökonomischen Widersprüche oder Philosophie des Elends* (1846) heißt es: »Das Eigentum ist eine Institution der Gerechtigkeit, und Eigentum ist Dieb-

6 Silberner, 1962, S. 248 ff.
7 Höppner, 1975, S. 293; Ramm, 1963, S. XXVII f.
8 Ebd., S. XVI.
9 Ebd., S. V; Bookchin, 1998, S. 39.

stahl. Aus alledem geht hervor, daß eines Tages das umgewandelte Eigentum eine positive, soziale und wahrhaftige Idee sein wird; ein Eigentum, das das alte Eigentum abschafft und für alle gleichmäßig wirksam und wohltätig sein wird.«[10]

In der posthum erschienenen Schrift *Theorie des Eigentums* (1865) bezeichnete Proudhon Eigentum als rücksichtslos und egoistisch, weil es wucherisch agiere, Bürger beraube und die Landwirtschaft schädige. Aber gerade aufgrund seiner absolutistischen Macht sei Eigentum das einzige und »natürliche, notwendige Gegengewicht« zur Staatsgewalt, die Instanz, die die Staatsräson kontrolliere und begrenze, und damit einziger Garant der Freiheit. Wo es kein unbeschränktes Eigentum gebe, herrsche der Despotismus. Darum lehnte Proudhon die Demokratie ab und vertrat die republikanische Auffassung des 18. Jahrhunderts, wonach nur Eigentümer Staatsbürger sein können: Ein Wähler ohne Eigentum sei so wertlos wie eine Armee von Rekruten ohne Waffen. Die Wählerstimme repräsentiere nur Macht, wenn sie auf Eigentum basiere.[11] Noch kurz vor der französischen Februar-Revolution von 1848 beschwor Proudhon seine Freunde, sich nicht einzumischen. Erst nach Ausbruch der Kämpfe in Paris beteiligte er sich und verfaßte Broschüren zur »Lösung des sozialen Problems«. Sein »Revolutionäres Programm« von 1848 zeigt Proudhon als vollendeten Reaktionär: Er plädierte für die Todesstrafe,[12] gegen das allgemeine Wahlrecht, die Demokratie, den Kommunismus und die Emanzipation der Frauen. »Das Königreich der Frau, das Denkmal der Familie« sei der Haushalt. »Der Haushalt ist das erste, von dem das junge Mädchen träumt; diejenigen, die so viel von Neigungen reden und den Haushalt abschaffen wollen, müßten eine solche Entartung des Geschlechtsinstinkts wohl erst beweisen. (...) Dirne oder Hausfrau (Hausfrau sage ich und nicht Dienstmädchen), ich sehe keine Möglichkeit dazwischen.«[13]

Als Prinzipien galten Proudhon Freiheit, Gleichheit, Sicherheit und Eigentum »als das Recht, über sein Einkommen, den Ertrag seiner Arbeit und seines Fleißes frei zu verfügen«. Sein Motto sei »laissez faire, laissez passer«, es dürfe »keine Solidarität unter den Bürgern« geben außer bei höherer Gewalt. Proudhon entwickelte ein Programm, das auf folgender Krisentheorie basiert: »Alle Krankheit, die heute den Sozialkörper heimsucht, läßt sich auf einen Stillstand, auf eine Störung der Zirkulationsfunktion zurückführen.« Worauf aber beruhe die Zirkulation? Auf Bargeld, und das Problem sei, daß Geld

10 Ramm, 1963, S. XIX.
11 Ebd., S. 277, 279, 284, 312, 320, 331, 333.
12 Ebd., S. 152.
13 Ebd., S. 121.

»ein Werkzeug der Spekulation, eine Fessel für die Freiheit des Handels ist. Da das Geld nicht umsonst arbeitet, ist in diesem System die Zirkulation einem ständigen Schwund des Wertes ausgesetzt.« Darum wollte Proudhon das Geld abschaffen: »Das Geld ist also ein Hemmnis für den Austausch, eine Fessel für die Freiheit des Handels und der Industrie; sowohl für sich genommen als überflüssiges Organ, als Schmarotzertätigkeit, als auch seinen Kosten nach, als Ursache von Verlust. Auf das Bargeld zu verzichten und den Zins für das Umlaufkapital zu beseitigen, das ist die erste Fessel der Freiheit, die ich durch die Gründung einer Tauschbank zu sprengen vorschlage.«[14] Eine Tauschbank auf Gegenseitigkeit (Mutualismus) sollte den direkten Austausch aller Erzeugnisse zum Herstellungspreis vermitteln. Der Zins würde dadurch auf null sinken. »Wenn (...) der gegenseitige Austausch der Produkte direkt ohne Vermittlung und ohne Abzüge im voraus erfolgte, dann würde die Gegenseitigkeit des Kredits als Kapital, und zwar als unerschöpfliches und unentgeltliches und zinsfreies Kapital, arbeiten, dann wäre die Zirkulation nicht mit einer Auflage von 400 Millionen als Diskont belastet, und der Finanzwucher wäre unmöglich«, meinte Proudhon. Nur das Geld habe die Arbeit dem Kapital unterworfen, Bargeld müsse darum abgeschafft werden.[15]

Auch Löhne und Gehälter, Mieten und Pachten, Abgaben und Zölle, Dividenden sowie Schulden sollten gesenkt werden. Dadurch würden die Produktionskosten verringert, die Herstellung von Gütern angekurbelt und der allgemeine Reichtum vermehrt werden. Alle Proletarier bekämen einen Anteil, stiegen zu selbständigen Handwerkern und Kapitalisten auf, so daß das Proletariat abgeschafft werde. Fortan gäbe es nur noch Produzenten, die untereinander Waren zum Selbstkostenpreis tauschen.[16] Proudhon versprach eine »Herrschaft der Gleichheit des Austauschs«, ohne Privilegien und Schmarotzerei, »wo der Produzent den Gegenwert seines Erzeugnisses erhält« und »sich der Lohn in dem Maße vermindert, in dem der Arbeiter reicher wird«, während gegenwärtig der Kapitalist durch Monopole und Börsenspekulation den Industriellen ausbeute.[17] Hier finden wir schon jene falsche Vorstellung einer Spaltung des Kapitals in einen wucherischen, raffenden und einen positiven, schaffenden Teil, die dann später für Völkische und Nazis kennzeichnend wird.

Immer wieder bezog sich Proudhon auf die Landwirtschaft. Daß Arbeitsteilung und Massenproduktion die Kosten pro Gü-

14 Ebd., S. 123, 126.
15 Ebd., S. 126, 133, 140, 147.
16 Ebd., S. 135 ff., 143 ff.
17 Proudhon, 1848, S. 145.

tereinheit senken, sah er nicht. Proudhon idealisierte den einfachen naturverbundenen Bauersmann, der mit seiner Familie die eigene Scholle bearbeitet, und behauptete, der gesellschaftliche Niedergang habe eingesetzt, als der Boden zur Ware wurde: »Und die Sitten verfielen mit der Landwirtschaft zur gleichen Zeit, als der Eigentümer sein Recht ausnutzte, aber seine Pflichten mißachtete.« Also als die Grundeigentümer begannen, den Boden zu vermarkten, daraus Rente zogen, aber nicht mehr selbst arbeiteten. »Man hängt nicht mehr wie früher am Boden, weil man auf ihm wohnt, weil man ihn bestellt, weil man seinen Geruch atmet, weil man von seiner Substanz lebt, weil man ihn von seinen Vätern mit dem Blute empfangen hat und weil man ihn von Generation zu Generation in seiner Nachkommenschaft vererben wird, weil man auf ihm seinen Leib, seine Anlagen, seinen Instinkt, sein Denken und seinen Charakter bekommen hat und weil man sich nicht von ihm trennen könnte, ohne zu sterben«, schrieb Proudhon. »Das tiefe Naturgefühl und die Liebe zum Boden, die allein das Landleben gibt, sind erloschen.« Als Eigentümer verkaufe der Mensch den Boden, die Erde, »treibt Schacher mit ihr, macht sie zum Gegenstand von Spekulationen«.[18]

Murray Bookchin (1921–2006) hat Proudhon vorgeworfen, die bäuerliche Familie als Grundeinheit der Gesellschaft zu mystifizieren und den Horizont einer provinziellen und vorindustriellen Welt nie zu überschreiten. Sein beschränkter Ansatz, bloß Finanzkapital, Geld und Zinsen ins Visier zu nehmen, ende in bitterem Antisemitismus.[19] Für Proudhon war »der Jude« ein Betrüger und Schmarotzer: »Seine Wirtschaftspolitik ist ganz negativ, ganz wucherisch; das Prinzip des Bösen, Satan, Ahriman, verkörpert in der Rasse des Sem.« Die Juden seien eine Parasitenrasse, die die Welt beherrsche, indem sie Banken und Börsen sowie die Presse kontrolliere, eitel, materialistisch und spitzfindig, unfähig, einen eigenen Staat zu bilden.[20] Sie würden Geld als Waffe benutzen und seien unfähig zu ehrlicher Arbeit, glaubte Proudhon. Man müsse begreifen, daß der Jude »vom Temperament her ein Anti-Produzent ist, kein Bauer, ja noch nicht einmal ein richtiger Kaufmann«. Er forderte, alle französischen Synagogen zu schließen. »Man muß diese Rasse nach Asien zurückschicken oder sie ausrotten.«[21]

Marx nahm von den Frühsozialisten besonders Proudhon aufs Korn. Dessen großer Irrtum sei, Produktionskosten und Löhne gleichzusetzen und die Gleichwertigkeit der Arbeitsta-

18 Ramm, 1963, S. 287.
19 Bookchin, 1998, S. 39 ff.
20 Silberner, 1962, S. 56 ff.; Krier, 2009.
21 Ebd., S. 179 ff.; Mosse, 1990, S. 187 f.; Traverso, 1995, S. 38; Karady, 1999, S. 219, 231.

ge verschiedener Arbeiter zu behaupten. Proudhon fasse den Wert der Arbeit als Wert des Produkts und leite daraus ab, der Lohn solle den Preis jeder Ware bilden. Dabei sorge doch die Konkurrenz dafür, daß der Tauschwert einer Ware durch das zu ihrer Herstellung gesellschaftlich notwendige Minimum an Arbeitszeit bestimmt werde. Auch gebe es keine harmonische Proportion von Angebot und Nachfrage, sondern ein ständiges Schwanken: Prosperität, Depression und Krisen. »Produktions-anarchie« sei die Norm des Kapitalismus und sowohl Quelle des Elends als auch Ursache des Fortschritts.[22] Proudhon sei der »Ökonom des Kleinbürgertums«, urteilte Marx: »Sie wollen alle die Konkurrenz ohne die unheilvollen Folgen der Konkurrenz. Sie wollen alle das Unmögliche, d.h. bürgerliche Lebensbedingungen ohne die notwendigen Konsequenzen dieser Bedingungen.«[23]

In der Regel wird Proudhon von Anarchisten unkritisch als Begründer ihrer Bewegung gewürdigt.[24] Lediglich Bookchin hat die Frage gestellt, ob man Proudhon überhaupt als Anarchisten bezeichnen könne, und dessen Haltung als kompatibel mit reaktionären bis faschistischen Strömungen kritisiert.[25] Tatsächlich nutzten französische Faschisten vor dem Ersten Weltkrieg seine Lehre, vor allem seine Verteidigung von Eigentum und Familie und seinen Antisemitismus. Sie gründeten 1911 den Cercle Proudhon, der mit der Action Francaise verbunden war, einer militanten nationalistischen, katholischen und antisemitischen Organisation, die 1898 entstanden war und im Zweiten Weltkrieg mit dem Vichy-Regime kollaborierte.[26] Der Nationalsozialist Willibald Schulze lobte 1931 Proudhons Tauschbank und betonte, dieser habe sich gegen Demokratie, Revolution und Frauenrechte, gegen Zins, Grundrente und Spekulation ausgesprochen. Proudhon habe einen »vernünftigen Anarchismus« vertreten, zwischen Eigentum und Besitz unterschieden und gezeigt, wie man die Schwachen durch Fürsorge entlasten könne, ohne den einzelnen am Wirken »in Freiheit« zu hemmen. »Dies lehrt uns Proudhon, und insofern ist auch die Lehre Proudhons ein Wegweiser zum dritten Reich.«[27]

Gesell hat Proudhons ökonomischen Ansatz zunächst als falsch kritisiert. Später würdigten er und seine Anhänger ihn als Vorläufer, der allerdings noch nicht die richtige Lösung gefunden habe. Gesell widmete sein Hauptwerk »dem Andenken

---

22 Marx, MEW 4, S. 87 f., 94 f., 97.
23 Ebd., S. 555.
24 Nettlau, 1993, S. 144, 149, 153; Guerin, 1979; Stowasser, 1995, S. 86 ff., 178 ff.; Cardella, 2011.
25 Bookchin, 1998, S. 39 ff.; Bookchin, 1995.
26 Sternhell, 1999, S. 61 f., 107, 112 f., 159, 163.
27 Schulze, 1931, S. 113 ff.

Proudhons«.[28] Gustav Landauer (1870–1919) stützte sich auf die Ansichten Gesells und Proudhons über Geld, Zins und Tausch und feierte den Franzosen als großen Denker.[29] Der Wiener Verlag Monte Verita, der zur Förderation anarchistischer Betriebe zählt, druckte in den 1980er Jahren Proudhons Werk über die »Volksbank« nach, worin im Vorwort der Zins als Quelle allen Übels bezeichnet wird.[30] Zum 200. Geburtstag Proudhons hat Edward Castleton für »Le Monde Diplomatique«, ein wichtiges Organ der Globalisierungskritiker, eine »Hommage an einen radikalen Denker« verfaßt. Zwar habe Proudhon »antifeministische Positionen, offene Misogynie, einen gewissen Antisemitismus« vertreten, aber das fände sich bei vielen Sozialisten des 19. Jahrhunderts. Lasse man solche Vorstellungen außer Acht, sei Proudhons Denken »auch heute noch aktuell«, insbesondere die Idee eines »friedfertigen Klassenkampfes« gegen »Spekulation und Riesenvermögen« und für eine »möglichst geringe Gehaltsspreizung«. Es bleibe zu hoffen, daß »dieser Denker wieder etwas von der Wertschätzung erfährt, die er vor hundert Jahren genoß«.[31]

Boden- und Geldreformer

In der Ersten Internationale stritten Marx und Anhänger Proudhons weiter über das Wesen des Kapitals. In der deutschen Arbeiterbewegung dominierten Vorstellungen Ferdinand Lasalles (1825–64), der ähnlich wie Louis Blanc (1811–82) Produktionsgenossenschaften mit staatlicher Unterstützung propagierte, um den Arbeitern einen »gerechten« Lohn zu verschaffen.[32] Die Idee übernahm die SPD im Gothaer Programm von 1875. Marx sprach von einer hohlen Phrase. Die Bourgeois hielten die aktuelle Verteilung immer für gerecht, und das sei sie auch, weil die Rechtsverhältnisse aus den jeweiligen ökonomischen Bedingungen erwüchsen.[33] Die Forderung nach einem gerechten oder vollen Lohn ignorierte nach Ansicht von Marx die strukturelle Dimension von Ausbeutung. Zugleich ging er davon aus, daß solche falschen Vorstellungen einer Logik folgten, die sich aus den Erscheinungsformen der gesellschaftlichen Beziehungen der Menschen ergaben. So erscheine der Lohn als Wert der

28 Gesell, GW 3, S. 64, 188; Gesell, GW 4, S. 65 ff.; Gesell, GW 9, S. XIV, XXV, XXIX; Gesell, GW 6, S. 18; Gesell, GW 9, S. 89; Onken, in Gesell, GW 2, S. 8; Onken, in Gesell, GW 7, S. 10; Epple, 1933; Stowasser, 1995, S. 87 f.

29 Landauer, 1919, S. 102 ff., 122 ff.

30 Proudhon: *Die Volksbank.* Verlag Monte Verita, Wien, zweite Neuauflage ohne Jahresangabe. In diesem Verlag erschienen auch Werke des Gesellianers Gerhard Senft über den Stirnerschen Individual-Anarchismus. Den Vertrieb für Deutschland organisierte der Aurora-Buchvertrieb in Berlin, der ebenfalls mit der Freiwirtschaft sympathisiert.

31 Castleton, 2009.

32 Lassalle, 1987, S. 239–248.

33 Marx, MEW 19, S. 18.

Arbeit, entspreche aber nur dem Wert der Ware Arbeitskraft. Der Wert der Arbeitskraft aber müsse kleiner sein als der Wert ihres Produkts, sonst entstehe kein Überschuß, den das Kapital sich aneignen könne. Der Arbeiter arbeite stets länger, als zu seiner Reproduktion notwendig sei, erklärte Marx. Gemeint ist, daß die durchschnittliche Arbeitszeit, die zur Herstellung aller Güter und Dienstleistungen, die der Arbeiter und seine Familie brauchen, benötigt wird, kleiner ist als seine gesamte Arbeitszeit. In der überschüssigen Zeit entstehe der Mehrwert. In der Form des Arbeitslohns werde diese Teilung des Arbeitstags ausgelöscht, und alle Arbeit erscheine als bezahlte Arbeit, argumentierte Marx. Auf dieser Fiktion, die das wirkliche Verhältnis unsichtbar mache, »beruhn alle Rechtsvorstellungen des Arbeiters wie des Kapitalisten, alle Mystifikationen der kapitalistischen Produktionsweise, alle ihre Freiheitsillusionen, alle apologetischen Flausen der Vulgärökonomie« und – so wäre zu ergänzen – alle Vorstellungen von einem »gerechten« Lohn.[34]

In der zweiten Hälfte des 19. Jahrhunderts traten Sozialreformer auf, die trotz der raschen kapitalistischen Industrialisierung in Europa und Nordamerika unterstellten, exklusiver Landbesitz sei der Angelpunkt der sozialen Verhältnisse. Die Grundeigentümer würden eine »arbeitslose« Rente kassieren, die sich auf Mieten, Preise und Löhne niederschlage, und damit Industriearbeiter und Industriekapitalisten um ihren »gerechten Anteil« am Einkommen bringen. Dieser Ansatz geht auf Henry George (1839–97) zurück, einen amerikanischen Matrosen, Goldsucher, Drukker, Journalisten und Verleger. George stand wie Marx vor dem Widerspruch, daß dank der neuen Maschinen und Verfahren die Produktivität der menschlichen Arbeit und damit der Reichtum enorm wuchsen, gleichzeitig jedoch auch die Zahl der Armen stieg. Die Ursache dafür sah George im privaten Bodenbesitz. Ideal wäre, diesen abzuschaffen, meinte er, schrak davor jedoch zurück. Er favorisierte eine einzige Grundsteuer (*Single Tax*), die allmählich erhöht werden und alle anderen Steuern sowie Zölle ersetzen sollte. Im Ergebnis werde die Steuerlast auf die Grundeigentümer in den Städten abgewälzt, die Spekulation mit Bauland unrentabel, und die Kapitalisten könnten die »volle Höhe des Arbeitsertrages« an die Arbeiter bezahlen.[35] »Humbug« nannte Marx diesen Ansatz und »einen letzten Versuch, die Kapitalistenherrschaft zu retten«. George solle sich fragen, wieso gerade in den USA, wo das Land der großen Masse zugänglich gewesen war und relativ immer noch wäre, die Knechtung der Arbeiterklasse sich »rascher und schamloser« entwickelt habe als anderswo.[36]

---

34 Marx, MEW 23, S. 562.
35 Henry George, 1973.
36 Marx, MEW 35, S. 191, 199 f.; Hudson, 2008, S. 13.

Tatsächlich unterstützte George das industrielle Kapital und attackierte lediglich Finanz- und Monopolkapital sowie Grundbesitz. Reformen der Arbeits- und Wohnverhältnisse lehnte er aufgrund liberaler und antistaatlicher Erwägungen ab, weswegen ihn die United Labour Party ausschloß. Zwei Jahre zuvor, 1886, hatten ihn radikale und sozialistische Gruppen als Bürgermeisterkandidaten für New York nominiert, wo er mit dem zweiten Platz einen Achtungserfolg erzielte. George war aber kein Sozialist, sondern ein »utopischer Kapitalist«.[37] Er agitierte gegen die Einwanderung von Chinesen. Sie seien »völlige Heiden, heimtückisch, lüstern, feige und grausam«, ihr moralisches Niveau so niedrig wie ihr Lebensstandard. Sie würden einen Staat im Staat bilden und so niedrige Löhne akzeptieren, daß weiße Arbeiter unterboten und der Fortschritt behindert werde, weil billige Arbeitskraft jeden Anreiz für Erfindungen und Produktivitätssteigerungen tilgten.[38] Zwar lehnte George die Sklaverei ab, nannte aber die Einfuhr von Schwarzen ein Übel, eine Quelle von Schwäche und Gefahr. Diese Kombination aus Abolitionismus und Rassismus war durchaus typisch für einen Teil der Sklavereigegner in den USA. Gleichzeitig formulierte George in seinem Hauptwerk eine grundsätzliche Kritik an biologistischen Ideologien. Während andere wegen ihres beschränkten ökonomischen Verständnisses zu Rassismus und Antisemitismus neigten, verfuhr George umgekehrt: Er leitete die ganze Weltgeschichte aus den jeweiligen Bodenbesitzverhältnissen ab. Ausdrücklich wies er Vorurteile gegenüber Indianern, Juden, Zigeunern und Schwarzen sowie die These von der angeborenen Kriminalität zurück. Als allgemeines Gesetz formulierte er, der menschliche Charakter werde durch Umwelt- und Lebensbedingungen geprägt.[39]

In Großbritannien und Irland wurde George gefeiert. Mit der irischen Bewegung überwarf er sich schließlich, weil er sowohl ihre Forderung, das Land aufzuteilen, als auch die Unabhängigkeit ablehnte.[40] In England hatten zuvor bereits Ökonomen wie John Stuart Mill (1806–1873) eine Bodenreform verlangt. Als Präsident der Land Nationalisation Society fungierte Alfred Russel Wallace (1823–1913), der prominente Mitbegründer der darwinschen Evolutionstheorie.[41] Die britische Bewegung war gespalten: Ein Teil folgte George, Wallace und seine Anhänger lehnten die *Single Tax* ab und wollten Grund und Boden komplett verstaatlichen.[42]

---

37 McCann, jr., 2008, S. 80.
38 George, 1869.
39 George, 1973, 487 ff.
40 Silagi, 1973, S. 30 ff.
41 Slotten, 2004, S. 365 ff.
42 Hayder, 1913, S. VI ff., 3 ff., 336 ff., 398 ff., 422, 424 f.; Silagi, 1973, S. 36 ff., 54 ff.

In Deutschland kämpfte der Arzt Theodor Stamm (1823–1892) als erster für eine Bodenreform. Er lebte als Experte für Seuchenbekämpfung und Hygiene jahrelang in Südamerika und im Nahen Osten.[43] Stamm setzte vergebens auf die junge Sozialdemokratie, genausowenig Erfolg hatte er mit eigenen Organisationen.[44] Er wollte das Kreditwesen und den Boden verstaatlichen, wobei die Besitzer entschädigt werden sollten.[45] Ähnlich wie später Gesell plädierte Stamm dafür, das Land an Meistbietende zu verpachten und die Frauen als »Mütter des Menschengeschlechts« am Pachtertrag zu beteiligen.[46] Privates Grundeigentum verdammte Stamm als Quelle von »arbeitslosen Kapital- und Zinsen-Vermehrungen«, es führe zu Wucher und Schacher, und durch das »entsittlichende Beispiel« arbeitslosen Einkommens wären »schon ganze Länder in ihren Gewohnheiten verorientalisiert«.[47] Bemerkungen über brasilianische und australische Indigene, afrikanische Buschmänner, Slawen und Ungarn belegen eine rassistische Haltung.[48] Bodenreform bedeutete für Stamm eine Umkehr zur Höherentwicklung. In ihrer Verwirklichung sah er Deutschlands Mission zur »Erlösung der Menschheit«. Stamm wollte einen »Volksstaat« einrichten, der gegen diese »gemeinschädlichen Parasiten«, die Bezieher arbeitslosen Einkommens, vorgeht, und entdeckte in Garten- und Ackerbau die »verjüngende Kraft eines jeden Staates«.[49]

Der Fabrikant Michael Flürscheim (1844–1922) wollte wie Stamm Grund und Boden sowie Eisenbahn, Straßen und Altersversorgung verstaatlichen. Dies sei der wahre Sozialismus mit freier Konkurrenz, aber ohne Monopole, die »wahre Sozialreform« und das »einzige Kampfmittel gegen den Sozialismus«.[50] Als Unternehmer eines Eisenwerks im badischen Gaggenau gründete er eine Betriebskrankenkasse, ließ einen beheizten Speisesaal und kleine Häuser für die Arbeiter bauen. 1888 zog sich Flürscheim aus der Firma zurück, gründete den Deutschen Bund für Bodenbesitzreform und versuchte später in Amerika Siedlungen und in Neuseeland eine Art Tauschbank zu gründen. Er leitete aus der privaten Aneignung der Grundrente den Zins ab: Solange man Land kaufen könne, könne man auch Geld gegen Zins verleihen, wobei die Grundrente die Untergrenze des

43 Auskunft Stadtarchiv Wiesbaden, 6.7.2011 und 7.7.2011; Stadtarchiv Baden-Baden, 7.7.2011.
44 Stamm, 1884, S. XXVI; Stamm, 1886; Bodenreformprogramme, 1907, S. 297 f.; Silagi, 1992, S. 250 f.; Silagi, 1973, S. 59 ff.
45 Stamm, 1884, S. XXVI, 139 ff., 152, 163; Stamm, 1886, S. 11 f.
46 Stamm, 1884, S. 137, 170 ff., 400 ff.
47 Ebd., S. XXV, S. 444, 449, 451.
48 Ebd., S. 126, 458.
49 Ebd., S. XXVIII, S. 426, 452.
50 Flürscheim, 1894, S. V, VI.

Zinssatzes markiere.[51] Die Grundrente attackierte Flürscheim als »Mutter des Kapitalzinses«, und er warf George vor, den Zins nicht wirklich berücksichtigt zu haben.[52]

Flürscheim unterschied zwischen einem wirklichen Kapital – Werkzeuge und Maschinen, mit denen man Güter herstellen kann – und einem zinstragenden Kapital. Letzteres mache den größten Teil des »Weltkapitals« aus, sei aber bloß fiktives Kapital, weil ihm keine Güter entsprächen; es bezeichne lediglich den Preis für Rechtstitel, um einen Tribut zu erpressen.[53] So trennte Flürscheim wie Proudhon und Gesell zwischen Produzenten und Kapitalisten, die lediglich Zins nehmen.[54] Er glaubte, Geld in Form von Münzen und Noten werde von Kapitalisten gehortet, um höheren Zins zu erlangen. Sänken die Zinsen, würden die Rentiers ihre Ausgaben einschränken, den »freien Austausch der Warenprodukte« behindern und einen Tribut erpressen.[55] Soweit nahm Flürscheim Gesells Lehre vorweg. Während dieser jedoch die unterstellte Wertbeständigkeit des Geldes durch Schwund aufheben wollte, glaubte Flürscheim, der Zins als Tribut an Rentiers (im Unterschied zum Zins als Risikoprämie) würde verschwinden, sobald Grund und Boden gegen Abfindung verstaatlicht und dem Markt entzogen wären.[56] Statt fiktivem Kapital und Zins entstünde mehr wirkliches Kapital, prognostizierte Flürscheim. Jeder Arbeiter würde sich selbständig machen und die Unternehmer zwingen können, höhere Löhne zu zahlen. Der Konsum der Massen würde sich dadurch »riesig erhöhen«.[57]

Theodor Hertzka (1845–1924) schwebte eine harmonische Wirtschaft vor, in der Handwerker und Bauern, kleine und große Unternehmen, Genossenschaften und Aktiengesellschaften zwar konkurrieren, sich aber nicht gegenseitig ruinieren. Diese Betriebe würden zwar Gewinne erzielen, zahlen diese aber ohne Abzug von Unternehmergewinn, Kapitalzins und Grundrente als »vollen Arbeitsertrag« komplett an die Lohnarbeiter bzw. Genossen aus. Die dadurch »vollkommen entfesselten Eigeninteressen« würden die Produktion so gewaltig ankurbeln, daß für jeden ein größeres Stück von einem wachsenden Kuchen abfallen und alle zufrieden sein würden.[58]

Der Beitrag Hertzkas zur Geschichte der Sozialreform besteht in seinem Versuch, eine Musterkolonie in Ostafrika zu eta-

51 Ebd., S. 106.
52 Ebd., S. 569, ähnlich S. 104 ff.
53 Ebd., S. 569.
54 Ebd., S. 28.
55 Ebd., S. 26, 94 f.
56 Ebd., S. 120.
57 Ebd., S. 176 f., 574.
58 Hertzka, 1890, S. X, XXV, 149; Hertzka, 1894, S. 2 ff.

blieren, die er in seinem Hauptwerk *Freiland* (1890) literarisch vorwegnahm. In dem utopischen Roman gründet eine Gruppe von Siedlern im Hochland von Kenia einen Ort namens Edenthal. Jeder hat dort freien Zugang zu Boden, Werkzeugen und zinslosem Kapital und bekommt den »vollen Arbeitsertrag«, gemessen an seiner individuellen Leistung. Die Arbeiter schließen sich zu Genossenschaften zusammen.[59]

Hertzkas Bemerkungen über Frauen lassen vermuten, daß er der sozialdarwinistischen Legende einer biologischen Degeneration der Menschheit anhing. Er unterstellte, »das Weib« sei nicht für den »aktiven Kampf ums Dasein« geschaffen und widme sich der Fortpflanzung sowie der Verschönerung und Veredelung des Daseins. Zwar sollten sich Frauen nach Belieben beruflich betätigen, jedoch glaubte Hertzka, daß sie sich mit Erziehung und Pflege begnügen würden. Frauen haben in *Freiland* zwar das Wahlrecht, jedoch beteiligen sie sich »niemals« an der Exekutive. Die Ehe kritisierte er als legale Form der Prostitution: Die Frau müsse sich verkaufen und würde damit sich und »die Zukunft der Rasse schänden«. Hertzka glaubte im Sinne der Rassenhygiene, daß nur aus Liebe und Leidenschaft gesunde Kinder gezeugt würden. Aufgrund der üblichen Versorgungsehen würden dagegen »Saft und Mark der zukünftigen Generationen verdorren«. Ähnlich wie später Gesell forderte Hertzka einen Unterhalt für Frauen, gestaffelt nach der Anzahl ihrer Kinder.[60]

Hertzka kritisierte die Antisemiten als »culturfeindlich« und dumm. Für ihn standen sie auf einer Stufe mit Schwarzen und Russen.[61] Freiland könne »nicht mit Hottentotten oder russischen Bauern« gegründet werden, »sondern (setzt) die blühende Culturstufe voraus ..., auf die, Dank der Socialdemokratie, die Arbeiter im civilisierten Europa gelangt sind«.[62] Hertzka beschrieb Schwarze als arbeitsscheu, zügellos und triebhaft, sie bedürften der Erziehung durch die Freiländer. In Edenthal würden Schwarze die Hausarbeit verrichten. Sobald sie lesen und schreiben könnten, bekämen sie allmählich das Wahlrecht und die übrigen Rechte der Weißen zugesprochen. Und weil Hertzkas Freiland-Siedlung unentwegt expandiert, bis sie die ganze Welt umfaßt, führen die Siedler als erstes Krieg mit den afrikanischen Nachbarn, die sie aufgrund überlegener Waffen und Disziplin unterwerfen.[63]

Kurz nach Erscheinen des Buches gründete Hertzka die Freiland-Bewegung, die im Sommer 1891 etwa 1.000 Mitglieder

59 Hertzka, 1890, S. 144 ff.
60 Ebd., S. 16 f., 213 ff.
61 »Freiland«, Nr. 10/11, 3.1.1894, S. 2.
62 »Freiland«, 30.10.1893, S. 3.
63 Hertzka, 1890, S. 218, 225, 229–37.

hatte. Die meisten lebten in Wien, wo Hertzka als anerkannter Wirtschaftsjournalist arbeitete. Ende 1892 beschloß der Verein eine Expedition nach Ostafrika.[64] Dem Aktionskomitee gehörte als Vizepräsident auch der berühmte Naturforscher Wallace an. Zunächst schien es, als würden die Briten das österreichisch-deutsche Projekt in ihrem Kolonialbereich tolerieren.[65] Ende Februar 1894 reisten die Teilnehmer der ersten Expedition ab. Nur wenige Monate später scheiterte das Unternehmen, weil die britischen Behörden die Expedition nicht weiterziehen ließen.[66] Ähnlichen Unternehmungen in den USA, Mexiko und Paraguay blieb der Erfolg ebenfalls versagt.

Franz Oppenheimer (1864–1943), der dem Berliner Zweig von Hertzkas Freiland-Bewegung angehörte, favorisierte Siedlungen in Deutschland. Zwei seiner heimischen Projekte, Gut Wenigenlupnitz bei Eisenach (1905) und Bärenklau bei Potsdam (1920), scheiterten.[67] Die Siedlung Merchawjah (hebräisch für »Gottes Weite«) in Palästina (1911) litt wie Wenigenlupnitz an der schlechten Qualität des Bodens, die Siedler hatten wenig Ahnung von Landwirtschaft und waren politisch uneins, etwa über den Umgang mit den arabischen Nachbarn. Und schließlich favorisierte die Mehrheit eine kollektive Wirtschaft und lehnte Oppenheimers Vorstellungen von Leistungslohn und einen autokratischen Verwalter ab. Die Siedlung zeigte, daß zwischen Liberalen wie Oppenheimer oder Hertzka und der sozialistischen Genossenschaftsidee Welten lagen; mit der Kibbuz-Bewegung hatte Oppenheimer nichts am Hut.[68] Positiv entwickelten sich die Baugenossenschaft »Freie Scholle« in Berlin-Tegel von 1894, die der Berliner Freilandverein initiierte, und die Konsum-, Produktiv- und Baugenossenschaft »Produktion« in Hamburg. Deren Bäckerei und Metzgerei galten als die modernsten und größten Anlagen ihrer Art, die Wohnblocks dienten als Vorbild für die Wiener Sozialbauten der 1920er Jahre.[69] Eine Erfolgsgeschichte ist die Siedlung Eden bei Oranienburg, die bis heute besteht.

Im Wissenschaftsbetrieb des Kaiserreichs und der Weimarer Republik war Professor Oppenheimer ein Außenseiter. Der Soziologe und Ökonom sah sich als innovativer Schüler sowohl von Marx als auch des Philosophen und Nationalökonomen Eugen Dühring (1833–1921). Er pries Dühring als Vorläufer ei-

64 »Freiland«, 20.7.1893, S. 1; 30.10.1893, S. 1; 3.1.1894, S. 1; Neubacher, 1987, S. 25 ff.

65 Aufruf des freiländischen Aktionskomitees, »Freiland«, 3.2.1894, S. 1.

66 Wilhelm, 1894, S. 2, 4.

67 Oppenheimer, 1895, S. 67 ff.; 1919, S. 72 f.; 1931, S. 163 ff., 169 ff.; Neubacher, 1987, S. 52 ff.; Haselbach, 1985, S. 131 ff.

68 Oppenheimer, 1919, S. 72 f.; 1931, S. 165 ff.; Neubacher, 1987, S. 59 f.; Haselbach, 1985, S. 135 ff.; Senft, 1997, S. 32 ff.

69 Neubacher, 1987, S. 51.

nes liberalen Sozialismus, wobei er Dührings Antisemitismus ablehnte.[70] Oppenheimer glaubte, monopolistisches Bodeneigentum und Zins seien am krassen Gegensatz zwischen Arm und Reich schuld. Überakkumulation und Unterkonsumtion hielt er wie Marx für die Ursachen von Wirtschaftskrisen.[71] Das »Zaubermittel«, so Oppenheimer 1920, wäre, Grund und Boden allen zugänglich zu machen. Dann würde die Grundrente an die Produzenten fließen, die Löhne der Arbeiter würden steigen, und alle bekämen den »vollen Arbeitsertrag«. Erstmals seit 5.000 Jahren würden die freie Konkurrenz und der freie Markt wiederhergestellt.[72] Für Oppenheimer war das der »dritte Weg« zwischen Kapitalismus und Kommunismus. Dafür genüge es, eine Siedlung zu gründen, einen Bauern oder Großgrundbesitzer zu finden, der das Land von seinen Knechten in Form einer Genossenschaft bewirtschaften lasse oder in Parzellen verpachte und jeden am Ertrag gemäß seiner Leistung beteilige. In einer solchen Genossenschaft würden Produktivität und Einkommen so steigen, daß die Besitzer der umliegenden Höfe höhere Löhne zahlen müßten, damit ihnen die Arbeiter nicht davonliefen. Dadurch würde die Grundrente der Eigentümer gegen Null sinken. So wie Hertzkas Edenthal in Kenia würde Oppenheimers erste Genossenschaft wie eine »Eizelle« wirken, wachsen und sich teilen, bis schließlich die »ganze Kulturmenschheit« freiländische Prinzipien übernommen habe und weltweit ein friedlicher Wandel eintrete.[73] Jedes Projekt, das Oppenheimer unterstützte, war ein Versuch, eine solche Eizelle zu schaffen. Gemäß dem »bioenergetischen Grundgesetz« des Darwinisten und Rassisten Ernst Haeckel (1834–1919) glaubte Oppenheimer, jede Gesellschaft sei ein Organismus, und der neue freiländische Organismus müsse aus kleinen Anfängen wachsen.

Während Bodenreform für viele ihrer Anhänger besonders aus dem völkisch-lebensreformerischen Lager bedeutete, den Großgrundbesitz als vermeintlich unproduktive Wirtschaftseinheit aufzulösen und das Land an Bauern zu vergeben bzw. städtische Arbeiter dort anzusiedeln, favorisierte Oppenheimer moderne Anbaumethoden, Großbetriebe und Produktivgenossenschaften. Er hoffte, damit die Krise der deutschen Landwirtschaft lösen zu können. Viele Betriebe konnten mit ausländischen Importeuren nicht konkurrieren, was im Kaiserreich zu heftigen Debatten zwischen meist agrarischen Verfechtern von Schutzzöllen und überwiegend industriellen Anhängern des Freihandels führte. Eine Bodenreform sollte die deutschen

70 Oppenheimer, 1895, S. 35 ff.; 1931, S. 131 f., 136, 138.
71 Oppenheimer, 1895, S. 8 f., 14 f., 36 f.; 1933, 12 f., 66.
72 Oppenheimer, 1895, S. 39 ff.; 1919, S. 10, 68 ff.; 1920, S. 26; 1931, S. 148; 1933, S. 17.
73 Oppenheimer, 1895, S. 52 f., 74 ff.; 1919, S. 65 ff.; 1933, S. 98 ff.

Landwirte konkurrenzfähig machen, so daß der Import von Lebensmitteln unrentabel würde. Auch Oppenheimer wollte die Landflucht stoppen, die Großstädte verkleinern und die Landwirtschaft stärken, um den Binnenmarkt und damit die Nation zu fördern. Er war insofern Anhänger einer Schollen-Ideologie, als er meinte, eine Nation müsse sich durch Landarbeit in ihrem Boden verwurzeln. Den Zionisten empfahl er dieses reaktionäre Konzept auf ihrem sechsten Kongreß im August 1903 in Basel.[74] Während des Ersten Weltkriegs arbeitete Oppenheimer für kaiserliche Ministerien und den Admiralsstab und erwog, sich als Arzt für ein Alpenkorps zu melden.[75] Er hatte dieselben Dünkel wie Hertzka und konnte sich keine »vollkommene« Kultur vorstellen, »die nicht von Angehörigen der kaukasischen Rasse getragen wird«.[76]

Damaschke und der Bund Deutscher Bodenreformer

Der Berliner Volksschullehrer Adolf Damaschke schmiedete aus den kleinen sich befehdenden Gruppen der Bodenreformer in Deutschland eine Massenorganisation. Er stand zunächst den Liberalen nahe und schloß sich 1891 dem Deutschen Bund für Bodenbesitzreform an. Unter dem Vorsitz von Flürscheim wurde Damaschke Schriftführer des Verbandes. Nebenbei redigierte er die Zeitschrift »Der Naturarzt«, ein Blatt der Lebensreformer, das einfache Ernährung, »Naturmedizin« und Alkohol-Abstinenz propagierte, wurde Bundesschriftführer der Gesundheitsvereine und Herausgeber eines Gesundheitskalenders.[77]

1898 formierte sich der Bund Deutscher Bodenreformer (BDB). In seiner Satzung wird der Boden als »Grundlage aller nationalen Existenz« bezeichnet, der unter ein neues Recht gestellt werden soll, »das seinen Gebrauch als Werk- und Wohnstätte befördert, das jeden Mißbrauch mit ihm ausschließt und das die Wertsteigerung, die er ohne die Arbeit des einzelnen erhält, möglichst dem Volksganzen nutzbar macht«.[78] Diese Formulierung war vage und insofern geschickt, als Damaschke die Festlegung auf eine Strategie vermied, sei es die Verstaatlichung von Grund und Boden, eine *Single Tax* im Sinne Georges oder Siedlungsprojekte. Er drängte andere führende Bodenreformer wie Flürscheim, den Chemiker und Physiker Leo Arons (1860–1919) oder den Mediziner Heinrich Wehberg (1855–1912) an den Rand.[79]

74 Oppenheimer, 1895, S. 83 ff.; 1920, S. 3 ff.; 1931, S. 165; 1933, S. 60 ff.
75 Oppenheimer, 1931, S. 224 f.
76 Oppenheimer, 1895, S. 71.
77 Damaschke, 1924, S. 266 ff., 287, 351, 354 f.
78 Bund Deutscher Bodenreformer, Satzung vom 2.4.1898, in: *Jahrbuch der Bodenreform*, 1907, S. 299.
79 Damaschke, 1924, S. 338.

Leo Arons war jüdischer Herkunft und Dozent an der Berliner Universität. Er entwickelte eine Quecksilberdampflampe, die die AEG später unter seinem Namen vermarktete. 1892 unterlag er in einer Kampfabstimmung den Anhängern Damaschkes, schloß sich der SPD an und agierte auf dem rechten Flügel der Revisionisten. Nach ihm wurde die »Lex Arons« benannt, ein preußisches Gesetz, das eine Tätigkeit an einer preußischen Universität für SPD-Mitglieder ausschloß. Der Streit sorgte 1898 für großes Aufsehen.[80] Heinrich Wehberg predigte einen »humanistischen Sozialismus«, wobei er offenließ, ob der Boden verstaatlicht oder besteuert werden sollte. Er wollte »Börsen-, Gründer- und Aktienschwindeleien« abschaffen. Die Städte sollten dezentralisiert werden; ein Großteil ihrer Bewohner aufs Land zurückkehren. Er glaubte, der Zins würde verschwinden, sobald Bodenreform, Freihandel und ein staatliches Kreditwesen den Lohn der »Fleißigen« erhöhen, die Güterproduktion steigern und Konsumgenossenschaften den »unnötigen Zwischenhandel« beseitigen. Wehberg nahm damit Gesells These vorweg, der Zins würde in einem Meer an Kapital und Gütern ertrinken, wenn erst Geld- und Bodenreform Produktion und Nachfrage gewaltig erhöhten.[81] Im Unterschied zu anderen Bodenreformern verlangte Wehberg eine Arbeiterschutzgesetzgebung, höhere Gehälter für Beamte und Lehrer in unteren Einkommensgruppen, bessere allgemeine Bildung und eine »berechtigte, sittliche Frauenemanzipation«. Er unterstützte die Friedensbewegung – der Militarismus als »unproduktiver Konsument« war ihm zuwider.[82] Entschieden verwarf er Antisemitismus und Spiritismus als »krankhafte Erscheinungen unserer Übergangsepoche«.[83]

1912 gehörten dem BDB über 700 körperschaftliche Mitglieder an, Vereine und Kommunen, und schließlich um die 100.000 Einzelmitglieder.[84] Zwar betonte der Verband seine parteipolitische Unabhängigkeit und kooperierte mit allen Parteien. Gleichwohl waren die Bodenreformer nicht neutral, sondern bürgerlich-nationalistisch, unterstützten Militarismus und Kolonialismus, kooperierten mit Antisemiten und Rassenhygienikern und biederten sich später der NSDAP an. Als korporatives Mitglied hatte sich der Deutschnationale Handlungsgehilfen-Verband dem BDB angeschlossen, eine völkisch-antisemitische Massenorganisation.

Damaschke distanzierte sich vom Antisemitismus in jener oberflächlichen Weise, wie sie August Bebel (1840–1913) in der

80 Arons, 1900; Damaschke, 1924, S. 345 f.; Freese, 1907, S. 215; Wehberg, 1913, S. VIII.
81 Ebd., S. IX ff. 8 ff.
82 Ebd., S. 15 f.
83 Ebd., S. 13.
84 Silagi, 1973, S. 95; Schrameier, 1912, S. 57.

Formel ausgedrückt hatte, Antisemitismus sei der Sozialismus der dummen Kerls – als handele es sich beim Antisemitismus um ein Mißverständnis oder das Ergebnis purer Unwissenheit. Als soziale Ursache des Antisemitismus erkannte Damaschke, daß die »redlichen Handwerker und kleinen Geschäftsleute« gegen das »Großkapital« nicht bestehen könnten. Fälschlicherweise machten die Antisemiten aus dieser »Prinzipien- eine Personenfrage«. Nach einer Bodenreform werde der Staat die Grundrente kassieren, es werde dann keine Börse, keine Hypotheken und keine Pfandbriefe mehr geben. Kapital müsse in Fabriken und Maschinen investiert werden; damit werde es »Ergebnis und Dienerin der produktiven Arbeit«. 1891 näherte sich Damaschke in einem Vortrag der Vorstellung vom schaffenden und raffenden Kapital und ließ sich über den angeblichen jüdischen Charakter aus: Juden neigten zu Extremen, würden kein Mittelmaß kennen und sich in ihrer Mehrheit in einer Weise als Geschäftsleute betätigen, die jedem, »der Geist und Herz der Macht des Geldes noch nicht ganz unterworfen hat, unangenehm und abstoßend« erscheinen müsse.[85]

1896 gründete der evangelische Pastor Friedrich Naumann (1860–1919) in Berlin die Zeitschrift »Die Zeit« mit dem Untertitel »Organ für nationalen Sozialismus auf christlicher Grundlage« sowie den Nationalsozialen Verein als Partei. Damaschke agierte als stellvertretender Vorsitzender und Kandidat; Naumann blieb Mitglied des BDB, auch als der Nationalsoziale Verein sich 1903 nach mehreren Wahlschlappen auflöste und er, Naumann, zu den liberalen Freisinnigen ging. Heute ist Naumann Namenspatron der Bundesstiftung der FDP.

Damaschke und Naumann verband ein Konzept, das Damaschke der NSDAP später als erste und wahrhafte Version national-sozialer Politik entgegenhalten wird.[86] Unter den Parolen »Kaisertum und Freiheit, Vaterland und Sozialreform« forderte Damaschke eine expansive Machtpolitik in Europa und Übersee, wofür Heer und Flotte aufgerüstet werden müßten, eine Bildungspolitik, die Geist und Charakter im Sinne des Nationalismus formte, sowie Bodenreform und bäuerliche Heimstätten vor allem im Osten als »vaterländische Politik«. Nach dem Ersten Weltkrieg vertrat er eine revisionistische Linie, die die territorialen Verluste Deutschlands rückgängig zu machen anstrebte.[87] Naumann propagierte eine aggressive Politik, wie sie 1914 der deutschen Kriegsplanung zugrunde lag. Er plädierte für den Anschluß der Donaumonarchie sowie einen Kranz von Satelliten-

85 Damaschke, 1891, S. 10 f.
86 Damaschke, 1933, S. 65 ff.
87 Damaschke, 1925, S. 380 ff.; 1923, S. 477 ff., 481, 484 f.; von Stengel, 1908, S. 58 ff.

staaten unter dem Label »Mitteleuropa«.[88] Bescheidene soziale Reformen zugunsten der Arbeiter, der Bauern und des Mittelstands sollten der imperialen Politik eine Massenbasis schaffen.

Ein Schwerpunkt der BDB-Agitation im Kaiserreich war die Kolonialpolitik.[89] Als Vorbild diente Kiautschou, eine Minikolonie, die Deutschland 1897/98 besetzt und China abgepreßt hatte. Die deutsche Verwaltung versuchte der chinesischen Bevölkerung das Land wegzunehmen, sie umzusiedeln und ihren Handel im Interesse deutscher Unternehmer zu beschränken. Die Kolonialisten etablierten ein Regime mit verschiedenen Rechtsordnungen und getrennten Stadtvierteln für die chinesische und die europäische Bevölkerung. »Rassismus und soziale Disziplinierung waren alltägliche Praktiken«, die Vergewaltigung chinesischer Frauen durch deutsche Soldaten wurde nicht geahndet, schreibt die Sinologin Mechthild Leutner.[90] Ausgerechnet diese fernöstliche Basis der deutschen Marine wurde der erste und einzige Flecken auf Erden, auf dem bodenreformerische Prinzipien galten. Das Marineamt verwaltete den Stützpunkt und genehmigte sich selbst ein Vorkaufsrecht für Grund und Boden. Die chinesischen Bauern wurden gezwungen, der Kolonialverwaltung jedes Grundstück zu verkaufen, das diese haben wollte. Die deutschen Beamten vergaben den Boden in Auktionen, wobei dessen Nutzung vorgeschrieben wurde, so daß sich die Entwicklung des Territoriums steuern ließ. Dazu wurde eine Grundsteuer eingeführt und eine Zuwachssteuer von 33 Prozent für Boden verhängt, zahlbar alle 25 Jahre, also nahezu das *Single-Tax*-Prinzip verwirklicht.[91]

Der BDB pries auch Gouverneur Hermann von Witzmann, der in Deutsch-Ostafrika, dem heutigen Tansania, Kronland nur noch in Erbpacht vergeben wollte, während Kamerun als Negativbeispiel galt, weil die deutsche Verwaltung das Land dort in großen Tranchen an ausländische Aktiengesellschaften verschleudert habe.[92] Daß es sich jeweils um Territorien handelte, die die Deutschen einfach besetzt hatten, daß die ansässigen Menschen beraubt wurden – das störte die Bodenreformer nicht. Der BDB gewann unter Kolonialisten und Marineoffizieren großes Ansehen und viele Mitglieder.[93]

Zu Hause wollte Damaschke die Landflucht bremsen, um die Einwanderung aus Polen zu stoppen.[94] Deutsche Arbeiter

88 Opitz, 1994, S. 169 ff., 336 ff., 402 ff., 415 ff.
89 Damaschke, 1923, S. 477 ff., 481, 484 f.; Schrameier, 1912, S. 19 ff.; *Jahrbuch der Bodenreform,* 1910, S. 156 ff.; *Jahrbuch der Bodenreform,* 1909, S. 132 ff., 224 ff., 312 ff.; von Stengel, 1908, S. 58 ff.
90 Leutner, 2005, S. 203 ff.
91 Schrameier, 1912, S. 19 ff.; 1911, S. 1 ff.; Damaschke, 1900; Silagi, 1973, S. 83 ff.
92 Damaschke, 1900, S. 7 ff., 15, 23 ff., 31.
93 Schrameier, 1912, S. 24 f.; Damaschke, 1900; Silagi, 1973, S. 85 f.
94 Damaschke, 1915, S. 19.

brauchten einen Schrebergarten und ein Häuschen, sie müßten deutsche Scholle ihr eigen nennen dürfen, um zu begreifen,
wie sehr Machtpolitik in ihrem Interesse liege, argumentierte
er.[95] Seine »Mystik des Bodens« diente dazu, Menschen für den
Krieg zu formen: »Ich bin das Vaterland, ich bin das Heilige. Um
meinetwillen geht in Blindheit, in Krüppelhaftigkeit, in den
Tod; denn nur auf diesem Boden kann deutsches Wesen wachsen und sich entfalten zum Segen für alle«, lautete sein Credo.[96]
Der Erste Weltkrieg galt den Bodenreformern als Moment der
Prüfung und Bewährung, der dem BDB Spenden und neue Mitglieder bescherte und Verständnis weckte für die Bedeutung
des Bodens, der »lebendige Gewalt hat über jedes deutsche
Wesen«.[97]

Heimstätten sollten die Wohnungsnot und das Elend in
den städtischen Mietskasernen lindern. Dieses Anliegen teilten
Bodenreformer und Rassenhygieniker, weil beide den Verfall
von Nation und Rasse fürchteten und darum über Jahrzehnte
hinweg zusammenarbeiteten. 1905 unterschrieben Damaschke, Oppenheimer, Naumann sowie die Frauenrechtlerin Helene Stöcker (1869–1943), der Soziologe Max Weber (1864–1920),
der antisemitische Ökonom Werner Sombart (1863–1941), der
Germanentümler Ludwig Woltmann (1871–1907) und führende
Rassenhygieniker wie Alfred Ploetz (1860–1940) einen Aufruf
des Bundes für Mutterschutz. Vordergründig ging es darum,
unverheirateten, alleinerziehenden Frauen und ihren Kinder zu
helfen, allerdings aus rassenhygienischen Motiven. Der Aufruf
forderte, Heimstätten für uneheliche Mütter und ihre Kinder
zu schaffen, »diese gewaltige Quelle unserer Volkskraft«, wobei
ausdrücklich nur gesunde und arbeitswillige Mütter genannt
wurden.[98] Damaschke bezog sich auf den Statistiker Friedrich
Burgdörfer (1890–1967), der in seinem Bestseller *Volk ohne Jugend*
das angebliche Aussterben der Deutschen beschwor, und auf
Positionen der Deutschen Gesellschaft für Rassenhygiene, die
ihrerseits Projekte der Bodenreformer unterstützte, von denen
sie sich eine rassische »Aufartung« versprach.[99] Der langjährige Vorsitzende der Gesellschaft, Max von Gruber, referierte auf
einer BDB-Tagung, ein Buch von ihm empfahl Damaschke als
Grundlagenliteratur zur Bodenreform.[100]

Ein weiteres gemeinsames Projekt waren die Gartenstäd-
te, die auf Vorstellungen von Theodor Fritsch (1852–1933) und
Ebenezer Howard (1850–1928) zurückgehen. In Deutschland

95 Ebd.
96 Damaschke, 1925, S. 467.
97 Damaschke, 1918, S. 31 ff.; 1925, S. 467 ff.
98 Ploetz, 1905, S. 164 f.
99 Damaschke, 1932, S. 88 ff.
100 Damaschke, 1923, S. 70; *Jahrbuch der Bodenreform*, 1905, S. 234 ff.

gründeten Anhänger dieses Projekts 1902 die Deutsche Gartenstadtgesellschaft (DGG), die sich als »Propaganda-Gesellschaft«
verstand. Der neue »Stadttypus« sollte eine Wohnungsreform
ermöglichen, Garten- und Ackerbau erlauben sowie Industrie
und Handwerk vorteilhafte Bedingungen bieten. Die Nähe zur
Bodenreform wird deutlich in der Bestimmung, daß das Gelän-
de einer Siedlung dauerhaft »Obereigentum der Gemeinschaft«
bleiben sollte, um Spekulation mit dem Land auszuschließen.[101]
1908 gehörten dem erweiterten DGG-Vorstand Oppenheimer,
Sombart, Ploetz, von Gruber, der sozialdemokratische Rassenhygieniker Alfred Grotjahn sowie Paul Schultze-Naumburg,
später NS-Kulturpolitiker, der völkische Verleger Eugen Die-
derichs (1867–1930) und der Ulmer Bürgermeister Heinrich von
Wagner (1891–1919), Paradebeispiel eines bodenreformerischen
Kommunalpolitikers, an.[102]

1890 hatte Theodor Hertzka in seiner Freiland-Utopie betont, daß Kinder, Greise, Arbeitsunfähige und Schwache einen
Unterhalt bekämen, Kranke und Behinderte aber als »schwächere Geschwister« zu behandeln seien.[103] 1932 rechnete die
preußische Landtagsabgeordnete Helene Wessel (1898–1969)
den Bodenreformern auf einer Tee-Party vor, wie teuer ein »An-
staltskrüppel« den Staat komme. Die Kosten seien nicht länger
tragbar, man möge sich nicht von »falschen Humanitätsgefüh-
len« beirren lassen, sondern die Mittel zugunsten »noch gesunder Familienschichten« umleiten.[104]

Germanisches statt römisches Recht

Was den völkischen Flügel der Bodenreformer zumindest ide-
altypisch vom Mainstream des BDB abhob, war ein militanter
und systematischer Antisemitismus, der über Ressentiments
weit hinausging. Ottomar Beta (1844–1913) und Theodor Fritsch,
die zwei wichtigsten Protagonisten dieser Szene, wiesen die
Vorschläge anderer Bodenreformer zurück. Sie hielten George
und Stamm vor, die Bedeutung der »Rasse« nicht verstanden zu
haben, und attackierten Damaschke und den BDB in antisemitischer Weise als jüdisch.[105] Zwar verlangte Fritsch als Stadtver-

---

101 Satzung der Deutschen Gartenstadtgesellschaft e.V., 1927;

102 »Archiv für Rassen- und Gesellschaftsbiologie« (»ARGB«), 1908, S. 866; Schubert, 2004; Krabbe, 1974, S. 28 ff.

103 Hertzka, 1890, S. 211, 213.

104 Wessel, 1932, Heft 1, S. 19 ff.; 1933 enthielt sich Wessel bei der Abstimmung
über das Ermächtigungsgesetz im preußischen Landtag der Stimme und plädierte später im Sinn der Nationalsozialisten für die Sterilisierung von »Asozialen«. Nach 1945
engagierte sich Wessel wieder bei der Zentrumspartei, ab 1952 in Gustav Heinemanns
Gesamtdeutscher Volkspartei, die für Wiedervereinigung und Neutralität eintrat und
die Orientierung der CDU/CSU an den USA ablehnte. 1957 wurde sie Mitglied der SPD,
für die sie in den Bundestag einzog (Stöss, 1986, Band 2, S. 1.235, Band 3, S. 1.500 f.).

105 Beta, 1907, S. 559 ff.; Beta, 1908, S. 92 ff.; Fritsch, 1912, S. 29 ff., Fritsch, 1894,
S. 74 ff.

ordneter in Leipzig 1895, städtischen Grund zum Teil in Pacht an Hausbauer zu vergeben, statt zu verkaufen.[106] Eine steuerliche Wertabschöpfung oder den Aufkauf von Grund und Boden durch Staat und Kommunen lehnten er und seine Anhänger jedoch ab: Die Nation würde gespalten, Monarchie und Grundbesitz als letzte Bastion gegen Mammonismus beseitigt und den Juden in die Hände gespielt, denn Grundbesitz sei »das letzte Bollwerk des Germanentums gegen das Judentum«.[107]

Fritsch gilt heute in erster Linie als antisemitischer Publizist und Aktivist, als eine der Schlüsselfiguren und Ahnen des Nationalsozialismus; er war aber zugleich jahrzehntelang Verbandspolitiker, der unmittelbaren Interessen seiner mittelständischen Basis nicht zuwiderhandelte, zumal er als Funktionär und Verleger von dieser Klientel lebte. Der gelernte Maschinenbauer und Ingenieur Fritsch hatte 1879 den Deutschen Müllerbund gegründet. Seine publizistische Karriere startete er im folgenden Jahr als Herausgeber des »Kleinen Mühlen Journals«, dem Verbandsorgan dieser Standesorganisation kleiner Mühlenbesitzer. Ab 1881 publizierte er antisemitische Schriften, darunter den »Antisemiten-Katechismus«, der unter dem Titel *Handbuch der Judenfrage* bis 1933 in einer Gesamtauflage von knapp 100.000 Exemplaren erschien und von Hitler als Wegbereiter des Nationalsozialismus gerühmt wurde.[108]

1904 gründete Fritsch die Deutsche Mittelstandsbewegung und wurde Mitglied in deren Vorstand. 1905 wurde er Vorsitzender der Mittelstandsvereinigung in Sachsen, die seinen Angaben zufolge bald 140.000 korporativ angeschlossene Mitglieder hatte. 1911 saß er im Hauptvorstand des Reichsdeutschen Mittelstandsverbandes, der über 500.000 Mitglieder zählte. Seit 1902 gab Fritzsch die Zeitschrift »Hammer« heraus, die vor dem Ersten Weltkrieg rund 8.500 Abonnenten hatte. Ihre Leser formierten 1912 den Reichshammerbund, seinerseits einer der Gründungszweige des Deutschvölkischen Schutz- und Trutzbundes, der ersten Massenorganisation des militanten völkischen Antisemitismus nach 1918. Mit dieser Kombination aus mittelständischer Massenorganisierung und antisemitischer Publizistik versuchte Fritsch, ein völkisches »Kartell der schaffenden Stände« gegen Großkapital und Sozialdemokratie zu bilden und einen hegemonialen, klassen- und parteienübergreifenden Antisemitismus zu stiften.[109]

Die »Hammer«-Autoren, darunter Professor Gustav Ruhland (1860–1914), forderten staatliche Kredite, Schutzzölle und

106 Schubert, 2004, S. 14.
107 Claaßen, 1911, S. 544.
108 Schubert, 2004, S. 14.
109 Fritsch, 1929, S. 241 ff.; Zumbini, 2003, S. 321 ff., 389 f.; Böhnisch, 1999, S. 341 ff.

eine Steuergesetzgebung zugunsten des Mittelstands.[110] Zwar wurde über die »Brechung der Zinsknechtschaft« schwadroniert, aber Fritsch lehnte bloß solche »Wucherzinsen« und Hypothekenzinsen auf Grund und Boden ab, die an ausländisches jüdisches Kapital fließen würden. Er wollte die Höhe des Zinses begrenzen und eine Schuldentilgung gesetzlich verankern. Fritsch zielte damit auf einen Kompromiß zwischen »kleinen Gläubigern« und Bauern. Die Städte sollten Boden aufkaufen und nur noch in Pacht vergeben. Brachliegender landwirtschaftlicher Grund sollte an Kleinbetriebe verpachtet werden, vor allem im Osten, um die Einwanderung von Slawen zu verhindern, verlangte Fritsch.[111] Diese Forderungen entsprachen Mittelstandsinteressen. In ihrer antisemitischen und rassistischen Radikalisierung zeigte sich, daß Boden- und Geldreform keine Perspektive für das Kleinbürgertum, für Handwerker, Händler und Bauern, boten. Diese Gruppen drohten zwar in der kapitalistischen Konkurrenz unterzugehen, daher die Agitation gegen »Großkapital« und Banken, besaßen aber selber Grund und Boden in Form von Äckern und Wiesen, Wohn- und Geschäftshäusern sowie ein wie bescheidenes Vermögen auch immer. Die breite Mittelschicht, das begriff Fritsch besser als George oder Gesell, hatte kein Interesse an einer *Single Tax*, an Schwundgeld, Abschaffung des Zinses oder gar einer Vergesellschaftung von Grund und Boden. Große Bedeutung aber hatte die Forderung nach einem neuen, deutschen Bodenrecht. Ökonomisch lief das Konstrukt darauf hinaus, den Warencharakter von Grund und Boden zu beschränken, aber keineswegs aufzuheben. Ideologisch war es insofern antisemitisch aufgeladen, als ein angeblich unbeschränkter römischer Eigentumsbegriff als Vehikel der Juden geschmäht wurde, das dazu diene, den ehrlichen arischen Arbeitsmann auszubeuten.[112]

Die Idee stammte von Ottomar Bettziech, dessen Vater Heinrich einst als Teilnehmer der 1848er Revolution nach England geflohen war. Als Publizist legte sich der Junior den Namen Beta zu.[113] Er diffamierte Juden als habsüchtige, grausame, schlaue Parasiten, die im Bündnis mit Jesuiten und Liberalen die Deutschen vernichten wollten.[114] Als Nomaden würden Juden weder arbeiten noch Ackerbau treiben, sondern Grund und Boden als Mittel für Wuchergeschäfte mißbrauchen und Zinsen erpressen.[115] Grund und Boden wollte Beta in nationales Eigentum verwandeln, das der Staat als Familienbesitz vergibt

110 Ruhland, 1911, S. 203 ff., 237 ff.
111 Fritsch, 1894, S. 8 ff., 22 f., 45 f., 55, 58, 60 ff.
112 Fritsch, Juli 1908, S. 417 ff.; Fritsch, 1912, S. 29 ff.
113 Schulze, 1930, S. 315 ff.
114 Beta, 1875.
115 Beta, 1875, S. 22 f.

wie ein Lehen, schuldenfrei und so gut wie unverkäuflich. Außerdem forderte Beta ein Anerbenrecht, so daß ein Hof nur an einen Sohn vererbt werden kann; das sollte die Zersplitterung von landwirtschaftlichem Besitz verhindern.[116]

Betas Idee wurde zu einem zentralen Topos der Völkischen. Ihr Feind- und Gegenbild war ein römisches Recht, das die verklärte Scholle vermeintlich zur Ware degradierte und den Juden auslieferte. »Es ist semitischer Geist, der sich im römischen Rechte kristallisierte, es ist Wucher-Geist«, schrieb Fritsch.[117] Bodenreformer und Freiwirte übernahmen die Forderung nach einem deutschen Bodenrecht, wobei Gegner des Antisemitismus wie Flürscheim oder Wehberg diesen Aspekt ausblendeten.[118] Oppenheimer glaubte, römisches Recht habe Genossenschaft und Gemeinschaft zerstört. Er schrieb dem deutschen Volk die »weltgeschichtliche Sendung« zu, die Menschheit »zur Erlösung« zu führen, durch eine »Rückkehr zum deutschen Recht«.[119] Als die Nationalsozialisten das Reichserbhofgesetz erließen, wurden sie von Damaschke und manchen Freiwirten gelobt, die darin den Anfang eines deutschen Bodenrechts sahen.

116 Beta, 1875, S. 23 f.; 1907, S. 649 ff.
117 Fritsch, 1894, S. 30.
118 Flürscheim, 1894, S. 80; Wehberg, 1913, S. 7; Bovensiepen, 1929, S. 1 ff.
119 Oppenheimer, 1933, S. 106 f.

3

Schwundgeld gegen Zinsknechtschaft

oder Wie werde ich meine Petroleumkocher los?

Money makes the world go round Damaschke, George, Oppenheimer und Gesell waren Zeugen epochaler Veränderungen. Der Gründerkrach von 1873 in den USA, Deutschland und Österreich löste weltweit eine Rezession und eine Depression aus. Wachstum, Preise und Gewinne sanken. Erst um 1895 folgte ein Aufschwung, geprägt durch Innovationen in der Elektro- und Chemieindustrie. Die deutsche und die amerikanische Industrie überholten England, bis dahin die »Fabrik der Welt« (ein Prädikat, das gegenwärtig China zugeschrieben wird).[1] Die Industrialisierung brachte aber keineswegs den »Wohlstand der Nationen«, den Adam Smith (1723–90), der Klassiker der Politischen Ökonomie, prophezeit hatte. Die Masse der Lohnarbeiter in den Fabriken und auf dem Land sowie die Kleinbauern lebten in bescheidenen bis elenden Verhältnissen. Zwischen 1876 und 1900 verhungerten 30 bis 60 Millionen Menschen in den von den Kolonialmächten beherrschten und ausgebeuteten Ländern Asiens, Afrikas und Lateinamerikas, während Lebensmittel wie Getreide und Reis exportiert wurden.[2]

Weltweit formierten sich Arbeiterbewegungen, Parteien und Gewerkschaften, die für ein besseres Leben oder gar radikale Veränderungen kämpften. In vielen Staaten waren diese Bewegungen sozialdemokratisch geprägt (Deutschland, England). Sie paßten sich dem kapitalistischen System an, spätestens im Ersten Weltkrieg, was zur Abspaltung eines kommunistischen Flügels führte, der bald von der Sowjetunion dominiert wurde. Starke anarchosyndikalistische Bewegungen gab es in Argentinien und Spanien, eine kurze Zeit auch in Frankreich, dazu die »Wobblies«, die Industrial Workers of the World (WWW), in den USA, die auf militante, direkte Aktionen setzten.[3] Frauenbewegungen erkämpften in vielen Ländern bis in die frühen 1920er Jahre das allgemeine Wahlrecht, gegen die Kolonialherrschaft in Asien und Afrika schlossen sich nationale Unabhängigkeitsbewegungen zusammen.

In Reaktion auf Industrialisierung und Urbanisierung entstand in Deutschland, den USA und England die Lebensreformbewegung, die mit einem Esoterikboom sowie völkischen, anti-

---

1 Plumpe, 2011, S. 62 ff.
2 Davis, 2005.
3 Boockchin, 2005, S. 95 ff.; van der Linden, Thorpe, 1990, S. 9 ff.

semitischen und eugenischen Bewegungen verbunden war. Der Gründerkrach lieferte Antisemiten neue Vorwände. Sie mischten Motive des christlichen mit einem modernen biologistisch begründeten Judenhaß und formierten sich zu Massenbewegungen.

Der Erste Weltkrieg beendete die verklärte Belle Epoque. Allein die Millionenarmeen und millionenfachen Opfer markierten den Unterschied dieses »Großen Krieges« zu früheren militärischen Konflikten. Die Kriegführung erforderte staatliches Eingreifen und eine Lenkung der Wirtschaft in bis dahin unbekanntem Ausmaß. Um Kanonenfutter und Material zu sichern, war ein Burgfrieden zwischen Kapital und Arbeit geboten. In fast allen europäischen Ländern mit Ausnahme Italiens erkauften sich sozialistische Parteien und Gewerkschaften ihre Anerkennung durch den Staat, indem sie den Krieg unterstützten. Der Weltkrieg führte zum Zusammenbruch des zaristischen Rußland sowie der österreichischen Monarchie. In Asien etablierte sich Japan als Großmacht. Als der Friedensvertrag von Versailles 1919 geschlossen wurde, waren die USA der größte Gläubiger Großbritanniens geworden, sie werden das britische Empire im Zweiten Weltkrieg als Weltmacht ablösen. Die gewaltigen Kriegsausgaben zwangen die beteiligten Staaten, den Goldstandard aufzugeben, das System der stabilen, festen Wechselkurse, das den Welthandel erleichtert hatte, war am Ende. Fast alle kriegführenden Mächte erlebten wirtschaftliche Krisen, mit Ausnahme der USA und Japans sowie der britischen Dominions Kanada und Australien, die von der europäischen Nachfrage profitierten.

Diese Entwicklungen spiegelten sich in den Debatten der Ökonomen wieder. Die wiederkehrenden Wirtschaftskrisen, die Marx als Normalfall analysiert hatte, zeigten, daß die »unsichtbare Hand« des Marktes (Smith) nicht alles regelt und sich keineswegs »jedes Angebot seine Nachfrage selbst schafft«, wie Jean Baptist Say (1767–1832) behauptet hatte. Im letzten Viertel des 19. Jahrhunderts entstand zur Abwehr des Marxismus und zur Behebung der Defizite der Klassiker die Neoklassik. Englische, französische und österreichische Ökonomen entwickelten die Lehre vom Grenznutzen. Sie verwarfen die Grundlage der klassischen und der Marxschen Theorie, die Arbeitswertlehre, die vor allem David Ricardo (1772–1832) geprägt hatte, zugunsten der Annahme, individuelle Erwartungen der Wirtschaftssubjekte seien ausschlaggebend. Die Kosten aller Güter würden durch ihren geschätzten Nutzwert bestimmt, lehrte Carl Menger (1840–1921), der Vertreter der österreichischen Schule. Die Neoklassiker ersetzten die »naive Quantitätstheorie« Says durch eine neue Gleichgewichtslehre. Nicht das Angebot rufe die Nachfrage hervor, sondern umgekehrt die Nachfrage das Angebot, behauptete Alfred Marshall (1842–1924).[4]

Während die meisten Neoklassiker für eine wirtschaftsliberale Politik plädierten, forderte Leon Walras (1834–1910), der sich selbst für einen wissenschaftlichen Sozialisten hielt, gewisse natürliche Monopole, also Versorgungsbereiche mit hohen Fixkosten wie etwa Wasser- oder Energieversorgung, zu verstaatlichen, um den von Marx prognostizierten tendenziellen Fall der Profitrate aufzuhalten. Der schwedische Sozialdemokrat Knut Wicksell (1851–1926) schlug Erbschafts- und Einkommenssteuern vor sowie einen staatlichen Wohltätigkeitsfonds. Ein Sonderfall war die Historische Schule, die die deutschen Universitäten beherrschte. Ihre Vertreter plädierten seit den Tagen Friedrich Lists (1789–1846) für Schutzzölle und gegen Freihandel sowie für autoritäre Sozialreformen im Stile des Reichskanzlers Otto von Bismarck (1815–1898), weil die deutsche Industrie im 19. Jahrhundert mit der englischen Konkurrenz noch nicht mithalten konnte, sich aber bald einer starken, wenn auch sozialdemokratischen Arbeiterbewegung gegenübersah. Eine nationalistische Wirtschaftstheorie entsprach der Gesamtlage des deutschen Kapitals am besten. Während des Ersten Weltkriegs attackierten Vertreter der Historischen Schule Goldstandard und Freihandel als Stützen britischer Macht. Die Neoklassik wurde nach 1918, etwa von Sombart, als undeutsch attackiert, weil sie angeblich die Reparationsforderungen fundiert habe.[5]

Angesichts der Verwüstungen des Ersten Weltkriegs, der russischen Oktoberrevolution, einer Nachkriegszeit mit Deflation und Inflation sowie der Weltwirtschaftskrise von 1929 mit hoher Arbeitslosigkeit und Massenelend glaubten auch Bürgerliche, daß das kapitalistische System an seinen eigenen Widersprüchen zugrunde gehen oder von der Arbeiterbewegung gestürzt werden könnte. Das erforderte weitere theoretische Anstrengungen von bürgerlichen Ökonomen, wollten sie nicht vor Marx kapitulieren, der Krisen als unvermeidlich für den Kapitalismus und als Ausdruck des Widerspruchs zwischen wachsender gesellschaftlicher Produktivität und privater Aneignung des Reichtums analysiert hatte.

Instabile Preise waren für Fisher, Keynes und Wicksell ein zentrales Problem und Hauptursache für Wirtschaftsschwankungen, weshalb sie sich mit der Rolle von Geld und Zins befaßten. Alle drei lehnten schließlich den Goldstandard ab. Keynes (1923) verwarf die Golddeckung als »barbarisches Relikt«. Sein Argument, keine Zentralbank könne die Menge ihres Goldvorrats bestimmen und darum auch die Geldmenge nicht regulie-

---

4 Huß, 2006, S. 14; Skidelsky, 1992, S. 405 ff.; Starbatty, 1989b, S. 59 ff., 119 ff., 135 ff.
5 Hauke, 1998, S. 40 ff., 62 ff., 70 ff.

ren, reflektierte den Abstieg des Empire: Das meiste Gold lag nach dem Ersten Weltkrieg bei der Zentralbank der USA.[6]

Fisher betonte wie Keynes und ganz im neoklassischen Rahmen die individuelle Entscheidung der Wirtschaftssubjekte. Den Wert von Kapital leitete er aus Erwartungen über dessen künftigen Ertrag ab.[7] Weil er den schwankenden Geldwert für den entscheidenden Wirtschaftsfaktor hielt, sprach er vom Konjunkturzyklus als »Tanz des Dollars« (1923).[8] Er schlug eine Indexwährung vor. Das bedeutet, daß der Wert des Geldes an einen Index von Preisen für bestimmte Waren und Dienstleistungen gebunden ist. Eine Währungskommission sollte die Geldmenge nach diesem Warenkorb-Index regulieren und bei wachsender Bevölkerung oder Wirtschaftsleistung erhöhen. Fisher maß eine Reihe von Warenpreisen und gründete 1923 ein *Index Number Institute*. Keynes hatte bereits vor dem Ersten Weltkrieg für die indische Rupie eine Geldmengenregulierung vorgeschlagen. Fisher verlor stark an Ansehen und einen großen Teil seines Vermögens, weil er wenige Tage vor dem großen Crash an der New Yorker Börse im Oktober 1929 prognostiziert hatte, die Preise an den Aktienmärkten hätten dauerhaft ein hohes Niveau erreicht, und weil er auch nach dem Schwarzen Freitag zunächst nicht an eine langwierige Krise glaubte.[9]

Bald entwickelte Fisher eine neue Erklärung für die Depression. Seine Schulden-Deflations-Theorie beschreibt einen Teufelskreis von fallenden Preisen und Aktienkursen, sinkender Nachfrage, wachsenden Zinsen und steigendem Geldwert, Pleiten, allgemeinem Mißtrauen und dem Horten von Geld. Ähnlich wie Keynes stieß Fisher auf die Freiwirtschaftslehre und sympathisierte mit einigen Aspekten von Gesells Schwundgeld-Lehre. Für ihn waren die *Stamp Scrips*, die Hunderte von amerikanischen Kommunen während der Depression nutzten, ein Beleg dafür, daß es sich nicht um eine Überproduktionskrise handelte, sondern daß es nur an Geld mangelte. Er teilte aber nicht die Zinskritik der Freiwirte und hielt die *Stamp Scrips* lediglich für eine zeitlich begrenzte Maßnahme, um den Dollar zu retten. Nur in einer deflationären Situation hielt Fisher solches Schwundgeld für sinnvoll; bloß dann sei es rational, nicht alles auszugeben, in der Erwartung, daß der Wert des Geldes wieder steigt.[10] Im Unterschied zu Fisher differenzierte Gesell nicht zwischen Inflation, Deflation und stabilem Geldwert, wenn er

6 Janssen, 1998, S. 54, 441; Skidelsky, 1992, S. 409 f.; Starbatty, 1989b, S. 195 ff., 209 ff., 222 ff.; Gahlen, 1983, S. 124 ff.; Keynes, 1936.

7 Fisher, 1930, S. 14 f.

8 Starbatty, 1989b, S. 223.

9 Janssen, 1998, S. 54, 441; Skidelsky, 1992, S. 409; Starbatty, 1989b, S. 209 ff., 216, 222 ff.; Keynes, 1936.

10 Fisher, 1933.

»Geldbesitzern« vorwarf, Münzen und Scheine zu horten. Obendrein zielte das von Fisher angenommene Horten in der Deflation nicht darauf, Zins zu erpressen, sondern von der steigenden Kaufkraft des Geldes zu profitieren. Fisher erklärte mit seiner Schulden-Deflations-Theorie, wieso Sparprogramme der Regierungen die Wirtschaftskrise verschärfen, ähnlich wie heute die Politik der von Deutschland dominierten EU gegenüber den südeuropäischen Ländern dazu führt, daß dort die Wirtschaft schrumpft und Erwerbslosigkeit und Armut zunehmen. Seine Mahnungen, den Goldstandard aufzugeben und den Dollar abzuwerten, um die Deflation durch eine »Reflation« umzukehren, fanden jedenfalls Gehör. Fisher gab die *Stamp Scrips* bald auf; er schlug 1935 ein »100-Prozent-Money« vor: Alle Schecks und Kredite, die Banken ausstellen, sollten komplett durch Bargeld oder Staatsanleihen gedeckt werden.[11]

Für Keynes war entscheidend, daß die Arbeitslosigkeit in Großbritannien in den 1920er Jahren nicht sank und im Gefolge der Wirtschaftskrise von zwölf (1929) über 15 (Mai 1930) auf 20 Prozent (Dezember 1930) stieg. Das Saysche Theorem, wonach jedes Angebot auf dem Markt eine Nachfrage findet, traf auf die Anbieter der Ware Arbeitskraft nicht zu. Im Beirat der Ökonomen der Regierung konnte sich Keynes 1930 mit seinen Forderungen nach Schutzzöllen, einem staatlichen Wohnungsbauprogramm, Abkehr vom Goldstandard und Währungsreform nicht durchsetzen und wurde von Kollegen heftig gescholten. Aber schon am Ende des folgenden Jahres mußte die Regierung den Goldstandard aufgeben.[12]

In seinem Hauptwerk (*Allgemeine Theorie der Beschäftigung, des Zinses und des Geldes*) brach Keynes 1936 mit Neoklassik und Klassik: Das Saysche Theorem, die Unterstellung einer Vollbeschäftigung sowie die Lehre, Sparsamkeit sei eine Tugend, seien falsch, das neoklassische Modell beschreibe nur einen Sonderfall. Gerade in reichen Ländern sinke die Nachfrage, und die größere Kapitalakkumulation biete weniger Anreiz zur Investition. Dadurch gerate die Wirtschaft ins Stocken, es entstehe das »Paradox der Armut inmitten des Überflusses«. Den Mangel an privater Nachfrage müsse der Staat ausgleichen, indem er Aufgaben übernehme und Investitionen tätige.[13]

Allmählich entwickelte sich eine neue Theorie des Geldes, die darauf hinauslief, dessen Wert weder an Gold noch an Sachgüter zu binden, so daß die Geldmenge flexibel reguliert werden könnte. Keynes formulierte diese Position prägnant, war aber nicht der einzige. Die Neoklassiker unterlagen in dieser

11 Fisher, 2007.
12 Blomert, 2007, S. 83 ff.; Skidelsky, 1992, S.130 ff.
13 Keynes, 1936, S. V f., 15 ff., 26 f.

Debatte, es entstand ein neuer Konsens, der von einem breiten politischen Spektrum getragen wurde, bis hin zu den National-sozialisten, die eine produktive Kreditschöpfung forderten.[14] Der Staat, die Zentralbank, aber auch private Banken sollten das Geldangebot erhöhen, durch Kredite oder die Notenpresse, und damit Liquiditätsengpässe, die durch mangelnde Nachfrage entstanden, kompensieren. Joseph A. Schumpeter (1883–1950) erklärte den Kredit zum Hebel der wirtschaftlichen Entwicklung, weil er Investitionen über die vorher gemachten Ersparnisse hinaus ermögliche. »Der Kredit zieht die Güter aus dem Nichts heraus«, meinte er 1926. Auf diesem neuen Konsens über Geld, Kredit und staatliche Schuldenaufnahme basierten sowohl die Rüstungspolitik der Nationalsozialisten als auch der demokratische New Deal in den USA sowie die Politik sozialdemokratischer bis konservativer Regierungen der Zeit nach 1945.

»Reformation im Münzwesen«

Henry George, Michael Flürscheim und Theodor Hertzka gingen wie Marx oder Proudhon von den Zuständen aus, die die Industrialisierung in Europa und Nordamerika hervorgebracht hatte. Früher hatten Dürre, Hagel, Sturm, Kälte oder starker Regen die Ernten vernichtet. Äcker und Felder konnten aufgrund von Seuchen oder Kriegen nicht bestellt oder abgeerntet werden, was zu Hunger und Elend führte. Schlechtes Wetter genügte, um Krisen und menschliche Katastrophen auszulösen, weil die wirtschaftlichen Erträge dieser Klassengesellschaften so gering waren. Die Theoretiker der sozialen Frage im 19. Jahrhundert entdeckten eine neue Form des Widerspruchs, den Marx als Normalzustand des Kapitalismus ansah. Die Industrialisierung steigerte die Güterproduktion durch neue Maschinen und Verfahren enorm, ebenso die Produktivität in der Landwirtschaft durch neue Methoden des Anbaus, der Verarbeitung und Herstellung von Nahrungsmitteln. Dennoch verelendeten Massen von Menschen in den Städten und auf dem Land.[15]

Ganz anders waren Ausgangspunkt und Motivation bei Gesell. Der »Kant der Wirtschaftswissenschaft« (so sein Biograph Benedikt Uhlemayr (1931) über Gesell), der die Wirtschaftswissenschaft »strenggenommen« erst begründet habe, der »geniale Außenseiter« (Ernst Winkler), hatte kaum Ahnung von zeitgenössischen Theorien und Debatten der Ökonomen. Daß ihm fachliche Bildung fehlte, mußte prinzipiell kein Schaden sein, war aber auch kein »Kennzeichen wahrhafter Genialität«, wie

---

14 Janssen, 1998, S. 441 f.
15 Plumpe, 2011, S. 26 ff.

Karl Walker, einer seiner Anhänger, meinte.[16] Der Inspirator von Regionalgeld und Tauschringen war 1862 in St. Vith auf die Welt gekommen, einer Kleinstadt, die damals zu Preußen und dem deutschen Kaiserreich und seit 1919 zu Belgien gehörte. Gesell absolvierte eine kaufmännische Lehre in Berlin, arbeitete als Angestellter in Braunschweig, Hamburg und im spanischen Malaga, bevor er im Sommer 1887 nach Südamerika ging. In Buenos Aires verkaufte er Geräte für Zahnärzte sowie Petroleumkocher und Vorrichtungen zum Befeuchten der Finger beim Geldzählen. Das Familienunternehmen Gesell wurde später im ganzen Land durch den Verkauf von Bedarfsartikeln für Mütter und Kinder bekannt.[17]

Die argentinische Wirtschaft war damals abhängig von britischem Kapital. Der Zusammenbruch einer Londoner Bank löste 1890 eine Krise aus. Arbeiter, Bauern und Teile der Mittelklasse organisierten Generalstreiks und bewaffnete Aufstände. Gesell, heute als »Marx der Anarchisten« gehandelt, hatte damit nichts zu schaffen. Er wollte sein Geschäft retten und fing an, ökonomische Probleme zu wälzen.[18] 1891 erschien in Buenos Aires eine erste Schrift des Autodidakten unter dem Titel *Die Reformation im Münzwesen als Brücke zum sozialen Staat*. Auf die Umstände der argentinischen Krise, auf Auseinandersetzungen in der Wirtschaftslehre oder gar auf die sozialen Bewegungen ging Gesell in den frühen Schriften nicht ein. Als Kaufmann wollte er möglichst viel Kundschaft in seinen Laden locken. Dafür mußten die Leute Geld in der Tasche haben. In der Sprache der Ökonomen ausgedrückt: Es mußte eine zahlungskräftige Nachfrage nach Zahnbohrern, Petroleumkochern oder Fingerbefeuchtern bestehen. Warum es daran haperte, erklärte Gesell so: Geldbesitzer horten Bargeld, um Zinsen zu erpressen, und stürzen dabei die Wirtschaft ins Chaos. Als Lösung entwickelte er die »Idee des rostenden Geldes«.[19]

Schon in seinen ersten Schriften finden sich all jene Annahmen und Behauptungen, die die Freiwirtschaft bis heute ausmachen. Gesell und seine Nachfolger haben sich später lediglich bemüht, Phänomene wie die Inflation und den wachsenden bargeldlosen Zahlungsverkehr in ihr Schema zu pressen. Denn ihr Axiom vom Horten und Zinserpressen bezieht sich bloß auf Bargeld, auf Münzen und Scheine. Das führt zu zwei weiteren Annahmen, die nicht zu beweisen sind: Geld muß wertbeständig und Bargeld das dominante Zahlungsmittel sein. Spätestens in der modernen Welt des Girokontos, der Kreditkarte, des In-

---

16 Uhlemayr, 1931, S. 24; Winkler, 1952, S. 165; Walker, 1949, S. 9; Onken scheint anzunehmen, daß Unwissen kein Nachteil sei (in: Gesell, GW 1, S. 18).

17 Uhlemayr, 1931, S. 24, 71 ff.; Wendnagel, 2010, S. 183.

18 Onken, in: Gesell, GW 1, S. 18 f.

19 Onken, 1999.

ternetversands und des Online-Banking ist das eine realitätsferne Vorstellung.

Dazu findet sich in der Freiwirtschaft von Anfang an ein theoretischer Widerspruch. Einerseits übernahm Gesell das Saysche Gesetz, wonach jedes Angebot sich seine Nachfrage schafft. Der französische Ökonom hatte behauptet, bei jeder Produktion von Gütern entstünden exakt jene Einkommen, die notwendig seien, um die Waren zu kaufen. Er wandte sich damit gegen jene, die Überproduktionskrisen prognostizierten. Say meinte, die Wirtschaft befinde sich im Prinzip ständig im Gleichgewicht, allenfalls durch externe Störungen käme das System für begrenzte Zeit aus dem Tritt.[20] Daraus folgte, daß der Gesamtwert des Geldes eines Landes durch die Menge der Waren auf dem Markt bestimmt werde und entsprechend schwanke.

Diese Annahme findet sich in den Schriften Gesells und seiner Epigonen wieder; darauf basiert ihre Forderung nach einer Indexwährung und Regulierung der umlaufenden Geldmenge durch eine Währungskommission, die Freiwirte nach dem Ersten Weltkrieg hervorbrachten.[21] Bei einer »Waaren-Stauung« oder Anhäufung steige der Wert des Geldes und sinke, wenn die Warenmenge abnehme, schrieb Gesell 1891.[22] Er behauptete damit ein Abhängigkeitsverhältnis zwischen Güterangebot und Geldwert: Übersteigt das Angebot an Gütern die Nachfrage, steigt der Geldwert, weil die Preise sinken (Deflation), liegt das Angebot unter der Nachfrage, steigen die Preise, der Geldwert sinkt (Inflation). In diesem mechanischen Verhältnis, das sich empirisch beobachten läßt und das dem Modell von Klassik und Neoklassik entspricht, wonach der Preis zwischen Angebot und Nachfrage vermittelt, schwankt der Geldwert entsprechend. Im Widerspruch dazu formulierte Gesell im gleichen Werk jene Prämisse, auf der die gesamte Freiwirtschaft basiert: »Das Geld kann dem Verkehr entzogen und demselben wieder zugeführt werden, wie es dem Besitzer desselben paßt, ohne befürchten zu müssen, daß es faule oder verderbe.« Er unterstellte eine »Unveränderlichkeit des Geldes« – gemeint ist des Geldwertes –, die jeder ständig nutze, um »beim Kauf einer Waare kleine Vortheile zu erhaschen«.[23]

Als Prognostiker hat Gesell sich mehrfach blamiert. In seiner zweiten Schrift sagte er einen allgemeinen weltweiten

20 Plumpe, S. 17 f.; Starbatty, 1989a, S. 183 ff.

21 Gesell, GW 11, S. 155 f.; Gesell, GW 12, S. 55 ff., 312; Walker, 1931, S. 50; Walker, 1962, S. 314, 327.

22 Gesell, GW 1, S. 97. An anderer Stelle schreibt Gesell, der Wert des Geldes hänge »zu einem großen Theil von der speculativen Geschicklichkeit des Besitzers ab«, wenn dieser Geld zurückhalte, würden die Preise fallen, und die Kaufkraft des Geldes wachsen (GW 1, S. 161, ebenso 158 ff.).

23 Gesell, GW 1, S. 106.

ökonomischen Zusammenbruch innerhalb der nächsten fünf Jahre voraus, tatsächlich aber begann um 1895 ein langer Aufschwung.[24] Ende 1918 schrieb er über Deutschland: »Die Kapitalbildung wird trotz der großen Kriegsverluste rasch erfolgen und durch ein Überangebot den Zins drücken. Das Geld wird dann gehamstert werden. Der Wirtschaftsraum wird einschrumpfen, und große Heere von Arbeitslosen werden auf der Straße stehen.«[25] Man könnte das als geniale Prophezeiung der Weltwirtschaftskrise von 1929 verkaufen, blendet man aus, daß seine Formulierung sich auf die unmittelbare Nachkriegszeit bezog. Tatsächlich wurde Geld während der Inflation von 1923/24 in Deutschland nicht gehortet, sondern sofort ausgegeben.[26]

Zunächst bezog sich Gesell auf die zeitgenössische Debatte über Vor- und Nachteile von Gold-, Silber- oder Papiergeld, setzte aber bereits eine eigenwillige Note insofern, als er unterstellte, Gold sei wertbeständig, Papiergeld aber nicht. Würden Gold- und Silbermünzen im Wert von zehn Milliarden zirkulieren, habe das Material »genau zehn Milliarden« gekostet, während Papiergeld in der Herstellung billiger sei.[27] Gesell zielte darauf ab, daß Papiergeld technisch beliebig vermehrbar ist, daß man »Geld nach Bedarf herstellen« könne. Würden angesichts steigender Produktivität mehr Waren auf den Markt gelangen, müsse man bloß die Notenpresse anwerfen, um wieder ein Gleichgewicht herzustellen.[28] Gold ist aber keineswegs »wertbeständig«, sondern sein Preis abhängig von Angebot und Nachfrage.

Der Streit um die richtige Währung bzw. darüber, ob Geld eines besonderen Stoffes bedürfe, um seinen Wert zu garantieren, gehört zum Entstehungskontext der Freiwirtschaft und beschäftigte ihre Anhänger bis nach dem Zweiten Weltkrieg. Ähnlich wie Keynes oder Fisher argumentierten Freiwirte, der Goldstandard limitiere die Ausgabe von Geld, verhindere damit eine stabile Währung und erzeuge Inflation und Deflation.[29] Einige verbanden die Agitation gegen Gold mit antisemitischen und antiamerikanischen Verschwörungstheorien. Hans Schumann (Jahrgang 1902) feierte das NS-Regime 1943 als jene Kraft,

---

24 Ebd., S. 73.

25 Senf, 2001, S. 160.

26 Plumpe, 2011, S. 78 ff.

27 Gesell, GW 1, S. 102. In seinem Hauptwerk bezeichnet er Gold als »Fremdkörper«, weil es unverwüstlich sei. Bei guter Konjunktur werde es als Schmuck eingeschmolzen, bei sinkenden Zinsen zu Hause gehortet, in jedem Fall aber dem Umlauf entzogen; dadurch könne es Krisen auslösen (GW 11, S. 181, 183, 191); ebenso: GW 15, S. 135 ff.; GW 17, S. 126 ff.

28 Gesell, GW 16, S. 89.

29 Diehl, 1947, S. 115 f.

die den Ränken der »Goldenen Internationale« widerstehe.[30] Hermann Benjes (1937–2007) hat 1995 eine wilde Verschwörung konstruiert, um die These zu stützen, die Nazis seien nur wegen der Golddeckung an die Regierung gelangt. Zunächst habe die Reichsregierung 1923 die Hyperinflation mit der Rentenmark gestoppt. Diesen »Alleingang des Deutschen Reiches« habe eine »internationale Goldlobby« abgelehnt und den Deutschen wieder eine Golddeckung aufgezwungen. Dadurch sei Deutschland von »amerikanischen Geldmagnaten« abhängig geworden. Als diese plötzlich Kredite in Form von Goldbarren zurückverlangten, hätten entsprechend mehrere hundert Millionen Reichsmark aus dem Verkehr gezogen werden müssen. Durch dieses Manöver sei die Weltwirtschaftskrise von 1929 nach Deutschland gekommen, suggeriert Benjes.[31]

Im klassischen Zeitalter des Imperialismus existierte ein auf Gold gestütztes internationales Währungssystem mit festen Wechselkursen. Die kriegführenden Staaten waren seit 1914 angesichts der immensen Rüstungsausgaben gezwungen, vom Goldstandard abzugehen. In den 1920er Jahren wurde dieser in vielen Ländern wieder eingeführt. Diese Vorgehensweise wiederholte sich im Gefolge der Weltwirtschaftskrise, als etwa die USA und Großbritannien 1931 und Frankreich 1936 die Golddeckung wieder aufgaben.[32] Nach 1945 wurde der goldgestützte Dollar zum Anker des internationalen Währungssystems. Mit diesem System von Bretton Woods, benannt nach dem Ort der internationalen Konferenz von 1944 im US-Bundesstaat New Hampshire, setzte sich die US-Position durch. Alle Zentralbanken wurden verpflichtet, die jeweilige Währung gegen Gold zu einem festen Kurs von 35 Dollar je Feinunze einzutauschen. Damit waren die Wechselkurse untereinander festgeschrieben.[33]

Gleichwohl ging es Gesell keineswegs bloß um Papiergeld, sondern er versteifte sich darauf, daß Geld generell wertbeständig sei, so daß »Geldbesitzer« Zinsen von den Besitzern verderblicher Güter und Arbeitskraft erpressen würden. Die Hälfte des deutschen Volkes bestehe aus »Schmarotzern«, die direkt von den anderen lebten.[34] Sein Vorschlag umfaßte von Anfang an zwei Aspekte: Ersatz des Goldes als Geldware durch

30 Walker, 1931, S. 59, 140 ff., 152; Walker, 1937, S. 60; Lautenbach, 1937, S. 79 ff.; Schumann, 1943.

31 Benjes, 1995, S. 21, 26 f.

32 Hardach, 1973, S. 151 ff.; Aldcroft, 1978, S. 147 ff., 181 ff.

33 US-Präsident Richard Nixon hob die Golddeckung 1971 aus den gleichen Gründen auf wie seine Vorgänger: Sie engte den Spielraum für die Ausweitung der Geldmenge ein. Allein im Ausland hatten sich durch US-Kapitalexport mehr Dollar angesammelt, als die Zentralbank in Gold umtauschen konnte. Die festen Wechselkurse paßten nicht mehr zu den wachsenden Unterschieden in der ökonomischen Entwicklung der beteiligten Staaten und wurden zwei Jahre später aufgegeben (Plumpe, 2011, S. 93).

34 Gesell, GW 1, S. 138.

eine ungedeckte Währung, reguliert durch eine zentrale Instanz, und Ausgabe von Papiergeld mit regelmäßiger Abwertung (Schwundgeld).

Zwar finden sich in Gesells Schriften Belege dafür, daß er sich nicht der Tatsache verschloß, daß der Wert des Geldes sich ändert und seine Zirkulation von Angebot und Nachfrage abhängig ist. Gelegentlich meinte er, nur Papiergeld sei von schwankendem Wert, ein anderes Mal schrieb er Gold einen angeblich fixen Wert zu, an einer Stelle forderte er, Papiergeld müsse so eingerichtet werden, »daß es die Werthbeständigkeit des Goldes erreicht oder sogar übertrifft«. Manchmal ist bei ihm von Geld die Rede, ohne daß er sagen würde, ob eine ungedeckte Papiergeld- oder eine goldgestützte Währung gemeint ist.[35] In ein und demselben Text behauptete Gesell sowohl, der Wert des Geldes schwanke und müsse darum fixiert werden, als auch das gerade Gegenteil: Geld sei wertbeständig. »Der Staat, sagte ich mir, hat vor allen Dingen die Pflicht, den Preis des Geldes vor Schwankungen zu bewahren, er hat die Pflicht, nöthigenfalls diesen festen Preis zu erzwingen, und da Regelmäßigkeit in der Geldcirculation Grundbedingung für einen festen Geldpreis ist, so muß zur Verhütung von Preisschwankungen die Circulation des Geldes vor der wankelmüthigen Phantasie Privater, vor der Laune und Gewinnsucht der Speculateure befreit und unter Zwang gestellt werden.« Nur ein »Circulationszwang« garantiere einen festen Geldpreis.[36] Dann schrieb er, solange dieser Umlaufzwang nicht existiere, bestehe keine Parität von Ware und Geld, denn die Ware verderbe, werde überholt durch neue Produkte, das Geld aber nicht; es schütze damit seinen Besitzer vor Verlusten.[37] Ein »Austausch von Äquivalenten« sei darum unmöglich, der Geldbesitzer erpresse einen Aufschlag, den Zins.[38]

Das ist der rote Faden der Freiwirtschaft. Gesell unterstellte wieder und wieder, die Geldbesitzer seien die Stärkeren. Sie würden die Wirtschaft beherrschen, weil sie jederzeit Geld zurückhalten und damit Krisen auslösen könnten, die Anbie-

---

35 Gesell, GW 1, S. 105. Der Wert des Geldes hänge »zu einem großen Theil von der speculativen Geschicklichkeit des Besitzers ab«, wenn dieser Geld zurückhalte, fielen die Preise, und die Kaufkraft des Geldes wachse (GW 1, S. 161, ebenso 158 ff.). Die Nachfrage sei die Bedingung des Wertes, und die Nachfrage nach Geld bestimme dessen Wert. Der Geldwert steige, wenn die Preise sänken, wenn sich das Warenangebot vergrößere oder große Ernten eingebracht würden. Würden neue Goldadern entdeckt, werde das Geldangebot größer, die Preise stiegen, das Geld verliere an Wert (GW 1, S. 265 ff., 276).

36 Gesell, GW 2, S. 22.

37 Ebd., S. 23 f. Ebenso schreibt er, »die Waaren mit Ausnahme des Geldes verderben« (S. 145), weil »das Geld vergraben wird gerade zu einer Zeit, wo der Bedarf an Geld wächst, thürmen sich die Waaren wegen mangelnder Nachfrage auf, wie sich das Wasser vor einem aufgerichteten Wehr staut« (S. 159).

38 Ebd., S. 23.

ter von Waren und Arbeitskraft dagegen nicht.[39] Während das Angebot an Waren »den Absichten der Spekulanten schutzlos ausgeliefert« sei, habe »die Nachfrage den Instinkten der Geldbesitzer zu gehorchen (...), den bösen Intentionen der Bankiers, Wucherer und Spekulanten«.[40] Ob Silber, Gold oder Papiergeld, es sei stets die »Eigenschaft der Unveränderlichkeit«, die dem Eigentümer erlaube zu warten: »Kann kein Zins erzielt werden, so bringt man einfach das Häufchen Gold oder das Päckchen Banknoten nach Hause und wartet.«[41]

Gesells Anliegen war es, das Verhältnis von Angebot und Nachfrage dadurch zu stabilisieren, daß die Kundschaft ihr Geld ausgibt und nicht zurückhält. Als Ideal sah er fixe Preise für Geld und Waren, dazu feste Wechselkurse für Devisen und Papiergeld, weil es billig herstellbar und damit im Unterschied zu Goldmünzen beliebig vermehrbar ist.[42] Seine Forderungen deckten sich mit den Interessen eines Kaufmanns, der einen Familienbetrieb führte, der auf zwei Kontinenten agierte, mit einer argentinischen Dependance, die Geräte aus Europa importierte. Gesell wollte die Folgen der Konkurrenz, die konjunkturellen Schwankungen und Krisen, beseitigen, ohne den Kapitalismus abzuschaffen. Dies ist so unmöglich, wie die Widersprüche in seinen Schriften zu beseitigen: zwischen der Annahme, Geld sei wertbeständig, und der Forderung, der Staat solle seinen Wert festsetzen und garantieren.[43]

Um das angeblich wertbeständige Geld zur Zirkulation zu zwingen, forderte Gesell staatliche Regulation und ein spezielles Geld, nicht bloß Papiergeld, sondern ein Schwundgeld, Freigeld oder »rostendes Geld«, wie er es in seiner ersten Schrift nannte[44]: »Kernpunkt der Währungsfragen – die Herstellung völliger Parität zwischen Waare und Geld«, behauptete Gesell 1897.[45] An diesem Konzept hielt er ein Leben lang fest. Später, unter dem Eindruck der Inflation der Kriegs- und Nachkriegsjahre, als der reale Schwund des Geldwerts die Abschläge, die die Freiwirte vorschlugen, weit übertraf, propagierte Gesell einerseits den Abbau des Staates bis hin zur Selbstjustiz, andererseits ein zentrales Währungsamt, das auf der Grundlage wertbeständigen Geldes und fixer Warenpreise die Geldmenge je nach dem Warenangebot regulieren sollte, um den Markt im Gleichgewicht zu halten.

39 Gesell, GW 1, S. 284 f.
40 Ebd., S. 285.
41 Gesell, GW 3, S. 203.
42 Gesell, GW 2, S. 20 f.
43 Ebd., S. 18.
44 Ebd., S. 77, dort spricht er von Reformgeld und fünf Prozent Schwund im Jahr.
45 Ebd., S. 29.

Zins als Erpressung oder Teil des Profits

Marx zufolge sind die menschliche Arbeitskraft und die Natur die einzigen Quellen gesellschaftlichen Reichtums. Der Mensch vermag mehr Güter herzustellen, als zu seiner physischen Reproduktion notwendig sind. Dieses Mehrprodukt ist die Grundlage jeder gesellschaftlichen Entwicklung, jeder Zivilisation, aber auch der Spaltung der Gesellschaft in Klassen, wobei die herrschende Klasse sich dieses Mehrprodukt (jedenfalls den größten Teil davon) aneignet. Unter kapitalistischen Bedingungen erhalten die Arbeiter einen Lohn, der im Prinzip durch den Wert der Güter und Dienstleistungen bestimmt ist, die notwendig sind, um ihre Arbeitskraft zu erhalten. Im Arbeitsprozeß setzen sie den Produkten jedoch einen Wert zu, der höher ist als der Lohn. Dieser Mehrwert wird vom Kapital akkumuliert. Es ist dieser Vorgang, den Marx als Ausbeutung bezeichnet, und zwar unabhängig davon, ob die Löhne niedrig oder hoch sind.[46]

Gesell lehnte die Werttheorie ab. Sie sei schon deshalb falsch, weil Marx von allen körperlichen Eigenschaften der Ware abstrahiere; dagegen meinte Gesell: »Ein Kilo Gold ist gleich ein Kilo Wert. Stoffwert = Wertstoff«, das ließe sich mit der Waage feststellen, ansonsten sei der Wert »ein reines Hirngespinst«.[47] Ausbeutung bedeutete für ihn, daß die »Geldbesitzer« die Besitzer von Waren, Dienstleistungen oder Arbeitskraft erpreßten. Sie bestehe aus Zinsen, die Geldbesitzer, und Grundrenten, die Grundeigentümer verlangten. Er stellte sich in die Tradition von Proudhon, der ebenfalls unterstellt hatte, Krisen und Elend des Kapitalismus entstünden allein in der Zirkulation, knappes Geld lähme Produktion und Austausch. Schuld seien die Geldbesitzer, die dieses Tauschmittel horteten, um Zinsen zu kassieren.[48]

Als Arbeiter definierte Marx jene Menschen, die über keine Produktionsmittel verfügen und ihre Arbeitskraft verkaufen müssen, um zu leben. Gesell meinte mit diesem Begriff jeden Erwerbstätigen und verwischte damit den Gegensatz von Kapital und Arbeit. Dementsprechend war für Gesell ein Arbeiter »jeder, der vom Ertrag seiner Arbeit lebt, Bauern, Handwerker, Lohnarbeiter, Künstler, Geistliche, Soldaten, Offiziere, Könige sind Arbeiter in unserem Sinne. Einen Gegensatz zu all diesen Arbeitern bilden in unserer Volkswirtschaft einzig und allein die Rentner, denn ihr Einkommen fließt ihnen völlig unabhängig von jeder Arbeit zu.«[49] Der Feind dieser »Arbeiter« sei der »Rentner«, auch Rentier genannt – gemeint sind Personen, die

46 Marx, MEW 23, S. 192 ff.; Heinrich, 2004, S. 90 ff.
47 Gesell, GW 6, S. 31 f.: GW 17, S. 175 ff.
48 Gesell, GW 11, S. 3 ff.
49 Ebd., S. 10.

von Kapitalzinsen leben. Gesell forderte das Recht aller Arbeiter (also der Kapitalisten wie der Lohnabhängigen) auf den »gemeinsamen vollen Arbeitsertrag«, ohne Abzug von Zinsen und Renten.

Gesell ging von der Fiktion aus, alle Lohnabhängigen seien kleine Warenproduzenten und Händler, die von gleich zu gleich mit den Unternehmern ihre Erzeugnisse tauschten. Ein Fabrikant würde Proletarier nicht in einem Lohnverhältnis beschäftigen, also nicht ein bestimmtes Quantum Arbeit gegen eine bestimmte Summe Geld tauschen, sondern ihnen seine Fabrik leihen, und sie würden die dort erzeugten Waren an ihn verkaufen. »Lohn, das ist der Preis, den der Käufer (Unternehmer, Kaufmann, Fabrikant) für die ihm vom Erzeuger (Arbeiter) gelieferten Waren zahlt (...) Waren kaufen heißt aber Waren tauschen; die ganze Volkswirtschaft löst sich so in einzelne Tauschgeschäfte auf, und alle meine Begriffe: Lohn, Wert, Arbeit enthüllen sich als vollkommen zwecklose Umschreibungen der beiden Begriffe Ware und Tausch.«[50] Mit dieser Definition eliminierte Gesell sowohl das Proletariat als auch die Produktionssphäre; er erklärte die einfache Zirkulation von Waren und Geld zum Wesen und Inhalt der Ökonomie.

Marx hatte den Prozeß der Verwertung und Akkumulation von Kapital mit der Formel beschrieben: G-W(AK, PM)-P-W'-G'. Ein Kapitalist kauft für sein Geld (G) bestimmte Waren (W) ein: die Ware Arbeitskraft (AK) sowie Produktionsmittel (PM) wie Maschinen, Werkzeug, Halbfertigprodukte und Rohstoffe. Die Arbeiter produzieren damit Güter (P), deren Wert (W') höher liegt als der der Arbeitskraft, ausgedrückt im Lohn, und der verwendeten Produktionsmittel. Diese Produkte muß der Kapitalist verkaufen, um sein ursprünglich investiertes Geld und den Mehrwert (G') zu realisieren.[51] Ausbeutung analysierte Marx damit als völlig moralfreies, strukturelles Ergebnis der Produktionsverhältnisse. Karl Walker lag daher völlig daneben, als er behauptete, Marx halte die private Gewinnsucht für »des Übels Wurzel«.[52] Für Gesell dagegen war alles Erpressung: Der Geldbesitzer zwingt alle Nichtbesitzer, ihm einen Tribut in Gestalt des Zinses zu entrichten. Das ließe sich in folgender Formel ausdrükken: G-G'. »Kapital ist also zinstragendes Eigentum, Kapitalist ist derjenige, der über solches Eigentum verfügt, und Kapitalismus ein Wirtschaftssystem, in dem die Zinserfüllung Voraussetzung aller wirtschaftlichen Vorgänge ist«, sagt Helmut Creutz.[53] Gesellianer meinen, Kapitalismus sei ein jahrtausendealtes System,

50 Ebd., S. 310, ebenso: GW 13, S. 363 f.; GW 17, S. 57.
51 Marx, MEW 24, S. 31 ff., 56.
52 Walker, 1931, S. 95.
53 Creutz, 2003, S. 496.

das mit der Einführung des Zinses entstanden sei. Sowohl die antike Sklavenökonomie als auch der mittelalterliche Feudalismus gelten ihnen als kapitalistische Systeme.

Die grundlegenden Kategorien des Kapitalismus, nämlich Arbeit, Ware, Wert, Geld, Profit oder Konkurrenz haben der angeblich so pfiffige Kaufmann Gesell und seine Fans nicht begriffen. Kapitalismus heißt, das Kapital strebt nach Mehrwert, nach Selbstverwertung und Akkumulation; der Mehrwert entsteht in der Produktion und muß auf dem Markt durch den Verkauf der Waren und Dienstleistungen realisiert werden. Freiwirte und viele andere Menschen, darunter auch solche, die sich als »links« begreifen, mißverstehen Kapitalismus dagegen als Habgier, Spekulation, Wucher und Zinserpressung. Für Marx ist der Zins jener Teil des Profits, den der Geldkapitalist dafür bekommt, daß er einem industriellen Kapitalisten Geld leiht, das dieser produktiv anwendet. Qualitativ sei Zins Mehrwert, den das bloße Eigentum an Kapital abwerfe, quantitativ jener Teil des Mehrwerts, der auf das Geldkapital bezogen ist.

Die Herausbildung eines umfangreichen Kredit- und Banksystems war für die Entwicklung des Kapitalismus notwendig. Die Kaufleute der Städte Norditaliens und der Toskana schufen als erste einen solchen Finanzapparat, der einen mittelalterlichen und frühneuzeitlichen Handelskapitalismus erlaubte. Banken sammelten Kapital in größerem und kleinerem Umfang ein und fungierten durch die Kredite als »allgemeiner Verleiher« von Geldkapital. Dadurch ermöglichten sie Unternehmungen, die einen bestimmten Umfang an Kapitaleinsatz benötigten und das Eigenkapital einzelner Unternehmer überstiegen, schrieb Marx.[54] Er analysierte das Bankwesen samt Finanzspekulationen und Börsencrashs als integralen Bestandteil des Kapitalismus und die Kreditvergabe als ein – wenn auch krisenanfälliges – Mittel, um die ökonomische Entwicklung zu fördern. Kapitalismus bzw. Marktwirtschaft ist ohne Banken, Kredite, Zinsen und Spekulation gar nicht möglich.

Die Vorstellungen der Freiwirte und ihr Haß auf Banker und Spekulanten sind nicht bloß Ausdruck von Ignoranz, sondern knüpfen an bestimmte Strukturen und Abläufe an. Der Umstand, daß zinstragendes Kapital historisch älter ist, lange vor der kapitalistischen Produktionsweise existierte, wertete Marx als einen Grund dafür, daß Geldkapital, zinstragendes Kapital, im Alltagsverständnis als Kapital par excellence mißverstanden wird. Das Gesamtkapital gliedere sich in Geldkapital und industrielles Kapital, die untereinander in Konkurrenz stünden. Die

---

54 Marx, MEW 25, S. 374, 416, 451.

Höhe des Unternehmergewinns sei bestimmt durch den Zinsfuß, der wiederum als Preis der Ware Geld von Angebot und
Nachfrage abhänge. Im »Hirnkasten« des industriellen Kapitalisten entstünde darum die falsche Vorstellung, sein Gewinn
nach Abzug der Zinsen sei ein Arbeitslohn.[55] Im zinstragenden
Kapital erreiche das Kapitalverhältnis »seine äußerlichste und
fetischartigste Form«, heißt es bei Marx. Die Annahme, daß
Geld sich von selbst vermehre, faßte er in dem Satz zusammen:
»Es wird ganz so Eigenschaft des Geldes, Wert zu schaffen, Zinsen abzuwerfen, wie die eines Birnbaums, Birnen zu tragen.«
Diesen falschen Eindruck markierte Marx in der Formel G-G',
mit der sich auch die Theorie Gesells beschreiben läßt.[56]

Das Ergebnis sind Ideen wie jene von Proudhon und Gesell,
in denen der Zins als vom Produktionsprozeß losgelöst, als blo-
ßer Wucher und Erpressung erscheint. Die Vorstellung, Geld
hecke Geld, und alle Kapitalisten hätten die Wahl, ihr Kapital
zu verleihen oder zu investieren, kritisierte Marx als Unsinn,
sie sei aber trotzdem unter »Vulgärökonomen« weit verbreitet.
Kein Geldkapital werfe Zins ab, ohne vorher als produktives Kapital fungiert zu haben, um Mehrwert zu schaffen. Das gilt auch
für die Gegenwart mit ihren immer neuen Finanzdienstleistun-
gen, bei denen es sich um Ansprüche auf Ansprüche handelt.
Am Ende basieren solche Ketten auf einer angenommenen
Mehrwertschöpfung.

Indem Kapitalismus als System der Erpressung von Zinsen
mißverstanden und die Utopie einer Gesellschaft von lauter selbständigen Produzenten beschworen wird, gelangen die Freiwirte
zu einer Vorstellung, die der Bevölkerung gerade in Deutschland
vertraut ist. Es ist die Propaganda vom sozialen Ausgleich, die
an jene von der Volksgemeinschaft anschließt. Der hiesige Kapitalismus gilt als beste aller Welten, als soziale Marktwirtschaft
oder »Rheinischer Kapitalismus«, wie der französische Versiche-
rungsmanager und Wirtschaftswissenschaftler Michel Albert
schrieb. Geradezu als leuchtendes Gegenbild zu einem angeblich besonders üblen angloamerikanischen Raubtierkapitalismus, den berüchtigten Heuschreckenplagen, die der Sozialdemokrat Franz Müntefering beschwor. Allerdings würde solche
Propaganda allein nicht verfangen. Die Gemeinschaftsideologie
wird materiell getragen durch die Gewinne einer hochproduk-
tiven Ökonomie, des Exportweltmeisters, so daß Arbeiter und
Angehörige der Mittelschicht stets hoffen dürfen, für Wohlver-
halten belohnt zu werden.

Marktwirtschaft gilt Creutz als »eine Wirtschaftsordnung,
bei der alle wirtschaftlichen Vorgänge, also Produktionen, Prei-

---

55 Marx, MEW 25, S. 350 ff., 355, 385, 389 ff., 396; Heinrich, 2004, S. 154 ff.
56 Marx, MEW 25, S. 404 f.

se und Austauschbedingungen, alleine von Angebot und Nachfrage bestimmt werden, während Kapitalismus (...) ein mono-
polartiges Herrschaftsinstrument ist«.[57] Monopolartig deshalb,
weil Creutz' Ansicht nach die Geldbesitzer jederzeit einen »Geldstreik« veranstalten könnten, sobald der Zins unter vier Prozent
fällt.[58] Im Unterschied zu diesem Zins-Kapitalismus stellt eine
»unverfälschte Marktwirtschaft« für Creutz »das gerechteste
und effektivste System der Güterversorgung und -verteilung dar,
das auf Gegenseitigkeit und Gleichberechtigung aufbaut«.[59] Die
Initiative für Natürliche Wirtschaftsordnung (INWO) behauptet, durch Horten und Erpressen von höheren Zinsen verwandle
sich eine gute Marktwirtschaft in den ausbeuterischen Kapitalismus. Sie kämpft »für eine Marktwirtschaft ohne kapitalistische Verzerrungen«, in der »Spekulanten« ein »Knöllchen« bekommen, eine Umlaufgebühr, die wie ein Bußgeld wirken soll,
weil das Horten von Geld angeblich den wirtschaftlichen Fluß so
behindere wie Falschparken den Autoverkehr.[60]

Die Prämisse der gesamten Freiwirtschaft hat Gesell 1891 so
ausgedrückt: »Das Geld kann dem Verkehr entzogen und demselben wieder zugeführt werden, wie es dem Besitzer desselben
paßt, ohne befürchten zu müssen, daß es faule oder verderbe.«
Und weiter: »Es giebt in der Welt nicht eine Person, welche nicht
die Unveränderlichkeit des Geldes benutzt hätte, um beim Kauf
einer Waare kleine Vortheile zu erhaschen, es giebt Niemand
auf der Welt, welcher nicht täglich zehnmal Speculation mit
seinem Gelde treibt.«[61] In seinem Hauptwerk schreibt Gesell:
Die Übermacht des Geldes liege in seiner »Unverwüstlichkeit«
begründet, während alle anderen Arbeitserzeugnisse zerfielen
und Lager- und Wartekosten verursachten. Weil »der Besitzer
des Geldes durch die Natur des Geldstoffes (Edelmetall) frei
von jedem solchen Verlust« sei, könne der »Kapitalist« Druck
auf die »Warenbesitzer (Arbeiter)« ausüben, diese also zwingen,
»unter Preis zu verkaufen«.[62] Darum solle das Geld »wie die Waren verrosten, verschimmeln, verfaulen«, nur dann wären Geld
und Waren »vollkommene Äquivalente«.[63]

Gesells ganze Lehre beruht auf der falschen Annahme, Geld
sei wertbeständig – im Unterschied zu allen anderen Waren,

57 Creutz, 2003, S. 493.
58 Ebd., S. 496, 508, 543.
59 Ebd., 2003, S. 493.
60 INWO, »Fairconomy« (Faltblatt, undatiert); INWO, »Knöllchen für Spekulanten«,
Infoblatt 1 (undatiert).
61 Gesell, GW 1, S. 106.
62 Gesell, GW 11, S. 244; ähnlich: Der Geldbesitzer könne warten (S. 239), während
die Waren, das Angebot, »wegen seiner stofflichen Natur diesem Willen gegenüber
ganz schutzlos (ist). So entstand die Macht des Geldes, die in Geldmacht umgewandelt,
einen unerträglichen Druck auf alle Erzeuger ausübt« (S. 241).
63 Gesell, GW 9, S. XXXI.

die vergingen. Darum könne der Geldbesitzer Geld horten oder damit drohen und dadurch von den Besitzern von Waren und Dienstleistungen oder Arbeitskraft einen Zins erpressen. Der Sparer behalte sein Geld zu Hause, wenn er nur noch drei Prozent bekomme, spätestens bei einem Prozent Zinsen, schrieb Gesell.[64] Wirtschaftskrisen erklärte er folgendermaßen: Bei nachlassender Konjunktur sänken die Gewinne, der Zinssatz aber nur bis zu einem »Urzins«, den er bei 2,5 Prozent ansetzte. Sonst würden die Geldbesitzer lieber horten und die zirkulierende Geldmenge und das Warenangebot in ein Ungleichgewicht bringen. Warum es überhaupt zu einer nachlassenden Konjunktur kommt, erklärte er nicht.

An diesen Mechanismus glauben Gesellianer bis heute, wenn auch die Zinshürde unterschiedlich angegeben wird. So führen die Humanwirtschaftspartei (2006) und Klaus Schmitt (1989) einen »Urzins« von 2,5 bis drei Prozent an, Werner Rosenberger (INWO-Schweiz, 1994) unterstellt drei Prozent. Creutz nimmt vier bis sechs Prozent als Hürde an.[65] Empirisches Material liefert keiner, dabei sind die Zinsen immer wieder unter diese Hürde von 2,5 Prozent gesunken. Im Dezember 2011 erhalten Investoren für deutsche Staatsanleihen eine Mini-Rendite von 0,001 Prozent, im Januar 2012 müssen sie sogar einen Negativ-Zins von 0,0122 Prozent dafür bezahlen, daß sie Geld anlegen. In Deutschland dürfte es eigentlich gar keine Sparbücher mehr geben, weil diese ihren Besitzern oft deutlich weniger als den behaupteten »Urzins« einbringen. Schweizer Staatsanleihen, Laufzeit ein Jahr, waren im Sommer 2011 mit einem Negativzins von einem Prozent belegt, trotzdem investierten Anleger neun Milliarden Franken.[66] Das liegt daran, daß Deutschland und mehr noch die Schweiz mit ihrem überbewerteten Franken als sichere Anlagen gelten, ist aber ein fundamentaler Widerspruch zur grundlegenden Prämisse der Gesellianer.

Die Annahme, Geld werde zu Hause gehortet, wenn dafür nicht ein bestimmter Zinssatz erreicht wird, ist bis heute der Kern der Freiwirtschaftslehre. Immer noch, schrieb Kennedy 1991, werde Geld gehortet, von Privatleuten »unter der Matratze«, von Kriminellen nach Einbrüchen und Diebstählen, oder als Geldbestände in ausländischen Währungen.[67] Creutz meinte

64 Gesell, GW 11, S. 201.

65 Humanwirtschaftspartei, 2006, S. 4; Schmitt, 1989, S. 63; Rosenberger, 1994, S. 20; Creutz, 2003, S. 543.

66 Helga Einecke, »Anleger beschenken Deutschland«, »Süddeutsche Zeitung«, 10.1.2012. Der Ökonom Ulrich van Suntum plädiert dafür, daß die Zentralbank den Banken in der Rezession einen negativen Zins einräumt, also für Kredite draufzahlt, und erst im Konjunkturaufschwung wieder einen Zins verlangt, so daß die Banken das Geld an Unternehmen ausgeben können. (Suntum, »Wir brauchen Keynes 2.0«, »Zeit-Online«, 1.10.2009, Abfrage 13.8.12).

67 Kennedy, 1991, S. 111 f.

2003, Geld könne zu Hause gehortet werden und löse damit eine »Kettenreaktion von Nachfrageausfällen« aus.[68] »Die eigentliche Ursache der Ausbeutung liegt also nicht im Sachvermögen, sondern im Geldvermögen, nicht in der Produktions-, sondern in der Zirkulationssphäre.«[69] Durch die Ansammlung von Bargeld in Schubladen, Tresoren und unter der Matratze, dazu durch Geld aus Steuerhinterziehung, Schwarzarbeit und Kriminalität würden der Wirtschaft Bargeldsummen entzogen, die den Geldkreislauf unterbrechen, behauptete er fünf Jahre später.[70]

Ähnliche Formulierungen finden sich bei anderen Freiwirtschaftlern. Paul Diehl (1886–1976) und Karl Walker (1904–1975) wiederholten die Hypothese von der Vergänglichkeit der Ware und dem unvergänglichen Geld, das zu Hause im Strumpf oder Tresor gehortet werde.[71] Bernd Senf (Jahrgang 1944) meint, die Besitzer »überflüssigen Geldes« hätten ein rationales Interesse, Geld dem Wirtschaftskreislauf zu entziehen. Sie würden darauf spekulieren, von den übrigen Wirtschaftsteilnehmern (Unternehmen, Handel, Staat, Haushalte), die Geld als Zahlungs- oder Kreditmittel brauchten, einen höheren Zins zu erpressen. Möglich werde das Horten, weil Geld nicht verfaule, behauptet Senf, von 1973 bis 2009 Professor für Volkswirtschaft an der Hochschule für Wirtschaft und Recht in Berlin.[72] Werner Onken, Herausgeber von Gesells *Gesammelten Werken*, spricht von einer »strukturellen Macht des Geldes«, so daß bereits die Möglichkeit, den Kreislauf zu unterbrechen, genüge, »um den wirschaftlichen Stoffwechsel des sozialen Organismus an die Bedingung zu knüpfen, daß dabei zuerst das Geld mit einem Zins bedient werde«.[73] Lediglich Ernst Winkler läßt Gesells Theorie vom Horten nur für Phasen der Depression gelten, anders verhalte es sich in Zeiten der Inflation. Winkler gilt als Ketzer in der Szene. Zu Unrecht, denn er hält die Depression als »Auswirkung der Überlegenheit des Geldes« für den Normalfall, »die schleichende Dauerkrankheit der kapitalistischen Geldwirtschaft«. Auch Winkler geht von einem »Urzins« aus und fordert eine »Bargeldsteuer«, um das Horten von Geld zu verhindern.[74]

Die Freiwirtschaftslehre basiert also auf drei falschen Annahmen. Erstens sei Geld wertbeständig, es »roste« oder »verfaule« nicht, während alle anderen Waren vergänglich seien.

68 Creutz, 2003, S. 36, 52, 116 f.
69 Ebd., S. 124.
70 Creutz, 2008, S. 39 ff.
71 Diehl, 1947, S. 138 f.; Walker, 1954, S. 243; Walker, 1962, S. 314 f.
72 Senf, 1998; Senf, 2001.
73 Onken, 2003, S. 24–29, man beachte die biologistische Vorstellung vom sozialen Organismus.
74 Winkler, 1952, S. 131 f., 166 ff.

Zweitens würden bei sinkenden Zinsen – der Grenzwert wird unterschiedlich angegeben – solche Mengen an Bargeld gehortet (und zwar zu Hause), daß der Wirtschaftskreislauf tatsächlich gefährdet werde bzw. kollabiere. Und drittens sei Bargeld bis heute entscheidend für die Zirkulation von Gütern und Dienstleistungen.

Die Prämisse vom wertbeständigen Geld wird mit folgendem Bild illustriert, das Benjes, Creutz und Kennedy in jeweils leicht abgewandelter Form verwenden: Geldscheine werden in einen Tresor, Obst und Gemüse in einen Schrank und Menschen in einen Raum gesperrt. Werden nach geraumer Zeit der Safe, der Schrank und der Raum geöffnet, sind die Menschen verhungert und verdurstet, die Früchte verfault, aber das Geld ist formschön wie zuvor.[75] Das gilt als Beweis dafür, daß Geld kein Äquivalent für Waren, sondern diesen weit überlegen ist, immer knapp und begehrt, und daß es darum Zins zu hecken vermag. Diese Metapher ist manipulativ und irreführend: Um das Bild zu vervollständigen, müßte man davon ausgehen, daß die Geldscheine zusammen mit ihren Besitzern eingesperrt werden. Nach zwei Wochen wären diese Geldbesitzer so tot wie Gemüsehändler und Arbeiter. Weder Gesell noch seine Nachfolger haben je versucht, diese Prämisse empirisch zu fundieren. Geld kann durchaus an Wert verlieren: durch Inflation, Wechselkursschwankungen, im Gefolge ökonomischer und politischer Entwicklungen. Die extremsten Beispiele liefert die deutsche Geschichte: In Deutschland wurde das Geld 1923 und 1948 völlig entwertet. Die Besitzer von Produktionsmitteln, von Fabriken, Boden, Maschinen oder Rohstoffen profitierten. Geld kann also sehr wohl »verfaulen«.

Auch die zweite Annahme, Geldbesitzer würden bei niedrigen Zinsen Geld horten, ist falsch. Kapital wird immer wieder aus bestimmten Branchen, Sektoren, Regionen oder Ländern abgezogen, aber dann anderweitig investiert oder angelegt. Völlig absurd ist die Annahme, relevante Beträge würden in Gestalt von Banknoten und Münzen privat, zu Hause aufbewahrt. Im Gegenteil: Niemand, weder ein privater Sparer noch ein Unternehmer oder eine Bank, würde Geld vergraben, in einen Sparstrumpf stopfen oder unter der Matratze verstecken, sondern immer versuchen, eine Anlagemöglichkeit zu finden. Selbst bei einer Inflation sind bescheidene Zinsen auf das Sparbuch besser, als Bargeld zu Hause einem Schwund in Gestalt des Kaufkraftverlusts auszusetzen.

Niedrige Zinsen bedeuten für Investoren und Privatleute billiges Geld, um neue Fabriken oder Häuser bauen zu lassen,

75 Creutz, 2003, S. 39; Kennedy, 2004.

Maschinen, Rohstoffe, Arbeitskraft oder Autos zu kaufen. Die US-Notenbank hat in den 1990er Jahren und nach dem Platzen der New-Economy-Blase 2000 eine Niedrigzins-Politik verfolgt, was entgegen der Gesellschen Annahme dazu führte, daß die Märkte mit billigem Geld überschwemmt wurden, so daß Kritiker eine unkontrollierte Inflation fürchteten.[76] »Die expansive Geldpolitik ist erfolgreich gewesen, allerdings nur, indem sie die Zinssätze auf historische Tiefs gedrückt hat und indem sie Investoren überzeugte, daß die Kreditkosten für lange Zeit auf diesem Stand bleiben werden«, bilanzierte ein Wirtschaftsprofessor der Universität von Kalifornien. Wenn die Zinsen niedrig sind, werde alles attraktiv, was Gewinne abwerfe, eine Dividende oder Mieten bringe.[77]

Sicherlich gibt es Leute, die Bargeld horten, sogar die alte D-Mark wird noch aufgehoben. Ökonomisch rational ist solches Verhalten nur in Ausnahmefällen und hat dann nichts mit Zinserpressung zu tun. Etwa wenn in Griechenland Menschen Geld zu Hause aufbewahren, weil sie fürchten, daß das Land aus der Euro-Zone ausgeschlossen wird und ihre Euro-Guthaben in neue/alte Drachmen umgewandelt werden könnten, deren Wechselkurs zum Euro sofort sinken würde. Zwar mag Bargeld zu Gesells Zeiten eine wichtigere Rolle gespielt haben als heute. Allerdings wurde in den vergangenen 200 Jahren keine der vielen Wirtschaftskrisen durch das Horten von Geld zu Hause ausgelöst. Völlig abstrus erscheint die Freiwirtschaftslehre in der Gegenwart, in der die übergroße Mehrheit der Transaktionen bargeldlos abgewickelt wird, durch Buchungen, Scheck- und Kreditkarten und per Online-Banking. Selbst Creutz muß einräumen, daß die Bargeldmenge bezogen auf die gesamten Geldguthaben bei den Banken nur einem Anteil von drei Prozent entspricht. Er gibt zu, daß der Trend zum bargeldlosen Zahlungsverkehr geht, behauptet aber einfach, Bargeld sei für die Konjunktur immer noch wichtiger als EC-Karten, weil Güter und Dienstleistungen in der Endnachfrage zu zwei Dritteln mit Bargeld bezahlt würden.[78] Quellen nennt er für seine Behauptung nicht.

Rostendes Geld als »stofflicher Umlaufzwang«
Während für Marx der Zins jener Teil des Mehrwerts war, den der industrielle Kapitalist an den Geldkapitalisten für geliehenes Kapital bezahlt, gilt der Zins in der Freiwirtschaft als ein Übel, als Resultat von Horten und Erpressen, das die Wirtschaft behindert. Um Abhilfe zu schaffen, formulierte Gesell bereits

76 »US-Notenbank leitet Kurswechsel ein«, »Süddeutsche Zeitung«, 5.5.2004.
77 Delong, 2004.
78 Creutz, 2008, S. 34.

1891 die Idee des »rostenden Geldes«, später von ihm Frei- oder Schwundgeld genannt. Notwendig sei ein »stofflicher Umlaufzwang« für Geld, so wie es Regionalgeld-Initiativen und manche Tauschringe praktizieren, um einen Ausgleich zwischen verderblichen Gütern und angeblich wertbeständigem Geld herzustellen.[79] Denn: »Unsere Waren faulen, vergehen, brechen, rosten, und nur wenn das Geld körperliche Eigenschaften besitzt, die jene unangenehmen, verlustbringenden Eigenschaften der Waren aufwiegen, kann es den Austausch schnell, sicher und billig vermitteln.«[80] – »Wir müssen also das Geld als Ware verschlechtern, wenn wir es als Tauschmittel verbessern wollen.«[81] Die Folge dieses Umlaufzwangs: »Alle Privatgeldvorräte lösen sich durch den Umlaufzwang selbsttätig auf.« Die gesamte Geldmasse würde in einen »ununterbrochenen, gleichmäßigen schnellen Kreislauf« eingebracht und nicht mehr gehortet. Wirtschaftskrisen und Arbeitslosigkeit würden unmöglich, die Produktion gewaltig gesteigert, was dazu führe, »in kurzer Zeit den Zins in einem Meer von Kapital zu ersäufen«.[82] Keineswegs also wollte Gesell den Zins direkt abschaffen, etwa durch eine politische Vorgabe. Er schlug vor, sein Freigeld in Zetteln auszugeben, im Wert von 1 Mark bis 1.000 Mark, dazu Kleingeldzettel wie Briefmarkenbögen. Dieses Freigeld solle wöchentlich ein Tausendstel seines Wertes verlieren. Durch Abreißen von Kleingeldzetteln und Aufkleben müsse der Inhaber den Wert der großen Zettel immer vervollständigen. Jeweils am Jahresende würden alle Scheine gegen neue umgetauscht.

Seither haben sich Gesellianer weitere Methoden und Bezeichnungen ausgedacht. Margrit Kennedy nennt es »Nutzungsgebühr« für Geld, Regionalgeld-Gruppen und Tauschringe sprechen von Umlaufsicherungsgebühr. Die INWO Deutschland schlägt eine Umtausch- oder Geldumlaufgebühr vor. Die Europäische Zentralbank (EZB) solle regelmäßig bestimmte Geldscheine zum Umtausch aufrufen und dafür eine Gebühr verlangen. Diese Variante geht auf Karl Walker zurück. Die Gebühr funktioniere wie »Strafzettel für falsches Parken«: Wer aus spekulativen Gründen Bargeld zurückhalte, werde bestraft.[83] Während die INWO fordert, daß die EZB die Höhe der Gebühr und die Häufigkeit der Aktion flexibel regeln soll, nennt Rosenberger in einer Broschüre der INWO-Schweiz als Beispiel eine Umlaufgebühr von 0,5 Prozent im Monat, wobei er mehrere technische Varianten vorstellt: Man könnte bestimmte Notenserien oder Stückelungen zum Umtausch gegen eine Gebühr

---

79 Gesell, GW 11, S. 198.
80 Ebd., S. 240.
81 Ebd., S. 241.
82 Ebd.; GW 16, S. 86.
83 INWO-Deutschland, Infoblatt 1, »Knöllchen für Spekulanten«, undatiert.

aufrufen, elektronisches Geld mit Umlaufsicherung ausgeben, Bestandshaltekosten auf alle kurzfristigen Konten einführen oder Geld mit beschränkter Gültigkeit ausgeben.[84] Treffen soll es nicht das gesamte Geldvermögen, sondern lediglich Bargeld und allenfalls noch Girokonten.[85] Bereits 1986 hat Jürgen Kaun dagegen eingewandt, daß gerade acht Prozent des gesamten zinstragenden Geldvermögens der privaten Haushalte Tauschgeld seien, das einer Umlaufgebühr oder Hortungssteuer unterliegen würde.[86] Kaun hat für 1984 ausgerechnet, daß in der Bundesrepublik etwa 300 Milliarden Mark betroffen gewesen wären, allerdings nur, wenn man die Beträge auf Girokonten einbeziehen würde, und selbst das wäre nur ein Bruchteil des gesamten zinstragenden Geldvermögens (gewesen).[87]

Freiwirtschaft ist radikaler Marktliberalismus. Kaun warnt, daß der Schwund als Hortungssteuer die ärmeren Schichten besonders träfe, die fast ihr gesamtes Einkommen für die Lebenshaltung ausgeben müßten.[88] Zwar versprach Gesell, ohne Zinsen und Renten würden sich alle Einkommen erhöhen. Verteilt werden sollte aber »nach den Gesetzen des Wettbewerbs« gemäß dem Prinzip: »Dem Tüchtigsten der höchste Arbeitsertrag.«[89] Gesell redete von einer Rückkehr zu einem Manchesterkapitalismus ohne Rentiers und Grundeigentümer. Menschen, die unproduktiv sind oder als unproduktiv gelten, würden ausgegrenzt werden. »Arbeitsfähige Menschen sollen in der Regel kein Einkommen ohne eigene Arbeitsleistung erlangen können«, fordert auch Rosenberger.[90] Irgendwelche Ausnahmen von seiner Regel nennt er nicht. Er will die »Sozialasten bei den Arbeitskosten« senken, gemeint sind Beiträge zur Renten-, Kranken-, Unfall- oder Arbeitslosenversicherung.[91] Rosenberger findet eine Marktwirtschaft »gerecht«, wenn jeder nach eigenem Ermessen produzieren und konsumieren könne. Jede Arbeitsleistung solle zu einem gleichwertigen Kauf berechtigen, was der Vorstellung Proudhons und Gesells vom gerechten Tausch entspräche, der sich einstelle, wenn nicht Zins oder Grundrente als arbeitslose Einkommen abgezogen würden.

Klaus Schmitt (1989) preist eine Wirtschaftsordnung, die das »eigennützige Streben der Menschen nutzt und die tüchtigen Produzenten belohnt und nicht die unproduktiven Geldver-

---

84 Rosenberger, 1994, S. 21, 25.
85 Schmitt, 1989, S. 90 f.; Kennedy, 1989b, S. 21; 1991, S. 49 f.; 2004; Benjes, 1995, S. 29 ff.; Humanwirtschaftspartei, 2002; 2006, S. 5.
86 Kaun, 1991.
87 Kaun, 1986, S. 4 f.
88 Ebd., S. 11.
89 Ebd., S. 10 f.
90 Rosenberger, 1994, S. 16.
91 Ebd., S. 16, 33 f.

leiher, Grundeigentümer und andere Parasiten bereichert«.[92] Solche Aversionen können sich freilich auch gegen Flüchtlinge, Sozialhilfeempfänger, Erwerbslose, Behinderte, Alte und Kranke richten. Gesell sprach ausdrücklich von »Arbeitsscheuen« und »Bummelanten«. In der Gesellschen Ordnung wären diese Menschen auf Almosen angewiesen, denn ein Sozialstaat ist dort nicht vorgesehen. Kennedy empfiehlt Unternehmern, ihre Arbeitskräfte mit Schwundgeld zu bezahlen. Auf einem Workshop »Kapitalmärkte« des Deutschen Nachhaltigkeitskongresses zur Bundesgartenschau 2005 erklärte sie: »Der Wohlfahrtsstaat kann – zumindest teilweise – durch komplementäre, die Wohlfahrt fördernde Geldsysteme ersetzt werden.« Komplementärwährungen könnten soziale Leistungen »letztlich selbst finanzieren, ohne den Staatshaushalt zu belasten«.[93]

Freiland, Freihandel, Indexwährung

Erst in den Jahren 1894 bis 1897 soll sich Gesell wirtschaftswissenschaftliche Kenntnisse im »Selbststudium« angeeignet haben. Der Einfluß Proudhons zeigte sich in der Parole vom »Recht auf den vollen Arbeitsertrag«, die Gesell 1906 als Titel einer Schrift wählte, mit der er sich besonders an Anhänger der Sozialdemokratie wandte.[94] Abgesehen davon scheint dieses Selbststudium keinen großen Effekt gehabt zu haben. Die fundamentalen Irrtümer, die Gesell in den ersten Schriften beging, finden sich in späteren Werken unverändert wieder.[95] Seine Nachfolger haben die Lehre seit seinem Tod 1930 im Kern nicht verändert, allen ökonomischen, politischen oder technischen Neuerungen zum Trotz. Diese Stagnation hat eine gewisse Logik: Gesell gilt seinen Anhängern als genialer Prophet, und Propheten können sich nicht irren. Gesell hat seine Lehre lediglich um eine Bodenreform erweitert. Unter dem Einfluß der Inflation in Deutschland nach dem Ersten Weltkrieg plädierte er dafür, daß ein Währungsamt Geldmenge und Preise regulieren sollte, sowie für feste, internationale Wechselkurse durch ein Valutaabkommen. Die naheliegende Konsequenz aus dem inflationsbedingten Wertverfall des Geldes zog Gesell nicht. Er ersetzte auf Anregung von Paul Klüpfel (1876–1918) lediglich in seinem Hauptwerk den Begriff »rostendes Geld« durch »Freigeld« und nannte seine Lehre nun »Freiwirtschaft«.[96]

Ende 1898 kehrte Gesell aus Buenos Aires nach Deutschland zurück und befaßte sich mit der Bodenreform.[97] Den Titel sei-

92 Schmitt, 1989, S. 219.
93 Kennedy, 2005b.
94 Gesell, GW 4, S. 20, 295 ff.
95 Onken, in: Gesell, GW 1, S. 18; Diehl, 1947, S. 133.
96 Onken, in: Gesell, GW 9, S. VII.
97 Onken, in: Gesell, GW 2, S. 7, 9.

ner ersten Zeitschrift »Die Geldreform« (1902–1904) erweiterte er zu »Geld- und Bodenreform«. Die Forderungen Georges und Damaschkes gingen ihm aber nicht weit genug. Er kritisierte die Positionen des BDB im Dezember 1904 als »Korinthenkackerei«, als zahnlos, harmlos und heuchlerisch. Gesell plädierte für eine »große Bodenreform«, Grund und Boden sollten öffentliches Eigentum werden.[98] Allerdings wollte er sich ebensowenig wie die geschmähten Bodenreformer um Damaschke mit den Grundeigentümern anlegen. Die Freiwirte versprachen, niemand werde geschädigt, alle würden profitieren.[99] Sie verfuhren eben – wie die Bodenreformer – nach dem Prinzip, es allen recht machen zu wollen; sie wollten den Pelz waschen, ohne ihn naß zu machen. Gesell wollte die Grundeigentümer nicht enteignen, sondern der Staat sollte den gesamten Grund und Boden gegen verzinsliche Schuldtitel übernehmen. Die Zinsen für die Schuldtitel könne der Staat aus den Pachtgebühren bestreiten, die an ihn fließen würden. Weil gleichzeitig Freigeld eingeführt werden würde, sänken die Zinsen allmählich gegen Null. Die Pacht könne fortan zur Schuldentilgung verwendet werden, und in 20 Jahren wäre die Bodenreform finanziert. Grund und Boden würden an die Meistbietenden verpachtet werden, und sobald die Schulden getilgt wären, könnte die Pacht an die Mütter verteilt werden, gestaffelt nach der Zahl ihrer Kinder. Gesell verknüpfte die Bodenreform direkt mit einem sozialdarwinistischen Menschenzuchtprogramm, wie wir noch sehen werden. Seine Vorstellung vom Freiland bildet die zweite Säule seiner Lehre, und zusammen mit der Forderung nach Freigeld und internationalem Freihandel steht sie hinter der Parole »FFF« seiner Bewegung.

In einer Schrift von 1909 forderte Gesell feste Preise für Waren im Inland und international feste Wechselkurse für Devisen, die allerdings zu dieser Zeit durch den Goldstandard ohnehin gegeben waren.[100] Beide Aspekte finden sich auch in seinem Hauptwerk *Die natürliche Wirtschaftsordnung* (1916). Ein Währungsamt sollte die Geldmenge regulieren, weil die Preise der Waren von der Menge des angebotenen Geldes abhingen, schrieb Gesell. Die Werte von Gütern und Geld sollten fixiert und ein Gleichgewicht zwischen beiden hergestellt werden. Implizit erkannte Gesell damit an, daß der Wert des Geldes schwankt und ein »Schwund« eintreten kann wie bei verderblicher Ware.[101] Solche Passagen stehen im Widerspruch zu anderen, in denen Gesell eine Wertbeständigkeit des Geldes

---

98 Gesell, GW 3, S. 349 ff.; GW 4, S. 45 ff.; GW 11, S. 68, 72 ff.
99 Diehl, 1947, S. 147 f.
100 Gesell, GW 5, S. 122, 124.
101 Gesell, GW 11, S. 202, 244 ff.

unterstellte, die es durch »Freigeld« zu überwinden gelte.[102] Einerseits ergieße sich das Geld auf den Markt, sobald die Preise stiegen, weil dadurch Ersparnisse zunichte gemacht würden, andererseits könne Geld zu Hause gehortet werden, sobald der Zinssatz unter den »Urzins« sinke, weil es wertbeständig sei.[103]

In einer Denkschrift an die Nationalversammlung in Weimar schlug Gesell im April 1919 vor, ein Reichswährungsamt zu schaffen, das den Geldbedarf ermittelt, kontrolliert und reguliert. Maßstab sollte der Durchschnittspreis der Waren sein, Ziel der Regulierung sei eine »absolute Währung, die den Zustand des Gleichgewichts zwischen Angebot und Nachfrage bildet«. Ähnlich wie der US-Ökonom Fisher verlangte Gesell eine Steuerung der Geldmenge: Bei Preissteigerungen solle das Währungsamt Münzen und Banknoten einziehen, bei Preisrückgängen dagegen solche in Umlauf bringen.[104] Es ist ein Witz, daß der Erfinder des »rostenden Geldes« nun, angesichts einer Inflation, die die von ihm geschmähten »Geldbesitzer« treffen würde, die Reichsbank rügte, sie würde durch Massenausgabe von Banknoten Preistreiberei und eine Umschichtung des Vermögens verursachen.[105] Ein Jahr später schlug Gesell die Einrichtung einer Internationalen Valuta Assoziation (IVA) und feste Wechselkurse vor. Die Mitgliedsstaaten sollten eine eigene Währung ausgeben, die IVA-Noten, die etwa 20 Prozent der Geldmenge ausmachen und überall gelten sollten. Die Assoziation würde über Zuschuß und Abzug von IVA-Noten die Geldmenge in jedem Land regulieren.[106]

Die Inflationszeit fand nur insofern Eingang in Gesells zeitgenössische Schriften, als er seine alten Ideen eines Warenpreisindexes und einer Indexwährung, also eines staatlich verordneten Preissystems und einer regulierten Geldmenge, wiederholte und betonte.[107] In der Not forderte der Anhänger Proudhons und Stirners eine »Währungsdiktatur«, merkt Onken dazu an und schreibt, daß Gesell während des Ersten Weltkriegs die Idee eines »Friedensdiktators«, danach einen Währungsdiktator erwogen habe. Onken versichert, Gesell habe die Grundrechte nicht aufheben wollen. Der Kampfbund der Freiwirte an Rhein und Ruhr forderte 1923 eine »diktatorische Macht« und eine »eiserne Hand«, um Freigeld einzuführen, weil sich »die Masse das Verständnis für diese Maßnahme nicht erarbeiten kann«. Gesell freute sich, daß er auf zwei Versammlungen in Essen mit gro-

102 Ebd., S. 178 ff., 240 f.
103 Ebd., S. 202, 373 ff., 339, 341 ff.
104 Gesell, GW 10, S. 248 ff.; ebenso: GW 12, S. 54 ff., 310; GW 16, S. 89; Onken, in: Gesell, GW 13, S. 14 f.
105 Ebd., S. 386 f.
106 Gesell, GW 12, S. 149 ff., 191 ff.
107 Gesell, GW 14, S. 383; GW 15, S. 239.

ßem Hurra zum Diktator proklamiert wurde. Die Ortsgruppe Stettin des Freiwirtschaftsbundes verlangte 1928, daß der Vorsitzende »im Rahmen seiner Befugnisse Diktator ist«, in einem Programmentwurf von 1928 wird die »revolutionäre Diktatur oder legitime Generalvollmacht« gefordert. Bartsch kommt zu dem Ergebnis, daß demokratische Gesinnung »von Anbeginn unter den Freiwirtschaftlern und Physiokraten dünn gesät« war.[108] Das steht in krassem Gegensatz dazu, daß Gesell bei anderer Gelegenheit eine antistaatliche Haltung propagierte und den Staatsapparat radikal abbauen wollte. In seinem Roman von 1927 ist die Selbstjustiz das Ideal, eigentlich eine Lynchjustiz ohne rechtsstaatliches Verfahren. Soziale Gründe für Verbrechen gebe es nicht mehr, »der Geschädigte ist der Exekutor der von den Nachbarn über Dich verhängten Strafe«, und »der Friedhof ist hier das einzige Gefängnis«.[109]

Gesell wollte durch die Inflation »unrechtmäßig« angehäufte Sachwerte mit 75 Prozent besteuern. Unklar bleibt, nach welchen Kriterien der Steuersatz angewendet werden sollte.[110] Eine kontrollierte und langsame Inflation in den USA lobte er, weil sich dadurch der reale Wert der Reparationen, die Deutschland als Kriegsschuldiger bezahlen sollte, drastisch vermindere.[111] In einem Brief an den Reichsbankpräsidenten vom 28. Juli 1923, zu einem Zeitpunkt also, als die Entwertung der Reichsmark täglich dramatisch voranschritt, empfahl er fünf Prozent Inflation.[112] Gesell sah sich keineswegs veranlaßt, seine Prämisse vom wertbeständigen Geld zu korrigieren. Nach dem Ende der Hyperinflation schwenkte er wieder auf die alte Linie ein. Im Programm des Freiwirtschaftsbundes (FWB) von 1924 stehen verschiedene Forderungen nebeneinander: Freigeld und Bodenreform; der Staat soll nicht in die Wirtschaft eingreifen, aber ein Währungsamt für eine »Festwährung« auf der Grundlage eines fixierten Durchschnittspreises der Waren sorgen.[113]

Anfang 1924 kritisierte Gesell die Rentenmark und forderte eine »Indexmark«, ohne zu würdigen, daß Reichsregierung und Reichsbank die schwindelerregende Inflation gestoppt hatten.[114] Da mochten Rechthaberei und Enttäuschung mitschwingen, denn Gesell und seine Anhänger glaubten bis Anfang 1924, sie könnten als Krisengewinnler die politische Macht übernehmen. Als Gesell einige Wochen später einen program-

108 Onken, Bartsch, 1997, S. 68 ff.; Onken, in: Gesell, GW 14, S. 14; Schmid, 1954, S. 331; Gesell, GW 14, S. 64.
109 Gesell, GW 16, S. 302.
110 Gesell, GW 14, S. 316 f.; Gesell, GW 15, S. 49.
111 Gesell, GW 14, S. 115 ff., 264 ff., 314; Gesell, GW 17, S. 117 ff.
112 Gesell, GW 14, S. 404.
113 Onken, in: Gesell, GW 15, S. 15.
114 Ebd., S. 42 ff.

matischen Beitrag zur Frage »Was ist Freiwirtschaft?« verfaßte, beschränkte er sich auf den Dreiklang Freigeld, Freiland
und Freihandel (FFF) und verzichtete auf Indexwährungen und
Geldmengensteuerung.[115]

Die Epigonen: Karl Walker und Helmut Creutz

Der Buchbinder Karl Walker (1904–1975), der als wichtigster
Theoretiker der Freiwirtschaft zwischen Gesell und dem letzten
Viertel des 20. Jahrhunderts gilt, machte weiter, wo der Meister
aufgehört hatte. Er schrieb gegen die Arbeitswertlehre, die Preise der Waren würden durch Angebot und Nachfrage bestimmt.
An anderer Stelle verkündete er, die Preise paßten sich der Geldmenge an, nicht umgekehrt.[116] Walker lehnte wie Gesell die
Arbeitswertlehre ab, um die Produktionssphäre ausblenden
zu können, wofür ihm der Verweis auf Angebot und Nachfrage
gelegen kam. Er mußte diesen Mechanismus der Preisbestim-
mung aber wieder verwerfen, um wenigstens theoretisch zu begründen, daß das Horten die Wirtschaft schädigt, indem es die
Geldmenge reduziert. Geld werde zu Spekulationszwecken oder
von Sparern, denen der Zins zu niedrig sei, »in Kisten und Tru-
hen« gesammelt. Die Folge seien Absatzschwierigkeiten und
sinkende Preise. Die Zentrale gebe neues Geld aus, um gegen-
zusteuern, verliere aber nach einiger Zeit die Kontrolle über die
Geldmenge, behauptete Walker. Unvermittelt schlug die Entwicklung in seinem Modell dann um. Die Preise stiegen, und
die zentrale Geldverwaltung könne nun gar nicht genug Geld
einziehen, um diese Tendenz zu stoppen. Die Geldbesitzer würden die »aufgestapelten Geldvorräte« wieder einbringen und
die Preise noch weiter steigen.[117] Walker erklärte weder diese
Tendenzen noch den Umschlag von Deflation in Inflation; auch
führte er keinerlei empirische Belege an.

Entfesselt man die Produktivkräfte, versiegt laut Walker der
Zins, das Geld würde daraufhin streiken und gehortet werden.
Die Geldbesitzer seien »Parasiten«, verfolgten aber ihr urei-
genstes Interesse, wenn sie bei ungenügenden Zinssätzen Geld
zurückhielten, damit die Wirtschaft blockierten und Krisen
auslösten.[118] Gegen den NS-Theoretiker Gottfried Feder, der
Schwundgeld ablehnte, wandte Walker ein, daß weder mit der
Notenpresse noch mit Zinsverboten »die Macht des Finanzkapitals« zu brechen wäre, denn diese »wurzelt in der unbegrenzten Zurückhaltbarkeit des Geldes«, darum dürfe dieses nicht
besser sein als eine Ware. Es solle ebenfalls Kosten verursachen,

---

115 Ebd., S. 124 f.
116 Walker, 1931, S. 127, 130.
117 Ebd., S. 50.
118 Ebd., S. 109, 113, 117.

wenn es gelagert würde, andernfalls würden »Hunderttausende von Sparern« den Umlauf regulieren.[119] Dabei könnte jede Zentralbank das Horten zum Zweck der Zinserpressung durch vermehrte Geldausgabe unterlaufen, bis zu dem Punkt, an dem es zu einer inflationären Abwertung des Geldes käme. Dann würde Geld wie Obst und Gemüse »verfaulen«, um die Metapher der Gesellianer zu gebrauchen. Tatsächlich empfahlen Gesell und Walker ja Index und Währungsamt für diese Aufgabe, bloß wäre das die Alternative zum Schwund und Freigeld damit überflüssig.

Walker blieb dieser Grundhaltung treu.[120] Erst gegen Ende seines Lebens, vor dem Hintergrund wachsender Widersprüche in der keynesianisch-fordistischen Regulation des Kapitalismus sowie der neoliberalen ideologischen Gegenoffensive in den frühen 1970er Jahren, änderte er seine Position. Keynes habe eine ähnliche Diagnose wie Gesell gestellt, aber die falsche Therapie vorgeschlagen, schrieb Walker 1962. Er warnte vor einer »Weltinflation«, die über die von Gesellianern seit den 1920er Jahren favorisierte gesteuerte Inflation hinausgehen würde.[121] Die Stabilisierung des Geldwerts wurde für Walker »das wichtigste Anliegen unserer Zeit« – eine Indexwährung funktioniere nicht.[122] Er kritisierte die von Keynes inspirierte Ausgabenpolitik, die zu einer wachsenden Staatsverschuldung führte, mit einer reaktionären Intention: Diese Geldschöpfung hätte zur Folge, daß Menschen Ansprüche auf Güter bekämen, ohne etwas geleistet zu haben, damit würde das Eigentum untergraben, das Gesell respektiert habe.[123] Der Staat würde Geld »leistungslos« verschenken.[124] Es ist putzig, daß Walker nun implizit die Eigentumsrechte der »Geldbesitzer« verteidigte, die er als Zinserpresser, Empfänger arbeitslosen Einkommens und Parasiten geschmäht hatte. Falsch aber ist Walkers Einwand insofern, als abgesehen von Transferleistungen die staatliche Nachfrage in Aufträgen und Projekten besteht, im Bau, Unterhalt und Betrieb von Eisenbahnen, Straßen, Schulen, Universitäten oder Kindergärten. Die dort beschäftigten Bauarbeiter, Handwerker, Ingenieure, Putzfrauen, Lokomotivführer, Schaffner, Lehrerinnen oder Universitätsdozenten erbringen »Leistung« in Form ihrer Arbeitskraft.

Walker wollte die staatlichen Ausgaben beschränken. Die Geldmenge sollte »einkommensneutral« reguliert, niemandem dürfe etwas geschenkt oder genommen werden. Kreditgeld

---

119 Ebd., S. 173 f.
120 Walker, 1962, S. 314 f., 327.
121 Ebd., S. 322 f.
122 Walker, 1975b, S. 380.
123 Walker, 1962, S. 318, 321.
124 Walker, 1975b, S. 371.

dürfe nur auf der Grundlage einer Sparquote geschöpft werden, die einer nicht abgerufenen Menge an Gütern zu entsprechen habe.[125] Einmal mehr wird daran die prinzipiell sozialdarwinistische Stoßrichtung der Freiwirtschaft deutlich: Wer nicht arbeitet, soll nichts bekommen – das zielt auf Behinderte, Kranke, Arme und Erwerbslose.

In seinen letzten Schriften ging Walker dann auf Distanz, und zwar so weit, daß er Gesell einen »Denkfehler« vorwarf und die verhaßte Wertlehre rehabilitierte. Seitenlang wiederholte er Argumente von Marx und Adam Smith, um den Anspruch zu untermauern, niemand dürfe Geld bekommen, der keine adäquate Wertschöpfung abliefere.[126] Immerhin gehörte Walker zu den wenigen, die begriffen hatten, daß Marx den Wert einer Ware durch die zu ihrer Herstellung im gesellschaftlichen Durchschnitt notwendige Arbeitsmenge bestimmt hatte. Walker bekannte nun, seine früheren Vorstellungen seien ihm »über Bord gegangen«. Zwar sei vieles an Gesells Theorie richtig, aber dessen Leistungen liefen Gefahr unterzugehen. Schuld daran sei »auch das Festhalten von Ungereimtheiten, die Diktion und Dogmatik der Lehre«, die den »Ruch der Zeckenhaftigkeit an sich hat und nicht los wird«.[127]

Eine nachhaltige Wirkung auf die Bewegung hatte Walker nicht; er beklagte sich darüber bereits zu Lebzeiten und bescheinigte schließlich den meisten Gesellianern, ihre Theorien würden »im luftleeren Raum hängen, ohne Bezug und ohne Fundierung in der realen mikroökonomischen Wirklichkeit«.[128]

Viele Freiwirte sind tatsächlich eher Agitatoren. Alle beziehen sich auf Helmut Creutz (Jahrgang 1923), den wichtigsten zeitgenössischen Freiwirtschaftstheoretiker, die »Vaterfigur« (Wendnagel). Sein Hauptwerk, *Das Geldsyndrom*, umfaßt in der fünften Auflage (2003) über 600 Seiten und erklärt Wirtschaft und Gesellschaft ganz auf der Linie Gesells: Geldbesitzer bringen die schöne Marktwirtschaft durcheinander und zerstören die Umwelt, indem sie Bargeld horten und damit Zins und Zinseszins erpressen.[129] Quellen nennt Creutz selten und wenn, dann oft unvollständig; das gilt insbesondere für die Daten, die seinen Grafiken zugrunde liegen und auf die in der freiwirtschaftlichen Literatur oft zurückgegriffen wird.

»Überproduktionskrisen kann es unter normalen Marktbedingungen mit ungestörtem Geldkreislauf niemals geben, da

125 Walker, 1962, S. 321; 1972, S. 338; 1975b, S. 369f f., 377 f.
126 Walker, 1975a, S. 356 ff., 360; 1975b, S. 377 f.
127 Ebd., S. 368.
128 Ebd., S. 369.
129 Creutz, 2003, S. 124; 2007.

jeder Produktion ein entsprechendes Einkommen gegenübersteht, mit dem das Angebot vom Markt genommen werden
kann. Zur Krise kommt es nur, wenn diese Einkommen nicht in
voller Höhe zur Markträumung eingesetzt werden«, schreibt
Creutz.[130] Er unterstellt also wie Say, der Wert aller Einkommen in Geld entspreche dem Wert aller Güter und Dienstleistungen. Inflation ist für Creutz einfach ein Betrug, den die
Notenbanken begehen, indem sie »zu viel« Geld, nicht in Form
von Krediten, die er nicht als Geld und effektive Nachfrage
gelten läßt, sondern als ein »Zuviel an Scheinen« in Umlauf
bringen. Er vergleicht sie mit einem Kino-, Konzert- oder Thea-
terveranstalter, der mehr Eintrittskarten verkauft, als Plätze
vorhanden sind.[131]

Während sich Walker mit Geldmengenregulierung und Indexwährung beschäftigte – seine Schaffenszeit fiel in die Zeit
zwischen der Weltwirtschaftskrise von 1929 und dem Zusammenbruch des Systems von Bretton Woods 1971/73 – fokussiert
Creutz auf Münzen und Banknoten. Obwohl deren Gesamtbe-
trag seinen eigenen Angaben zufolge Ende 2002 nur 1,7 Prozent
des Geldvermögens ausgemacht haben soll, hält er Bargeld und
den Umgang damit für den Dreh- und Angelpunkt des Wirt-
schaftslebens. Daß der Umfang der Transaktionen, die damit
abgewickelt werden, im Vergleich zu denen mit Schecks, Kreditkarten, Buchungen mit und ohne Internet immer weiter
schrumpft, ficht ihn nicht an. Die Endnachfrage sei entscheidend für die Konjunktur und würde zu zwei Dritteln durch
Bargeld gedeckt sowie von jenem »Bruchteil« der Guthaben auf
Girokonten, die sich auf die Endnachfrage beziehen. Die regelmäßigen Überweisungen für Mieten und Versicherungen, die er
als Gros der Zahlungen von Girokonten anführt, zählt Creutz
ausdrücklich nicht zur Endnachfrage.[132]

Diese Argumentation erinnert an Walker (1951), der darauf
beharrte, Buchgeld und Kredite seien kein Geld. Buchgeld sei
der Ausdruck von Kapitalbildung, Kreditschöpfung durch Gi-
ralgeld falsch und Buchgeld ohne Bargeldrückhalt unmöglich,
weil es eine Forderung auf »Nichts« wäre. Walker behauptete,
daß der Einfluß auf die Preise »primär von derjenigen Nach-
frageentfaltung ausgeht, die sich aus der Zirkulation des Bar-
geldes ergibt«. Nachfrage bedürfe des Bargelds, nur in »Rand-
gebieten« wie dem Versandgeschäft würde bargeldlos gezahlt.
Die Bezahlung größerer bzw. teurer Konsumgüter wie eines Kla-
viers, eines Autos oder eines Pelzmantels ohne Bargeld sei eine
»Abweichung von der Norm«, die dadurch aufgewogen würde,

130 Creutz, 2003, S. 447.
131 Ebd., S. 181, 188.
132 Creutz, 2008, S. 33 f.

daß auch im Großhandel und in der Produktion gelegentlich bar gezahlt werde.[133]

Man kann Walker zugutehalten, daß er in den mageren Nachkriegsjahren schrieb. Für Creutz steht ein halbes Jahrhundert später fest, daß »alle Gleichsetzungen der Bankguthaben mit Geld nicht nur irreführend, sondern sachlich falsch« sind.[134] Für Walker wie Creutz sind nur Münzen und Scheine relevant: »Der Bargeldumlauf einer Volkswirtschaft bestimmt bis in die feinsten Verästelungen des Verbrauchsgütermarktes hinaus das gesamte Preisniveau«, behauptete Walker.[135] Nur indem moderne Erscheinungsformen des Geldes nicht als Geld angesehen und als für die Nachfrage irrelevant ausgeschlossen werden, konnten und können die beiden wichtigsten Epigonen Gesells die freiwirtschaftliche Kernthese verteidigen, das Horten von Bargeld zu Hause würde die Wirtschaft in Krisen stürzen.[136]

Zwar pflegte auch das klassische Wirtschaftsmodell die Vorstellung vom Hortgeld, der zufolge sich Geldmenge und Umlaufgeschwindigkeit verringern und die Gütermärkte stören könnten. Allerdings würde das Bankensystem in modernen Volkswirtschaften mit weiterer Geldschöpfung reagieren; der einfachste Fall wäre, daß die Zentralbank neue Banknoten ausgibt.[137] Dagegen bemüht Creutz Beispiele, die an die berühmten Peanuts erinnern. Schon wer Geld »einfach ungenutzt liegen läßt«, löse eine »Kettenreaktion von Nachfrageausfällen aus«, schreibt er. Wer einen 100-Dollar-Schein »stillege«, verschulde pro Jahr einen Nachfrageausfall von 2.400 Dollar.[138] In Ländern mit schwachen Währungen, etwa in Osteuropa, würden Devisen gehortet, so 1994 etwa 40 Prozent der Münzen und Scheine der alten D-Mark, berichtet Creutz (2003).[139] Fünf Jahre später gibt er mit Bezug auf die Bundesbank für 1995 an, 30 bis 40 Prozent des Bargelds verschwänden im Ausland in Tresoren und Verstecken; in beiden Fällen ist die Quellenangabe ungenau.[140] Von den übrigen 60 bis 70 Prozent an Mark und Pfennig sei nochmal ein Drittel im Inland gehortet worden, »vor allem« in Schwarzmarkt-, Steuerhinterziehungs- und kriminellen Kassen. Als Quellen nennt Creutz »Andeutungen und

---

133 Walker, 1951, S. 9 ff, 21, 30, 32, 54, 56 f., 59 ff., 69, 79 f., 84 f.

134 Creutz, 2012, S. 41.

135 Walker, 1951, S. 58.

136 Üblicherweise werden heute Bargeld und Buchgeld als Geld definiert. Für die Geldmenge gibt es drei Definitionen: M1 umfaßt Bargeld und Buchgeld, M2 dazu Termineinlagen zwischen drei Monaten und zwei Jahren und Spareinlagen ab drei Monaten Kündigungsfrist und M3 zusätzlich Geldmarktfondsanteile und -papiere sowie Schuldverschreibungen bis zu zwei Jahren (Huß, 2006, S. 112, 114).

137 Heinrichsmayer, Gans, Evers, 1985, S. 378.

138 Creutz, 2003, S. 35 f.

139 Ebd., S. 200.

140 Creutz, 2008, S. 40.

Schätzungen aus Bankerkreisen«.[141] Eine Untersuchung über die Geldhortung im Inland existiere zwar nicht, räumt er ein, weiß aber, das sich allerlei Scheine in Schubladen und Tresoren und vor allem bei Verstorbenen unter der Matratze oder im Safe befänden.[142]

Schließlich liefert Creutz ein Beispiel, das der Logik der Natürlichen Wirtschaftsordnung (NWO) zuwiderläuft. Er berichtet über die Euro-Umstellung. Die Geldmenge sei »radikal« zurückgegangen, von 244 Milliarden auf 124 Milliarden Ende Januar 2002. »Das heißt, die herausgegebene Geldmenge in Deutschland wurde im Laufe des Jahres praktisch halbiert, ohne daß es zu irgendwelchen Geldknappheiten oder Marktstörungen gekommen ist.« Er meint nicht, daß zwei Mark in einen Euro getauscht wurden, sondern daß fast die Hälfte der Euros gehortet worden sei. Creutz schließt daraus aber, vorher sei mehr Geld in Umlauf gewesen, »als es den Notwendigkeiten der Wirtschaft entspricht«. Das aber heißt, selbst wenn 50 Prozent des Bargelds gehortet worden wären, hätte dies keineswegs zu einer Krise geführt, und das wiederum bedeutet, daß damit auch keine Zinsen erpreßt worden sein können.[143]

Theoretische Einordnung der Freiwirtschaft

Die Freiwirtschaft vereint Elemente und Fragmente verschiedener Herkunft. Gesell bewegte sich in der Vorstellungswelt der Klassik, sofern er sich positiv auf Smiths Manchesterkapitalismus bezog oder auf eine Quantitätstheorie im Sinne Says. Er teilte Ansichten der Neoklassiker, wo er die Arbeitswertlehre und Marx ablehnte; ihn trieb zwar ebenfalls das Problem der schwächelnden Nachfrage um, aber ihre Vorstellung vom Grenznutzen blieb Gesell fremd. Die Annahme des österreichischen Ökonomen Eugen von Böhm-Bawerks (1851–1914), der Kapitalzins entspreche dem Unterschied zwischen den Preisen eines Gutes zu verschiedenen Zeitpunkten, sofern die Produktion zeitraubend und Gegenwart und Zukunft unterschiedlich bewertet würden, hat mit Gesells Zinslehre nichts gemein.[144] Gesell zitierte Böhm-Bawerk zustimmend, als dieser die klassische Wertlehre angriff, und kritisierte den Österreicher, weil dieser die wahre Natur des Zinses nicht verstanden habe.[145] Die Voraussetzung von Böhm-Bawerks Theorie wies er als »falsch, grundfalsch« zurück.[146]

---

141 Ebd., S. 40.
142 Creutz, 2003, S. 202; 2008, S. 39.
143 Ebd., S. 44 f.
144 Starbatty, 1989b, S. 186.
145 Gesell, GW 4, S. 16; GW 6, S. 18; GW 6, S. 32; GW 6, S. 196 f.; NWO, GW 11, S. 113, 124, 322, 351; GW 14, S. 159.
146 Gesell, GW 8, S. 49; Diehl, 1947, S. 132.

Zur monetären Theorie, die Fisher und Keynes entwickelten, lieferte Gesell einige Anregungen, was die beiden prominenten Ökonomen anerkannten. Die Kritik des Goldstandards teilte Gesell mit Keynes, ihre nationalistische Zuspitzung gegen Großbritannien verband ihn mit der deutschen Historischen Schule.[147] Was Gesell von der Historischen Schule und Keynes aber trennte, war die prinzipielle Ablehnung einer staatlichen oder gar wohlfahrtsstaatlichen Intervention, abgesehen von einer Regulierung der Geldmenge. Walker neigte in seinen letzten Schriften zum Monetarismus.

Bei aller Kritik an Keynes verweisen Freiwirte gern auf dessen wohlwollende Nennung ihres Herrn und Meisters. Oder stilisieren Gesell gar zu seinem Vorläufer.[148] Der nationalsozialistische Freiwirt Franz Hochstetter (1880–1948) schrieb 1936, Keynes habe »unserem genialen deutschen Meister« unter Absage an bisher vertretene falsche Vorstellungen »den schuldigen Kniefall erwiesen«.[149] Oft zitiert wird der Satz aus Keynes' Hauptwerk: »Ich glaube, daß die Welt in Zukunft mehr vom Geiste Gesells als von jenem von Marx lernen wird.«[150] Gern übersehen wird dabei, daß Keynes' Würdigung sehr ambivalent ist. Tatsächlich stellte er Gesell als Rebellen und Häretiker in eine Reihe mit Marx und Major Hugh Clifford Douglas (1879–1952), die im Unterschied zum Mainstream der Ökonomen das Problem der unzureichenden Nachfrage nicht vergessen hätten.[151] Keynes schrieb über den »seltsamen, zu Unrecht übersehenen Propheten Silvio Gesell (...), dessen Werk tiefe Einsicht enthält und der nur gerade eben verfehlte, zum Kern der Sache vorzudringen«.[152] Zu seinen Verdiensten gehöre die Feststellung, daß der Zinsfuß die Wachstumsrate des Realkapitals in Grenzen halte, und daß er auf die »Durchhaltekosten« von Waren aufmerksam gemacht habe.[153] Er, Keynes, habe die Vorzüge Gesells aber wegen »offenkundiger Mängel seiner Beweisführung« und »unvollkommen analysierter Eingebungen« lange übersehen, obwohl Gesells Anhänger ihn mit Exemplaren seiner Werke »bombardierten«.[154] So habe Gesells Lehre einen »großen Fehler«, er habe nur eine »halbe Theorie des Zinsfußes aufgebaut«. Gesell erkläre nicht, warum der Geldzinsfuß positiv sei, und ihm sei die »Vorliebe für Liquidität« entgangen.[155]

147 Janssen, 1998, S. 302 ff.
148 Kierdorf, 1946, S. 151 ff.; Diehl, 1947, S. 155 ff., 169; Walker, 1949, S. 10; Campester, 1996, S. 24 ff.
149 Hochstetter, 1936, S. 10; Campester, 1996, S. 25 ff.
150 Keynes, 1936, S. 300.
151 Ebd., S. 28.
152 Ebd., S. 298 f.
153 Ebd., S. 300.
154 Ebd., S. 299.
155 Ebd., S. 301.

Letztere kann sich auch in Sichtguthaben ausdrücken, also in den sofort verfügbaren Guthaben etwa auf Girokonten, wie Creutz bemerkt hat. Bloß haben diese Sichtguthaben nichts mit dem Horten zu Hause zu tun, der Prämisse der gesamten Freiwirtschaftslehre.[156]

Keynes behauptete, alle Vermögensbestände außer Geld erlitten einen Schwund bzw. verursachten im Lauf der Zeit »Durchhaltekosten«, und sei es nur durch die Miete für die Lagerung.[157] Dagegen bedeute die Verfügung über Geld potentielle Annehmlichkeit oder Sicherheit. Daraus ergab sich für ihn eine Liquiditätsprämie, etwa ein Zinsgewinn. Als Ertrag eines Vermögens definierte Keynes dessen Wert minus Durchhaltekosten plus Liquiditätsprämie. Bei Geld seien diese Durchhaltekosten erheblich geringer als bei anderen Waren, und die Liquiditätsprämie sei hoch. Nicht zufällig verwendete Keynes andere Begriffe als Gesell. Er betonte, daß auch andere Güter die Eigenschaften des Geldes annehmen könnten. Sein Argument, wäre Geld wie Getreide oder wären Autos beliebig herstellbar, könnten wirtschaftliche Notlagen »vermieden oder gemildert« werden, zielte bereits auf seine Lösung: die Vermehrung des Geldangebots.[158] Darum bescheinigte Keynes »Reformatoren« wie Gesell lediglich, »auf der richtigen Spur« gewesen zu sein, ließ aber am Schwundgeld kein gutes Haar. Der Vorschlag sei nicht durchführbar. Gesell habe nicht begriffen, daß auch anderen Waren eine Liquiditätsprämie anhafte und sie sich von Geld darin nur graduell unterschieden. Schwundgeld würde sofort dazu führen, daß Ersatzmittel die Funktion des Geldes annähmen.[159] In ihrer antirevolutionären Haltung waren sich Keynes und Gesell einig. Der fundamentale Unterschied ist, daß Keynes das Horten von Geld für den Ausdruck eines Sicherheitsbedürfnisses oder einer Vorliebe für Liquidität hielt, während nach Gesell die Geldbesitzer Macht ausübten und Zins erpreßten.[160]

Gesellianer lassen Kritik an ihrem Genie in der Regel nicht gelten, wenn sie sie nicht einfach negieren wie Diehl. Hochstetter gehörte zu den ersten Freiwirten, die versuchten, Keynes von seinem kritischen Urteil abzubringen. Schmitt schreibt, Keynes' Urteil über Schwundgeld sei durch die *Stamp Scrips* praktisch widerlegt.[161] Im übrigen dürfte Keynes nicht bloß von Marx, Douglas oder Gesell inspiriert worden sein, sondern auch von Wicksell. Der schwedische Ökonom behauptete, wenn die Banken den Marktzins unter dem Gleichgewichtszins fixierten,

156 Creutz, 2012, S. 42.
157 Keynes, 1936, S. 189.
158 Ebd., S. 193.
159 Ebd., S. 195, 301 f.
160 Lorber, 2009, S. 141, 144.
161 Campester, 1996, S. 25 ff.; Schmitt, 1989, S. 101 ff.

entstehe für Unternehmen ein großer Anreiz, Kapital aufzunehmen und die Produktion auszuweiten, und zwar weit über das hinaus, was die Konsumenten abnehmen könnten. Eine solche Überinvestition würde zu Krisen führen.[162]

Die Resonanz, die Außenseiter wie Gesell und Douglas in den 1920er Jahren beim Publikum und bei einigen renommierten Ökonomen erzielten, hatte mit Verunsicherung zu tun, weil gängige Theorien die anhaltenden Krisen nicht zu fassen und die darauf aufbauende Wirtschaftspolitik sie nicht zu beseitigen vermochten. Daß Gesell und Douglas die fehlende kaufkräftige Nachfrage betonten, den Goldstandard attackierten und für eine aktive Regulierung der Geldmenge plädierten, wenngleich in skurriler Form, machte sie für Wissenschaftler interessant, die nach neuen Wegen suchten.[163]

Douglas war als Ingenieur für Eisenbahn- und Elektrofirmen tätig. Während des Ersten Weltkriegs arbeitete er in einer Flugzeugfabrik, wo er für Finanzen zuständig war. Er rechnete aus, daß die Gesamtkosten der Produkte dieser Fabrik höher lagen als die Summe aller Löhne, Gehälter und Dividenden. Solche Beobachtungen verallgemeinerte Douglas zu seinem A-plus-B-Theorem. A umfaßt alle Löhne, Gehälter und Dividenden, B alle Zahlungen für Werkzeuge, Rohstoffe, Maschinen oder Gebäude; der Gesamtpreis aller Güter auf dem Markt ergab sich für Douglas aus der Addition von A und B. Daraus folgte für ihn, daß die Kaufkraft prinzipiell nicht ausreichen kann, um alle Güter zu erwerben, was insofern unsinnig war, als die Geldbeträge, die er unter B summierte, ihrerseits Nachfrage nach Gütern und Dienstleistungen darstellten. Er berücksichtigte nur die Nachfrage nach Konsumgütern. Sein Lösungsvorschlag war dafür überaus simpel und originell: Die Regierung sollte jedem eine »nationale Dividende« (*social credit*) auszahlen; gedeckt wäre dieser Kredit durch den Wert der Kapitalgüter und der Bevölkerung. Die Preise wollte Douglas um etwa 25 Prozent auf ein »gerechtes Niveau« senken. Sympathisch ist auch, daß Douglas den Müßiggang lobte und nichts davon hielt, neue Arbeitsplätze zu schaffen, weil er davon ausging, daß der technische Fortschritt das Leben erleichtern und den Arbeitsbedarf senken würde. Dafür war Douglas ein Antisemit und Verschwörungstheoretiker und als britischer Offizier des Ersten Weltkriegs ein antideutscher Nationalist.[164]

Douglas begann seine Thesen ab 1918 in England in der Zeitschrift »New Age« zu publizieren. Der Herausgeber hielt ihn bald für den »Einstein der Ökonomie«. Im von der Depression

162 Plumpe, 2011, S. 20; Blomert, 2007, S. 89 f.; Janssen, 1998, S. 296 f.
163 Webb, 2008, S. 156 ff.
164 Bell 1993, S. 49 f.

geplagten kanadischen Bundesstaat Alberta errang die Social Credit League im Sommer 1935 einen Erdrutschsieg mit 56 von 63 Sitzen. Geld konnte die neue Staatsregierung ihren Wählern aber nicht schenken, weil die Banken dafür nichts hergaben; sie mußte sich mit der Ausgabe von *Stamp Scrips* begnügen. Die Social Credit League hatte Glück. Während ihrer zweiten Amtsperiode wurden Erdölvorkommen in dem Bundesstaat gefunden, so daß sie wohlfahrtsstaatliche Maßnahmen aus der Ölrente finanzieren und sich bis 1971 an der Regierung halten konnte.[165]

Douglas könnte mit seinem *social credit* eher als Vorläufer von Keynes gelten als Gesell, der den Klassikern, Neoklassikern, Monetaristen und Neoliberalen näherstand. Während Keynes die Kapitalisten warnte, ohne Zugeständnisse und eine staatliche Intervention in die Wirtschaft drohe eine soziale Revolution, war Gesell strikt gegen jede sozialstaatliche Reform.[166] Mit den Wirtschaftsliberalen verband ihn das Credo von den segensreichen Kräften des Marktes, wonach der Kapitalismus am besten funktioniert, wenn sich Gewerkschaften und Staat nicht einmischen. Gesell bejahte und verklärte, was die Kräfte des Marktes bewirkten. Die Ausmerze der Verlierer sei ein natürlicher, geradezu gottgewollter Vorgang, verkündete der Meister, etwaige Hindernisse werde seine Freiwirtschaft beseitigen.

---

165 Douglas Social Credit Secretariat, 2010; Webb, 2008, S. 156 ff.; Bell, 1993, S. 37 ff.; Finkel, 1989, S. 42 f.; Janda, 1980, S. 262.

166 Die Einschätzung Lorbers, die Staatsauffassungen von Keynes und Gesell stimmten »weitgehend überein«, ist falsch (Lorber, 2009, S. 151).

4

»Der Teufel soll die Kranken holen«

Sozialdarwinismus, Eugenik und Frauenfeindlichkeit

Mit Freigeld, Freihandel und Freiland wollte Gesell den uneingeschränkten ökonomischen »Kampf ums Dasein« gewährleisten, den Zins und Bodenrente verfälschten, weil sie »Geldbesitzern« und Grundeigentümern leistungslose Einkommen verschafften. Dank Schwundgeld und Freiland hätten alle Männer gleiche Startchancen. Nur Arbeit bringe Reichtum und Erfolg, die damit sichtbarer Ausweis höherwertiger Erbanlagen seien. Gesell knüpfte an populäre Vorstellungen an. Im Gefolge von Francis Galton (1822–1911), der den Begriff »Eugenik« für eine Hochzüchtung des Menschen prägte, behaupteten dessen Cousin Charles Darwin (1809–1882), Friedrich Nietzsche, Ernst Haeckel und andere Wissenschaftler und Künstler, die weiße Rasse würde degenerieren, weil sich »Minderwertige« stärker fortpflanzten. Galton wollte Ober- und Mittelschicht, auch »Vollmenschen« genannt, animieren, wieder mehr Kinder in die Welt zu setzen.

Der Begriff der Natur oder des Natürlichen hat bei Gesell nichts zu tun mit Ökologie oder Umweltschutz. »Natürlich« meint bei ihm eine Gesellschaftsordnung, in der der »Kampf ums Dasein« tobt, einen permanenten Verdrängungswettbewerb, in dem sich ein Lebewesen nur auf Kosten anderer vermehren kann. Die Vorstellung stammt von dem Ökonomen Thomas Malthus (1766–1834), Darwin übernahm sie, Haeckel verbreitete sie in Deutschland.[1] Nach Ansicht Haeckels würde die »freie Concurrenz« zum allgemeinen Vorteil wirken: Die biologisch Bevorzugten überleben und geben ihre Vorzüge an die Nachkommen weiter, während die anderen früh zugrunde gehen.[2] Ploetz, der den Begriff der Rassenhygiene 1895 prägte, glaubte, daß »Systeme des reinen Manchestertums ... mit dem Princip der natürlichen Zuchtwahl weniger in Conflict« kommen.[3] Die kapitalistische Realität wurde damit in den Rang eines Naturgesetzes erhoben.

Gesell definierte seine »natürliche Wirtschaftsordnung« als Manchesterkapitalismus ohne Vorrechte und soziale Absicherung, in dem ökonomisch erfolgreiche Männer als Samenspender und Frauen als Gebärmaschinen fungieren. »Minderwertige«, deren schlechtere Erbmasse sich im ökonomischen Scheitern zeige, würden von Frauen verschmäht und ihre Zahl

---

1 Gesell, GW 17, S. 93; Haeckel, 1868, S. 125 ff.
2 Ebd., S. 128 ff.
3 Ploetz, 1895, S. 197.

in den kommenden Generationen abnehmen. Die Degeneration wäre gestoppt und in eine »Hochzucht der Menschheit« umgekehrt.

Die Vorstellung, Armut sei Resultat und Ausdruck biologischer und rassischer Minderwertigkeit, ist bis heute verbreitet. Thilo Sarrazin recycelt Kernthesen der Rassenhygiene, wenn er behauptet, eine »unterdurchschnittliche Fruchtbarkeit der intelligentesten Frauen« in Deutschland führe zu einem »Absinken der durchschnittlichen Intelligenz«, weil er Intelligenz für eine Sache der Gene hält. Angehörige der Unterschicht sowie türkische und arabische Migranten hält er für im Durchschnitt weniger intelligent, sie würden aber mit einer höheren Geburtenrate das kulturelle Niveau senken. Er bezieht sich dabei auf Klassiker der Eugenik wie Francis Galton und Julian Huxley sowie Irenäus Eibl-Eibesfeldt, Hans Eysenck, Richard Herrnstein, Charles Murray und Professor Richard Lynn, der behauptete, die Helligkeit der Hautfarbe von Afroamerikanern korreliere positiv mit ihrem Intelligenzquotienten wegen eines höheren Anteils von »kaukasischem Erbmaterial«. Im Interview sagte der SPD-Politiker Sarrazin: »Die Türken erobern Deutschland genauso, wie die Kosovaren das Kosovo erobert haben: durch eine höhere Geburtenrate. Das würde mir gefallen, wenn es osteuropäische Juden wären mit einem um 15 Prozent höheren IQ als dem der deutschen Bevölkerung.«[4] Solche Lehren entspringen Ängsten und Stereotypen und bieten ihren Anhängern zwei Vorzüge: Materiell lassen sich mit ihnen Sozialabbau und eine Abwehr sozialstaatlicher Verbesserungen rechtfertigen. Psychologisch erlaubt dieses antihumane Denken, sich abzugrenzen, eigene Ängste vor dem sozialen Abstieg oder einem gesellschaftlichen Scheitern zu kompensieren und Aggressionen bis hin zu Vernichtungsphantasien mindestens in Wort und Schrift auszuleben. Für Adorno waren solche sozialpsychologischen Mechanismen ein Charakteristikum kapitalistischer Gesellschaften und damit eine objektive Grundlage faschistischer Tendenzen.[5]

Gesell hat seine sozialdarwinistisch-eugenischen Vorstellungen nicht in einer systematischen Abhandlung zusammengefaßt; in seinen Schriften finden sich kaum Verweise auf zeitgenössische Autoren oder Debatten. Allerdings handelt es sich um zentrale Motive seines Werkes, das betrifft vor allem die gesellschaftspolitische Fundierung seiner Lehre und die von ihm proklamierte zinsfreie Wirtschaft. »Den ewigen Kampf ums Dasein, die Zuchtwahl, die Auslese und den spurlosen Un-

---

4 Sarrazin, 2010, S. 92 f., 98, 257, 352 f., 357, 373, Anmerkung 74, S. 419; Sarrazin, 2009.
5 Adorno, 1998, S. 567.

tergang des Minderwertigen setzt der Physiokrat an die Spitze seines Programmes«, stellte er 1913 fest.[6] Wie wichtig er die »Hochzucht« der Menschheit nahm, wird daran deutlich, daß er dafür in den 1920er Jahren sogar eine Spaltung seiner Bewegung in Kauf nahm. Alles andere wären »nichtssagende Bagatellen«, schrieb er, als in freiwirtschaftlichen Gruppen über Abtreibung, Empfängnisverhütung und Zwangssterilisierung gestritten wurde. Er forderte seine männlichen Anhänger auf, möglichst viele Kindern zu zeugen.[7] Sein letztes größeres Werk, der Roman *Der abgebaute Staat* (1927), ist allein diesem Thema gewidmet.

Bereits *Nervus Rerum* (1891), eine seiner ersten Schriften, enthält eine spezifische Mischung aus Geldpfuscherei, Eugenik und Machotum. Zur »Frauenfrage« schrieb Gesell, die Frauen bräuchten weder ein Wahlrecht noch einen »besonderen« Beruf außer ihrem »natürlichen Beruf«, der Mutterschaft.[8] Dank Schwundgeld wären Frauen nicht mehr gezwungen, des Geldes wegen zu heiraten, sondern nur noch aus Neigung, mit positiven Folgen für den Nachwuchs. »Dadurch veredelt die Münzreform auch die Race, indem sie die Mißgeburten des Geistes und des Körpers an der Fortpflanzung hindert. Die Münzreform läßt jeder Frau freien, selbständigen Willen bei der Wahl ihres Lebensgefährten.«[9] 1903 skizzierte Gesell die Idee einer Grundrente, die an Mütter ausgezahlt werden sollte, gestaffelt nach der Anzahl ihrer Kinder, wobei er ehelichen und unehelichen Nachwuchs gleichstellen wollte.[10] Die natürliche Berufung der Frau sah Gesell in Mutterschaft und Hausarbeit, allenfalls noch in der Landwirtschaft. »Jede normal gebaute Frau« müsse »imstande sein, ihr Brot und das ihrer Kinder in der Landwirtschaft zu verdienen«, schrieb er 1906 und fragte rhetorisch, »ob die Rückkehr der Frau zur Landwirtschaft nicht der ›Frauenfrage‹ die glücklichste Lösung geben würde?«[11] Richtige Frauen wollten eigentlich nichts anders, als sich von Siegertypen schwängern zu lassen, unterstellte er.

Wie andere auch prognostizierte Gesell einen Verfall des Abendlands.[12] Er machte unter den Zeitgenossen »Entartungserscheinungen« aus, »überall auf Schritt und Tritt«, die ihn erschreckten. Denn ginge es so weiter, bliebe »vom stolzen Menschengeschlecht nach weiteren drei oder vier Generationen«

6 Gesell, GW 7, S. 262.
7 Gesell, GW 17, S. 91.
8 Gesell, GW 1, S. 139 f.
9 Ebd., S. 139.
10 Gesell, GW 3, S. 189.
11 Gesell, GW 4, S. 71.
12 Gesell, GW 14, S. 201 ff.

nicht mehr übrig als »ein Häufchen Unglück«.[13] Schuld seien die moderne Zivilisation, insbesondere die Großstadt, dazu Alkohol und Nikotin sowie die Fortschritte der Medizin. Die Ärzte würden der Natur ins Handwerk pfuschen.[14] Herrschten dagegen »freie Liebe« und »freie Zuchtwahl«, könnten die Mediziner »den ekelhaften Ärzteberuf an den Nagel hängen«, denn »wie es bei den Tieren des Waldes keine Kranken gibt, so auch dann nicht unter den Menschen«.[15] Auch damit bewegte Gesell sich im Dunstkreis der Rassenhygiene. Die Fortschritte der Medizin, die Technik des Impfens etwa gegen Tuberkulose, lehnten Sozialdarwinisten und Eugeniker ab, weil dadurch die Ausmerze der Minderwertigen beschränkt würde.[16]

Gesell machte dafür in erster Linie ökonomische Faktoren verantwortlich: »Unsere zur Schaffung und zum Schutz des arbeitslosen Einkommens ausgebildete Wirtschaftsordnung hat den Ausleseapparat der Natur umgeschaltet, direkt auf den Kopf gestellt. Statt der Spreu wirft er die Körner aus. Das Minderwertige (namentlich in geistiger Hinsicht) wird gefördert, das Wertvolle vernichtet.«[17] Als Beweis diente ihm der Untergang Roms, das weder Schnaps noch Fabrikarbeit gekannt habe, aber Zins und Grundrente, die »Grund der Degenerationserscheinungen« gewesen seien.[18] Zins und Grundrente erlaubten es »Rentnern«, sich faul zu mästen und der Auslese zu entgehen, rügte Gesell: Sie seien nicht durch Arbeitsunfälle gefährdet, könnten saufen und faulenzen statt zu arbeiten und kriegten trotzdem Frauen, die in Not seien. Damit entziehe arbeitsloses Einkommen »einen großen, stetig wachsenden Prozentsatz unseres Volkes der Auslese«. Nur eine »künstliche Unterstützung der Natur« – sein Schwundgeld – könne die Menschheit vor dem »völligen Untergang« retten. »Weg also mit dem arbeitslosen Einkommen«, lautete seine Forderung.[19]

Finden sich in den frühen Schriften Gesells nur wenige eugenische Bemerkungen, so fokussierte er sich auf dieses Anliegen am Vorabend des Ersten Weltkriegs. Wie einige andere Rassenhygieniker lehnte er Krieg mit modernen Waffen ab, denn die biologisch wertvollsten Männer würden im besten Alter an der Front getötet und die Minderwertigen zu Hause bleiben, überleben und sich fortpflanzen. In der Natur fänden bloß Zweikämpfe zwischen Männchen um Futter, Jagdreviere und Weibchen

13 Gesell, GW 10, S. 167 f.
14 Gesell, GW 11, S. XXI.
15 Gesell, GW 15, S. 350, ebenso: GW 11, S. XXI.
16 Darwin, 1966, S. 148; Ploetz, 1895, S. 150; Schallmayer, 1895, S. 14 ff.; Ungewitter, 1909, S. 118.
17 Gesell, GW 10, S. 167 f., ähnlich: Gesell, GW 15, S. 131 f.
18 Gesell, GW 14, S. 203.
19 Gesell, GW 10, S. 168.

statt, die mit dem »rein persönlichen Sieg« des Stärkeren ende-
ten, dessen Eigenschaften an die Nachkommen vererbt würden,
meinte Gesell. Bei den Menschen überlebe hingegen nur das
»Gesindel« den Krieg. »Vom Krieg kann man nur die Degeneration der Art erwarten. Der Krieg vernichtet ganz gesetzmäßig
die Besten und schont das Minderwertige; der natürliche Zwei-
kampf vernichtet das Minderwertige und bringt die Besten zur
Geltung.«[20] Gesell war also keineswegs Pazifist oder Verfechter
von Gewaltfreiheit, zumal er auch erbbiologisch sinnvolle Kriege annahm. Als solche würdigte er »richtige Ausrottungskriege,
in denen ein Volk ein anderes verdrängt«, wie in Amerika, Australien und Südafrika. Im Wissen um die Gemetzel, die europäische Kolonialisten und ihre Nachfolger angerichtet hatten,
und mit positivem Bezug auf den Völkermord, den die deutsche
Armee an Hereros und Nama in Namibia verübt hatte, schrieb
Gesell 1913: »Aber auch diese Kriege haben nur dann einen Sinn
als Auslesekrieg, wenn sie als Ausrottungskrieg (wie in Süd-
west) geführt würden. Die Geschichte kennt nur wenige solcher
Kriege.« Üblicherweise ließen die Sieger einen Teil der minderwertigen Verlierer überleben und vermischten sich mit diesen,
wie etwa die Römer, womit sie in der Logik der Eugeniker zu
ihrem rassischen Niedergang beitrügen. Als vorbildlich führte
Gesell dagegen den biblischen Mose an, der gefangene Töchter
der Philister habe töten lassen.[21]

In drei Texten setzte sich Gesell 1913 mit der Wirkung von
Religion und Christentum auf die Evolution auseinander. Dabei
unterstellte er den Kampf ums Dasein als fundamentales Prinzip einer göttlichen Ordnung. »Die göttliche Weltordnung ist
unmenschlich«, und »dieses System des Fressens und Gefres-
senwerdens ist in der organischen Welt lückenlos durchgeführt
– es ist das oberste Gesetz der organischen Natur«. Aber »das
höllische System trägt himmlische Früchte«, und an diesen
Früchten lasse sich Gottes Werk erkennen: »Wie vollkommen
ist doch jedes einzelne Geschöpf durch dieses System geworden. Diese Anpassung an die umgebende Natur! Göttliche Vollkommenheit, Weisheit spricht aus jedem Fetzen der lebendigen
Welt. (...) Der Zweck heiligt die Mittel.«[22] Durch die Lehren des
Neuen Testaments werde diese Ordnung verfälscht und verkehrt,
glaubte Gesell ähnlich wie Nietzsche.[23] »Noch sind kaum 1912
Jahre verstrichen, seitdem der Mensch, durch christliche Mo-
ralbegriffe verleitet, an der göttlichen Weltordnung zu dokto-
ren versucht, und schon sieht man allenthalben die schmut-

20 Gesell, GW 7, S. 208, 235 f.
21 Ebd., S. 209.
22 Ebd., S. 199, 200, 201.
23 Nietzsche, GW 5, S. 378, S. 392.

zigen Fingerabdrücke seiner Pfuscherhände. (...) Wir sind auf dem Wege, uns in ein Volk von Ärzten, Apothekern, Krankenpflegern und Orthopäden zu verwandeln. Alles, was Gottvater verabscheute, vor seinem Angesicht auszurotten pflegte, das wird von seinem unerfahrenen Sohn geschont, gepflegt, für die Fortpflanzung der Art erhalten. (...) Verschwunden ist die Vollkommenheit; ererbte und vererbungsfähige Gebrechen aller Art verunstalten den Menschen (...)«[24]

Im »Hammer«, der Zeitschrift des wüsten Antisemiten Fritsch, schrieb Gesell, »im Wettkampf mit unseren Feinden (ist) vollständig entwaffnet«, wer religiöse Lehren ernstnehme. »Gottvater hat seinen Geschöpfen Waffen gegeben, damit sie sich verteidigen und wehren können«, etwa dem Wolf seine reißenden Zähne. »Der Vater will in strenger Auslese nur das Gesunde und Starke erhalten sehen, der Sohn aber schützt das Morsche, Kranke, Schwache. Was Wunder, wenn die Herde des Sohnes gegen die unerbittlichen Mächte der Naturkraft unterliegt! Der Vater will Kampf und Auslese und Zuchtwahl, und der Sohn weiß von alledem nichts.« Darum müsse man die Lehre des Sohnes gründlich prüfen, »um den Lebensgesetzen des Vaters wieder näher zu kommen«.[25] Zumal das Christentum von »Raubtieren« gepredigt werde, als »Volksbändigungsmittel«, wie Gesell an anderer Stelle notierte.[26] Etliche seiner Aussagen lassen darauf schließen, daß er einen Gottvater unterstellte, der die Welt so erschaffen habe, daß sie nach den brutalen und gnadenlosen Mechanismen der Auslese und Ausmerze funktioniere, die ihm, Gesell, als natürliche Gesetze galten. Andere Stellen in seinen Schriften deuten dagegen eher auf eine heroische Selbstvergottung, auf pantheistische oder monistische Vorstellungen im Sinne Haeckels hin.[27] Solche Widersprüche lassen sich nicht sinnvoll vermitteln, sie verweisen bloß darauf, wie wenig durchdacht und eklektizistisch Gesell verfuhr, was allerdings angesichts dieser menschenfeindlichen Perspektive nachrangig ist.

Die Zinswirtschaft bewirkt laut Gesell eine unnatürliche Auslese, führt zu Unzucht, Sodomie, Verbrechen und Krieg, zu einer »Umkehrung der Auslesegesetze«.[28] Dagegen würde in seinem Manchesterkapitalismus ohne Zins und Bodenrente »ein natürlicher, rein persönlicher« Kampf ums Dasein geführt, so daß »die Brut der Tüchtigeren bessere von ihren Eltern vorbereitete Lebensverhältnisse vorfinden (sic!) als die Brut der Dummen, Faulen, Lasterhaften oder Schwachen und Kranken«.[29]

24 Gesell, GW 7, S. 199, 201 f.
25 Gesell, GW 6, S. 287; »Hammer«, Nr. 258, 1913, S. 167 f.
26 Gesell, GW 7, S. 199, 202.
27 Gesell, GW 10, S. 164 ff.
28 Gesell, GW 7, S. 217.
29 Ebd., S. 221 f.

Vom Staat forderte Gesell »die unbedingte Anerkennung der Notwendigkeit einer unablässigen scharfen Auslese von allem Minderwertigen unter den Menschen«. Denn das sei das »oberste biologische Gesetz«. Natürliche Auslese dürfe nicht durch Gesetze oder Sitten beeinträchtigt werden, sie müsse für die Menschen »heiliggesprochen« werden. Denn »das Unpassende, Fehlerhafte muß aus der Gesellschaft entfernt, von der Fortpflanzung ausgeschlossen werden. Beugen wir uns vor diesem brutalen Gesetz.«[30]

Gesell propagierte eine »Herrschaft der natürlichen Ordnung in den Beziehungen der Menschen und Völker«. Ökonomisch beinhalte diese Gesellschaftsform den »vollen, ungeschmälerten Arbeitsertrag für Jedermann« und die »Unantastbarkeit des selbst erarbeiteten Privat-Eigentums«. Nur Grundrente und Kapitalzins müßten abgeschafft werden, weil sie »Schmarotzer« schafften, während Sozialdemokratie und kommunistische Bestrebungen das Individuum erdrosselten. Er verlangte »die völlige Entfesselung der Volkswirtschaft sowohl wie der natürlichen Anlagen und Fähigkeiten der Menschen. Nur so kann die natürliche Rangordnung platzgreifen.«[31] Dabei gilt laut Gesell als Grundregel: »Und je schärfer der Kampf ums Dasein sich abspielt, je größere Ansprüche der Sieg an die Intelligenz stellt, umso bessere, tüchtigere, intelligentere und wirklich gute Menschen werden uns die ›Moralpredigten‹ halten und uns ›Gerechtigkeit widerfahren‹ lassen.«[32] Künftig werde eine »Moral der Sieger« zur allgemeinen Moral und ihr Gerechtigkeitsgefühl zur »absoluten Gerechtigkeit« erhoben: »Den Siegern die Macht und den Besiegten der Trost, daß alles mit rechten Dingen zuging«, sie nicht von »minderwertigen« Schwächlingen, sondern von edlen und intelligenten Menschen besiegt wurden.[33] Ziel der Freiwirtschaft sei eine Ordnung, in der »der naturgewollte, persönliche Kampf ums Dasein den guten, gesunden, intelligenten, arterhaltenden Exemplaren, kraft ihrer persönlichen, angeborenen, vererbungsfähigen Eigenschaften den Sieg über die Dummen, Lasterhaften, Neidischen gibt, und wo darum auch die Auslese nach natürlichen, artfördernden Gesetzen vor sich geht«.[34]

Gesells Radikalisierung hing mit seinem Umfeld in Deutschland zusammen. Er rezipierte Nietzsche und Stirner und kooperierte mit Leuten aus dem völkisch-lebensreformerischen Spektrum. Der Ernährungsreformer Simons hat Gesell vermutlich stark beeinflußt. Die beiden waren ab 1911 in der

30 Ebd., S. 217.
31 Ebd., S. 18.
32 Ebd., S. 260.
33 Ebd., S. 261.
34 Ebd., S. 259.

Obstbaukolonie Eden bei Oranienburg quasi Nachbarn. Manche Formulierungen von Gesell erinnern stark an Simons, einen frühen Anhänger und Aktivisten der Freiwirtschaftsbewegung. In einem Text zur völkischen »Überwindung« des Kapitalismus schrieb der Ernährungsreformer: »Die Natur will offenbar den Kampf, aber den chancengleichen, wo ein jeder Kämpfer als Mitbewerber dem Konkurrenten mit keiner anderen Überlegenheit gegenübersteht als der, die ihm von Geburt aus mitgegeben ist und die er im Leben für den Kampf geübt hat.« Als Ziel forderte Simons: »Wir wollen den freien Wettkampf im Leben der Einzelnen und der Völker untereinander.« Die Frauenwelt werde vom ökonomischen Druck befreit, das »Geschlechtsleben« gesünder. »Die Bedingungen für die Hochzucht sind dann gleich für ein ganzes Volk gegeben.«[35]

In der dritten Auflage seines Hauptwerks *Die Natürliche Wirtschaftsordnung* vom Herbst 1918 rühmte Gesell diese im Vorwort als »eine Ordnung, in der die Menschen den Wettstreit mit der ihnen von der Natur verliehenen Ausrüstung auf vollkommener Ebene auszufechten haben, wo darum dem Tüchtigsten die Führung zufällt, wo jedes Vorrecht aufgehoben ist und der Einzelne, dem Eigennutz folgend, geradeaus auf sein Ziel lossteuert, ohne sich in seiner Tatkraft durch Rücksichten ankränkeln zu lassen (...)«[36] – »Die Auslese durch den freien, von keinerlei Vorrecht mehr gefälschten Wettstreit wird in der Natürlichen Wirtschaftsordnung vollständig von der persönlichen Arbeitsleistung geleitet (...) Denn die Arbeit ist die einzige Waffe des gesitteten Menschen in seinem ›Kampfe ums Dasein‹. (...) Doch steht es außerhalb jedes Zweifels, daß der freie Wettbewerb den Tüchtigen begünstigt und seine stärkere Fortpflanzung zur Folge hat.«[37] Im Unterschied zu akademischen Eugenikern und Lebensreformern, die staatliche Geburtenprämien, Eheberatung und Heiratsverbote bis zur Internierung und Zwangssterilisierung verlangten, war die Menschenzucht für Gesell eine individuelle Angelegenheit: Die Frau sollte erfolgreiche Männer wählen und minderwertige Verlierer verschmähen. Eine solche »Rassenpolitik«, schrieb er, »darf nicht an Staaten, Landesgrenzen, an Staatsgesetze gebunden werden. Rassenpolitik ist ureigene Angelegenheit jedes einzelnen Menschen.«[38] Diese »Rassenpolitik« leitete Gesell aus ewigen Naturgesetzen ab: »Diese Gesetze aber wollen den Wettstreit. Nur auf dem Wege des Wettbewerbs, der sich überwiegend auf wirtschaftlichem Gebiete abspielt, kann es zur förderlichen Entwicklung, zur

35 Simons, *Überwindung des Kapitalismus*, S. 12, 14.
36 Gesell, GW 9, S. XVII.
37 Ebd., S. XX f.
38 Ebd., S. 64, ähnlich: GW 14, S. 20.

Hochzucht kommen. Wer daher die Zuchtgesetze der Natur in ihrer vollen, wundertätigen Wirksamkeit erhalten will, muß die Wirtschaftsordnung darauf anlegen, daß sich der Wettbewerb auch wirklich so abspielt, wie es die Natur will, d.h. mit der von ihr gelieferten Ausrüstung, unter gänzlicher Ausschaltung von Vorrechten. Der Erfolg des Wettstreites muß ausschließlich von angeborenen Eigenschaften bedingt sein, denn nur so wird die Ursache des Erfolges auf die Nachkommen vererbt (...) Dann darf man hoffen, daß mit der Zeit die Menschheit von all dem Minderwertigen erlöst werden wird, mit dem die seit Jahrtausenden von Geld und Vorrecht geleitete Fehlzucht sie belastet hat, daß die Herrschaft den Händen der Bevorrechteten entrissen werden und die Menschheit unter Führung der Edelsten den schon lange unterbrochenen Aufstieg zu göttlichen Zielen wieder aufnehmen wird.«[39]

Die Abschaffung von Zins und privatem Grundeigentum, Freigeld ebenso wie Freiland, sollten diesem »Aufstieg« dienen. Statt daß ein privater Grundeigentümer ohne eigene Arbeitsleistung eine Grundrente einstreicht, zahlen Pachtbauern an den Staat, und dieses Geld »wird restlos an die Mütter nach der Zahl der Kinder verteilt«, als »Mutterrente«.[40] Die »Vorrechte bei den Geschlechtern« würden aufgehoben, die Grundrente als ökonomische Sicherheit gewähre den Frauen »das freie Wahlrecht (...) und zwar nicht das inhaltsleere politische Wahlrecht, sondern das große Zuchtwahlrecht, dieses wichtigste Sieb der Natur«.[41] Dadurch würden die Frauen den schädlichen Einfluß der Medizin ausgleichen, die die »Erhaltung und Fortpflanzung der fehlerhaft geborenen Menschen« bewirke. »Soviel Krankhaftes auch der Auslesebetätigung der Natur durch die Fortpflanzung der Fehlerhaften zugeführt wird, sie wird es bewältigen. Die ärztliche Kunst kann dann die Hochzucht nur verlangsamen, nicht aufhalten.«[42] Die Welt sei nur für die Tüchtigsten bestimmt. Wer diese sind, zeige der Wettkampf, der das ganze Leben lang tobe, schrieb Gesell im Januar 1918. Was Auslese und Wettkampf an Schwächlingen übrigließen, würden die Frauen durch die »Zuchtwahl« zurückweisen. »So arbeitet die Natur unausgesetzt an der Gesunderhaltung der Lebewesen.«[43]

Manche Freiwirte tun so, als handele es sich bei diesem Text um einen einmaligen Ausrutscher, was sich durch viele Fundstellen in anderen Schriften leicht widerlegen läßt. Gesell formulierte sozialdarwinistisch-eugenische Vorstellungen seit Beginn seiner schriftstellerischen Tätigkeit und radikalisierte

39 Gesell, GW 9, S. XV.
40 Ebd., S. 72.
41 Ebd., S. XXI, 93.
42 Ebd., S. XXI.
43 Gesell, GW 10, S. 167.

sich schon vor Ausbruch des Ersten Weltkriegs. Könnten die ersten Hinweise 1891 noch wohlwollend als beiläufig abgetan werden, zeigen bereits die Schriften von 1912/13, daß Ausmerze und Menschenzucht ins Zentrum seines Denkens gerückt waren. Es ist darum konsequent, daß Gesell solche Ideen seinem Hauptwerk voranstellte und ausführte, das »Natürliche« seiner Wirtschaftsordnung bestehe darin, den Kampf ums Dasein, Auslese der Minderwertigen und Hochzucht der Höherwertigen, zu garantieren.

Im Zuge des Ersten Weltkriegs und der ökonomischen Verwerfungen radikalisierten sich Wissenschaftler und Politiker. Der Strafrechtsprofessor Karl Lorenz Binding (1841–1920) und der Neurologe Alfred Erich Hoche (1865–1943) prägten die Debatte mit ihrem Werk *Die Freigabe der Vernichtung lebensunwerten Lebens* (1920), in dem sie Behinderte und Kranke als »Ballastexistenzen« und »Menschenhülsen« diffamierten.[44] Teile der Sozialdemokratie übernahmen die Forderung, Behinderte, Kranke und Arme zu sterilisieren, was nun Konsequenzen hatte, weil die SPD Regierungspartei geworden war. In Preußen, wo SPD und katholische Zentrumspartei regierten, wurde ein Beirat für Rassenhygiene eingerichtet, die sozialdemokratischen Regierungen von Sachsen und Thüringen starteten Gesetzesinitiativen auf Reichsebene für Sterilisierungen. Ein zentrales Argument waren in der SPD und selbst für einige Vertreter der KPD die Kosten für Pflege und Unterhalt.[45] Gesell knüpfte an diesen Diskurs an und übernahm die Wortwahl der Unmenschen. »30 Prozent unserer Arbeitsprodukte werden von den Unzuchtsprodukten mit Beschlag belegt«, schrieb er. Dieses Budget für die »Armen- und Armseligkeitspflege« sei ein »Wahrzeichen unserer Schande«, und »wir wollen nicht sein ein einig Volk von Krankenbrüdern und Krankenschwestern«.[46]

Im Kontext einer »Politisierung« der Freiwirtschaft propagierte der Meister den »Abbau des Staates«, wobei Gesell sich von anarchistischen, kommunistischen und sozialistischen Positionen abgrenzte. Er verwendete deshalb den Begriff der »Akratie«, der aus dem Altgriechischen abgeleitet ist und ebenso wie Anarchie Abwesenheit von Herrschaft bedeutet. Für Gesell hieß Akratie, staatliche Funktionen drastisch zu reduzieren. Er zielte dabei nicht nur auf jede Form der sozialen Fürsorge, die seit Ende des 19. Jahrhunderts in den führenden kapitalistischen Ländern auf Druck der Arbeiterbewegung und um diese

---

44 Binding, Hoche, 1920.

45 Schwartz, 1995, S. 18, 86, 257, 274 ff.; Haustein, 1917, S. 910; Grotjahn, 1923, S. 463.

46 Gesell, GW 16, S. 264 f. Woher Gesell diese Zahlen hatte, erschließt sich aus dem Text nicht. Grotjahn hatte behauptet, rund ein Drittel der deutschen Bevölkerung sei erblich belastet (Grotjahn, 1923, S. 473, 475).

materiell in den Nationalstaat zu integrieren ausgebaut wurde. Gesell wollte auch das staatliche Schulsystem abschaffen und den Rechtsstaat durch Selbst- und Lynchjustiz ersetzen. Damit bliebe der Kampf ums Dasein nicht mehr auf die ökonomische Sphäre beschränkt, wie er betonte.

Deutlich wurde das in einer Denkschrift an die Nationalversammlung, die in Weimar tagte. Unter dem Titel *Der Abbau des Staates nach Einführung der Volksherrschaft* schrieb Gesell 1919, Gerechtigkeit sei Verneinung jedes Vorrechts. »Die vollkommen gleiche äußere Ausrüstung für den Wettbewerb der Menschen, der in der Gesellschaft jedem seine Stelle anweist – das ist die von der natürlichen Auslese gewollte Gerechtigkeit, die zur Hochzucht des Menschengeschlechtes, zu Gott führt.«[47] Wie Proudhon lehnte er die bürgerliche Gleichstellung der Frau ab. Frauenwahlrecht und »freie Liebe« bedeuteten für ihn, ähnlich wie für Alfred Russel Wallace und einige Anhänger der britischen Fabian Society, einem der Vorläufer der Labour Party, daß die Frau den Vater ihrer Kinder frei wählen können muß, ohne staatliche oder ökonomische Einmischung, weil eine Frau instinktsicher einen Mann mit hochwertigem Erbgut aussuchen würde.[48] »Das große, edle, zur menschlichen Hochzucht führende Zucht-Wahlrecht, das ist wahres Frauenwahlrecht.«[49] Wäre es nach Gesell gegangen, hätte die Nationalversammlung den Frauen das Wahlrecht versagt und ihnen statt dessen eine Mutterrente beschert.

In einem Beitrag zu Vorschlägen des Zwickauer Bezirksarztes Gustav Boeters (1869–1942) warf Gesell dem Staat vor, Degeneration zu fördern, während die Natur, würden ihr Ärzte und Bürokraten nicht ins Handwerk pfuschen, »von früh bis spät« dabei sei, »das Minderwertige auszulesen«, und »niemals« einen Fehlgriff mache.[50] Boeters schlug im Mai 1923 vor, taube, blinde und geisteskranke Kinder mit Zustimmung von Eltern oder Vormund zu sterilisieren, ebenso Menschen in Anstalten als Bedingung für Eheschließungen und Entlassungen. »Asoziale« oder Frauen mit mehr als zwei unehelichen Kindern und ungeklärten Vaterschaften wollte er sogar zwangsweise sterilisieren lassen. Boeters löste damit eine große Debatte in Deutschland aus, auch in sozialdemokratischen Kreisen traf er auf Zustimmung.[51]

Auch die Freiwirte diskutierten über die Vorschläge. Gesell lehnte sie ab: Nach der Logik des Bürokraten Boeters hätten

47 Gesell, GW 10, S. 235, ähnlich GW 12, S. 35.
48 Slotten, 2004, S. 438.
49 Gesell, GW 10, S. 240.
50 Gesell, GW 15, S. 348 f.
51 Schwartz, 1995, S. 109; Kaiser, Nowak, Schwartz, 1992, S. 95 ff., 247 ff.; Weingart, Kroll, Bayertz, 1992, S. 291 ff.; Walter, Denecke, Regin, 1991, S. 41.

sogar die Jungfrau Maria und Jesus sterilisiert werden müssen, rügte er.[52] Aber keineswegs waren es humanitäre Überlegungen oder Mitleid mit Betroffenen, die Gesell zu dieser Ablehnung bewegten. Was ihn von den meisten Rassenhygienikern unterschied, war, daß er aus antistaatlicher Perspektive heraus jede eugenische Politik für überflüssig und kontraproduktiv hielt.[53] Die »direkte Vernichtung des Unbrauchbaren« würde von der Natur ohnehin besorgt, durch Unfälle, auf den Straßen und Sportplätzen, »weil Gott Vater irgendwo an ihnen Fehler entdeckte, vielfach verborgene Fehler«. »Menschliche Nachhilfe« sei darum »überflüssig«.[54]

Ein weiterer Aspekt des Zugriffs auf menschliche Sexualität und Fortpflanzung zielte auf die sinkende Geburtenrate, die Politiker, Wissenschaftler und Publizisten ebenso beschäftigte wie die Wahnvorstellung einer biologischen Degeneration von Nation und Rasse. Als in den wichtigsten Staaten Europas die Geburtenraten sämtlicher Klassen sanken, weil Kenntnis und Mittel der Verhütung sich auch in der Arbeiterschaft verbreiteten, und unter dem Eindruck der Menschenverluste des Ersten Weltkriegs, konzentrierten Behörden und Politiker ihre Aufmerksamkeit auf den zahlenmäßigen Bestand der Nation. Eine Auslese von Höher- und Minderwertigen setzte einen »Überschuß von Material« voraus, betonte Wilhelm Schallmayer (1857–1919), ein führender Rassenhygieniker.[55] Gesell teilte die Sorge um einen Bevölkerungsschwund: Geburtenrückgang bedeute Verfall und Niedergang für Deutschland.[56] Er lehnte Abtreibung sowie den Gebrauch von Verhütungsmitteln ab.[57] Deren Benutzung verstärke den Geburtenschwund und führe »mit mathematischer Notwendigkeit zur Degeneration und zum Untergang, weil hier der wichtigste Faktor der Arterhaltung, die Auslese, wegen Mangel an Auslesematerial ausgeschaltet wird«.[58] Die Selektion durch »Kampf und Sieg der Tüchtigen« setze ein »Auslesematerial« voraus, einen »Geburtenüberschuß«, sonst käme es zum Rückgang der Entwicklung, die in den »Untergang« führe.[59] Anfang 1929 schrieb Gesell in diesem Sinn an Friedrich Burgdörfer (1890–1967), Oberregierungsrat im Statistischen Reichsamt und prominenter Rassenhygieniker, die Geburten stünden in umgekehrtem Verhältnis

52 Gesell, GW 15, S. 346 ff.
53 Gesell, GW 17, S. 71.
54 Gesell, GW 7, S. 218, 220.
55 Schallmayer, 1909, S. 219.
56 Gesell, GW 16, S. 329; GW 17, S. 298 ff.
57 Ebd., S. 73, 88 f., 92 f.; GW 18, S. 385.
58 Gesell, GW 16, S. 329.
59 Gesell, GW 17, S. 89.

zu den Einkommen, »Hauptschuld am Geburtenrückgang trägt offenbar die soziale Dyskasie«, also eine Art krankhafte gesellschaftliche Entwicklung. Gesell machte kinderlose Frauen dafür verantwortlich.[60] Um die vermeintliche Gefahr abzuwehren, forderte er seine Anhänger auf, ein Maximum an Kindern zu zeugen, und das nicht nur im Ehebett: »Physiokraten, sorgt für die Vermehrung Eurer Art und zwar auf Kosten der anderen. Jagt den Philistern die Frauen ab, soweit Ihr könnt. Macht es wie König August der Starke.« Philister nannte er Menschen, die die Fortpflanzung behinderten, etwa durch Verzicht auf vorehelichen Sex. An die Frauen appellierte Gesell: »Haltet scharfe Auslese. (...) Drängt durch Eure gebärende Tätigkeit die Philister ins Meer, wie Hindenburg die russischen Armeekorps in die Sümpfe drängte (...).«[61]

In dem erwähnten Roman *Der abgebaute Staat* beschrieb Gesell die akratische Idealgesellschaft: Ausgangspunkt seiner Utopie ist eine fiktive Sitzung des Reichstags, in der ein Abgeordneter »Mißehen«, »Rassenverfall« und »Degenerationserscheinungen« beklagt. Die Politiker sind so schwer beeindruckt, daß sie Gesells Freiland einführen. Das Parlament beschließt einstimmig, das private Grundeigentum abzuschaffen, und verfügt, die Grundrente als Mutterrente zu verteilen. Selbst Kommunisten und Anarchisten sind dermaßen gerührt, daß sie das Deutschlandlied anstimmen. Im zweiten Teil des Romans läßt Gesell zwei Reisende aus dem »Land der Physiokraten« berichten, wo es keinen Betriebsrat, keine Gewerkschaft und keinen Streik mehr gibt, weil die Arbeiter »vollen Lohn« erhalten. Fürsorge oder Arbeitslosenunterstützung sind abgeschafft, weil Not in diesem System »immer nur Selbstverschuldung« sei. Anstelle von Staat und Recht herrschen Selbst- und Lynchjustiz. Frauen leben mit ihren Kindern in »Wochenendkolonien«, so genannt, weil Männer bloß am Wochenende zu Besuch kommen. Eine Frau Berta erzählt, daß sie immer nur so lange mit einem Mann zusammen sei, bis dieser sie geschwängert habe. Auf diese Weise habe sie sieben Kinder mit sieben Männern gezeugt und durch ihre hohen Ansprüche an die Samenspender »bereits einen großen Fortschritt in der Aufartung meiner Nachkommenschaft erzielt«.[62]

Weil Gesell Ehe und Familie in Frage stellte und außereheliche Sexualität zum Wohl der Nation propagierte, zählte er unter den Rassenhygienikern zu einer Minderheit, ähnlich wie Willibald Hentschel (1858–1947), der ebenfalls der Szene der Lebensreformer zuzurechnen ist, und der Prager Professor Chri-

---

60 Gesell, GW 18, S. 379.
61 Gesell, GW 17, S. 90, 94 f.
62 Gesell, GW 16, S. 258 ff., 262 f., 297 f., 302 f., 325, 327, 231 ff.

stian von Ehrenfels (1859–1932). Hentschel plädierte für eine landwirtschaftliche Siedlung, in der 100 blonde Jünglinge 1.000 blonde Maiden begatten sollten; Ehrenfels warb für die Vielweiberei, insbesondere für ältere, noch zeugungsfähige Herren. Die Szene debattierte heftig und jahrelang, die um ihre Reputation bedachte Mehrheit der Wissenschaftler der Deutschen Gesellschaft für Rassenhygiene lehnte solche Ideen ab. Führende Nationalsozialisten diskutierten während des Zweiten Weltkriegs eine Aufhebung der Monogamie, um die Kriegsverluste auszugleichen, aber selbst der »Lebensborn« Heinrich Himmlers blieb eine Einrichtung, die zwar unverheiratete, schwangere Frauen aufnahm und ab 1941 sogenannte rassisch wertvolle Kinder aus besetzten Gebieten zwangsweise »eindeutschen« sollte, war aber keine Zuchtanstalt.

Im Unterschied zu Hentschel und Ehrenfels ging die Initiative in Gesells Utopie von rassenhygienisch fanatisierten Frauen aus, was einige seiner Epigonen später veranlassen sollte, ihn als Anarchofeministen zu verklären.[63] Ausführlich widmete sich Gesell der Frage, ob diese Menschenzucht nicht zu einer Überbevölkerung führen könnte, und skizzierte zwei gegenläufige Tendenzen: Frauen würden immer wählerischer, so daß sich die Zahl der Schwangerschaften verringere. Außerdem reiche der Mutterlohn nicht an den Arbeitsertrag der Männer heran, darum würden »alle diese rechnenden und spekulierenden Frauen« verhüten oder abtreiben, um Zeit für die Erwerbsarbeit zu haben. Richtige Frauen wären das in den Augen Gesells aber nicht, weshalb er sie abwertend als »diese Elemente« bezeichnete, die unfruchtbar bleiben würden.[64] Damit verwickelte sich Gesell in Ungereimtheiten, denn zunächst hatte er ja Verhütung abgelehnt, außerdem würde – verbleibt man in der Vorstellungswelt der Rassenhygiene – das Erbmaterial solcher Frauen, die sich dem Mutterdasein entziehen, in kurzer Zeit verschwinden; dann blieben nur noch Gebärmaschinen übrig.

Frauenfeindlich sind auch diverse Aussagen Gesells über die Höhe der Mutterrente einerseits und seine Diffamierung berufstätiger Frauen andererseits. Indem die Grundrente an Mütter ausgezahlt wird, soll die Frau unabhängig vom Mann und diesem gleichgestellt werden, erklärte Gesell. Das würde die Sitten verfeinern und »eine allgemeine Veredelung des Volkes, der Rasse, herbeiführen«.[65] Es sollte auch keine »Versorgungsehen« mehr geben, was eine ökonomische Unabhängigkeit der Frau suggeriert. Allerdings betonte Gesell, die Mutterrente dürfe nicht an den »vollen Arbeitsertrag« der männlichen Lohn-

---

63 Bartsch, 1989, S. 14 f.; Schmitt, 1989, S. 129 f.
64 Gesell, GW 16, S. 330.
65 Gesell, GW 7, S. 22.

arbeiter heranreichen, von den Einkünften von Unternehmern ganz zu schweigen. Der Mutterlohn müsse unter dem Einkommen der Männer liegen, damit sich Frauen nicht aus »niedrigen Beweggründen« von »irgendeinem Manne schwängern lassen und Minderwertiges gebären«.[66] Die Mutterrente wäre so knapp bemessen, daß Frauen dem Kampf ums Dasein nicht völlig entzogen wären. Andererseits wertete Gesell berufstätige Frauen als minderwertige Elemente ab und verlangte, daß sich »richtige« Frauen mit der »Brutpflege« begnügten, so daß die Mütter allenfalls Bäuerinnen und Sammlerinnen sein könnten, was mit seinem Spruch von der Rückkehr zur Landwirtschaft als glücklichster Lösung der Frauenfrage harmonierte. Gelegentlich fabulierte Gesell über einen imaginären, prähistorischen Naturzustand: »Je mehr Kinder, umso besser ist der Tisch des Naturweibes gedeckt.« Eine Frau mit sieben Kindern würde mehr Beeren, Vogeleier und Fische nach Hause bringen als eine Frau mit drei Kindern, und dieser »Naturzustand« werde in der Physiokratie wiederhergestellt, in Form der Grundrente.[67] Als Alternative bliebe dann doch wieder die zuvor geschmähte Versorgungsehe. So schrieb Gesell im gleichen Text von 1913, die Grundrente werde ausreichen, so daß die Frau keiner gewerblichen Arbeit nachgehen müsse. Geld für »Luxus« müsse sie aber selbst verdienen oder der Mann dafür aufkommen. Darum würden Männer, die besser verdienten, von manchen Frauen vorgezogen, und »ein Weib, das unter solchen Verhältnissen (gemeint ist die Freiwirtschaft, P. B.) einen wohlhabenden Mann heiratet, ist sicher, einen tüchtigen Mann zu heiraten«.[68]

In seinem Roman propagierte Gesell die Auflösung der Ehe zugunsten von befristeten Beziehungen, die enden sollten, sobald die Frau schwanger ist. Obendrein sollen die Mütter ihre Kinder selbst unterrichten oder zusammen die Kosten für eine Schule komplett aus eigener Tasche bezahlen.[69] Man fragt sich, wie die Musterfrau Berta all das stemmen sollte. 1928 billigte Gesell jeder Frau für jedes Kind pro Jahr 1.000 Reichsmark zu, was in heutiger Kaufkraft etwa 3.000 Euro entspräche. Frau Berta hätte demnach für sich und sieben Kinder etwa 1.825 Euro im Monat zur Verfügung. Das wären einige hundert Euro weniger, als eine alleinerziehende Frau mit sieben Kindern im Jahr 2010 nach den Sätzen von Hartz IV bekommen würde, ohne daß sie davon noch die Schulausbildung selbst bezahlen müßte, inklusive Bau und Unterhalt von Schulgebäuden sowie Gehalt der Lehrer.[70] Die Vorstellungen dieses Radikal-Liberalen dürften

66 Gesell, GW 16, S. 330.
67 Gesell, GW 7, S. 224.
68 Ebd., S. 225 f..
69 Gesell, GW 10, S. 289; GW 13, S. 57 f.
70 Gesell, GW 17, S. 289.

damit zu den frauenfeindlichsten und reaktionärsten Utopien des 20. Jahrhunderts zählen.

Auf verquere Männlichkeitsphantasien ähnlich wie bei Hentschel oder Ehrenfels deuten die Verweise Gesells auf Friedrich August von Sachsen (1670–1733) hin.[71] Dem sächsischen Kurfürsten und polnischen König wurden 354 uneheliche Kinder angedichtet, überliefert und anerkannt waren bloß acht Nachkommen. Dem alternden Gesell, der aus dem Kreis seiner Anhängerinnen immer wieder neue Frauen gewann, mag der legendäre August als Vorbild erschienen sein. Mit einer Ehefrau und drei Lebensabschnittspartnerinnen zeugte Gesell insgesamt elf Kinder.[72]

Bezeichnend für Gesell ist eine heroisierende Kampfrhetorik. Er und seine Anhänger erscheinen als Avantgarde der Evolution. So nannte er die »Sicherung des physiokratischen Nachwuchses, die Auslese und die Zerschmetterung des Minderwertigen« als Ziele.[73] Die Natur wolle »den ununterbrochenen Kampf von der Wiege bis zum Grabe«, das »Getümmel in freier Arena«, hielt er den Pazifisten vor. Krieg bedeute zwar, daß die Besten sterben müßten, wäre aber dem »pazifistischen Friedhofsfrieden« vorzuziehen, der die Besten an der Fortpflanzung hindere.[74] Das Leben in seiner Idealgesellschaft bedeute »Kampf, eine ununterbrochene Kette von Tragödien« für die Männer und »schwere Lasten« für die Frauen durch die »Aufzucht« der Kinder.[75] Die Physiokratie fordere aber, »daß jeder seine Art, seine persönliche Art auf Kosten aller anderen – die anderen also verdrängend – fortpflanze. (...) Hier ist kein Raum für Proletennaturen. Eine heroische, aristokratische Lebensauffassung, namentlich auch von den Frauen, die die mit ihr verbundenen Mühseligkeiten nicht scheuen – das ist Physiokratie.«[76] Schauerlich ist jene Erwägung Gesells von 1909, in der er den Euthanasie-Massenmord der Nazis affirmativ vorwegnahm: »Der Teufel soll überhaupt die Kranken holen; wie schön wäre es doch für das ganze heutige Geschlecht, für alle, die heute atmen ohne Ausnahme, wenn unsere Großväter alle Kranken ausgerottet hätten! Vielleicht tun das unsere Enkel.«[77]

Rassismus und Nationalismus
Gelegentlich erklärte Gesell, seine Zuchtideen bezögen sich auf höher- und minderwertige Erbanlagen von einzelnen Personen.

71 Ebd., S. 94, 296 ff.
72 Onken, in: Gesell, GW 18, S. 14, 16 f., 24: Anmerkung 56.
73 Gesell, GW 17, S. 95.
74 Gesell, GW 16, S. 242 f.
75 Gesell, GW 17, S. 94.
76 Gesell, GW 18, S. 356 f.
77 Ebd., S. 67.

1904 propagierte er, der Mensch – gemeint ist allerdings bloß der Mann – brauche »zur Blutauffrischung schwarze, weiße, rote und gelbe Weiber«.[78] Zwei Jahre später betonte er, aufgrund seines Freiland-Konzepts würde »jedes Kind (...) als Grundbesitzer zur Welt kommen, mit der Erdkugel in der Hand: Die schwarzen Hottentottenkinder, die rötlichen Indianer, die goldenen Japaner, die rosigen Europäer, allen ohne Ausnahme gehört die Erde ungeteilt.«[79] 1924 erklärte Gesell, die Grundrente sollte »allen Müttern ohne Ansehen der Rasse ausgezahlt werden, gleichmäßig für schwarze, für rote, gelbe und weiße Kinder«.[80] Er sprach vom »Recht aller Menschen, restlos aller Menschen, auf die von der Natur gebotenen Schätze«, wobei dieser Anspruch dazu dienen soll, »daß jeder ohne Unterschied der Rasse, der Staatsangehörigkeit und Kultur den allgemeinen Konkurrenzkampf zwar nach seiner Weise, mit den von seinen Eltern geerbten physischen und geistigen Eigenschaften, aber doch mit deren gleicher Unterstützung durch die Natur führen muß«.[81] In einer seiner letzten Schriften forderte er, Deutschland solle die Einwanderung forcieren, um die Industrieproduktion zu steigern. Finanziell wäre dies günstiger als eigenen Nachwuchs aufzuziehen. Zwei Millionen Menschen könne Deutschland pro Jahr aufnehmen, und »Einwanderer in allerbester Qualität würde uns der Osten Europas liefern«.[82] Diese Forderung dürfte Völkische und Deutschnationale erbost haben. Die Einwanderung von Menschen aus Osteuropa, Italien und vom Balkan war etwas, was Rassisten bis hin zu Sozialdemokraten schärfstens bekämpften. Statt dessen sollte eine gezielte, staatlich geförderte Ansiedlung von deutschblütigen Bauern östlich der Elbe die »slawische Flut« eindämmen. Die hier zitierten Gesellschen Passagen könnten daher als antirassistisch aufgefaßt werden. Das aber wäre ein Mißverständnis schon allein deshalb, weil Gesell wie die meisten Zeitgenossen unterstellte, die Menschheit ließe sich nach Rassen sortieren. Dabei ist bereits der Rassebegriff eine Konstruktion. Allerdings kann Eugenik im Prinzip ohne offen rassistische Wertungen auskommen und der Form nach sogar nicht- oder antirassistisch begründet werden. Selbst Ploetz wies den Bezug auf die Germanen als Objekt der Züchtung als zu eng gefaßt zurück. Beide, Ploetz wie Gesell, bezogen sich auf Leistung, auf die Tüchtigsten und Fähigsten, und unterstellten, diese wären exklusiv bei Angehörigen der weißen, germanischen Rasse zu finden.[83]

78 Gesell, GW 3, S. 322.
79 Gesell, GW 4, S. 78.
80 Gesell, GW 15, S. 248.
81 Ebd., S. 262.
82 Gesell, GW 17, S. 166 f.
83 Ploetz, 1904, S. 893.

Scheinbar widersprüchliche Aussagen über »Rassenkreuzungen« unterstreichen diesen Befund. 1912 forderte Gesell eine »Rassenmischung«, um eine Vielfalt von genetischen Eigenschaften zu kombinieren, während »Rassereinheit« bedeute, darauf zu verzichten. Erkenntnisse der Tierzucht könnten nicht Maßstab für den Menschen sein, mahnte er. Ein Wildpferd oder ein Wolf seien ansehnlicher als der gezüchtete Karrengaul oder der Mops. »Der Mensch will für sich allein, als Persönlichkeit, nicht als Teil einer Masse, einer Herde betrachtet sein, und insofern kann jeder für sich das Recht beanspruchen, für sich allein einen Typ, eine Rasse darzustellen.« Wieder einmal forderte Gesell in ein und derselben Schrift, nur wenige Zeilen später, auch das genaue Gegenteil: die Fortpflanzung innerhalb einer »weißen Rasse«, die sich »zum besseren Widerstand gegen die Gelben zusammenschweißen« solle.[84]

1923 bezichtigte er die Juden und den Adel, »Inzucht« betrieben zu haben, während »von allen Völkern Europas (...) wohl Deutschland am wenigsten unter der Inzucht zu leiden gehabt (hat). Die Grenzen sind immer offen gewesen für die Rassen anderer Länder. Deutschland war immer Zufluchtsstätte für alle, die von anderen Ländern vertrieben wurden, so für die Juden aus Spanien, die Hugenotten aus Frankreich.«[85] Gesell unterschlug die Vertreibung von Juden aus deutschen Staaten, Ansiedlungsverbote, Morde und Pogrome seit den Kreuzzügen, die zur massenhaften Flucht von Juden nach Osteuropa geführt hatten, ebenso wie die jahrhundertealte Tradition des Antiziganismus. »Slawen, Mongolen, Zigeuner kamen immer scharenweise«, behauptete er, und deswegen sei »der Rassengedanke (...) dem deutschen, wie übrigens fast allen Völkern so gut wie fremd«.[86] Letzteres mag allenfalls als frommer Wunsch durchgehen, denn Rassismus war zu Gesells Lebzeiten weitgehend Konsens. Er wolle, schrieb er, »Rassenzucht in der denkbar zartesten und zugleich wirksamsten Weise betreiben«, als private Angelegenheit. Seine einzige Forderung sei, »daß vor den Gesetzen alle Rassen volle Gleichberechtigung genießen«, erklärte er 1923. Gesell wies jedoch die Vorstellung zurück, Freiland könnte zu dem führen, was die Nazis als »Rassenschande« diffamierten. »Das Nebeneinander der Rassen in einem Lande braucht dann auch durchaus nicht zu Rassenkreuzungen zu führen«, meinte er. »Das Nebeneinander und die dadurch möglichen Vergleiche liefern das sicherste Ventil gegen instinktwidrige, vielleicht schädliche Kreuzung.« Dieses Nebeneinander werde vielmehr »Ansporn zur Beachtung der Rasse geben«, so

84 Gesell, GW 7, S. 126 f.
85 Gesell, GW 14, S. 208 f.
86 Ebd., S. 209.

daß »die Rassenzucht nun zum Gegenstand edelsten Wettstreites unter den Frauen der im Lande vertretenen verschiedenen Rassen erhoben wird.«[87] Nicht umsonst lautete der Titel dieses Vortrags »Der Aufstieg des Abendlandes«.

Auch im Kontext sinkender Geburtenraten bemühte Gesell den »Rassegedanken«. Kein Franzose fühle sich wohl bei der Vorstellung, sein Land würde in hundert Jahren von Afrikanern und Osteuropäern bewohnt, behauptete er. Das wäre kein »nationalistischer Gedanke«, sondern »der Rassegedanke, der hier in Erscheinung tritt und der umso kräftiger wirkt, je größer der Kontrast ist«, wenn sich ein französischer Veteran des Weltkriegs vorstelle, Frankreich würde einst von »Negern« und Japanern bevölkert.[88]

Zwar entwickelte Gesell keine eigene Rassentheorie. Gelegentlich sprach er von einer »kapitalistischen Rasse« als Produkt der Degeneration,[89] dann bezeichnete er abwechselnd das Individuum mit seinen Erbanlagen, die »deutschen Stämme« und gemäß dem Hautfarben-Rassismus die »weißen Völker« als Rasse.[90] Solche beinah beliebigen und widersprüchlichen Deutungen finden sich schon bei Darwin und Galton. Sie sind in sich bereits ein Hinweis darauf, wie unsinnig es ist, Menschen in Rassen aufteilen zu wollen. Weder genetisch noch kulturell lassen sich Menschen in Schubladen sortieren, und was ihr Äußeres betrifft, sind die Übergänge fließend und Farbzuschreibungen für die Haut wie weiß, gelb oder rot willkürlich, falsch und selbst eine rassistische Konstruktion.

Gesells Werke belegen, daß er glaubte, die Menschheit ließe sich in Rassen sortieren. Er lehnte »Rassenkreuzung« als »instinktwidrig« ab und prophezeite einen »Rassenkrieg« zwischen Weißen und Gelben, für dessen Vorbereitung sich die Weißen zusammenschließen und vermehren sollten. Er beschrieb seine »zarte Rassenzucht« als Wettstreit zwischen Rassen und ging wie Ploetz davon aus, daß die besten Erbanlagen sowieso bei Weißen auftreten. Der Sieger stünde damit bereits fest. Die unterstellte Degeneration wertete er wie viele Zeitgenossen als rassischen Niedergang.

1915 schrieb Gesell mit Bezug auf Deutschland, Privatgrundbesitz wäre eine »Entweihung des durch den Krieg geläuterten und geheiligten Begriffes Vaterland« und obendrein »Quelle völkischen Verfalls«.[91] Das Privateigentum habe Grund und Boden zum Gegenstand der Spekulation gemacht, so daß immer mehr Bauern verschuldet aufgeben müßten. Im Ergebnis sei

---

87 Ebd., S. 209; GW 15, S. 248 f.
88 Gesell, GW 17, S. 92.
89 Gesell, GW 13, S. 49.
90 Gesell, GW 4, S. 78; GW 9, S. 64.
91 Gesell, GW 8, S. 332 f.

»fast unser ganzes Volk heimatlos und landflüchtig gemacht«
worden, und »bei der Zusammenballung in den großen Städten
verliert das deutsche Volk sichtlich an rassischen Werten, und
damit an den Grundpfeilern seines Bestehens und Wachsens«.[92]
Diese Zitate zeigen, daß Gesell die für das völkische Denken typische Aversion gegen Großstädte als Ursache rassischen Verfalls teilte.

Im Zusammenhang mit seinem Freiland-Konzept stellte Gesell ab 1912/13 Schwarze, speziell die Menschen aus Namibia und
Südafrika, die abwertend als Hottentotten bezeichnet wurden,
sowie Sinti und Roma als minderwertig dar. 1906 hatte er die sogenannten Hottentotten noch als Opfer kolonialer Verbrechen
und wohlwollend als Nutznießer seines Freilands erwähnt.[93]
Als sich seine sozialdarwinistische Haltung aber radikalisierte,
begann er, sie zu schmähen. Das setzte mit jener schon zitierten
Passage vom erbbiologisch nützlichen Ausrottungskrieg gegen
Schwarze in Namibia und dem Satz, der »Zukunftsstaat« dürfe
»kein Hirten-, Jäger-, Zigeuner- oder Negerstaat werden«, ein.[94]
Die Hottentotten wurden auch schon von Galton und Haeckel
zu den niedrigsten Rassen gezählt.[95] Gesell galten sie als Synonym für Dummheit und Unfähigkeit, Diebstahl und Mißwirt-
schaft, Alkoholismus und Prostitution.[96] Das Wort von der
»Hottentottenwirtschaft« gehört bis heute zu einem Alltags-
rassismus, der sich in abwertenden Sätzen wie »Hier geht es zu
wie bei den Hottentotten« ausdrückt. Allein der Begriff ist ein
Symbol für europäische Ignoranz. Sprachforscher gehen davon
aus, daß das Wort aus einem Dialekt der Buren, der niederlän-
dischen Siedler im südlichen Afrika, abgeleitet ist, mit dem
das Stottern bezeichnet wurde. Dabei waren die Buren bloß der
Sprache der Einheimischen nicht mächtig.

G esells Antiziganismus basierte auf dem Stereotyp vom
faulen Zigeuner. Freiland werde sich dank seiner ökonomischen Vorzüge weltweit ausbreiten. Staaten, die sich verwei-
gern und weiter Monopolgewinne ermöglichen, würden, so
schrieb er, »die Arbeitsscheuen der ganzen Welt ins Land ziehen
(...) Alle Bummler, Sonnenbrüder und Zigeuner würden dorthin
ziehen, wo man die Bodenschätze an das Ausland mit Renten
belastet abgibt.«[97] In dem Roman *Der abgebaute Staat* heißt es
über Menschen, die in das neue Freiland einwandern wollten:
»Zuerst waren es die Zigeunerweiber, die mit ihren zahlreichen

92 Ebd., S. 334.
93 Gesell, GW 4, S. 66, 78.
94 Gesell, GW 7, S. 241.
95 Haeckel, 1868, S. 547, Schautafel VIII; Galton, 1869, S. 18.
96 Gesell, GW 14, S. 98, 309, 374, 402; GW 17, S. 70.
97 Gesell, GW 11, S. 70.

Kindern auf die Mutterrente spekulierten. Niemand wehrte ihnen den Eintritt. Sie machten sich aber als Bärentreiber und Kesselflicker gegenseitig zu starke Konkurrenz und so sind manche wieder fortgezogen.«[98] Gesell charakterisierte diese Frauen aufgrund ihrer ethnischen Zuordnung als Schmarotzer. Daß ausgerechnet diese »Zigeunerweiber« keine Mutterrente bekommen sollten, steht im Widerspruch zu den eingangs zitierten hehren Aussagen, wonach diese Zahlung allen Frauen mit Kindern ohne Ansehen der Herkunft zukommen sollte.

1906 hatte Gesell zu Recht kritisiert, afrikanische Führer würden mit Schnaps und Tand bestochen, um den Menschen das Land wegzunehmen, der deutsche General Lothar von Trotha (1848–1920) habe in Namibia eine »Hetz- und Treibjagd« veranstaltet, und General Julio Argentino Roca (1843–1914) habe in Argentinien die Indianer aus der Pampa und Patagonien vertrieben oder niedergemetzelt und Frauen und Kinder als Billigarbeitskräfte in die Hauptstadt verschleppt.[99] Weil es in seiner Akratie keine Gewerkschaften und keine Streiks mehr geben sollte, empfahl Gesell zehn Jahre später in seinem Hauptwerk unzufriedenen Proletariern, einfach auszuwandern und sich auf einem Stück Land niederzulassen. Das »freie Land«, das Gesell nun zur Besiedelung vorschlug, sollte angeblich »herrenloses« Land in Amerika, Afrika und Asien sein.[100] Implizit bezog sich sein Vorschlag auf weiße, europäische, männliche Lohnabhängige, und weil das Land nirgendwo herrenlos war, wie er hätte wissen müssen, implizierte seine »natürliche Wirtschaftsordnung« ein kolonialistisches Siedlungsprogramm, einschließlich der Vertreibung schon ansässiger Menschen, was wiederum zu seiner sozialrassistischen Logik paßte, wonach stärkere und damit höherwertige Wesen sich ausbreiten, indem sie Schwächere vertreiben.

Im Zusammenhang mit der Rede vom herrenlosen Land kritisierte Gesell die Abschottung der USA gegen den Handel mit Europa und gegen Einwanderer aus Italien oder Asien ebenso wie die restriktive Haltung Australiens gegen Japaner und Preußens gegen Polen.[101] Daß Gesell immer wieder Einwanderungsbeschränkungen kritisierte und das Recht auf Freizügigkeit betonte, unterschied ihn von Rassisten, vielen Liberalen und Linken. Allerdings verknüpfte er diese an sich positive Einstellung mit rassistischen Vorstellungen, wenn er davor

98 Gesell, GW 16, S. 297.
99 Gesell, GW 4, S. 82 f. Zwei Jahre vorher hatte Gesell verlangt, man möge bei der Kolonisation »in unbesetzten Ländern« Pioniere, Maurer, Jäger und Soldaten vorausschicken, um Ansiedler vor räuberischen Überfällen zu sichern. Ganz unbesetzt und herrenlos konnten diese Länder also nicht sein (GW 3, S. 379).
100 Gesell, GW 9, S. 41.
101 Gesell, GW 13, S. 93; GW 14, S. 334 ff.; Gesell, GW 16, S. 100, 117 ff.

warnte, wegen »dieser amerikanischen Rassenpolitik« könnten in den USA »die Neger eines Tages die Oberhand gewinnen«.[102] Die USA würden mit Einwanderungsbeschränkungen gegen Asiaten die Rache der »Mongolen« und einen großen »Rassenkrieg« heraufbeschwören.[103] Am Ende käme es zur »Ausrottung der weißen Rasse in Amerika«, anschließend würden »die Mongolen« Europa angreifen.[104] Gesell übernahm wie viele Europäer und Nordamerikaner die Propaganda von der »gelben Gefahr«; er meinte, die Weißen müßten gegen die Asiaten zusammenstehen.[105] Die Rede von der Hochzucht bezog er in solchen Passagen auf Weiße.

Schließlich bekam seine Beschwörung des Mongolenkriegs sogar eine antiamerikanische Stoßrichtung. Hatte Gesell zunächst verlangt, die Weißen müßten gegen die Gelben zusammenstehen, so unterstellte er 1926, Amerika schüre einen »mongolisch-indogermanischen Krieg«, und rief zur Formierung einer »chino-europäischen Union« gegen die USA auf. Diese sollte bewaffnet die von »amerikanischen Proletariern und Verbrechern« errichteten Grenzen einreißen, denn »die Welt gehört der Menschheit ohne Unterschied der Rasse«.[106] »Sicher« war für Gesell, »daß kein Staat der Welt so brutal und rücksichtslos seine Ziele verfolgt, wie eben der Staat der Nordamerikaner«.[107]

Finden sich in Gesells Schriften ab 1912/13 bis in die Zeit der Inflation 1923 rassistische und nationalistische Äußerungen, eine positive Verwendung des Begriffs »völkisch« und eine Unterstützung der deutschen Kriegspolitik, so schwenkte er einige Jahre nach dem verlorenen Weltkrieg auf eine antinationalistische Rhetorik um. »Die primitiven Gedanken nationalistischer, chauvinistischer Menschen« müßten vor dem Eintritt in den Freiwirtschaftsbund »freien Gedanken« Platz machen, forderte er 1924.[108] In einem Brief schrieb Gesell im folgenden Jahr, er habe es als selbstverständlich angesehen, »daß die nationalistischen Federn, die den freiwirtschaftlichen Mauserungsprozeß überlebten, über kurz oder lang abgestoßen würden. Solches ist aber bei vielen FFF-Leuten leider nicht eingetreten. (...) Mir deucht fast, daß der nationalistische Wahn mit dem religiösen Wahn zu einer Einheit rattenkönigverschwanzt ist, und daß hier Religion und Nationalismus gleichzeitig angegriffen werden müssen.«

102 Gesell, GW 11, S. 63.
103 Gesell, GW 15, S. 24.
104 Gesell, GW 15, S. 56, 246 f., 381; GW 16, S. 99.
105 Gesell, GW 7, S. 127.
106 Gesell, GW 16, S. 106.
107 Gesell, GW 14, S. 194.
108 Gesell, GW 15, S. 65.

Wenn man wie Gesell davon ausgeht, daß Freiland sich durch seine ökonomischen Vorzüge ausbreiten, den Krieg um Territorien und damit die Existenz von Staaten überflüssig machen würde, hat es eine gewisse innere Logik anzunehmen, die Freiland-Forderung würde nationalistische Elemente abstoßen. Gesell prognostizierte, der Staat würde »zu einem bescheidenen Knecht zusammenschrumpfen, der die Straßen kehrt, die Briefe befördert, die Eisenbahnwagen putzt«, und die staatlichen Grenzen, die er »künstlich« nannte, würden unwirksam und »nur noch die natürlichen Grenzen, die Sprachen, die Rassen, Gebirge, Gewässer usw. übrig bleiben«.[109] Allerdings übersah er, daß Kriege auch um Zugänge zu Rohstoffen und Märkten geführt werden. Jedenfalls stellte Gesell seinen Anhängern kein gutes Zeugnis aus, als er behauptete, gerade weil im Freiwirtschaftsbund auf seine Freiland-Idee verzichtet werde, würden Nationalisten besonders angezogen und bildeten in dieser Organisation »den Hauptstamm«. Ähnlich sei die Situation im Schweizer Verband.[110]

In seinen Thesen von 1924 für eine politische Machtübernahme forderte Gesell, »das Völkische, soweit es in Politik ausgeartet ist, muß bis aufs Messer bekämpft werden«.[111] Der »alldeutsche« Gedanke solle als kulturelle Aufgabe erhalten bleiben, sich aber von jeder Machtpolitik freimachen.[112] Bereits 1915 hatte er in einem Brief an Ernst Hunkel (Jahrgang 1885) geschrieben, »das Völkische aber, (...) läßt sich nicht mit Geld aufwiegen und von Grenzwächtern schützen. Es steckt im Menschen, ist unveräußerlich, verläßt mit ihm die Staatsgrenzen wie sein Schatten (...)«[113] Diese Formulierung enthält allerdings keine grundsätzliche Ablehnung oder Kritik der völkischen Ideologie, sondern aus einer antistaatlichen Perspektive lediglich denselben Gedanken wie jene Passagen, in denen Gesell Rassenzucht als individuelle Angelegenheit bezeichnete. Ihm schwebte eine Weltgesellschaft ohne Staaten und Grenzen vor, ein globaler Manchesterkapitalismus mit Freigeld, Freiland und Freihandel, in dem erbbiologisch hochwertige Männer und Frauen ein Maximum an Kindern zeugen, während die Minderwertigen verschwinden. Diese Hochzucht, das belegen andere Stellen seines Werks, sollte innerhalb einzelner Rassen stattfinden und nicht zu »Rassenkreuzungen« führen. Gesell verknüpfte rassistische Stereotype mit extremem Individualismus, radikalem Liberalismus, einer prinzipiell staatsfeindlichen Haltung sowie sozialdarwinistischen Menschenzuchtphanta-

---

109 Gesell, GW 11, S. 69.
110 Gesell, GW 18, S. 313.
111 Gesell, GW 15. S. 109.
112 Ebd., S. 164.
113 Gesell, GW 18, S. 104.

sien. Das unterscheidet seine Version von Rassismus und Rassenhygiene von anderen akademischen Rassenhygienikern und völkischen Lebensreformern, die gerade in Deutschland besonders obrigkeitsstaatlich gesinnt waren und staatliche Maßnahmen forderten.

Was Gesell zudem scheinbar von nahezu allen politischen Spektren der Weimarer Zeit, auch der KPD, trennte, war, daß er vordergründig dazu aufforderte, die Reparationen und selbst Gebietsabtretungen zu akzeptieren. Vordergründig deshalb, weil auch er den Versailler Vertrag als »Gewaltfrieden« ablehnte, aber in der Erfüllung des Friedensvertrags eine Chance sah, die Überlegenheit seiner Lehre zu demonstrieren und eine zumindest ideelle Vormacht Deutschlands zu begründen. Sein Freigeld würde sofort Vollbeschäftigung und Wirtschaftsaufschwung bewirken, so daß es ein leichtes wäre, die Entschädigungen zu bezahlen, versprach Gesell. Das würde Deutschland eine ungeheure Ausstrahlung verschaffen und die Franzosen animieren, den Vertrag »beschämt« zu zerreißen.[114] Zwar diente der Versailler Vertrag durchaus den imperialistischen Ambitionen der alliierten Sieger, vor allem aber sollten Deutschland die Mittel für einen weiteren Angriffskrieg genommen und der Staat, dem die Kriegsschuld zu Recht zugeschrieben wurde, zu einer gewissen Sühne gezwungen werden. Das zu bedenken hätte für Gesell bedeutet, seine eigene Unterstützung deutscher Kriegsanstrengungen zu reflektieren.

Antisemitismus

Während die Frage, ob Gesell Sozialdarwinist, Eugeniker und Rassist war, bejaht werden muß, fällt das Urteil in puncto Antisemitismus differenzierter aus. Denn Gesell äußerte sich mehrfach gegen Antisemitismus und Antisemiten, pflegte aber gleichwohl einschlägige Vorurteile und arbeitete mit Antisemiten zusammen.

Typisch für seine zwiespältige Haltung waren bereits die ersten veröffentlichten Ansichten über »die Judenfrage«. Weil das Geldwesen den Geldbesitzern große Vorteile verschaffe, wie Gesell 1891 meinte, und die Juden sich »mit Vorliebe mit Geldgeschäften« befaßten, sei »klar, daß diese Vorrechte des Geldinhabers drum vorzugsweise den Juden zu Gute kommen«. Jeder könne ihnen aber Konkurrenz machen, und »vermutlich habe jeder, auch Herr Stöcker, schon den geheimen Wunsch verspürt, selbst Bankier zu sein«, schrieb Gesell in Anspielung auf einen prominenten Antisemiten des deutschen Kaiserreichs. So kam Gesell zu der Feststellung: »Die Judenhetzerei ist eine

---

114 Gesell, GW 13, S. 109 f.; GW 15, S. 164; GW 17, S. 74 ff., 161 ff., 267 f.

colossale Ungerechtigkeit und eine Folge einer ungerechten Einrichtung, eine Folge des heutigen Münzwesens. (...) Die Münzreform macht es unmöglich, daß Jemand erntet ohne zu säen, und die Juden werden durch dieselbe gezwungen werden, die Verwerthung ihrer großen geistigen Fähigkeiten nicht mehr im unfruchtbaren Schacher zu suchen, sondern in der Wissenschaft, Kunst und ehrlichen Industrie. Die Münzreform schützt die Juden nicht allein vor jeder weiteren Verfolgung, sondern sie sichert auch der deutschen Wissenschaft und Gesetzgebung die Mitwirkung des jüdischen Scharfsinns.«[115]

Zwar hob sich Gesell mit solcher Kritik an der »Judenhetzerei« wohltuend vom zeitgenössischen Antisemitismus ab. Er verbreitete aber zugleich Vorurteile – antisemitische vom geschäftstüchtigen, aufs Geld fixierten Schacherjuden, der wirkliche Arbeit scheue und ernte ohne zu säen, und philosemitische dort, wo er den Juden einen besonderen Scharfsinn und besondere geistige Fähigkeiten unterstellte. Auch philosemitische Stereotype sind zu kritisieren, weil sie schablonenhaft Menschen nach einer unterstellten gemeinsamen biologischen oder kulturellen Herkunft sortieren und in Antisemitismus umschlagen können.[116] In einem weiteren Beitrag, den Gesell zusammen mit Ernst Frankfurth verfaßte, wies er zumindest das Stereotyp des Schacherjuden zurück, das damals dem edlen und fleißigen Arier als Kontrast gegenübergestellt wurde. Der »Sinn für den Wucher, den Schacher, das Glücksspiel, das arbeitslose Einkommen« sei »im deutschen Volke mächtig im Zunehmen begriffen«, schrieben die beiden 1909. »Wäre dieser Schachergeist ein spezifischer Charakterzug der Juden (was er nach unserer Beobachtung durchaus nicht ist), so könnte man die Behauptung der Antisemiten, daß das deutsche Volk verjüdelt sei, gelten lassen. Aber die ›Verjüdelung‹ haben weniger die Juden als die Reichsbank (im Grunde genommen die Metallwährung) verursacht. Jedes Volk paßt sich den Verhältnissen an, und wenn die Reichsbank (...) den Schacher großzieht, so darf man sich nicht wundern, daß zuletzt selbst der schönste Arier schäbig wird.«[117]

1907 veröffentlichte Gesell einen skurrilen Traktat über Mose, in dem er behauptete, dieser habe bereits das Schießpulver gekannt. Die Bundeslade der Hebräer sei in Wahrheit ein Labor gewesen, um es herzustellen. Indem Mose Hokuspokus trieb und das Schießpulver als einen Gott ausgab, habe er die völlig versumpften und sittenlosen Juden zu Zucht und Ordnung gezwungen und den Pharao übertölpelt. Schließlich ver-

115 Gesell, GW 1, S. 104 f.
116 Scheit, 1999; Schoeps, 1995, S. 103 ff., 119 ff.
117 Gesell, Frankfurth, GW 5, S. 123 f.

glich sich Gesell mit Mose, weil er ein Mittel gefunden habe, um die Arbeiter aus der Zinsknechtschaft zu befreien, wie weiland Mose die Hebräer aus Ägypten. Der Text enthält einige antisemitische Klischees: den jüdischen Gott als strafenden Rachegott und die jüdische Gesetzesstrenge. Mit der Legende von Josef als größtem Wucherer aller Zeiten, obwohl er doch laut Bibel für die sieben mageren Jahre vorgesorgt hatte, griff Gesell ein Motiv auf, daß unter Antisemiten wie Fritsch sehr populär war.[118] Wenn Gesell aber Religionskritik treiben wollte, fragt sich, warum er sich ausdrücklich am Judentum versuchte, das er als Hokuspokus bezeichnete und die alten Hebräer als dumme, abergläubische Anbeter einer Kiste mit Sprengstoff.[119]

Ein durchgängiges Motiv ist Gesells Behauptung, die Juden hätten wie Adel und »Zigeuner« über die Jahrtausende bewußte Rassenzucht und »Rassenpolitik« betrieben. Sie praktizierten eine »völkische Politik, ohne einen Staat zu haben«, meinte Gesell.[120] Dem völkischen Agitator Hunkel empfahl er darum die Juden als Vorbild.[121] Das war keineswegs ungewöhnlich: Ploetz und andere Rassenhygieniker hatten anfangs behauptet, die Juden in Deutschland und Westeuropa seien wie die »Westarier« eine höhere »Culturrasse«. Sie hätten sich im biblischen Palästina mit arischen Philistern und in Europa mit blonden und blauäugigen Menschen vermischt. Ploetz attackierte vor dem Hintergrund dieser rassistischen Konstruktion die Antisemiten des Kaiserreichs sowie den Zionismus, der eine Verschmelzung der Juden mit den »Westariern« behindere.[122]

Weit über einzelne Stereotype hinaus ging Gesell im Juli 1919 in München in seiner Verteidigungsrede vor Gericht, als er wegen seiner Beteiligung an der ersten Räteregierung angeklagt wurde.[123] Er hatte sie im Gefängnis verfaßt, trug sie aber im Gerichtssaal auf Anraten seines Anwalts nicht vor. Sie wurde 1920 im Freiwirtschaftlichen Verlag in Sontra erstmals publiziert, vielleicht um den völkischen Anhang zu besänftigen, der Gesells bescheidenes Münchner Engagement mißbilligte.[124] Gesell präsentierte sich darin als unpolitischer Finanzmann, der nur in eine Lücke gesprungen sei, die das Bürgertum hinterlassen habe, als es das Proletariat im Stich ließ. »Mit Recht empfin-

118 Fritsch, 1894, S. 66.

119 Gesell, GW 5, S. 43 ff.

120 Gesell, GW 8, S. 192, ebenso: GW 11, S. 64; GW 14, S. 208; GW 15, S. 249.

121 Gesell, GW 18, S. 104.

122 Ploetz, 1895, S. 130, 137 ff., 142.

123 Staatsarchiv München, S-Film 304 (Staatsanwaltschaft 2017), StaW München I, Faszikel 147, Nr. 2017,1: Anklage StaW, 16.6.1919; Gesells Beteiligung an der Räterepublik und der Prozeß werden im folgenden Kapitel behandelt.

124 Gesell, GW 12, S. 25. Nochmals publiziert wurde dieses Zeugnis völkischer Agitation 1950 von Engert in seinem Buch über die Vorgänge in München sowie 1986 in dessen Neuauflage von Onken (S. 88 ff.).

det das Proletariat diesen Pariazustand als völkischen Verrat, als Blutschändung. Es ist darum ein ganz natürlicher Rückschlag, wenn das Proletariat sogar Rassefremden, denen es diesen völkischen Verrat nicht vorwerfen kann, weniger mißtrauisch entgegentritt als den lieben Blutsverwandten. Dazu kommt, daß die Arbeiterwelt die aus ihrem Schoße hervorgegangenen natürlichen Führer durch den sozialen Aufstieg der Tüchtigsten immer zwangsläufig an die anderen Klassen abtreten muß.« Darum also käme es zur »Erscheinung des Einströmens landfremder Männer« – »so schmerzlich und beschämend diese Erscheinung auch für jeden völkisch empfindenden Menschen ist.« – »Denn eine Teilung des Volkes in hohe, mittlere und niedre Schichten bedeutet völkischen Verfall. Völkisches Empfinden duldet keine Zinsknechtung anderer oder gar die Beteiligung daran. Wer noch etwas wie rassisches, völkisches Empfinden verspürt, der gehe in sich, tue Buße; der gestehe, daß er und seine Ahnen Verrat begingen am eigenen Volk, am eigenen Blut. Der wahrhaft völkisch gesinnte Mensch, der den Klassengeist haßt und ein schönes Volksleben sehen möchte (...) – der verläßt Vater, Mutter und Standesangehörige, um zu denen zu stoßen, die an der völkischen Auflösung nur leidend mitwirken, zum geknechteten, ausgebeuteten Proletariat.«[125]

Man könnte Gesell als mildernden Umstand einräumen, daß ihm jedes Argument recht war, um nicht für zwei Jahre ins Gefängnis zu müssen. Trotzdem wird diese Verteidigungsrede bis heute von Freiwirten wie Onken mit der des Sokrates verglichen.[126] Das ist schon deswegen peinlich, weil Gesell die Vorgänge in München und deren Protagonisten genau wie die Faschisten als Werk Landfremder diffamierte.

Eine oberflächliche Distanzierung vom Antisemitismus enthalten Gesells Bemerkungen über Henry Ford, der überzeugter Antisemit war und eine massive Propaganda betrieb.[127] Mehrfach rühmte Gesell den amerikanischen Auto-Fabrikanten als erfolgreichen Unternehmer und Verbündeten, weil dieser den Goldstandard ablehne und für ein reguliertes Papiergeld-System eintrete.[128] Die Attacken gegen Juden, die Ford zunächst in seiner Zeitung »Dearborn Independent« und später als Buch unter dem Titel *Der internationale Jude* verbreitete, lehnte Gesell ab, wobei er wiederum ein zentrales Stereotyp übernahm, nämlich die Unterstellung, die Juden hätten mit Hilfe des Geldes Herrschaft ausgeübt. »Eins ist richtig im Ford'schen Buch«, meinte Gesell: »Die Juden haben Jahr-

---

125 Gesell, GW 12, S. 25.
126 Engert, 1986, S. 87; Onken, in: Gesell, GW 12, S. 7 f.
127 Baldwin, 2001.
128 Gesell, GW 14, S. 400; GW 16, S. 247.

hunderte lang die Währungspolitik ganzer Völker beherrscht (Rothschild), beherrschen sie vielleicht heute noch.« An dieser vermeintlichen Herrschaft der Juden seien jedoch die Christen schuld, sagte Gesell, die »das ursprünglich anders orientierte Volk zum Geldhandel gezwungen haben«. Darum dürfe ein Christ wie Ford ihnen nicht zum Vorwurf machen, »daß sie es darin zur Meisterschaft gebracht haben«. Ford habe vermutlich zu Recht »Schandtaten der jüdischen Hochfinanz« beschrieben, diese würden aber auch von Christen begangen. »Ford hat Unrecht, einen Sündenbock zu konstruieren. Nicht die Juden sind zu bekämpfen, sondern die Machtmittel, die in jüdischen und christlichen Händen seit Jahrtausenden namenloses Unglück anrichten.«[129]

Als der Schweizer Freiwirt und Lebensreformer Zimmermann in die USA reiste, um Ford für die Freiwirtschaft und als Geldgeber für eine englische Übersetzung der *Natürlichen Wirtschaftsordnung* zu gewinnen, schrieb Gesell in einem Brief: »Ich kann mir aber von diesem Ford nicht viel versprechen. Er ist Antisemit, und das verträgt sich nicht recht mit dem Geiste, der zur Freiwirtschaft führt. Immerhin, viele Freiwirte, die anfänglich Antisemiten waren, haben dieser Besessenheit abgeschworen, weil sie sahen, daß sie ihr eigentliches Ziel ohne Antisemitismus erreichen konnten. Vielleicht würde es Ford auch so ergehen. Die Freiwirtschaft befreit, und mit dieser Befreiung veredelt sie den Charakter. Sie zwingt bei allen Untersuchungen, immer den Globus sich vor Augen zu halten. So wird man von vornherein zur universellen Betrachtung der Dinge gezwungen. Enger Chauvinismus und Patriotismus findet hier keinen Platz mehr.«[130] Zwei Monate später berichtete Gesell über die »ersten Tastversuche« seines Emissärs bei Ford, dem »die Vorsehung die rechten Worte in den Mund« gelegt habe.[131] Schließlich glaubte sich Gesell mit den USA im Bunde und vor einem Etappensieg, weil die Federal Bank die Preise erhöht hatte, wie er vorgeschlagen habe; er freute sich, daß »mächtige Kreise wie Henry Ford« sich bereits für Papiergeld anstelle des Goldstandards einsetzten.[132] Vier Jahre später hoffte Gesell immer noch, Ford zusammen mit Fisher für seine Sache einspannen zu können. Er riet dazu, die beiden Amerikaner bei ihren »Steckenpferden« zu packen. Ford müsse man klarmachen, daß Indexwährung und Freihandel »den unbegrenzten Absatz seiner Automobile« sichern würden.[133]

129 Gesell, GW 14, S. 400.
130 Gesell, GW 18, S. 265; Werner 1989, S. 34.
131 Gesell, GW 18, S. 268.
132 Gesell, GW 14, S. 269.
133 Gesell, GW 18, S. 344 f.

Struktureller Antisemitismus

Nach Ansicht Elmar Altvaters ist die Freiwirtschaft »anschluß-
fähig für nationalsozialistisches, antisemitisches Denken«.
Darüber hinaus behauptet er, daß Antisemitismus, »auch wenn
er nicht explizit geäußert wurde, strukturell immer (in der Freiwirtschaft, P. B.) vorhanden war«.[134] Robert Kurz (1943–2012)
bezeichnete die Lehre als Variante einer »Politischen Ökonomie
des Antisemitismus«.[135]

Mit dem Begriff des strukturellen Antisemitismus knüpfen Detlef Claussen und Moishe Postone an Überlegungen von
Marx zum Kapitalfetisch an. Die unpersönlichen, anonymen
Herrschaftsverhältnisse des Kapitalismus würden im Alltagsverständnis personalisiert: als böser Bankier und Spekulant,
als Heuschrecke, dicker Kapitalist mit Zylinder und Zigarre
oder als weltumschlingende Krake. Im nächsten Gedanken-
schritt folge eine Projektion dieser Personalisierung auf die
Juden. Claussen spricht von der »Verzerrung einer verzerrten
Wahrnehmung«.[136] Postone bezeichnet den modernen Antisemitismus als Denkform, »in der die rasche Entwicklung
des industriellen Kapitalismus durch den Juden personifiziert
und mit ihm identifiziert wird«. Es handele sich nicht um die
bloße Wahrnehmung der Juden als Träger des Geldverkehrs
wie im traditionellen Antisemitismus; vielmehr würden sie
für ökonomische Krisen verantwortlich gemacht und generell mit gesellschaftlichen Umstrukturierungen und Umbrü-
chen identifiziert. »Die abstrakte Herrschaft des Kapitals, wie
sie besonders mit der raschen Industrialisierung einhergeht,
verstrickte die Menschen in das Netz dynamischer Kräfte, die,
weil sie nicht durchschaut zu werden vermochten, in Gestalt
des ›Internationalen Judentums‹ wahrgenommen wurden.«[137]
So entstünden Formen antikapitalistischen Denkens, die nur
die abstrakte Seite fassen, etwa das Geld oder den Zins als
»Wurzel allen Übels«, während konkrete Arbeit und industrielles Kapital wie eine Fortsetzung »natürlichen« Handwerks
aus der Analyse ausgeklammert und positiv bewertet werden.
Daraus folgten falsche Gegensatzbildungen wie die zwischen
industriellem und Finanzkapital. Der Gegensatz zwischen dem
Abstrakten und dem konkret Gegenständlichen werde personalisiert im Gegensatz zwischen Juden und Ariern. So schließe
der moderne Antisemitismus eine Biologisierung des Kapitalismus ein. Juden gelten nicht bloß als Repräsentanten des Kapitals, sondern werden »zu Personifikationen der unfaßbaren,

---

134 Altvater, 2004, S. 34.
135 Kurz, 1995, S. 177 ff., 192.
136 Claussen, 1991/92.
137 Postone, 1980, S. 107 ff. (eigene Übersetzung).

zerstörerischen, unendlich mächtigen, internationalen Herrschaft des Kapitals«.[138]

Die Ausführungen von Kurz fallen hinter Postone und Claussen zurück. Er geht von einer strukturellen »Schizophrenie« des Warensubjekts aus, das die schlechten, unheimlichen, abstrakten Momente der Ware-Geld-Beziehung auf die Juden projiziere. Zwar bezieht sich Kurz im Unterschied zu Postone ausdrücklich auf Gesell, scheint aber dessen Lehre bzw. deren Konsequenzen nicht ernst zu nehmen oder nicht zu wissen, daß Tauschringe und Regionalgeld freiwirtschaftliche Projekte sind.[139] Denn zunächst sortiert Kurz alle Konzepte, die eine verkürzte Kritik des zinstragenden Kapitals beinhalteten, in die Schublade »Politische Ökonomie des Antisemitismus« ein. Dann behandelt er »neue nicht-marktvermittelte Formen genossenschaftlicher Produktion und selbstverwaltete Dienste«, eine Kommunalisierung des Bodens sowie neue Formen »lokaler Ökonomie« äußerst nachsichtig, wobei er Tauschringe und lokale Geldexperimente ausdrücklich einbezieht und unterstellt, sie würden »der Warenform Ressourcen entreißen« können.

Für Kurz ist die Freiwirtschaft antisemitisch. Der Vulgärökonom spalte das Kapital in gutes und schlechtes, der »offene Antisemit« übersetze diese Konstruktion in ein Feindbild, schreibt er zutreffend. »Deshalb handelt es sich bei allen einschlägigen ökonomischen Konzepten um eine Politische Ökonomie des Antisemitismus, ganz unabhängig davon, ob und wie sich dieser Zusammenhang subjektiv ausdrückt.« Nur wenige Zeilen später insistiert Kurz auf der subjektiven Verbindung: Sie könne »natürlich auf dieser Grundlage nicht ausbleiben«. Als Beispiele nennt er Gottfried Feder (1843–1941) und Rudolf Steiner (1861–1925), in dessen Briefen sich »wüste Ausfälle« finden »sollen«, aber auch Gesell, der »anscheinend keinen offenen Antisemitismus vertreten« habe, aber behauptet haben soll, die Juden würden sich mit Vorliebe mit Geldgeschäften befassen. Für Steiner nennt Kurz keine Original-Belegstelle, obwohl solche vorhanden wären, für Gesell beruft er sich auf dessen Epigonen Klaus Schmitt.[140]

Im Unterschied zu Kurz entwickeln Claussen und Postone eine dreistufige Argumentation: Ein bestimmter Typus verkürzter Kapitalismuskritik kapriziere sich auf die Zirkulationssphäre und fetischisiere Geld und Zins bzw. zinstragendes Kapital als Ursache aller Übel. Dieses zinstragende Kapital werde in einem zweiten

138 Postone, 1980, S. 109 ff. Auschwitz sei in diesem Sinn die groteske antikapitalistische Negation einer Fabrik, eine Fabrik zur Vernichtung des Wertes und der Personifikation des Abstrakten (S. 114).

139 Kurz, 1995, S. 177 ff. Altvater hat diese »Volte auf dem theoretischen Parcours« ebenfalls aufs Korn genommen (Attac Deutschland, S. 32).

140 Kurz, 1995, S. 195.

Schritt personalisiert als Banker, Spekulant oder Börsianer und diese Personengruppe schließlich in einem dritten Schritt mit den Juden identifiziert. Dieser Zusammenhang läßt sich bei Fritsch, Beta und Stamm, dem NS-Ideologen Feder, bei Fourier und Proudhon belegen. Anders verhält es sich mit Owen, George oder Landauer, die trotz ihrer Fixierung auf die Zirkulation und/oder Geld keine Antisemiten waren. Eine mittlere Position nahmen der junge Marx, Gesell und Damaschke bis hin zu Keynes ein, der privat und durchaus problem- und schuldbewußt antisemitische Vorurteile hegte.[141] Marx bewegte sich, als er den Text »Zur Judenfrage« (1843) verfaßte, der antisemitische Stereotype enthält, auf schlichtem Niveau wie Proudhon und Gesell. Zu diesem Zeitpunkt war Marx ein idealistischer Philosoph und nicht der gereifte Kritiker der Politischen Ökonomie. Er kritisierte das »Geldsystem«, und das Judentum war ihm die Religion des Geldes.[142] Proudhon endete mit Tiraden und Vernichtungsphantasien, bei Gesell stehen Vorurteile neben Äußerungen gegen Antisemitismus. Das Argument, Gesell habe auf offene Worte verzichten können, weil zeitgenössische Leser Begriffe wie Wucher, Spekulation, Horten als antisemitische Chiffren verstanden hätten, überzeugt nicht. Sicher werden manche seine Auslassungen so interpretiert haben, für ihn bestand aber kein Anlaß, ein Blatt vor den Mund zu nehmen. Antisemitismus war kein Tabu.

Es gibt einen gravierenden Unterschied zwischen Antisemiten des Kaiserreichs und NS-Ideologen auf der einen und Gesell auf der anderen Seite, wie sich anhand einschlägiger Beiträge im »Hammer« zeigen läßt. In Fritschs Zeitschrift standen Wirtschaftsthemen im Zentrum. Schon in den ersten Heften 1902 fanden sich zwei Aufsätze von Adolf Wahrmund (1827–1913) über eine »deutsche Wirtschaftsreform«. Die Juden als die »Fremden aus dem Morgenlande«, die im Gefolge der Römer gekommen seien, hätten germanischen Bauern mit Hilfe des römischen Boden-Pfandrechts das Land wegnehmen und sie durch »Neger« und Chinesen ersetzen wollen. Der Wiener Orientalistik-Professor forderte ein staatliches Eingreifen gegen die »speculativen Geldmächte«.[143] Im August 1911 eröffnete Gustav Simons eine Debatte über Gesell in dem Hetzblatt mit einer Attacke auf die Goldwährung und auf arbeitsloses Einkommen, auf Marx und die Sozialdemokratie sowie die bürgerlichen Nationalökonomen, die die Geschäfte der »jüdisch-internationalen Plutokratie« besorgten. Dagegen rühmte Simons »die wenigen arisch-denkenden Volkswirte« wie Proudhon oder Gesell.[144]

141 Toye, 2000, S. 151, 154 ff.
142 Marx, MEW 1, S. 347 ff.; MEW 2, S. 112 ff.; Traverso, 1995, S. 35 ff.; Claussen, 1987, S. 26 ff.
143 Wahrmund, 1902, S. 6 ff., 30 ff.
144 S.G. (Simons), August 1911, S. 417 ff.

Der Beitrag stieß auf große Resonanz. Die Redaktion meldete, mehr als ein halbes Dutzend Abhandlungen zu Gesell seien
eingegangen.[145] Zwei Kritiker argumentierten ökonomisch.[146]
Die meisten attackierten Gesells tatsächliche oder unterstellte
politische Ansichten, etwa seine »Blindheit für Rasse, für Ewig-
keitswerte gegenüber den äußerlichen Erwerbs-Verhältnissen,
den Zeitlichkeitswerten«. Der ostelbische Großgrundbesitz
sei als Folge rassischer Überlegenheit deutscher Ritter über
die Slawen im Mittelalter gerechtfertigt gewesen, Grundbesitz
die Stütze der Monarchie und »das letzte Bollwerk des Germanentums gegen das Judentum«.[147] Fritsch warf Gesell einen
einseitigen Haß auf Grundeigentümer vor, der die Nation im
Interesse des »mobilen« Kapitals spalte.[148] Simons verteidigte
Gesell, verwies auf dessen rassenhygienische Ziele und betonte,
nur mit der Geldreform wäre dem »Zinsparasitismus und dessen Hauptvertreter, dem Judentume, von der wirtschaftlichen
Seite her (...) beizukommen«.[149] Werner von Saucken würdigte
ebenfalls Gesells rassenhygienische Bekundungen und rühmte ihn als »volkswirtschaftliches Genie«. Dank seiner Lehre
könnten die schaffenden Stände vor der Plünderung durch die
Plutokratie gerettet werden. Auch wenn er gelegentlich »rauh«
formuliere, was Akademiker verschrecke, könne seine Theorie
die Arbeiter der Sozialdemokratie abspenstig machen.[150] Die
Hammergruppe aus Halle hoffte, daß Gesells Geldreform den
Juden den Garaus machen würde.[151] Gesell antwortete in drei
Beiträgen und hatte 1913 quasi das Schlußwort – in diesem vier-
ten Artikel entwickelte er eine vehemente rassenhygienische
Position.[152] Dazu warb Blumenthal mit Anzeigen in mehreren
»Hammer«-Heften für Gesells Schriften.[153]

Eine zweite Debatte begann im Januar 1917, als ein nicht
genannter Verfasser in einem Beitrag über Papiergeld und
Goldwährung das »physiokratische Geld« beiläufig kritisierte.
Papiergeld sei »auf die Dauer unhaltbar«, behauptete er.[154] Die
Redaktion tat sich anfangs schwer: Papiergeld hielten Fritsch
und sein Anhang nicht für praktikabel, während eine Goldwäh-
rung ihnen als Mittel der Judenherrschaft galt.[155] Fritsch warf
Gesell vor, durch den beschleunigten Umlauf von »Schwinde-

145 »Hammer«, 1912, S. 401.
146 Arndt-Bötius, 1912, S. 62 ff.; Lieske, 1912, S. 499 ff.
147 Claaßen, 1911, S. 480 ff., 514 ff., 542 ff.
148 Fritsch, 1912, S. 29 ff.
149 Simons, November 1911, S. 580 ff.; Dezember 1911, S. 625 ff.
150 Saucken, 1911, S. 600 ff.; 1912, S. 89 ff.
151 Hammergruppe Halle, 1912, S. 173 ff., 363.
152 Gesell, 1912, S. 401 ff., 431 ff., 555 ff.; 1913, S. 167 f.
153 »Hammer«, Nr. 230, 1912, Nr. 232.
154 Anonymus, 1917, S. 14 ff.
155 Erst im Juni 1919 findet sich ein klares ökonomisches Plädoyer für Papiergeld
und gegen Gold (»Hammer«, Nr. 408, 1919, S. 231 ff.).

geld« würde der Güterverbrauch »außerordentlich gesteigert« und das Vorhaben der Liberalen und Sozialisten, den Menschen in einen »Konsumtions-Schlauch« zu verwandeln, seinen Gipfel erreichen, die Degeneration schnell voranschreiten.[156]

Der Bergwerksdirektor Otto Weißleder (1893–1950) wies unter dem Pseudonym Fridericus die Kritik zurück, warf Gesell aber »einen sehr großen Fehler« vor: »Er denkt in politischer Beziehung nicht völkisch, sondern international.« Das müsse scharf bekämpft werden, sollte aber niemanden hindern, »seine geradezu genialen Entdeckungen auf wirtschaftlichem Gebiete eingehend zu studieren. Wir würden dann finden, daß nur diese Entdeckungen uns die Möglichkeit gewähren, den Kapitalismus und damit das internationale Judentum erfolgreich zu bekämpfen.« Gesell habe ihm selber »einmal persönlich zugegeben«, daß seine Reformen diese Wirkung hätten, behauptete Weißleder.[157]

Nachdem Deutschland den Krieg verloren hatte, unter den ökonomischen Folgen litt und sich eine starke Inflation abzeichnete, spielten Geld und Zinsen eine wichtige Rolle in der Agitation der Völkischen. 1920 wurde die Diskussion über Gesells Lehre im »Hammer« ein letztes Mal wiederaufgenommen.[158] Der NS-Ideologe Feder bekam die Chance, Gesell anzugreifen: Freigeld würde dazu führen, daß dem Besitzlosen alles zerrinne, der Leihkapitalist aber ungeschoren bleibe. Es gebe aufgrund der Inflation bereits Schwundgeld genug. Der Zins sei das Problem, »die internationale Zinsverpflichtung ist die letzte Etappe auf dem Wege zur jüdischen Weltherrschaft«.[159] Für Feder war die »Zinsknechtschaft des schaffenden deutschen Volkes gegenüber dem überstaatlichen Finanzkapital« ein Synonym für die »Tatsache der Judenherrschaft«. Darum erhob er die »Brechung« dieser Zinsknechtschaft zum »Herzstück« des NSDAP-Programms.[160] Schuld seien nicht kleine Rentner oder Sparer, die Zinsen bekommen, sondern die Börsianer, das Finanzkapital, »Winkelbankiers« und »Geldjuden«, die »internationale Hochfinanz«.[161] Feder forderte, die Reichsbank und alle Notenbanken zu verstaatlichen. Mit »Staatskassengutscheinen«, die durch die neugeschaffenen Werte gedeckt seien, sollten öffentliche Aufgaben gefördert werden. Bau- und Wirtschaftsbanken sollten zinslose Kredite vergeben, die durch den Wert der neuen Häuser und ihre Mieteinnahmen beglichen

---

156 Fritsch, 1918, S. 135 ff.
157 Weißleder 1918, S. 490 f.; 1919, S. 188 f.
158 Lehmann, 1920, S. 101 ff., 197 ff.; Lehmann, 1921, S. 136 f.
159 Feder, 1920, S. 405 ff.
160 Feder, 1927, S. 113.
161 Feder, 1931, S. 169 ff.

würden.[162] Sowohl der Staatsinterventionismus als auch Feders Plädoyer für Schutzzölle und Einfuhrbeschränkungen sind mit Gesells Lehre unvereinbar.[163]

Von den Gesellianern druckte Fritsch keine Artikel mehr, sondern nur kurze Zuschriften von Lesern, die versicherten, mit Schwundgeld ließen sich die Juden vertreiben.[164] In den folgenden Jahren, besonders im Inflationsjahr 1923, erschienen nur noch Beiträge, in denen Feder gelobt und Gesell kritisiert wird.[165] Als Plattform stand die Zeitschrift der Freiwirtschaft nicht mehr zur Verfügung.

In den »Hammer«-Debatten zeichnete sich jene Front ab, die die Szene bis heute in Anhänger und Gegner der Freiwirtschaft spaltet. Eine Mehrheit der Völkischen und Nazis lehnten Freihandel, Schwundgeld und Freiland ab. Gemeinsam hatten sie mit den Freiwirten, daß sie Zins und Goldstandard verwarfen und für Papiergeld plädierten. Fritsch rechtfertigte möglichst viele Kapitalfraktionen und -funktionen. Selbst Spekulation und Zins akzeptierte er. Nur bei »krankhafter Ausartung durch den Mißbrauch des Kapitals« oder »wucherische Zwangsregeln« mahnte er »gewisse Schranken« an, die das Gedeihen des Kapitalismus fördern würden. Klar war für ihn bloß eines: »Die verderblichste Art des Kapitals befindet sich meist in jüdischen Händen.«[166] Sowohl Fritsch & Co. als auch Feder radikalisierten ihre antisemitische Haltung, als wäre es eine Ersatzhandlung: Denn die »Brechung der Zinsknechtschaft« ist ökonomisch unmöglich, weil sie die Funktion von Kredit und Zins für den Kapitalismus ignoriert, und mit Experimenten hätten Fritsch als Mittelstandsfunktionär und Feder als Chefideologe der »Kampfzeit« der NSDAP riskiert, ihre kleinbürgerliche Massenbasis zu verprellen, die ihre Ersparnisse nicht in Schwundgeld auflösen, sondern anlegen und dafür Zinsen kassieren wollte.[167] Selbst die harmloseren Vorschläge von Damaschke zur Besteuerung des Grundeigentums wurden daher im »Hammer« verrissen. Auch der von Gesell propagierte Freihandel war mit den Interessen des Mittelstands, der Schutzzölle verlangte, unvereinbar.

Gesell argumentierte in der »Hammer«-Debatte strikt ökonomisch. Wenn man berücksichtigt, daß er in seinen Schriften aus der gleichen Periode deutlich radikalisierte rassenhygieni-

162 Ebd., S. 172; Feder, 1932, S. 204.
163 Ebd., S. 203 ff.
164 »Hammer«, Nr. 434, Juli 1920, S. 272 f.; Nr. 438, September 1920, S. 350 ff.; Nr. 443, 1920, S. 455 ff.; Nr. 444, Dezember 1920, S. 478 f.
165 Lehmann, 1923a, S. 282 f.; 1923b, S. 343; H.F., 1923, S. 406 f.; Schulze, 1931, S. 113ff.
166 Fritsch, 1906, S. 475 ff.
167 Zumbini, 2003, S. 321 ff., 389f.; Böhnisch, 1999, S. 341 ff.

sche Ansichten offen formulierte, stellt sich die Frage, warum er in bezug auf die Juden bzw. den Antisemitismus taktische Rücksichten hätte nehmen sollen. Er hatte schließlich keine Scheu, mit den übelsten Antisemiten zu kooperieren, und wollte durchaus das völkische Spektrum gewinnen, hielt aber an seinem Freiland-Freigeld-Konzept fest und machte in der Debatte im »Hammer« kein Zugeständnis an den Antisemitismus der Leser. Weder in dieser Auseinandersetzung noch in seinen theoretischen Schriften vollzog Gesell den dritten Schritt im Modell des strukturellen Antisemitismus: Der verkürzten Kapitalismuskritik und der Personalisierung in Gestalt des Geldbesitzers folgt in seinen Schriften nicht dessen Identifikation als Jude. Im Gegenteil, mehrfach wies Gesell eine Personalisierung ausdrücklich zurück. Die Freiwirtschaftslehre ist damit zumindest als Theorie ein Beispiel für die These Michael Heinrichs, wonach nicht jede verkürzte Kapitalismuskritik antisemitisch sein muß, allerdings durchaus Anschlußpunkte dafür bietet.[168]

Auch Gesell lieferte solche Anknüpfungspunkte, indem er wie sein Vorbild Proudhon einen Gegensatz zwischen produzierendem und zinsheckendem Kapital behauptete. In Wahrheit ist dieses »schaffende« Kapital immer auch »Geldbesitzer« und sind umgekehrt die Banken auch Miteigentümer an Unternehmen; Finanz- und Industriekapital sind untrennbar miteinander verflochten. Zumindest ist die Freiwirtschaftslehre damit offen für eine antisemitische Auslegung, die denn, wie im nächsten Abschnitt gezeigt wird, auch von manchen Anhängern vorgenommen wurde. Etliche Freiwirte der Frühzeit waren nicht bloß strukturell, sondern ganz offen antijüdisch eingestellt. Es handelt sich aber nicht lediglich um ein historisches Problem, und insofern bleibt die Freiwirtschaft gefährlich und mit ihren Begriffen, die sich nach Auschwitz in der Tat als Chiffren verwenden und deuten lassen, höchst modern. Heute sprechen Rechte, Islamisten und Pseudolinke gern von der Herrschaft der Wallstreet oder der amerikanischen Ostküste – gerade im Zuge der sogenannten Euro-Krise sind solche Verschwörungstheorien populär.

Im Gegensatz zu Proudhon und Gesell hat Marx sich weiterentwickelt, weg von der primitiven und falschen Vorstellung »Geld regiert die Welt«. Sein Verständnis des Kapitals als gesellschaftliches Verhältnis, als Totalität von Produktion, Zirkulation und Konsumtion, die dem Selbstzweck dient, maximalen Profit zu akkumulieren, bietet nicht bloß Erklärungen für den modernen Antisemitismus, sondern auch den Schlüssel zu dessen Überwindung. Damit werden »die objektiven, gesellschaft-

168 Heinrich, 2004, S. 191.

lichen Grundlagen, die den Faschismus zeitigten« (Adorno),
verständlich und also angreifbar.

Die Wiederkehr des Verdrängten

1946 legte der Zitzmann-Verlag in vierter Auflage das Werk *Sozialismus in Freiheit* von Werner Zimmermann neu auf. Zimmermann war Anhänger der Rassenhygiene und der These von der
Degeneration. Die Mutterschaft erschien ihm als »der naturgewollte Beruf der Frau«.[169] 1926 hatte er den Schweizer Freiwirtschaftsbund (SFB) kritisiert, als der Gesells Freiland-Idee auf-
gab.[170] Zimmermann definierte Sozialismus als »Streben nach
Vollkommenheit der Art, des Volksganzen«, als »Arterhaltung«
und »Arterhöhung«. Dagegen herrsche in »modernen Kultur-
staaten« das »Schmarotzerwesen« in Gestalt des zinstragenden
Kapitals und führe zur »Entartung«. Darum plädierte er für
eine Geld- und Bodenreform im Sinne Gesells. »Der Kampf ums
Dasein muß bleiben. Er allein hält gesund, formt und stählt unsere Kräfte, damit wir fähig sind, unsere Weltenpflicht zu erfül-
len. Erst auf dem Boden der natürlichen, von jeder Ausbeutung
befreiten Wirtschaftsordnung wird allerdings der gerechte Da-
seinskampf, die wahre Auslese, die Hochzucht des Menschengeschlechts in Tat und Wahrheit einsetzen können.« Und als
Folge malte er aus: »Die Ausmerzung alles Verseuchten, De-
generierten einerseits, die wahre Hochzucht des Menschengeschlechts andererseits werden in voller Gerechtigkeit einsetzen.
Ein körperlich und seelisch gesundes, herrliches Geschlecht
wird erstehen.«[171]

Auch Karl Walker blieb der sozialdarwinistischen Sicht
treu. Hitler vermochte »die ewige biologische Wahrheit von
der Notwendigkeit und Unvermeidbarkeit des Lebenskampfes
zurechtzudeuten zu der Notwendigkeit und Unvermeidbarkeit
des Krieges«, schrieb er 1946. Dabei werde der »Lebenskampf
unter den Menschen längst schon in den gesitteten Formen
des Wettbewerbs in der Arbeit und in produktiven Leistungen
ausgetragen«. Krieg widerspreche »dem biologischen Sinn
des Kampfes und Wettbewerbs«, weil »natürliche Auslese
durch technischen Massenmord« nicht zu bewerkstelligen sei.
Ein Jahr erst war der Zweite Weltkrieg vorbei, und Walker fiel
nichts ein als das rassenhygienische Lamento, daß angesichts
moderner Waffen nicht mehr der körperlich Stärkste siegt und
sich fortpflanzt.[172] Ihn bewegte die »Vorstellung von der großen
Ordnung des Daseins«, vom Geist als Urkraft, der die Materie

169 Zimmermann, 1933b, S. 5.
170 Schweiz: Erster Bundestag des PKB, »Freiwirtschaft«, Heft 2, 1926, S. 33.
171 Zimmermann, 1946, S. 10, 12 ff., 16, 20, 22, 65.
172 Walker, 1946b, S. 155.

dirigiere und die »Grundprinzipien einer Ordnung« vorgebe. Der Mensch sei Teil einer »kosmischen Ordnung«, die er begreifen könne, und Gesells Lehre befinde sich »in der rechten Bahn« dieser Ordnung. Der Mensch sei richtig, wie er ist, denn: »Die Natur irrt nicht.« Sie wolle »Eigennutz, Lebenskampf, Wettbewerb«.[173] Angesichts des erneuten Scheiterns der Freiwirte im Wirtschaftswunderland suchte Walker Trost in einer elitären Interpretation, die er religiös-mystisch als kosmische Ordnung fundierte. Er rügte die »Fragwürdigkeit der Massenentscheidungen«, darum bräuchten die Gesellianer »den Mut, auf Mehrheiten zu verzichten«, denn »die Führungskräfte der Eliten sind auf allen Gebieten immer Minderheiten gewesen«. Das sei ein »natürlicher Sachverhalt«, notierte er für eine Arbeitstagung, mit der die zerfallende Bewegung 1956 wieder vereint werden sollte.[174] Er schrieb über den menschlichen »Trieb zur Höhe«, über Mutationen, die überwiegend deformierend wären, weshalb Auslese notwendig sei. Die Natur sorge dafür, daß »das Untaugliche wieder ausgemerzt« werde.[175]

In der Schweizer Zeitschrift »Evolution« verbreitete sich 1961 ein Autor über einen angeblichen Begabungsschwund unter Weißen und zitierte Klassiker der Eugenik wie Galton. Interessant sei die Tatsache, »daß die ärztliche Kunst andauernd zur Mehrung minderwertiger Anlagen beitrage«, darum könnten sich die »Erbuntüchtigen« weiter fortpflanzen. Der Autor rezensierte ein Werk aus dem faschistischen Verlag Hohe Warte zustimmend, in dem die »Verhütung erbkranken Nachwuchses durch Unfruchtbarmachung« gefordert wird, weil es nicht sein dürfe, daß ein »minder begabter Familienvater« so viele Kinder zeuge und daß er dank der Prämien nicht mehr arbeiten müsse. Solche kritischen Ideen seien entscheidend für »das weitere Gedeihen der Menschheit, insbesondere der abendländischen Menschheit«.[176] Die Schriftleitung unter dem Gesell-Biographen Werner Schmid merkte dazu an, »Eugenik als gelebte Überzeugung des Einzelnen und Eugenik als Staatssache« seien zu unterscheiden. Als sozialmedizinischer Rat wäre Eugenik gut, nicht aber als politische Aufgabe.[177]

Heute werden die Vorstellungen Gesells gern als Vorschlag einer Art Kindergeld verharmlost. So schreibt Kennedy (1989), der Meister habe »nicht nur ein ausreichendes, durch keine Regierung und kein Parlament antastbares Kindergeld« verlangt, sondern die Mütter oder Frauen müßten selbst den Boden verwalten. Kennedy bezieht sich auf die Utopie einer staatenlosen

173 Walker, 1948, S. 223 ff.
174 Walker, 1956, S. 247 ff.
175 Walker, 1958, S. 6, 11 f.
176 Kaufmann, 1961, S. 76 ff.
177 Schriftleitung, »Evolution«, Heft 31, 1961, S. 77.

Gesellschaft, in der Frauen »ohne Männer in Wohngemeinschaften zusammenleben«.[178] Regina Schwarz vom Kölner Netzwerk gegen Konzernherrschaft, einer Mitgliedsorganisation von Attac, und Mitbegründerin des Kölner Sozialforums, behauptet im Infobrief des Netzwerks (2003), Gesell habe ein »Entgelt für Erziehungsleistungen« vorgeschlagen, um die Frauen aus der ökonomischen Abhängigkeit von den Männern zu befreien.[179]

Werner Onken (2003) berichtet in dem Infobrief über Gesells Bodenreform-Pläne und schreibt, die »freie Liebe« würde endlich verwirklicht, weil alle Mütter nach der Zahl ihrer Kinder ein Entgelt aus den Pachterträgen bekämen. »Die vom Kapitalismus körperlich, seelisch und geistig krankgemachte Menschheit (wird) in einer (...) freien, natürlichen Wirtschaftsordnung allmählich wieder gesund werden und zu einer neuen Kulturblüte aufsteigen können«, umschreibt Onken die Ziele Gesells, ohne vorbelastete Begriffe zu verwenden.[180]

Professor Johannes Heinrichs (1997) findet, das Wort »Zuchtwahl« klinge nach dem »Mißbrauch« durch die Nazis »heute etwas anstößig«. Gesell habe eine »bio-soziale Auslese« gewollt, und der »Eigennutz« sei kein Widerspruch zum »Gemeinnutz«. Im Gegenteil, Eigennutz und Wettbewerb stärkten die »höheren arterhaltenden Triebe«, zitiert Heinrichs Gesell, wobei er bemängelt, der Begründer der Freiwirtschaft habe unter dem Einfluß des Darwinismus zu einseitig das »biologisch Vererbbare« zum Maßstab gemacht. Allerdings wäre das nicht wesentlich für Gesells Lehre und dieser keineswegs Sozialdarwinist gewesen.[181]

Heinrichs (Jahrgang 1942) war früher Jesuit und Professor an der Jesuitenhochschule St. Georgen bei Frankfurt/Main, trat dann aus Kirche und Orden aus und hatte von 1998 bis 2002 als Nachfolger von Rudolf Bahro den Lehrstuhl für Sozialökologie an der Berliner Humboldt-Universität, eine Stiftungsprofessur der Schweisfurth-Stiftung, inne. 2006 war er der Spitzenkandidat der Humanwirtschaftspartei bei den Wahlen zum Berliner Abgeordnetenhaus. Er glaube daran, »daß ›Meister‹, höher entwickelte menschliche Intelligenzen (im Sinne der Theosophie), uns helfen werden, die Welt in ein ›Reich Gottes‹ zu verwandeln«, schrieb Heinrichs 1999 im Fragebogen der »Jungen Freiheit«.[182] Zwar ist Heinrichs in erster Linie Freiwirt und feiert Gesell als »genialen Praktiker. Er kritisiert jedoch die Tatsache, daß Gesell die Marxsche Wertlehre ablehnte, als Fehler und Erblast der Freiwirtschaft. Fälschlich interpretiert Heinrichs

178 Kennedy, 1989c, S. 22 f.
179 Schwarz, 2002, S. 41 ff.
180 Onken, 2003, S. 26.
181 Heinrichs, 1997, S. 36, 40 ff.
182 Heinrichs, Fragebogen, »Junge Freiheit«, Nr. 40, 1.10.1999.

den dritten Band des *Kapital* als Vorwegnahme der Gesellschen Lehre, dabei formulierte Marx darin gerade den Unterschied zu deren fetischistischen Vorstellungen von Geld und Zins. Das Ergebnis dieser vorgeblichen Synthese von Marx und Gesell ist bei Heinrichs eine »Marktwirtschaft« ohne Zins und mit »Gerechtigkeitsmaßstäben«, eine Sozialethik, die auf eine gewisse Regulierung des Kapitalismus hinausläuft.[183]

Er bezieht sich auf den österreichischen Jesuiten Johannes Kleinhappl, der seine Lehrerlaubnis in Innsbruck verlor, weil er die kirchlichen Sozial-Enzykliken ablehnte. Kleinhappls Schriften wurden von Ernst van Loen alias Erich Bockhoff herausgegeben, dessen NS-Vergangenheit von Heinrichs verharmlost wird.[184] Nicht zufällig betont Heinrichs, daß Marx zuallererst ein deutscher Philosoph gewesen sei, denn er ist von Deutschlands geistiger Sendung in der Welt überzeugt.[185] Sowohl in seinem Hauptwerk *Sprung aus dem Teufelskreis* (1997) als auch in *Gastfreundschaft der Kulturen* (1994) kritisiert er das Konzept des Multikulturalismus von rechts. Das »Multi-Kulti-Gerede« führe zu einer »Selbstaufgabe der deutschen Kultur«.[186] Heinrichs verlangt ein klares Bekenntnis zur Nation und zur nationalen Identität. Diese nationale Identität sei ein emotionales Grundbedürfnis, etwas Natürliches, das aus der Kultivierung des Bodens, der Gestaltung der Natur sowie den Sitten des Wohnens, der Kleidung und des Essens entspringe.[187] Aus Selbsthaß und Masochismus werde diese nationale Identität in Deutschland und vor allem von Intellektuellen verleugnet.[188]

Einem ungebrochenen Bezug auf die Nation und ihre Geschichte sollten in Deutschland eigentlich die singulären Verbrechen der Nationalsozialisten im Weg stehen. Andernfalls müssen sie kleingeredet und/oder ein Schlußstrich gefordert werden. Genau das tut Heinrichs. Der Holocaust könne »kein Grund sein, ein Volk auf Generationen hin in Schuldkomplexen zu behaften«. Das »Einimpfen von Schuldgefühlen« ist für Heinrichs »fortgesetzter Rassismus«. Seien nicht die »Niederlagen« der Deutschen im Ersten und Zweiten Weltkrieg selbst schon »gewaltige Reinigungsprozesse« gewesen, »Abbau von Karma in asiatischer Sprache«?, fragt er rhetorisch. Und zum deutschen Massenmorden selbst meint er, »über dessen rassistische Hintergründe auf Seiten von Tätern *und* Opfern« (Hervorhebung im Original, P. B.) wäre kaum je »eine sachliche

183 Heinrichs, 1997, S. 136, 143, 168 f., 191, 194, 196 f.
184 Ebd., 131 f., 135 f., 157.
185 Ebd., S. 142.
186 Ebd., S. 269.
187 Ebd., S. 262 ff.; Heinrichs 1994, S. 11, 49.
188 Heinrichs, 1997, S. 263, 269; Heinrichs, 1994, S. 16.

Analyse« geliefert worden.[189] Eigentlich seien die Deutschen mißbraucht worden; schuld seien die Offenbarungsreligionen, vor allem das Christentum mit seinem exklusiven Anspruch. Heinrichs zitiert dazu zustimmend die Nazistin Sigrid Hunke, die behauptet, der Katholizismus sei eine Vergewaltigung der Deutschen und ihrer arteigenen germanischen Religion gewesen und habe zu einer »Überfremdung« geführt, so daß die Deutschen von ihrer eigentlichen Weltmission abgelenkt wurden. Der ehemalige Jesuit Heinrichs greift damit die völkische Tradition des Antikatholizismus wieder auf.[190]

Die Referenzpersonen für Deutschlands Sendung sind für Heinrichs Goethe sowie die völkischen Antisemiten Johann Gottlieb Fichte und Richard Wagner.[191] Heinrichs wendet sich gegen »Kulturvermischung« und »kulturlosen Mischmasch« und plädiert für eine klare Trennung zwischen »gastgebenden«, »primären« Kulturen und »sekundären Gastkulturen«. Wer in Deutschland einwandert, habe sich entweder der Primärkultur anzupassen, oder er bleibe ein Gast, der nicht dauerhaft bleiben soll und keine gleichen Rechte genießt.[192] Im Unterschied zur Neuen Rechten geht Heinrichs nicht davon aus, daß ein Mensch unveränderbar einer Kultur angehört, sondern Einwanderer durch »kulturelle Identifizierung« zu »Kulturdeutschen« werden können.[193] Er nimmt damit die Leitkultur-Debatte und den Sprachtest vorweg, den er ausdrücklich als Instrument empfiehlt, um das »Deutschsein« festzustellen.[194]

Ganz offen vertritt Klaus Schmitt (1989) die freiwirtschaftliche Rassenhygiene: »Immerhin ist dieser Gedanke einer für die Gesunderhaltung des Erbguts und für die Evolution der menschlichen Art vorteilhaften und von den betroffenen Individuen selbstbestimmten Eugenik eine diskutable Alternative zu den auf uns zukommenden, von Staat und Kapital fremdbestimmten Genmanipulationen.«[195] Schließlich ginge es ja nicht um die »›Aufnordung‹ einer bestimmten Rasse«, sondern »um die Fortentwicklung der gesamten Gattung Mensch«.[196] Leider, so Schmitt, seien die »ausdrücklich staatsfreien und naturverbundenen Eugenik- und Wahlzuchtvorstellungen (...) heute in linken Kreisen äußerst verpönt«. Die Kritik der Linken schiebt er einer »lust- und lebensfeindlichen, aus christlich-masochi-

189 Ebd., S. 51.
190 Ebd., S. 52 f., S. 84.
191 Heinrichs, 1997, S. 267; Heinrichs, 1994, S. 82, 91.
192 Heinrichs, 1997, S. 265, 269 ff., 272 f.; Heinrichs, 1994, S.12, 94, 100 f.
193 Heinrichs, 1997, S. 270.
194 Heinrichs, 1994, S. 88.
195 Schmitt, Bartsch, 1989, S. 129;
196 Ebd., S. 131.

stischer Moral gespeisten Ideologie« zu. Dabei sollten wir zur Kenntnis nehmen, daß »durch den Schutzraum der Kultur der Ausleseprozeß ausgeschaltet (ist), die weiterwirkenden Mutationen führen jedoch zur überwiegend negativen Veränderung der menschlichen Natur: zu Domestikationserscheinungen«. Genau so formulierte 1943 der Nazibiologe und zertifizierte Redner des Rassenpolitischen Amtes der NSDAP, Konrad Lorenz, bei dem sich Schmitt in seinem Buch ausdrücklich bedankt.[197]

Ein wichtiger Autor für die Gesellianer in den 1970er und 1980er Jahren ist der Japaner Yoshito Otani, der sich in Deutschland aufhält. In seinem Hauptwerk *Untergang eines Mythos* (1978/81), das im Arrow-Verlag von Gesima Vogel erscheint, skizziert er die neuzeitliche Geschichte als große Verschwörung: Mächtige Finanzkreise und Logen aus den USA und Großbritannien sowie jüdische Bankiers würden die Welt regieren, sie hätten den Bolschewismus installiert und die Nazis an die Macht gebracht, um »die Völker« zu schwächen und selbst zu herrschen. Dazu stützt sich Otani auf die *Protokolle der Weisen von Zion*, die er nach Henry Fords Machwerk *Der internationale Jude* zitiert.[198] Otani betont zwar, daß er nicht glaube, daß eine bestimmte »Rasse« solche Pläne verfolge, bestreitet aber, daß es sich um eine Fälschung handelt, aufgrund der »Tatsache«, daß »ihr Inhalt exakt die negativen Möglichkeiten des kapitalistischen Systems aufzeigt, wie es nach dem Erscheinen der *Protokolle* schrittweise verwirklicht wurde«.[199] Seiner Ansicht nach beinhaltet die jüdische Religion einen Herrschaftsanspruch, der in Verbindung mit dem christlichen *Neuen Testament* auf die Weltmacht ziele. Der Zins sei so alt wie das *Alte Testament* und entspreche Hirtenvölkern, während bei Bauern der Wohlstand eine Sache des Fleißes sei.[200] Im Stile der nazistischen Deutschen Christen fordert Otani, die Christen sollten alle jüdischen Elemente aus ihrem Glauben entfernen. Er findet es »völlig unverständlich«, daß die Europäer einem jüdischen Gott folgen.[201] Er behauptet zudem, die Deutschen seien in beide Weltkriege hineingelockt worden. Am Zweiten Weltkrieg sei die US-Regierung schuld gewesen, die kein Mitleid mit den Deutschen und Japanern gehabt habe und sie als Konkurrenten habe vernichten wollen.[202] Otani relativiert die Shoah, indem er sie mit der Bombardierung Dresdens und der Umsiedlung von Deutschen aus

197 Ebd., S. 241 f., Anmerkung 117.

198 Otani, *Mythos*, 1981, S. 135 ff.; Otani, »Ausweg«, 1981, Heft 1, S. 74 ff., Heft 2, S. 23–53.

199 Otani, *Mythos*, 1981, S. 135. Im Vorwort zu dieser zweiten Auflage vertritt Geza Schickler die gleiche Position (S. IV).

200 Otani, 1980, S. 72, S. 77 f.

201 Ebd., S. 80 f., 84.

202 Otani, »Ausweg«, 1981, Heft 2, S. 98 f.

Osteuropa gleichsetzt; er stellt den Holocaust auch grundsätzlich in Frage, wenn er suggeriert, die Geschichte sei gefälscht worden.[203]

Im Kreisverband der Grünen Harburg-Land werden 1983 Mitglieder mit Texten von Otani geschult. Empfohlen werden Otanis Werke in der Zeitschrift »Der Dritte Weg«, in Publikationen der Initiative für Natürliche Wirtschaftsordnung (INWO) sowie der Christen für gerechte Wirtschaftsordnung (CGW).[204] Selbst im Spektrum der Tauschringe wird Otani empfohlen.[205] Der Freiwirt und BUND-Funktionär Reiner Bischoff bezieht sich 1996 ebenso auf Otani wie Bartsch in seiner NWO-Geschichte (1994), in der er lobt, der Japaner bringe eine nicht-europäische Perspektive in die Freiwirtschaft.[206] Daß Antifaschisten Otanis Bezug auf die *Protokolle* bereits nach Erscheinen der ersten Auflage seines Hauptwerks 1978 kritisierten, ignoriert Bartsch, der selber dem anthroposophisch-freiwirtschaftlichen Spektrum nahesteht.

Gesellianer sind aufklärungsresistent. 1999 kritisiert der Freiwirt Hans Joachim Werner in einem Gutachten über die FSU Otani, aber Creutz gibt ihn noch 2003 in der fünften Auflage seines Hauptwerks ohne weiteres als Literatur an.[207] Margrit Kennedy bedankt sich sogar bei Otani und seiner Verlegerin Vogel im Vorspann zu ihrem Buch *Geld ohne Zinsen und Inflation* (1988/91) »für ihre Gesamtschau und Hilfe in praktischen Detailfragen«.[208] Erst 2005, nach kritischen Kommentaren von Antifaschisten, distanziert Kennedy sich von Otani.

203 Otani, 1980, S. 163, S. 167.
204 Antifa Gruppe Harburg-Land, Freisoziales Schriftgut, Preisliste März 1986, S. 3; »Der Dritte Weg«, März 1987, S. 24; CGW-Faltblatt, Mai 1993; Literaturliste der INWO, www.inwo.ch/lit-liste.htm (28.5.1999).
205 Wünstel, 1992; »dölnfo II«, Dezember 1996, S. 32 f.; »dölnfo 97«, Dezember 1997, S. 17 f.
206 Bischoff, Juli/August 1996, S. 32; Bartsch, 1994, S. 278 ff.
207 Creutz, 2003, S. 610.
208 Kennedy, 1991, S. 8.

5

Von Proudhon zu Ludwig Erhard

Geschichte der Freiwirtschaft

Die Geschichte begann in Buenos Aires, wohin Silvio Gesell nach einer kaufmännischen Lehre und dem Militärdienst im Sommer 1887 ausgewandert war. Seine Brüder und er bauten ein Import- und Exportgeschäft auf. Anfangs handelte er mit zahnärztlichem Bedarf und brachte es mit einer Kartonagenfabrik zu einigem Wohlstand. Mitten in einer Wirtschaftskrise publizierte Gesell 1891 eine erste Schrift, der weitere in deutscher und spanischer Sprache folgten. Diese frühen Texte enthalten schon den Kern seiner ökonomischen Theorie. Ein publizistischer Erfolg war Gesell in Argentinien nicht beschieden; er gründete keine politische Bewegung, sondern blieb ein Einzelgänger.[1] Um 1900 übergab er das Geschäft seinem Bruder Ernst und kehrte nach Europa zurück. Er lebte kurze Zeit mit seinem Bruder Roman in Weimar, bevor er in die Schweiz zog, wo er sich ein Bauerngut im Kanton Neuchatel kaufte.[2] Gesell trat dem Bund Deutscher Bodenreformer (BDB) bei, den er aber bald wieder verließ, weil ihm dessen Positionen nicht weit genug gingen. In der Schweiz gab Gesell 1902 eine erste freiwirtschaftliche Zeitschrift heraus. Er gewann nur drei Abonnenten und stellte die Zeitung nach drei Jahren wieder ein.[3]

Gesell wollte Arbeiter von der Sozialdemokratie weglocken, erreichte aber Lebensreformer, in München damals spöttisch »Kohlrabi-Apostel« genannt. Etliche Bodenreformer, denen Damaschke zu zahm war, liefen zu ihm über. In der Schweiz schlossen sich Lehrer wie Fritz Schwarz an, die der Reformpädagogik anhingen und in der Sozialistischen Partei organisiert waren, bis diese 1922 einen Unvereinbarkeitsbeschluß faßte.[4] Dort lernte Gesell auch den Arzt, Physiker und Mediziner Theophil Christen (1873–1920) kennen, der als Kapazität für medizinische Strahlenforschung galt. 1909 bekam er in Bern eine Lehrerlaubnis für physikalische Therapie. 1915 ging Christen nach München und leitete ein privates Institut.[5]

---

1 Werner, 1989, S. 8 f.; Schmid, 1954, S. 32, 52, 55.

2 Silvio Gesell, Adreßbuch Weimar, 1900, S. 26: Roman Gesell ist als Kaufmann vermerkt, der mit chirurgischen Instrumenten handelt. Im Adreßbuch von 1906 (S. 29) ist er als Inhaber eines Exportgeschäfts aufgeführt. Laut Onken ist Gesell 1898 nach Deutschland zurückgekehrt (GW 2, S. 9), dagegen nennen Uhlemayr, Schmid und Wolf das Jahr 1900 (Uhlemayr, 1931, S. 71; Schmid, 1954, S. 57; Wolf, 1983, S. 19).

3 Onken, in: Gesell, GW 4, S. 6; Werner, 1990, S. 26.

4 Werner, 1989, S. 26 ff.; Schmid, 1954, S. 128.

5 Staatsarchiv München, S-Film 304 (Staatsanwaltschaft 2017) StaW München I, Fasz. 147, Nr. 2017,1 (StAM, S-Film 304): Erklärung von Theophil Christen, 4.5.1919; Vorführungsnote Christen.

Christen war nicht bloß Naturwissenschaftler, sondern auch Lebensreformer, Vegetarier, Anhänger der Kunstsprache Esperanto, militanter Gegner von Alkohol und Tabak, Antisemit und Verfechter einer rigiden Sexualmoral im Dienste der Rassenhygiene.[6] Er plädierte für die Sterilisierung von »Minderwertigen« als »segensreiche Maßregel« und verteidigte die Segregationspolitik gegen Schwarze in den USA. Die »Kulturvölker« wiesen »Zeichen der körperlichen Entartung« auf, natürliche Instinkte würden durch die Kultur verdrängt, meinte Christen. Er führte als Symptome Krebs, Zahnfäule und Kurzsichtigkeit auf, Frauen, die ihre Babys nicht stillen können, und Männer, die jenseits von »Brunstzeiten« sexuell aktiv seien.[7] Schuld an dieser Degeneration seien schlechte Erbanlagen, Alkohol und Tabak sowie der Konsum von Fleisch und zu vielen Eiern.[8] Der Mediziner empfahl, den Körper ständig zu ertüchtigen und zu stählen und kein Stubenhocker zu werden, denn das schädige die Lunge. Bei der Gattenwahl solle man auf einen »gesunden Körper, einen tüchtigen Verstand und einen guten Charakter mit unverfälschten Instinkten« achten, denn solche Eigenschaften gingen auf die Nachfahren über. Aus der Tierzucht könne man ersehen, wie sich die Rasse durch »Zuchtwahl« veredeln ließe.[9]

Christen agitierte gegen »Rassenmischung« von Schwarzen und Weißen, weil diese ein »schlechtes Zuchtresultat« hervorbringe.[10] Insbesondere lehnte der Freiwirt »arisch-jüdische« Verbindungen ab. Er unterstellte, es gebe besonders viele uneheliche Kinder, die reiche jüdische Männer mit »arischen« Frauen gezeugt haben. Selbst weitere Kinder solcher Frauen von »arischen« Ehemännern würden noch eine »Rassenverwandtschaft« mit dem Juden aufweisen, behauptete der Mediziner und verwies auf die Hundezucht: »So kann der erste, uneheliche Vater dem späteren ehelichen Vater die Rasse verderben. Das Verlangen des Mannes nach einer unberührten Frau entspricht daher einem durchaus zweckmäßigen, natürlichen Instinkt.«[11] Dieser Unfug vereinte eine ganze Reihe antisemitischer Stereotypen: den reichen sexbesessenen Juden, der blonde Ariermädchen verführt, schwängert und obendrein »rassisch« gleichsam imprägniert.

Im Juli 1915 gehörte Christen zu den Gründern des Schweizer Freigeld-Freiland-Bundes (SFFB), der sich von einer dem BDB nahestehenden Bodenreformer-Gruppe abgespalten hatte. In München warb er als zweiter Vorsitzender der BDB-Ortsgruppe

6 Christen, 1921a.
7 Christen, 1926, S. 28 f., 44, 67, 72 f., 77, 81.
8 Ebd., S. 45.
9 Ebd., S. 26 f.
10 Ebd., S. 43.
11 Ebd., S. 70.

für Gesells Lehre und warf Damaschke vor, die Bedeutung des Zinses zu übersehen.[12] Neben Christen wurden die drei Abonnenten von Gesells Zeitschrift zu den ersten Aktivisten der Bewegung. Der kränkliche und verarmte Schweizer Pfarrerssohn Ernst Frankfurth folgte Gesell während seines zweiten Argentinien-Aufenthalts 1906 nach Südamerika. Frankfurth arbeitete für Gesells Firma, bevor er sich als Unternehmer in Montevideo selbständig machte, wo er 1916 starb. Zusammen schrieben sie 1909 eine Broschüre, die der Lehre den Durchbruch bescheren sollte, aber ein weiterer Reinfall wurde.[13] Das Werk enthält eine der spärlichen Stellungnahmen Gesells gegen Antisemitismus.

· Ihre Broschüre erschien im Physiokratischen Verlag, den Georg Blumenthal in Berlin führte. Der Tischler war der große Organisator in der Frühphase der Bewegung. Seine politische Karriere hatte er als Anhänger des BDB begonnen, bevor er 1909 den Verein für physiokratische Politik gründete, aus dem vier Jahre später die Physiokratische Vereinigung (PV) hervorging. Im Physiokratischen Verlag (1910) erschien ab 1912 auch »Der Physiokrat« als zweite freiwirtschaftliche Zeitung, die 1916 von den Behörden kriegsbedingt gestoppt wurde.[14] Blumenthal blieb bis an sein Lebensende 1929 ein treuer Paladin Gesells, trotz dessen Affäre mit seiner Frau Jenny, der ein Sohn entsprang, und trotz eines inhaltlichen Zerwürfnisses am Ende des Ersten Weltkriegs.

Bluemthal stützte sich bei seinen Ansichten und Aktivitäten auf Nietzsche und Stirner.[15] Stirner, mit bürgerlichem Namen Johann Caspar Schmidt (1806–1856), gilt als Begründer des Individualanarchismus.[16] In seinem Hauptwerk *Der Einzige und sein Eigentum* (1844) hatte er die Maxime ausgegeben: »Was Du zu sein die Macht hast, dazu hast Du das Recht.« Stirner argumentierte noch nicht biologistisch, aber seine Parolen sind anschlußfähig.[17] Blumenthal verabscheute gleichermaßen Christentum, Buddhismus und Sozialismus, weil sie den Menschen als soziales Wesen begreifen würden.[18] Er wies Kropotkins Kritik am Sozialdarwinismus und dessen These von der gegenseitigen Hilfe als zentralem Faktor der Evolution zurück.[19] Seitenweise schrieb er über den Menschen, der »ein Krieger« sein müsse, feierte die Siegertypen, »hart und kalt wie Stein«, die

12 Christen, 1921b; Werner, 1989, S. 26; Schmid, 1954, S. 123.
13 Gesell, Frankfurth, GW 5, S. 83 ff.; Gesell, GW 18, S. 64, 67; Onken, in: Gesell, GW 5, S. 10; GW 18, S. 7, Schmid, 1954, S. 90 f., 97, 132.
14 Bartsch, 1994, S. 22 f.; Werner, 1989, S. 53; Onken, in: Gesell, GW 6, S. 7; GW 7, S. 10 f.; Schmid, 1954, S. 86 f.; Bader, 1929.
15 Blumenthal, 1923, S. 7.
16 Nettlau, Band 5, S. 209 ff.
17 Nettlau, Band 2, S. 21; Band 3, S. 118 f., 122, 129, 170; Stowasser, 1995, S. 186 ff.
18 Blumenthal, 1923, S. 5.
19 Ebd., S. 23.

»Bestialität« und »Raubtiernatur« des Menschen, das »Gesetz der Natur«, das »rücksichtslose Brutalität, gesteigert bis zu raffinierter, wollüstiger Grausamkeit« bedeute, während die bestehende Ordnung »unnatürlich« sei, weil sie die »Auslese« verfälsche, so daß »Minderwertige« herrschten und dank Zins und Grundrente die »Vorzüglicheren« um den Ertrag ihrer Arbeit brächten. Immer und überall tobt laut Blumenthal »der ewige Kampf zum Zweck der Auslese und der Höherentwicklung«, sonst drohe Stillstand und Untergang, »in erster Linie der heutigen Kulturvölker«. Gemeint waren im Sprachgebrauch der Zeit die angeblich zivilisierten »weißen Rassen«.[20] Gesell wird Blumenthal in seiner Grabrede als echten Revolutionär, Egoisten und Individualisten feiern.[21]

Über Benedict Friedländer (1866–1908) machte Blumenthal die Bekanntschaft von John Henry Mackay (1864–1933) und Gustav Landauer (1870–1919). Ihr Haß auf Marx und den Marxismus trieb diese Sorte Anarchisten weit nach rechts. Der deutschschottische Dichter Mackay lehnte auch den anarchistischen Kommunismus ab und bezog sich auf Stirner. Friedländer, jüdischer Herkunft, orientierte sich an Hertzka und Dühring. Landauer ging bald auf Distanz. Aus einer Art Mitleid, wegen der Attacken von Friedrich Engels, sei er zunächst öffentlich für Dühring eingetreten, schrieb er später.[22]

L andauer ist als Märtyrer der Revolution in Erinnerung geblieben, weil er 1919 in München von der Soldateska brutal ermordet wurde.[23] Seine Ansichten sind dagegen in Vergessenheit geraten. Er kritisierte SPD und Gewerkschaften, weil sie Bürokraten seien und ihre Anhänger gängelten. Prophetisch war seine Warnung, mit einer so gedrillten, unselbständigen Arbeiterklasse ließe sich kein Krieg aufhalten – geschweige denn der Faschismus, könnte man ergänzen. Landauer verwarf den Marxismus als dogmatische Weltanschauung, die Anpassung rechtfertige: Wozu riskante Massenaktionen, Protest, Widerstand, Generalstreik oder gar Aufstand, wenn der Zusammenbruch des Kapitalismus ein historisches Gesetz, also unvermeidlich sei und das sozialistische Paradies dem Proletariat als reife Frucht der Entwicklung der Produktivkräfte in den Schoß fallen werde? Daß Marx nicht mit dem Marxismus zu verwechseln ist und trotz mancher Fehler und Vorurteile eine Analyse des Kapitalismus vorgelegt hat, die anarchistischen Ansätzen weit überlegen ist, übersah Landauer. Er wollte eine Bodenreform und Freigeld,

20 Ebd., S. 7 ff., 13, 15, 25.
21 Schmid, 1954, S. 350 ff.
22 Nettlau, Band 5, S. 191, 196 ff., 227.
23 Viesel, 1980, S. 255 ff.

eine Tauschbank und ländliche Genossenschaften.[24] Das Heil lag für den Lebensreformer, Abstinenzler und Mystiker auf dem Acker. Mehrwert entstehe in der Zirkulation, außerhalb des Produktionsprozesses, weil die Preise höher lägen als die Löhne, meinte Landauer. In seiner »gerechten Tauschwirtschaft« sollte die Gesamtsumme aller Löhne der Gesamtsumme aller Preise der Konsumgüter entsprechen.[25] Klassenkampf und Lohnkampf lehnte er ab. »Das Zauberwort (...) heißt nicht Streik – sondern Arbeit.«[26] Eine Revolution bringe nur Chaos, statt dessen propagierte er eine »Wiedergeburt der Völker aus dem Geist der Gemeinde«, einen »Bund der selbständig wirtschaftenden und untereinander tauschenden Gemeinden«.[27]

Auch Landauer glaubte, eine Degeneration der Völker zu erleben. Kapitalismus bedeute Elend, Unterernährung, Alkoholismus und Verrohung und führe dazu, daß »große Volksteile, daß ganze Völker zum Untergang verdammt sind: andere gesunde Völker werden Herr über sie, und es tritt eine Völkervermischung, manchmal sogar eine teilweise Ausrottung ein. Wenn nämlich noch andere, gesunde Völker da sind.«[28] Schuld daran trügen vor allem die Frauen, behauptete Landauer. Sie verfielen »in den Wirbel der oberflächlichsten Sinnlichkeit, der farbig-dekorativen Genußgier«. Eine »kinderlose Geschlechtlichkeit« verbreite sich statt einer »natürlich-unbesonnene(n) Volksvermehrung in allen Schichten der Gesellschaft«. Unter Proletariern wie Bürgern meinte er zu beobachten, wie »die Zigeunerei gerade die besseren Elemente ergreift«, eine allgemeine Neurasthenie und Hysterie.[29] Mit Emanzipation und befreiter Sexualität hatte Landauer so wenig am Hut wie Gesell und Proudhon. »Schon ertönen Stimmen von entarteten, entfesselten, entwurzelten Weiblein und ihrem Männertroß, die Promiscuität verkünden, an die Stelle der Familie das Vergnügen der Abwechslung, an die Stelle der freiwilligen Bindung die Schrankenlosigkeit, an die Stelle der Vaterschaft die staatliche Mutterschaftsversicherung setzen wollen«, schrieb er in seinem *Aufruf zum Sozialismus*, einem Werk, das 1919 als »vermehrte und verbesserte Revolutionsausgabe« erschien.[30] Landauer zählte zu den frühen Anhängern Gesells.[31] Er übte aber keinen Einfluß auf die Freiwirtschaft aus, im Unterschied zu Stirner, dessen Lehre Blumenthal, Engert und eine ganze Fraktion der Freiwirte der Weimarer Republik prägte.

24 Nettlau, Band 5, S. 238–246, 249, 555; Mühsam, 1980, S. 303.
25 Landauer, 1919, S. 116–128.
26 Ebd., S. 146.
27 Ebd., S. 130, 145, 147 ff.
28 Ebd., S. 112f.
29 Ebd., S. 117.
30 Ebd., S. 118.
31 Onken, in: Gesell, GW 7, S. 11, GW 8, S. 9, GW 18, S. 9; Gesell, GW 18, S. 86; Nettlau, Band 5, S. 263.

Neben Christen und Frankfurth war Gustav Simons der dritte Abonnent von Gesells erstem Blättchen; er wurde ein enger Mitstreiter.[32] Simons war ein einflußreicher Ernährungsreformer, Gründungsmitglied der Obstbaugenossenschaft Eden. Er entwickelte ein Vollkornbrot, das nach ihm benannt wurde. Er glaubte, der Genuß bestimmter Lebensmittel sei rassenspezifisch. Blonde Haare resultierten aus einer Vorliebe für Haferspeisen.[33] Ein Lebensreformer konsumiere weder Zucker noch Weißbrot, keinen Kaffee, Kakao oder »asiatischen Tee« und keine scharfen ausländischen Gewürze. »Pfeffer, Nelken, Paprika sind reine Gifte«, meinte Simons. Er empfahl »die deutschen Gewürzkräuter, Zwiebel, Petersilie, Dill, Thymian, Majoran, Senf, Meerrettich, Sellerie«.[34] Simons propagierte Lebensreform als Selbstreform. Ein Selbstreformer halte »in seinem Geschlechtsleben auf Sauberkeit«, übe sich in »Selbstzucht zur Unterordnung seines Trieblebens unter die geistige Führung«, pflege »Sauberkeit der Gesinnung« und sei pünktlich.[35] Er meide Tabak und Alkohol, ernähre sich gesund und treibe Sport, weil er dem »Volksganzen« gegenüber die »Pflicht gesund zu sein« habe.[36] Insbesondere die Jugend solle sich sportlich betätigen und im Garten arbeiten, das sei »das beste Gegenmittel gegen das Laster der Onanie«.[37]

Vegetarische und Vollkornernährung waren für ihn Mittel zur rassischen Erneuerung der Deutschen. »Es gilt, das Gesunde fest zusammenzuschließen und alles fernzuhalten, was nach Schwäche und Zersetzung riecht«, forderte Simons. Dazu zählte er Antimilitarismus, Frauenemanzipation und die Juden, schädlich sei »das Artfremde, das im jüdischen Wesen liegt«.[38] Die Mischung aus Antisemitismus, Rassismus, rigider Sexualmoral, Vegetarismus und strengen Ernährungsvorschriften läßt auf neurotische Züge schließen und war durchaus typisch für Lebensreformer, wie die Beispiele Theophil Christen oder der berühmtere John Harvey Kellogg (1852–1943) zeigen, der zusammen mit seinem Bruder die Cornflakes erfand.

Simons gründete einen Deutschen Kulturbund (DKB), später umbenannt in Deutscher Kulturbund für Politik, mit einem Verlag; er gab Bücher und Broschüren und die Monatszeitschrift »Deutsche Kultur« heraus.[39] Die meisten Pamphlete verfaßte Simons selbst. Auch etliche Hefte ohne Angabe eines Autors

32 Onken, in: Gesell, GW 6, S. 7.
33 Puschner, 2001a, S. 172; Puschner, 2001b, S. 177.
34 Simons, *Volksgesundheit*, S. 12 f.
35 Ebd., S. 9.
36 Ebd., S. 10.
37 Simons, *Die Überwindung des Kapitalismus*, S. 15.
38 Simons, *Volksgesundheit*, S. 6.
39 Puschner, 2001, S. 164 f.; Ulbricht, 1999a, S. 262.

dürften nach Duktus und Inhalt von ihm stammen. In fast allen Schriften wird für die Freiwirtschaft geworben.[40] Die Broschüre *Das Reformgeld von Silvio Gesell* aus Blumenthals Verlag erschien in zweiter Auflage in der DKB-Schriftenreihe.[41]

Gesell wurde von Simons als »Reformator der Volkswirtschaft« gefeiert. Er übernahm dessen Ansicht, Geld sei wertbeständig: Die Edelmetalle hätten eine »Zinssaugkraft« auf Papiergeld übertragen; es werde im Lauf der Zeit »ebensowenig schlechter wie das Gold- und Silbergeld«.[42] Daraus entstehe das »arbeitslose Einkommen«. Dessen Empfänger, die Rentiers, beschimpfte Simons als »Gesellschaftsparasiten«, als »inneren Feind«, der die »Schaffenden« ausbeute. Die Rentiers seien auch diejenigen, die die Großstädte geschaffen hätten, die »Haupttotengräber der Volksgesundheit«.[43] Gegner der Gesellschen Geld- und Bodenreform seien die »Börsenjuden«, die die Goldwährung verteidigten. Für Simons waren Begriffe wie »goldene Internationale« oder »goldene Ketten«, aber auch die Banken synonym für die verhaßten Juden, die das »Volk der Schaffenden« unterjocht hätten.[44]

Simons gehörte der Deutschvölkischen Vereinigung an, dem größten Zusammenschluß der Szene vor 1914, der Guido-List-Gesellschaft, die die »germanischen« Wissenschaften fördern sollte, sowie dem Orden des Neuen Tempels von Jörg Lanz von Liebenfels (1874–1954), der Antisemitismus, Arierwahn und Germanenmythen verknüpfte und die Hakenkreuzfahne führte.[45] Simons war in der Szene eine Schlüsselfigur und öffnete Gesell einen Zugang.[46] Als dieser 1911 von seinem zweiten längeren Aufenthalt aus Argentinien zurückkehrte, zog er in die Siedlung Eden in Oranienburg bei Berlin. Die beiden wurden quasi Nachbarn.

Bio-Obst aus Eden

Die Siedlungsgenossenschaft Eden wurde 1893 von Vegetariern in Berlin gegründet.[47] Sie beruhte auf boden- und lebensreformerischen Prinzipien. Grund und Boden wurden nur in Erb-

40 Simons, *Volkswirtschaft*, 1913, S. 17, 32; Simons, *Volksgesundheit*, S. 28; Simons, *Zinsproblem*, S. 13, 16; Simons, *Agrarproblem*, S. 22; Simons, *Das Volkswirtschaftsproblem*, Heft 9, S. 18; Simons, *Manchestertum*, S. 15 f.: Bei vielen Publikationen ist kein Erscheinungsdatum vermerkt, sie müssen in der Zeit zwischen der Gründung des DKB 1911 und Simons Tod 1914 erschienen sein.

41 Blumenthal, Hrsg., 1913.

42 Simons, *Volkswirtschaft*, S. 3, 26 ff.

43 Simons, *Volkswirtschaft*, S. 13.

44 Simons, *Agrarproblem*, S. 12; Simons, *Volkswirtschaftsproblem*, S. 15.

45 Schnurbein, 1999, S. 183; Puschner, 2001, S. 168 f., 269.

46 Dennoch ist die Biographie von Simons ein Forschungsdesiderat. In der Literatur wird sogar sein Geburtsjahr mit 1860 und 1861 unterschiedlich angegeben.

47 Baumgartner, 2001, S. 511; Segert, Zierke, 2001, S. 11, 231; Selbstdarstellung der Eden Gemeinnützige Obstbausiedlung, http://www.eden-eg.de/chronik.htm (Abfrage 10.4.2012).

pacht an Siedler vergeben, die dort wohnten oder Obst und Gemüse anbauten. Schlachtereien, Verarbeitung und Verkauf von Fleisch und Fisch, Alkohol und Tabak waren verboten.[48] »Voraussetzung zur Erwerbung der Mitgliedschaft ist, daß jeder Eintretende einer veredelten Lebensführung in beständiger Selbsterziehung sich befleißigt und die Grundsätze naturgemäßer Lebensweise zu befolgen bestrebt ist«, heißt es in der Satzung.[49] Nach der Gründung vergingen zwei Jahre, bis tatsächlich eine Siedlung westlich von Oranienburg auf 150 Morgen Land, aufgeteilt in 45 »Heimstätten«, entstand. Dazu gründeten die Beteiligten die Oranienburger Bau- und Kreditgesellschaft mbH, die Pfandbriefe zu vier Prozent Zinsen vergab. Nachfolger war die Edener Siedlungsbank, in die man Geld einzahlen konnte; man bekam 3,5 Prozent Zinsen dafür.[50] 1901 strich die Mehrheit der Genossen den Begriff »vegetarisch« aus dem Namen. Zwei Jahre später begann die genossenschaftliche Verwertung und Vermarktung von Obst in Form von Säften, Marmeladen und Gelees. 1908 erweiterten die Genossen das Sortiment um Kraftnahrung, 1918 um Pflanzensäfte. Der Arzt Friedrich Landmann (1864–1931) entwickelte eine Pflanzenbutter, eine Vorform der Margarine, dazu gab es das Vollkornbrot von Simons. In Eden wurde das »Pflanzenfleisch« erfunden, eine Art Vorläufer der Grünkernbulette. Zur Kundschaft Edens zählten Reformhäuser in ganz Deutschland.[51] 1923 erreichte das Projekt einen personellen Höchststand mit 450 Mitgliedern und 1.000 Bewohnern in 260 Heimstätten auf 110 Hektar Land.[52]

Von 1909 bis 1922 warb die Obstbaugenossenschaft im »Hammer« für ihre Produkte, suchte also gezielt unter diesem Publikum nach Kundschaft und finanzierte damit die wichtigste und übelste Publikation der Antisemiten des Kaiserreichs.[53] Im August 1908 wurde die Siedlung erstmals positiv im »Hammer« erwähnt. Einen Monat später nannte Fritsch Eden als Vorbild für seine eigene Siedlung Heimland, während andere Projekte fehlschlugen, weil »viele schwache und degenerierte Naturen sich dem Vegetarismus zuwenden«.[54] Daß sich viele Edener, insbesondere aus leitenden Gremien, der Szene zurechneten, belegen Publikationen und Biographien. In den »Edener Mitteilungen« wurde die Unzerstörbarkeit des Deutschen Reiches Ende 1915 rassisch begründet: »Es kommt also auf den Willen zum deutschen Volkstum an.« Das sollten die »Fremden«

48 Erbbauvertrag Eden, 1907, S. 124 ff.; Satzung der Genossenschaft, 1906, S. 305 ff.
49 Ebd., S. 306.
50 Baumgartner, 2001, S. 512; Onken, 1997, S. 12–18.
51 Baumgartner, 2001, S. 512 f.; Onken, 1997, S. 16.
52 Baumgartner, 2001, S. 512; Segert, Zierke, 2001, S. 233; Onken, 1997, S. 12.
53 »Hammer«, Jahrgänge 1909 bis 1922.
54 »Hammer«, Nr. 147, 1908, S. 461 f.; Fritsch, 1908b, S. 557, 561.

anerkennen, die in Deutschland lebten.[55] In einem Programmheft zu einem Freiland-Tag der Edener Gilde hieß es 1916: Zum »natürlichen« Leben in der Siedlung seien vegetarische Ernährung und »deutsch-völkische Gesinnung Voraussetzung. Und dazu befähigt nur deutsches Ariertum.«[56]

Die Festschrift zum 25jährigen Bestehen der Siedlung schickten die Edener 1920 den Kameraden vom Hammer-Verlag. Im Begleitschreiben heißt es: »Die Schrift ist der Niederschlag eines Vierteljahrhunderts unermüdlicher, entsagungsvoller Arbeit im Dienste der Aufartung des deutschen Volkes (...).«[57] Die Siedlung wurde nicht nur von Fritsch als vorbildlich gewürdigt. Philipp Stauff (1876–1923), Herausgeber des antisemitischen *Semi-Kürschner*, rühmte Eden 1912 als »Probestätte für die Wirksamkeit des germanischen Proberechts in unserer Zeit«. Trotz ihres »anarcho-sozialistischen Ursprungs« habe sich Eden zu einer »rechte(n) Hegestätte deutscher Wesensart« entwickelt, man beschäftige sich »nirgendwo eingehender mit den Fragen völkischer Erneuerung als gerade dort«.[58] Willi Buch (1883–1943) schrieb 1937, an der Entstehung der Obstbaukolonie seien »Antisemiten in großer Zahl« beteiligt gewesen.[59] Otto Jackisch (1872–1956), Geschäftsführer der Genossenschaft von 1903 bis 1922 und der Siedlungsbank ab 1905, schrieb 1932 an Gottfried Feder und betonte Gemeinsamkeiten zwischen Eden und dem Nationalsozialismus; er wurde 1941 Mitglied der NSDAP.[60] 1933 begrüßte der Edener Geschäftsführer Fritz Hampke (1885–1950) den Machtantritt der NSDAP und wurde Parteigenosse.[61]

In Eden nahm der Deutsche Freiland Verein e.G. (DFV) seinen Sitz, der 1895 in Breslau gegründet worden war, um Land zu kaufen. Ihm traten 1915 Gesell und Klüpfel, der als Gesells enger Mitarbeiter nach Eden gezogen war, bei. Gesell verfaßte einen Werbeprospekt für den Verein. Im Entwurf schrieb er, Privatgrundbesitz sei eine »Entweihung des durch den Krieg geläuterten und geheiligten Begriffes Vaterland«. Der Bauer könne nur verhindern, daß der Hof, wegen Erbschaften und mit Hypotheken belastet, geteilt werde, indem er den »Weg der Unzucht und des Lasters geht – nämlich der Geburtenbeschränkung. Der Privatgrundbesitz kann direkt als Wegweiser zu dieser Quelle völkischen Verfalls bezeichnet werden.«[62] In der Endfassung

55 »Edener Mitteilungen«, November/Dezember 1915, in: »Hammer«, Heft 328, Februar 1916.
56 Nachdruck des Edener Programms der Edener Gilde der Landesgemeinde, Heft 3, Oktober 1917, S. 105, in: Lerouge, 1993.
57 »Hammer«, Nr. 432, Juni 1920, S. 228.
58 Frecot, 1972, S. 38.
59 Buch, 1937, S. 60.
60 BA NSDAP-Gaukartei Jackisch, Otto.
61 Friedrich, 2008; http://www.eden-eg.de/hampke.htm.
62 Gesell, GW 8, S. 332 f.

heißt es, der Boden als Gegenstand der Spekulation sei immer mehr verschuldet, so daß »fast unser ganzes Volk heimatlos und landflüchtig gemacht (werde). Bei der Zusammenballung in den großen Städten verliert das deutsche Volk sichtlich an rassischen Werten, und damit an den Grundpfeilern seines Bestehens und Wachsens.«[63] Vorsitzende des Freilandvereins waren Jackisch, Karl Bartes (1879–1962) und Richard Bloeck (1863–1927).[64] Der DFV schaltete Anzeigen in dem völkischen Blatt »Neues Leben«; Bloeck, Vorsitzender des Aufsichtsrats der Edener Siedlungsbank, publizierte darin Aufsätze über die »deutschvölkische Erbpachtsiedlung«.[65]

Die Siedlung Eden war nach Ansicht von Günther Bartsch eine »wichtige, wenn nicht die wichtigste Keimzelle der NWO-Bewegung«, eine »Urgemeinde« der Freiwirtschaft. Zeitweilig lebten hier Gesell und seine Mitstreiter Simons, Klüpfel und Karl Polenske, ein Jura-Professor aus Greifswald, Helmut Haakke, Bloeck, Landmann und Carl Rußwurm zusammen. In Eden schrieb Gesell seine Kriegsflugblätter und sein Hauptwerk, *Die Natürliche Wirtschaftsordnung*.[66] Zum Portfolio der Siedlung mit dem paradiesischen Namen zählte neben Obst und Gemüse, Pflanzenbutter und »Pflanzenfleisch« auch braunes Propagandamaterial, zu dem Freiwirte maßgeblich beitrugen. Rußwurm, Veteran des Ersten Weltkriegs, entwickelte ein »Germanisches Grundgesetz« (1916), das eine »ganz ungekünstelte harmonische Vereinigung von germanischem Glauben und neuzeitlichem Wissen« bringen sollte. Er verband germanentümelnden Mystizismus mit den Lehren Gesells und Simons'. Geldsystem und Grundeigentum führten zu Landflucht, Geburtenverhütung und Inzucht, die Demokratie hindere den Staat der Germanen an voller Machtentfaltung. Darum plädierte Rußwurm für Schwundgeld und Freiland.[67] Landmann, der Erfinder des »Pflanzenfleisches«, war Mitglied und Vorsitzender im Aufsichtsrat der Genossenschaft ab 1918, ein Anhänger der Freiwirtschaft und der Rassenhygiene.[68] 1924 sorgte der Mediziner dafür, daß das einschlägige Werk seines Kollegen Theophil

---

63 Ebd., S. 334 f.

64 Bartsch, 1994, S. 31; Onken, in: Gesell, GW 8, S. 9 ff.; Onken, 1997, S. 18, 20.

65 »Neues Leben«, 1916, Heft 7; 1917, Heft 1, Heft 2/3; in Heft 7/1916 finden sich Annoncen der Obstbaugenossenschaft Eden und für die zweite Auflage von Gesells *Natürlicher Wirtschaftsordnung*; Bloeck, 1916.

66 Bartsch, 1997, S. 36. Den Angaben Schmids zufolge lebte Gesell von 1911 bis 1913 in Eden, reiste vom Herbst 1913 bis Frühjahr 1914 nach Argentinien, kehrte dann nach Eden zurück und ging einige Zeit nach Ausbruch des Krieges in die Schweiz. Erst nach der Novemberrevolution von 1918 kehrte Gesell nach Berlin zurück (Schmid, 1954, S. 116 ff., 187, 192 ff.). Nach Angaben des Stadtarchivs Oranienburg lebte Gesell von 1911 bis 1915 sowie von 1927 bis 1930 in Eden. Während der Südamerikareise blieb Gesell vermutlich in Oranienburg gemeldet (Stadtarchiv Oranienburg, Auskunft 9.11.2010).

67 Rußwurm, 1916, S. 9, 24 ff., 29 ff., 34, 51 ff.

68 Frecot, 1972, S. 38 f.; http://www.eden-eg.de/landmann.htm.

Christen in einer fünften Auflage erscheinen konnte, wobei Landmann seine inhaltliche Übereinstimmung betonte.[69]

Simons warb Ernst Hunkel für die Freiwirtschaft, einen Schriftsteller und Journalisten aus Hessen, der für viele Gruppen und Zeitschriften aktiv war.[70] Hunkel gründete 1911 den Deutschen Orden mit; er wollte eine neue Religion schaffen, frei von »artfremden« Einflüssen eines jüdisch-katholischen Christentums. Germanische Gottgläubigkeit sei intuitiv, unmittelbar und blutsgebunden und stünde in schärfstem Gegensatz zu semitischen Verstandesreligionen, deren Vorstellung von Gott als Schöpfer und Herrscher und Ebenbild des Menschen das Christentum geprägt habe. Vor dem Judengott seien alle Menschen die gleichen Erdenwürmer, Unterschiede zwischen »Arten und Stämmen« seien aufgehoben, kritisierte Hunkel.[71] Er wurde einer der Wegbereiter von Wilhelm Hauers Deutscher Glaubensgemeinschaft in der NS-Zeit. Im Juli 1931 trat Hunkel der NSDAP bei.[72]

Die Deutschreligiöse Gemeinschaft als Unterorganisation des Deutschen Ordens hielt seit 1912 engen Kontakt mit der Siedlung Eden.[73] Nach dem Tod von Simons gründeten Helmut Haacke und Ernst Hunkel in Eden den Jungborn-Verlag, in dem die Zeitschrift »Deutsche Kultur« unter dem Titel »Neues Leben« (Untertitel: »Zeitschrift für Deutsche Wiedergeburt«) mit Hunkel als Herausgeber fortgeführt wurde.[74] Sie warb für ein »rein völkisches, alldeutsches, den nordischen Brudervölkern eng verbundenes Reich«, verstand sich als »Herold germanischen Wissens, Bannerträger völkischen Tatwillens«, unterstützte ländliche Siedlungsgenossenschaften, propagierte »Selbstzucht, Gemeinzucht, Stammzucht« und kämpfte im Sinne Gesells gegen »Zins- und Rentenknechtschaft«.[75] Unter dem Pseudonym Friderikus schrieb Otto Weißleder, der Bergwerksdirektor aus Eisleben in Sachsen-Anhalt, in der Zeitschrift.[76] Seine Broschüre über die »Grundfehler unserer Wirtschaftsordnung« war in der Weimarer Zeit eine wichtige Agitationsbroschüre der Gesellianer.[77]

Weißleder setzte Juden mit Bazillen gleich und steigerte sich in Gewaltphantasien hinein. Er behauptete, zinstragendes Geld

69 Christen, 1926. Zur fünften Auflage 1924 schrieb Landmann, er habe das Werk geringfügig bearbeitet (S. 10).

70 Schlotzhauer, 1989, S. 306 f.

71 Hunkel, 1915, S. 25 ff.; Hunkel, 1916, S. 5 ff., auf der Rückseite des Buches findet sich eine Werbung der Obstbausiedlung Eden.

72 BA NSDAP-Gaukartei, Hunkel, Ernst.

73 Ulbricht, 1999b, S. 293.

74 Würffel, 2000, S. 404 f.

75 »Neues Leben«, Heft 5, 1916.

76 Stadtarchiv Eisleben, Auskunft 19.4.2012.

77 Friderikus, 1916, Heft 2; Heft 3, Heft 4; Heft 10; Friderikus, 1917, S. 31 ff.

sei eine Erfindung der Juden, die eine Vorliebe für Gold hätten. Es genüge nicht, sie zu vertreiben, solange das Geld- und Bodenrecht semitischen Ursprungs bleibe. Ihr Einfluß könne nur effektiv bekämpft werden, wenn man das Geldwesen im Sinne Gesells ändere.[78] »Jeder andere Weg, das Judentum zu bekämpfen, ist rein mechanisch und unbiologisch. Man bekämpft den Typhus nicht in der Weise, daß man die Typhusbazillen einzeln aufsucht und vernichtet, und man vertreibt die Sumpfpflanzen in einer Niederung nicht dadurch, daß man sie einzeln ausreißt, sondern man tötet diese feindlichen Lebewesen, indem man ihnen ihre Daseinsbedingungen entzieht.«[79]

Unter den Eugenikern zählte Hunkel, wie Simons und Gesell, zum radikalen Flügel; er propagierte im Sinne Willibald Hentschels eine Zucht reinrassiger Germanen in ländlichen Siedlungen, wobei er die Ehe zugunsten der Vielweiberei auflösen wollte. 1919 gründete Hunkel die Freiland-Siedlung Donnershag bei Sontra in Hessen. Als Siedler aufgenommen wurde nur, wer »von jüdischem und farbigem Einschlag frei« war. Das Ziel war eine Lebensreform in »Verantwortung für die völkische Kraft und Gesundheit«.[80] Das Projekt scheiterte angeblich, weil etliche Beteiligte Hunkels Vorstellungen über Menschenzucht ablehnten.[81] In Sontra entstand 1919 ein weiteres Zentrum der Gesellianer. Hunkel, Weißleder, Haacke und Otto Maaß (1883–1964) initiierten die Zeitschrift »Freiwirtschaft« und den Freiwirtschaftsbund (FWB).[82] Das erste Heft der Monatsschrift erschien unter dem Titel »Deutsche Freiwirtschaft« im Verlag Jungborn, der 1919 nach Sontra verlegt wurde, mit Beiträgen von Hunkel, Maaß und Christen.[83] 1920 stieg Haacke aus dem Verlag aus, den Hunkel in Frei-Deutschland umbenannte.[84] 1924 fungierte Hunkel als Herausgeber der Zeitschrift »Frei-Deutschland«, die mit dem Untertitel »Kampfblatt für FFF« (für Freigeld, Freiland und Festwährung) erschien. Es handelte sich um das umbenannte Blatt »Neues Leben«, das wiederum auf Simons' »Deutsche Kultur« zurückging. Für das erste Heft unter neuem Namen lieferte Gesell den Aufmacher.[85]

Hunkels Kompagnon Haacke war gelernter Buchhändler, Genossenschafter in Eden und Mitglied im Greifen-Orden, der ebenso wie der Jungborn eine Sektion völkischer Wandervögel

78 Ebd., S. 32 ff.
79 Ebd., S. 34.
80 Breuer, 2001, S. 103 f.
81 Puschner, Ulbricht, 1999, S. 911 f., dort heißt es, sein weiterer Lebensweg sei unbekannt.
82 »Freiwirtschaft«, Heft 20, Oktober 1926, S. 388.
83 Annonce, »Neues Leben«, 1919, Heft 9.
84 Auskunft des Historischen Archivs des Börsenvereins, 24.4.2012; Würffel, 2000, S. 405.
85 »Frei-Deutschland«, Nr. 1/19. Jahrgang, Wonnemond (Mai) 1924.

im Deutschen Orden darstellte.[86] Als seine Frau ein Kind zur Welt brachte, gab Haacke folgende, mit dem Hakenkreuz verzierte »Sippen-Anzeige« auf: »Mein Weib gebar mir heute eine Tochter von deutschem Blut und lichtem Wesen. Adelheid, Ingeborg, Helga, Oranienburg-Eden, 10. Lenzmond 1919.«[87] Die Völkischen verwendeten eigene »germanische« Monatsnamen, um sich von der römisch-christlichen Tradition, die sie als jüdisch interpretierten, abzugrenzen. »Lenzmond« bezeichnete den März. Haackes Jungborn-Verlag und sein Versand boten ein breites Spektrum freiwirtschaftlicher, antisemitischer, rassistischer, militaristischer und nationalistischer Literatur.[88]

Im internen Streit schlossen sich Haacke, Hunkel und Gesell dem Fisiokratischen Kampfbund (FKB) an, der sich 1924/25 vom FWB trennte. Hunkel verteidigte Gesells Mutterrente gegen den FWB.[89] Im folgenden Jahr kämpfte er an der Seite der FKB-Führer Timm und Richard Batz (1884–1965) gegen eine Fraktion des FKB, die sich als proletarisch-klassenkämpferisch verstand.[90] 1934 zog Hunkel nach Niederlindewiese bei Breslau, wo der Emaille-Fabrikant Peter Westen ein Naturheil-Sanatorium betrieb. Dort fand Pfingsten 1934 ein Treffen von Freiwirten statt.[91] Haacke vertrat den FKB zusammen mit Richard Batz 1926 im Ausschuß des Volksbegehrens für die Fürstenenteignung.[92] Anfang 1933 versuchte eine Delegation des FKB, darunter Haacke, den späteren NS-Außenminister Joachim von Ribbentrop (1893–1946) von den Vorzügen der Lehre Gesells zu überzeugen.[93]

Mit Freigeld gegen Engeland

Hatte Gesell 1906 gespottet, das Objekt deutscher Vaterlandsliebe sei bloß ein provisorischer Klecks auf der Landkarte, es existiere nur eine des Menschen würdige Grenze, die Erdkugel, so unterstützte er im Ersten Weltkrieg Deutschland und den deutschen Eroberungskrieg.[94] Bei Ausbruch des Krieges soll Gesell erwogen haben, als Freiwilliger ins deutsche Heer einzutreten.[95] Während des Krieges hielt er Vorträge und verfaßte Flugschriften, in denen er den deutschen Angriffskrieg unterstützte.[96]

---

86 Ulbricht, 2001, S. 427; Ulbricht, 1999, S. 293 f.

87 »Neues Leben«, Heft 9, 1919.

88 Ebd.; Heft 12, 1919.

89 Hunkel, 1926a, S. 196 ff.

90 Hunkel, 1926b, S. 388 ff.

91 Stadtarchiv Frankfurt, Kasten 784; Onken, 1997, S. 40.

92 Aufruf der Bundesgeschäftsführung des FKB, »Freiwirtschaft«, 1926, Heft 2, S. 35; Heft 3, S. 56.

93 Fritz, 2004, S. 49.

94 Gesell, GW 5, S. 259.

95 Wolf, 1983, S. 19; Schmid, 1954, S. 120.

96 Onken verharmlost Gesells Agitation, wenn er schreibt, die »Kriegsflugblätter« enthielten bloß »praktische Vorschläge für die Überbrückung der Zeit bis zum Frie-

»Die einzigen Mißtöne und häßlichen Erscheinungen während der Mobilmachung kamen von Seiten des Geldes. Verrat und feige Fahnenflucht kennzeichnen wieder einmal den Charakter unseres Geldwesens«, schrieb Gesell in seinem ersten Kriegsflugblatt. Ein echter Antimilitarist und Kriegsgegner, als der Gesell gerne präsentiert wird, würde sich gefreut haben, hätte es an Geld gefehlt und wäre die Kriegführung behindert worden. Nicht so Gesell: Er pries der deutschen Führung sein Schwundgeld an, um einen ununterbrochenen geschlossenen Kreislauf des Geldes auch während des Krieges sicherzustellen.[97] Bereits im russisch-japanischen Krieg 1904 hatte Gesell sein »Reformgeld« anstelle des Goldes den kriegführenden Mächten als ökonomische Waffe angeboten.[98]

England galt Gesell als Hauptfeind. Freigeld sollte die Deutschen stärken und England vernichten. Eine Papierwährung wäre »eine Waffe, mit der wir, wenn wir uns ihrer jetzt mit der Rücksichtslosigkeit bedienen, zu der der Krieg uns berechtigt, der englischen Weltmacht einen vernichtenden Schlag versetzen werden. Zugleich aber wird diese gegen England gerichtete Aktion uns die Sympathie aller von England (und Frankreich) ausgewucherten Völker bringen (...)«[99] Alle englischen Kapitalanlagen basierten auf Gold, darum wäre ein Angriff auf das Gold ein Angriff auf englisches Kapital »und auf die damit unterhaltene Flotte«.[100] Gesell schlug vor, daß Deutschland die Prägung und Ausgabe von Goldmünzen einstellt. Dadurch würde der Goldpreis um 50 Prozent sinken, englische Kapitalanlagen entsprechend entwertet und Einfuhren verteuert. Würde Deutschland dazu sein Reformgeld einführen, könne man »unsere Aktion gegen Englands Weltmacht bis zur völligen Vernichtung fortführen«. Denn sinke der Zinsfuß, hätte England weniger Gold zur Verfügung. Dieser Attacke auf die Goldwährung müßten die Interessen der deutschen Rentner geopfert werden, zum Wohle Deutschlands: »Wer ist der Feind? England. Worauf gründet Englands Macht? Auf der Goldwährung. Drauf!«[101] Mit Schwundgeld wäre Deutschland wirtschaftlich

---

densschluß«. Er räumt jedoch ein, daß »die Atmosphäre der Zeit nicht völlig spurlos an Gesell vorübergegangen« sei: So »bejahte er offenbar die schwierige (!) Frage der Kriegsanleihen, die bekanntlich zur Spaltung der Sozialdemokratie führte, wobei er auf zinsfreien Kriegsanleihen bestand, damit niemand sich am Krieg bereichern könne.« (GW 8, S. 11).

97 Ebd., S. 134, S. 138.
98 Gesell, GW 3, 327 ff.
99 Gesell, GW 8, S. 166.
100 Ebd., S. 167.
101 Gesell, Viertes Kriegsflugblatt, GW 8, S. 170 ff. Im Unterschied zu Frankreich, Deutschland und Rußland blieb in England die Einlösbarkeit von Noten der Bank von England in Gold den ganzen Krieg über formal bestehen, die Möglichkeit wurde jedoch durch Vorschriften immer mehr eingeschränkt. Auch die private Goldausfuhr kam faktisch zum Erliegen (Hardach, 1973, S. 152).

besser für den Krieg gerüstet, behauptete Gesell in einem weiteren Pamphlet. Schwundgeld wäre »ein Sturmbock (...), mit dem es uns gelingen würde, die auf Gold aufgebaute englische Geld- und Weltmacht über den Haufen zu stoßen«.[102]

Nachdem Gesell wieder in die neutrale Schweiz auf seinen Bauernhof umgezogen war, setzte er seine Kampagne scheinbar gemäßigt fort. Er forderte ein »Friedensbüro«, meinte, Krieg sei »der barbarische Ausdruck für das in jedem Menschen steckende Ausdehnungsbedürfnis«.[103] Er plädierte für den Abbau der Zölle, für Freihandel, einen europäischen Staatenbund und schlug 1916 sogar einen Weltstaat vor, in dem das Deutsche Reich aufgehen sollte.[104] Gleichwohl unterstützte Gesell die deutsche Kriegführung und Propaganda. England, Rußland und die »Mammonkönige« in New York waren für ihn die Kriegstreiber und Profiteure.[105] Er warb für »deutsches Freiland« als Belohnung für die tapferen Soldaten nach dem Sieg; diese Aussicht würde die Soldaten motivieren und Deutschland unbesiegbar machen.[106]

Im April 1916 referierte Gesell in Bern auf Einladung des Schweizer Freigeld-Freiland-Bundes (SFFB) zum Thema »Gold und Frieden?«. Er bezeichnete den »Völkerkrieg« als »Ventil« des Kapitalismus; ohne den Krieg würde es zum »Weltbürgerkrieg« kommen, zum allgemeinen Arbeiteraufstand, der zum »völligen Untergang« führen würde.[107] Im gleichen Jahr beteiligte sich Gesell an dem Buch *Deutschlands Wiedergeburt durch Blut und Eisen*, das Richard Ungewitter (1869–1958), ein völkischer Rassenhygieniker und Gründer der FKK-Bewegung, herausgab. Weitere Autoren dieses Sammelbands, der erst 1918 erschien, waren Hunkel, Fritsch und Lanz von Liebenfels.[108] Gesells Beitrag trägt den Titel »Die Überwindung des Goldwahns und die Zertrümmerung der britischen Weltmacht«.[109]

Finanzkommissar der Münchner Räterepublik

Auf antifaschistische Kritik reagieren Freiwirte gern mit dem Verweis auf Gesells Beteiligung an der bayerischen Räterepublik 1919. Denn wer mit Gustav Landauer und Erich Mühsam zusammengearbeitet habe, könne kein Rechter gewesen sein. Für die Freiwirtschaft sind die Ereignisse in München obendrein bedeutsam, weil es der erste und bisher einzige Versuch war,

102 Gesell, 1915 (GW 8, S. 6).
103 Ebd., S. 186, 191, 193.
104 Ebd., S. 295 ff.
105 Ebd., S. 189, S. 191, S. 193.
106 Ebd., S. 250.
107 Gesell, 1916.
108 Ungewitter, 1918.
109 Gesell, 1918, S. 146 ff.

aus einer hohen Regierungsposition heraus ihre Ziele umzusetzen.[110]

Nach dem Sturz der Monarchie Anfang November 1918, dem Wahlsieg der katholischen Bayerischen Volkspartei (BVP) und der SPD im Januar sowie der Ermordung des provisorischen Ministerpräsidenten Kurt Eisner (USPD) standen sich in Bayern zwei Fronten gegenüber: die gesamten rechten und bürgerlichen Kräfte sowie die SPD-Regierung unter Ministerpräsident Johannes Hoffmann gegen eine zersplitterte, schwache Linke aus unabhängigen Sozialisten, Anarchisten und Kommunisten in den Städten und den Bayerischen Bauernbund (BBB) auf dem Land, einer ständischen Bewegung kleiner und mittlerer Bauern, die für Schutzzölle und Föderalismus kämpfte. Am 7. April 1919 riefen der Münchner Zentralrat der Arbeiter-, Bauern- und Soldatenräte, Vertreter der USPD und der Anarchisten in der Landeshauptstadt die erste Räterepublik aus. Der Landesbauernrat, den der BBB kontrollierte, beschloß, die Räterepublik zu unterstützen, sofern keine Nicht-Bayern und Juden in leitende Positionen berufen werden.[111] Mühsam und Landauer schlugen Gesell als Volksbeauftragten für Finanzen vor.[112] Der Augsburger Lehrer Ernst Niekisch (SPD), der sich später als nationalbolschewistischer Faschist hervortun und Adolf Hitler von rechts kritisieren wird, unterstützte sie dabei.[113] Ernst Toller, damals Vorsitzender der Münchner USPD und Kommandant der Roten Armee, wertete die Wahl Gesells im Rückblick als Ausdruck von Unwissenheit und Unklarheit.[114] Niekisch und Gesell kannten sich schon vorher. Blumenthal soll Niekisch mit der Freiwirtschaft bekannt gemacht haben. Gesell erklärte später, Niekisch und die Regierung Hoffmann hätten ihn gefragt, ob er in einer Sozialisierungskommission mitarbeiten wolle.[115] Deswegen war Gesell nach München gereist; dort konnte er das Amt des Finanzkommissars am nächsten Tag, dem 8. April, übernehmen.[116]

Gesell und seine Mitarbeiter Christen und Polenske verfaßten Pamphlete, in denen sie die Schwundgeldlehre erklärten. Dazu entwarf Gesell ein Aktionsprogramm, das vorsah, Löhne und Preise anzuheben, um die Produktion anzuregen und die Nachfrage zu stärken. Dadurch würde der Zins sinken, und höhere Preise, also Inflation, würden die öffentlichen Schulden mindern. Anschließend könne man Löhne und Preise fixieren

110 Schmid schreibt in bezug auf Gesell vom »dramatischen Höhepunkt seines Lebens« (1954, S. 201).

111 Seligmann, 1989, S. 192 f.

112 Ebd., S. 195.

113 Ebd.; Opitz, 1996, S. 114–145; Heni, 2007, S. 391 ff.

114 Toller, 1990, S. 109.

115 Gesell, GW 12, S. 19; GW 18, S. 181, 202; StaM, S-Film 304, StaW München I, Fasz. 147, Nr. 2017,1: Gesell, Lebenslauf 4.5.1919; Schmid, 1954, S. 196, 201, 205.

116 Gesell, GW 18, S. 204.

und eine »absolute Währung mit festen Preisen« einführen.[117] Außerdem verlangte er eine Vermögensabgabe: Geldbeträge ab 300.000 Reichsmark sollten an den Staat fließen, zudem wollte er Freiland und Freigeld einführen. Der Großgrundbesitz sollte in Heimstätten für das Proletariat aufgeteilt werden und die Grundrenten in eine »Mütterkasse« fließen. Die Höhe einer »Mutterrente« sollte sich nach der Anzahl der Kinder richten.[118]

Mit dem Revolutionären Bank-Rat, der aus linken Angestellten bestand, arbeitete Gesell nicht zusammen. Die Differenzen waren zu groß. Landauer hatte dem Bank-Rat am Abend des 7. April die Kontrolle über die Banken und sämtliche finanziellen Transaktionen übertragen.[119] Während die Anweisungen des Bank-Rats in den Kommunen, die die Räterepublik kontrollierte, befolgt wurden, wurstelte das Freiwirte-Trio im Ministerium vor sich hin. Gesell unterschrieb einige Auszahlungsverfügungen und sperrte sechs Millionen Reichsmark auf einem Konto der Reichsbank zugunsten von Kriegsbeschädigten. Schmid berichtet in seiner Gesell-Biographie, Gesell habe einem der Beamten im Ministerium erklärt: »Ich ermächtige Sie hiermit ein für alle Mal feierlich, diesen Krimskrams selber zu erledigen. Sie haben meine Vollmacht.«[120] Angeblich schickte Gesell bewaffnete Geldtransporte in bayerische Städte, um die Kaufkraft zu stärken.[121] Ansonsten habe er sich weder um die Vorgänge in München noch im übrigen Bayern gekümmert. »Fernab von den politischen Geschehnissen um sie herum versinken die drei in ihre eigenbrödlerische Umsetzung von Gesells Theorien«, urteilt Seligmann, der eine umfangreiche, quellengestützte Geschichte jener anarchistischen Phase der Räterepublik vorgelegt hat.[122]

Am 13. April putschte die sozialdemokratisch orientierte Republikanische Schutzgarde in München gegen die Rätemacht. Gesell wurde kurzzeitig verhaftet und hatte nichts Besseres zu tun, als seine Dienste per Telegramm der geflüchteten Regierung Hoffmann anzubieten. Bewaffnete Arbeiter und Soldaten sowie Sektionen der KPD schlugen diesen sogenannten Palmsonntagsputsch nieder. Ein neues Aktionskomitee wurde gebildet, in dem die KPD mit sechs Leuten vertreten war. Das neue linke Bündnis bereitete sich auf die Verteidigung der Stadt gegen die Freikorps vor. Gesell war gerade mal sechs Tage im Amt.

Nach der Zerschlagung der Räterepublik wurden er und Christen am 4. Mai von Weißgardisten verhaftet. Polenske hat-

117 Gesell, GW 10, S. 266, 270, 272.
118 Ebd., S. 276.
119 Seligmann, 1989, S. 369 ff.
120 Schmid, 1954, S. 212.
121 Gesell, GW 10, S. 281; Seligmann, 1989, S. 376, 382.
122 Ebd., S. 382 f., 386.

te sich nach Bamberg abgesetzt, um abermals der Regierung Hoffmann, die für die Massaker der faschistischen Freikorps in München verantwortlich war, ihre Mitarbeit anzudienen. Um Christen sorgte sich die Schweizer Botschaft. Standeskollegen setzten sich für ihn ein.[123] Gesells Brüder sowie Vertreter der Siedlung Eden und des Deutschen Freilandvereins schrieben an den Staatsanwalt und das militärische Oberkommando in München und verlangten seine Freilassung.[124] Der Schriftsteller und Freiwirt Engert reiste nach München, um sich um Gesell zu kümmern, der ihm im Gefängnis erklärte: »In acht Tagen bin ich wieder Finanzminister.«[125] Die Anwälte, Verwandten und Anhänger versuchten, Gesell und Christen freizubekommen. Christen erkrankte im Gefängnis und wurde am 18. Juni gegen eine Kaution von 20.000 Mark entlassen.[126]

Am 16. Juni klagte der Staatsanwalt die beiden wegen Hochverrats an, weil es das Ziel der Räte gewesen sei, die rechtmäßige Regierung zu stürzen. Er beantragte für Gesell zwei Jahre Festungshaft und für Christen ein Jahr und drei Monate.[127] Die Verhandlung fand am 7. Juli statt, die beiden Angeklagten gaben umfangreiche Erklärungen ab. Als Entlastungszeugen traten drei Freiwirte auf, der Bergwerksdirektor Weißleder, der Kommerzienrat Karl Zitzmann und Fritz Trefzer vom Schweizer Freigeld-Freiland-Bund, dazu Niekisch, der Gesell bescheinigte, »ein Kind in politischen Dingen« zu sein.[128] Das bayerische Finanzministerium hatte dem Staatsanwalt zuvor mitgeteilt, Gesell habe die Beamten des Hauses weiterarbeiten lassen, weil er und seine Freunde mit ihren eigenen Projekten beschäftigt gewesen seien. Die sechs Millionen Reichsmark seien auf Anregung eines Beamten, nicht Gesells, für Kriegsbeschädigte reserviert worden.[129] Das Gericht sprach Gesell und Christen frei.[130] Christen wurde als Schweizer Staatsbürger ausgewiesen und verließ München am 15. Juli. Ein Jahr später beging er im Genfer See Selbstmord.[131]

Gesell hatte noch am Tag seiner Verhaftung in der Stadtkommandantur einen mehrseitigen Lebenslauf verfaßt, in dem

---

123 StaM, S-Film 304: Hofrat Dr. Theilhaber an Staatsanwalt und Militärgefängnis, 7.5.1919; Ärztlicher Kriegsausschuß München, 9.5.1919; Protokoll der Verhandlung vom 7.7.1919; Schmid, 1954, S. 285; Engert, 1986, S. 28 f., 38 f., 60, 73, 76 f.

124 StaM, S-Film 304: Brief der Gebrüder Gesell an Staatsanwalt, 10.5.1919; Brief Obstbaukolonie Eden und Deutscher Freilandverein an Oberkommando, 17.5.1919.

125 Engert, 1986, S. 37.

126 StaM, S-Film 304: Schreiben Rechtsanwalt Fritz Ballin, 14.5.1919; Staatsanwalt, 27.6.1919; Haftentlassung Christen, 18.6.1919.

127 Ebd.: Anklage StaW, 16.6.1919.

128 Ebd.: Protokoll der Verhandlung vom 7.7.1919; Schmid, 1954, S. 267.

129 StaM, S-Film 304: Stellungnahme des bayerischen Finanzministeriums an Staatsanwalt, 5.6.1919.

130 Ebd.: Urteil 7.7.1919.

131 Ebd.: Ärztlicher Kriegsausschuß München, 9.5.1919; Haftentlassung Christen, 18.6.1919, Protokoll der Verhandlung vom 7.7.1919; Schmid, 1954, S. 285; Engert, 1986, S. 28 f., 60, 76 f.

er seine Aktivitäten rechtfertigte. Er habe bloß die laufenden Geschäfte des Ministeriums erledigt und versucht, »das Publikum zu beruhigen und das Anhamstern von Bargeld hintanzuhalten«. Mit der Besetzung von Banken habe er nichts zu tun gehabt. »Mit Ausnahme einer kommunistischen Regierung ist mir für meine Ziele jede Regierung recht, da ich zu meinem Ziele nur durch Arbeit und Ordnung gelangen kann.«[132] Diese Haltung entsprach dem Inhalt einer Verteidigungsschrift, die Engert formuliert und Gesell gebilligt hatte.[133] Gesell habe sich von der Linken distanziert, weil diese kommunistisch sei. Immer schon habe er Marx bekämpft, insbesondere »das von jenem verkündete Streikprinzip«, und »statt dessen die unverdrossene, ja gesteigerte Arbeit« gepredigt. »Daß die Verbindung Gesells mit den Männern der ersten Räterepublik Bayern – und nur ihr gehörte er an – seinen Ideen im Grunde widersprach, geht am klarsten aus der Befremdung, ja dem Unwillen hervor, den dieser Schritt Gesells bei vielen seiner Anhänger hervorrief«, schrieb Engert.[134]

Das ist zutreffend, denn die Freiwirtschaftsbewegung bestand größtenteils aus Völkischen und Rassenhygienikern. Noch während Gesell im Gefängnis saß, kritisierte Hunkel ihn: Die Versuchung, seine Ideen umzusetzen, sei für Gesell, den Theoretiker, groß gewesen. Aber bei der Münchner Räterepublik habe es sich um »international-jüdische Verschwörer und Volksaufwiegler« gehandelt. Die Vorgänge zeigten, daß die Freiwirtschaft einen richtigen Führer brauche, Gesell sei dafür »nicht der geeignete Mann«, er habe in München auf eigene Rechnung gehandelt.[135] Engert schrieb später, er habe die Verquickung Gesells mit der »feindlichen (Welt) des Sozialismus marxistischer Prägung« von Anfang an bedenklich gefunden.[136]

In der Verteidigungsschrift hingegen pries Engert Gesells Taktik als besonders schlau: »Er wollte den Kommunismus mattsetzen (...) Gesell erblickt im Kommunismus das Übel aller Übel (...) er vertritt statt dessen den ausgesprochensten – bisher noch nie verwirklichten wirtschaftlichen Individualismus«. Mitgemacht habe er nur, um »seine Idee selbst noch in letzter Stunde zur Rettung des deutschen Volkes zu verwirklichen«. Er würde sich »auch jeder anderen Regierung mit seiner völlig unpolitischen, seiner reinen Facharbeit zur Verfügung stell(en) (...)«.[137] Daß man in einem politischen Prozeß angesichts des weißen Terrors die eigene Beteiligung herunterspielt, ist ver-

---

132 StaM, S-Film 304: Gesell, Lebenslauf, 4.5.1919.
133 Engert, 1986, S. 41.
134 Ebd., S. 39.
135 Hunkel, »Die Freiwirtschaft«, Heft 2, Mai 1919, S. 20.
136 Engert, 1986, S. 21.
137 Ebd., S. 40 f.

ständlich. Gesell und Christen waren schockiert und eingeschüchtert wegen der brutalen Ermordung Landauers und der
Exekution des KPD-Politikers Eugen Leviné im Gefängnis in
München-Stadelheim, wo sie selbst einsaßen. Allerdings zeichnete sich bald ab, daß es für sie nicht um Leben und Tod gehen
würde. Die Behauptung, Gesell habe Schlimmeres verhindern
wollen, mußte andere Angeklagte und Gefangene zusätzlich
belasten.

Die goldenen Zwanziger der Freiwirte

Neben der Physiokratischen Vereinigung (PV) existierte in Berlin der Freiland-Freigeld-Bund (FFB), den Klüpfel 1915 mit denen
gegründet hatte, die eine individualanarchistische Orientierung sowie die Attacken gegen die bürgerliche Ehe ablehnten.
Der Antisemit Weißleder gehörte zum FFB, einige andere traten
vom PV über, darunter der Lehrer Maaß aus Erfurt.[138] Ende 1918
spaltete sich die PV, als Blumenthal eine Aufteilung des gesamten Vermögens pro Kopf und zu gleichen Teilen forderte, damit
der »natürliche« Wettbewerb unter gleichen Bedingungen starten könnte, was Gesell strikt ablehnte.[139] Bei Kriegsende gab es
dazu lokale Freiwirtschaftsgruppen und den Deutschen Freiland Verein, aus denen 1919 der Bund für Freiwirtschaft (BF) entstand, der in der Gesellianer-Literatur als völkisch beschrieben
wird, was darauf hinausläuft, die anderen Gruppen von diesem
Vorwurf zu entlasten.[140] Im September 1919 schlossen sich der
FFB und der BF zum Deutschen Freiland-Freigeld-Bund (DFFB)
zusammen, mit Maaß als Vorsitzendem, der die »Abschütte-
lung des Versailler Friedensvertrags« als wichtigstes Ziel vor-
gab. Im DFFB und seiner Zeitschrift »Deutsche Freiwirtschaft«
waren völkische Freiwirte wie Haacke, Hunkel, Maaß und Weißleder tonangebend.[141] Das DFFB-Programm hatte Maaß unter
Mitwirkung von Gesell verfaßt, es wurde von Christen, Polenske
sowie Weißleder herausgegeben.[142]

Auf Initiative Blumenthals trafen sich Vertreter aller Gruppen im Mai 1921 in Kassel und gründeten eine Einheitsorgani-
sation, den Freiwirtschaftsbund FFF (FWB), wobei die drei »F«
für Freiland, Freigeld und Festwährung standen. Aufgrund der
inflationären Prozesse wurde eine Index- und Festwährung zu
einer wichtigen Forderung der Freiwirte. Erreichen wollten sie
ihre Ziele mittels einer zehnjährigen »Befreiungsdiktatur« mit

138 Stadtarchiv Erfurt, Auskunft 13.4.2012.
139 Blumenthal, 1919b, S. 19 ff.; Gesell, GW 10, S. 378 f.; Onken, in: Gesell, GW
10, S. 16.
140 Schmid, 1954, S. 280 ff.; Werner, 1990, S. 54; Bartsch, 1994, S. 25 ff.
141 Hunkel, 1926b, S. 388; Bartsch, 1994, S. 38 f.; Werner, 1989, S. 54.
142 Deutscher Freiland-Freigeld-Bund, 1920; Maaß, 1920; Maaß, 1931, S. 1 ff.

Gesell als Diktator.[143] Lediglich eine Fraktion des Berliner PV schloß sich nicht dem FWB an.

Die wirtschaftliche Not, die Verunsicherung nach dem Zusammenbruch der Monarchie und dem verlorenen Weltkrieg und schließlich die Hyperinflation bescherten der Freiwirtschaftslehre Zulauf. Der FWB hatte 1923 etwa 13.000 Mitglieder. Die Zahl der Ortsgruppen verdoppelte sich von 100 (1921) auf 200 (1924).[144] In Mecklenburg-Strelitz agierte eine Gruppe um Willi Noebe, Paul Hasse und Polenske, die eine Tageszeitung herausgab und im Bündnis mit dem Bund der Landwirte einen Vertreter in den Landtag brachte.[145] Im Ruhrgebiet gewannen die Freiwirte einen größeren Anhang und bildeten eine Organisation mit separatistischen Neigungen, denen sich Gesell anschloß, um vielleicht in einer Region seine Lehre umzusetzen.[146] Im Frühjahr 1923 beschloß der FWB, ein Volksbegehren für eine Index- oder Festwährung zu starten, sich an Wahlen zu beteiligen und ein Aktionsprogramm zu verfassen.[147]

Die Freiwirte schwelgten in der Hoffnung, bald die Regierung übernehmen zu können. Der Meister versprach die »Rettung Deutschlands« durch seine Ideen.[148] Seine Lehre würde die Freiwirte befähigen, »die Entwicklung der Dinge mit einer Sicherheit vorauszusehen und vorauszusagen, die alle Nichteingeweihten verblüfft, ähnlich wie es auf einen Hottentotten verblüffend wirkt, wenn die ihm von Astronomen prophezeite Sonnenfinsternis sich einstellt. Vieles haben wir prophezeit; pünktlich ist alles eingetreten, wie es vorausgesagt war«, prahlte er.[149] Ende Juli 1923 wandten sich die Freiwirte in einem offenen Brief an den Reichspräsidenten Friedrich Ebert (SPD). Die Hälfte des Nationalvermögens sei in den vergangenen Jahren »als Folge der geübten Hottentottenwirtschaft« gestohlen und durch den »Papiergeldschwindel« vor allem das Proletariat enteignet worden. Sie forderten einen ausgeglichenen Staatshaushalt, die Eintreibung rückständiger Steuern, eine Besteuerung des Sachbesitzes mit mindestens 50 Prozent sowie eine Indexwährung. Die umlaufende Geldmenge sollte eine Kommission aus Spitzenverbänden der Wirtschaft unter Aufsicht des FWB regulieren. Das Papier trägt auch die Unterschrift von Noebe und Hasse.[150] Andere Pläne zur Stabilisierung der Währung lehnten die Gesellianer als Pfuscherei ab.

143 Bartsch, 1994, S. 39 f.; Onken, Bartsch, 1997, S. 68 ff.; Onken, in: Gesell, GW 12, S. 9; Onken, in: Gesell, GW 14, S. 14 ff.; Schmid, 1954, S. 331.

144 Werner, 1989, S. 57 f.

145 Bartsch, 1994, S. 41 ff.

146 Schmid, 1954, S. 331.

147 Bartsch, 1994, S. 43; Onken, in: Gesell, GW 15, S. 11 f.

148 Gesell, GW 14, S. 382 ff.

149 Ebd., S. 374.

150 Ebd., S. 402 ff.

Entgegen den Prognosen Gesells konnte die Regierung mit der Rentenmark den vollständigen Kollaps der Währung und des Landes verhindern. Das Volksbegehren scheiterte, bei den Reichstagswahlen 1924 erreichte der FWB nicht einmal ein Prozent der Stimmen.[151] Die Enttäuschung über dieses miserable Ergebnis trug dazu bei, daß schwelende interne Konflikte offen ausbrachen. Gestritten wurde nun über Freiland und Mutterrente, Gesells Vorgabe, der FWB solle sich ausschließlich an das Proletariat wenden, und seine plötzliche Abgrenzung vom Nationalismus. »Das Völkische, soweit es in Politik ausgeartet ist, muß bis aufs Messer bekämpft werden. Der Klassenkampf muß bis zur Strecke ausgefochten werden. (...) Jeder Herabwürdigung anderer Rassen ist mit Kraft entgegenzutreten ...«, forderte Gesell 1924. Unangefochten aber waren seine Vorstellung, der FWB solle als »geistige Elite« fungieren, und seine diktatorischen Allüren.[152]

Im Mai 1924 gründete Hasse die Zeitschrift »Deutscher Kulturwart«, die für eine eindeutige antisemitische Ausrichtung stand. Auf dem Titelblatt prangte das Hakenkreuz. Für das Blatt schrieben Polenske und der Schweizer Freiwirt Hans Bernoulli.[153] Der Basler Architekt war seit 1923 bei der »Freiwirtschaftlichen Zeitung« der Schweiz engagiert, fungierte nach dem Zweiten Weltkrieg als Vorstand der Internationalen Freiwirtschaftlichen Union (IFU) und als Herausgeber der »Blätter der Freiheit« in Deutschland.[154] Polenske war Professor an der Universität Greifswald. Wegen seiner Beteiligung an der Münchner Räterepublik protestierten Studenten gegen ihn, so daß er auf seine Lehrberechtigung verzichtete und die Stadt verließ.[155] Hasse orientierte sich an Tarnorganisationen der wegen des Hitlerputsches verbotenen NSDAP. 1929 entstand aus der Redaktion und Leserkreisen der Zeitschrift der Deutsche Bund für krisenlose Volkswirtschaft (DBV) mit Hasse als Führer und Weißleder als Schriftführer.[156]

Eine jüngere Gruppe um Hans Timm, die auf die Freiland-Konzeption pochte und die Mutterrente als Alimentierung der Folgen »freier Liebe« goutierte, unterstützte Gesells »proletarischen Kurs«. Sie warfen dem FWB und dem Schweizer SFB Verrat an Gesell vor.[157] Obwohl sie den Marxismus ablehnten, waren manche fasziniert vom Erfolg der Kaderpartei Lenins in der

151 Ebd., S. 362 f., 385, 389 ff.
152 Gesell, GW 15, S. 64 ff., 108 ff.; Bartsch, 1994, S. 44 f.; Werner, 1989, S. 60 f.
153 Polenske, 1924, S. 228 ff.; Bernoulli, 1924, S. 233 ff.
154 Werner, 1989, S. 30; »Blätter der Freiheit«, Nr. 8/9, 1951, S. 9; »Blätter der Freiheit«, Nr. 7/8, 1954, Impressum.
155 Universitätsarchiv Greifswald, PA 427; Juristische Fakultät 285, Auskunft 3.5.2012.
156 Bartsch, 1994, S. 62 ff.
157 Wagemuth, 1926, S. 85 ff.; Timm, April 1926, S. 152 ff.

Oktoberrevolution. Im Sommer 1924 spaltete sich der FWB. Es entstand der Fisiokratische Kampfbund (FKB) um Timm, Batz, Haacke und Hanna Blumenthal, dem sich Gesell anschloß. Im gleichen Jahr wurde unter Führung von Hans Schumann (Jahrgang 1902) der Ring Revolutionärer Jugend (RJR) gegründet, der als FKB-Jugendorganisation fungierte.

Ganz ähnlich verlief die Entwicklung in der Schweiz. 1924 hatte sich der SFFB in Schweizerischer Freiwirtschaftsbund (SFB) umbenannt. Das neue Programm kreiste um die Indexwährung, weder Lebensreformer-Positionen, noch Freiland, ja nicht einmal Freigeld standen nun noch im Programm. 1925 errang der SFB bei Wahlen ein Prozent der Stimmen, und wie in Deutschland spaltete sich eine Fraktion unter der Bezeichnung Fisiokratischer Kampfbund ab.[158]

D er deutsche FKB war eine kleine Kaderorganisation, die Mitglieder organisierten sich in »Zehnerkameradschaften«. So unterstützte die Gruppe das Volksbegehren für eine Fürstenenteignung, das die KPD Anfang 1926 initiierte.[159] Eine wichtige ideologische Rolle spielte der Schriftsteller und Theatermann Rolf Engert. Als Freund Mackays hatte er während des Ersten Weltkriegs in Berlin Klüpfel und Blumenthal kennengelernt und sich der Physiokratischen Vereinigung angeschlossen. Engert war Individualanarchist, stützte sich auf Proudhon und propagierte eine Synthese von Gesell und Stirner.[160] Er feierte Freiland und Freigeld als Grundelemente der »Wirtschaftsordnung der Zukunft, des dritten Reiches im Leben der Menschheit – des Zeitalters der Einzigkeit«.[161] Damit meinte er im Sinne Stirners ein »drittes Reich der Zukunft, Mannesalter der Menschheit, Zeit bewußt bejahter Einzigkeit des Einzelnen«, das auf die Epochen des Christentums und des Kapitalismus folgen sollte.[162] Engert teilte eugenische Ideen: »Die Instinktverlassenheit, das Ergebnis einer seit Jahrtausenden bestehenden falschen, weil verfälschten Auslese, macht sich schon im frühesten Alter bemerkbar.« Er wollte die »natürliche Auslese« wieder herstellen, war gegen die Ehe und für ein »freies Liebesleben, das allein den Instinkten der natürlichen Zuchtwahl folgt«.[163] Die Mutterrente Gesells feierte Engert als »eines der größten Geschenke an die Menschheit«.[164]

158 Werner, 1989, S. 30 f.; Bericht, »Freiwirtschaft«, Heft 2, 1926, S. 33 f.; Hunkel, 1926a, S. 197 ff.
159 Aufruf der Bundesgeschäftsführung FKB, »Freiwirtschaft«, Heft 2, 1926, S. 35.
160 Onken, in: Engert, 1986, S. 9 ff.; Ebd., S. 16 ff.; Engert, 1926, S. 227 ff.
161 Engert, 1921, S. 27.
162 Engert, 2001, S. 5, 10 f.
163 Ebd., S. 18 f.
164 Engert, 1933, S. 5.

Informeller Führer des FKB war Timm (Jahrgang 1893). Er stammte aus Stettin, sympathisierte als Jugendlicher mit Lebensreform und Wandervogel und fand über Polenske zur Freiwirtschaft. Timm hatte Jura in Berlin, Freiburg und Greifswald studiert, bis er Ende 1916 zu einem Grenadierregiment eingezogen wurde. »Hati«, wie sein Spitzname lautete, hielt bald selber Vorträge, organisierte eine freiwirtschaftliche Gruppe in Stettin, korrespondierte mit Gesell und brach seine Jura-Promotion bei Polenske ab; er wurde in Berlin Geschäftsführer des FWB. Später fungierte Timm zeitweise im gleichen Amt beim FKB. Er prägte den FKB, dessen Publizistik er kontrollierte. Vom FWB übernahm der FKB die Zeitschrift »Freiwirtschaft«, die Timm redigierte. Gesell finanzierte ihm einen Verlag, in dem er bis 1934 Broschüren sowie als Wochenzeitung die »Letzte Politik« herausgab.[165]

Timm galt vorübergehend als wichtigster Vertrauter Gesells, was durch die Liebesbeziehung mit Gesells Tochter Anita verstärkt wurde. Daraus gingen zwei Söhne hervor, um die sich Timm nicht kümmerte. Nachdem »Hati« sich wegen einer anderen Frau von Anita getrennt hatte und Gesell sie in Eden von einem Selbstmord abhalten mußte, kam es zum Bruch. Die meisten Freiwirte schlugen sich auf die Seite der Gesells, wozu beitrug, daß Timm sich durch autoritäres Auftreten viele Feinde gemacht hatte.[166] So setzte er auf dem FKB-Bundestag 1926 in Hamburg durch, daß das Programm für »unabänderlich« erklärt wurde. Gleiches hatte er zuvor im FWB gemacht, in der Hoffnung, damit alle Mitglieder auf alle Zeiten zu verpflichten und Debatten über Grundsätze zu unterbinden.[167]

Der Vorfall zeigt, wie stark Privatleben und Politik vermischt waren, wozu Gesells Zucht-Vorstellungen beitrugen. In der Darstellung von Wera Wendnagel, der Nichte Hans Timms, des späteren Vorsitzenden der INWO, gewinnt man den Eindruck, das besonders die alten Männer wie Gesell und Paul Klemm, ein reicher Unternehmer und Sponsor der Bewegung aus Rumänien, die Ideologie nutzten, um sich an junge Anhängerinnen ranzumachen. Wendnagel zitierte ihre Mutter, der zufolge Gesells reaktionäres Frauenbild die Atmosphäre prägte. Marianne Timm kritisierte Gesell, die »Mutter-Du!-Stimmung« und Parolen wie »Mein Schoß dem Kinde«, die viele weibliche Freiwirtinnen »mit Beifall aufnahmen«.[168]

165 Universitätsarchiv Greifswald, Juristische Dissertation 1527, Auskunft 3.5.2012; Wendnagel, S. 24 f., 28, 30, 32, 56; Bartsch, 1992, S. 35, 38, 40; Bericht über den FKB-Bundestag Hamburg, »Freiwirtschaft«, Heft 10, 1926, S. 212; Timm, November 1926, S. 411.

166 Wendnagel, S. 37, 39, 46 ff.; Bartsch, 1992, S. 70 f.

167 Bericht FKB-Bundestag Hamburg, »Freiwirtschaft«, Heft 10, 1926, S. 210; Bartsch, 1992, S. 36, 50; Bartsch, 1994, S. 42 f.

168 Wendnagel. S. 37, 40 f., 47, 49 f.

Bereits Ende 1927 gerieten Gesell und Timm aneinander, als die FKB-Schatzmeisterin Annamaria Burmeister mit der Beschuldigung entlassen wurde, sie habe Geld entwendet. Gesells Ehrenerklärung für sie druckte Timm in der »Letzten Politik« nicht ab.[169] Burmeister hatte im Selbstverlag im gleichen Jahr Gesells Utopie vom abgebauten Staat publiziert. Einen schweren Aderlaß für den FKB bedeutete der Zwist mit einer Fraktion, die eine enge Zusammenarbeit mit der KPD und eine Synthese zwischen Gesell und Marx propagierte. Zu dieser Gruppe gehörten Schumann, die Mehrheit des Jugendverbands und ein Teil der Mitglieder in Westdeutschland. Die FKB-Mehrheit unterstützte die Zentrale um Timm, Batz und Burmeister, darunter Hunkel und Hannah Blumenthal. Der Zwist begann im Frühjahr 1926, eskalierte, als Timm auf der Unveränderbarkeit des Programms beharrte und Martin Hoffmann die entschädigungslose Enteignung aller großen Vermögen ins Programm heben wollte; er endete im September mit dem Ausschluß der Opposition.[170] Diese Gruppe konstituierte sich im Herbst als Proletarischer Block, der allerdings schon 1928 wieder zerfiel. Hoffmann und Schumann schlossen sich daraufhin der SPD an.[171]

Gesell sei Marx überlegen und Kommunismus »ökonomisches Christentum«, das an der egoistischen Natur des Menschen scheitere, sagte Hannah Blumenthal.[172] Batz wies die Idee einer Gemeinwirtschaft als utopisch zurück.[173] Timm betonte den »hemmungslosen Eigennutz« als Differenz zur Linken. Die angestrebte fisiokratische Ordnung »begreift nur, wer den Eigennutz als den Motor aller Bewegungen des Lebendigen begriffen hat«. Moral sei eine Einbildung der Schwachen, um sich vor der Erkenntnis ihrer Schwäche zu schützen, und werde von den Starken gern benutzt, um ihre Herrschaft aufrechtzuerhalten. Bemerkenswert ist der Anti-Intellektualismus. Timm gab auf der Bundestagung zu, er habe »von Marx selbst sehr wenig« und »von Gesell (...) noch viel weniger gelesen«.[174] Batz behauptete: »Im revolutionären Endkampf wird uns auch die eingehendste Kenntnis der Geschichte aller Revolutionen wenig nützen, wenn uns die Bücherhockerei so schlapp gemacht hat, daß wir nicht mehr imstande sind, eine Bombe oder

169 Bartsch, 1992, S. 71 ff.

170 Hoffmann (Diogenes), 1926, S. 121 ff.; Schumann, Februar 1926, S. 78 ff.; Schumann, Juni 1926, S. 221 ff.; Dornemann, 1926, S. 239 ff.; Hunkel, 1926b, S. 388 ff.; Vom Hamburger Bundestag, »Freiwirtschaft«, Heft 14, 1926, S. 279 f.; Bericht über die Hamburger Tagung, Heft 16, S. 317 ff.; Bekanntgabe der FKB-Geschäftsstelle, Heft 18, S. 356.

171 Bartsch, 1992, S. 56 ff.; Bartsch, 1994, S. 54 ff.; Hunkel, 1926b, S. 389.

172 Hannah Blumenthal, 1926, S. 272, 274.

173 Bericht aus Hamburg, »Freiwirtschaft«, Heft 20, 1926, S. 392, 395.

174 Bericht aus Hamburg, »Freiwirtschaft«, Heft 23, 1926, S. 447.

Handgranate zu schleudern oder in feuriger Rede die Massen aufzupeitschen.«[175]

Mit anderen FW-Organisationen teilte der FKB die sozialdarwinistische und rassistische Haltung. So wurde die Frage aufgeworfen, ob »Buschmänner« in Afrika, die angeblich kaum sprechen könnten, überhaupt als Menschen gelten und Freiland pachten dürften. Die Antwort lautete, wer bei der Auktion mitbiete, also verstehe, worum es geht, könne Land pachten. Gleiches gelte für die Verteilung der Mutterrente: Wer sich auf dem »Grundrenteamt« anmelden könne, kriege Geld.[176] Nach dem Programm der Freiwirtschaft würde zunächst alles Land, also auch das jener »Buschmänner«, seien sie nun Nomaden oder Ackerbauern, enteignet und anschließend verpachtet. Faktisch lief das auf Landraub hinaus, legitimiert durch eine kolonialistisch-rassistische Vorstellung von Überlegenheit. Das erinnerte an Gesell. Diese Sichtweise erlaubte, das gleiche Recht aller Menschen mit großem Pathos zu verkünden, aber davon auszugehen, daß aufgrund unterstellter biologischer und/oder kultureller Unterschiede die »Minderwertigen« im freien Spiel der Kräfte leer ausgehen würden.

Bei der Spaltung 1924 blieb die Mehrheit dem FWB treu, darunter Maaß, Hans Sveistrup (Jahrgang 1889) und Paul Diehl. Allerdings blieb der Verband mit internen Debatten beschäftigt.[177] Ab 1925 gab Maaß für den FWB die Zeitschrift »Neue Welt – Freiwirtschaftliches Archiv« im Verlag von Rudolf Zitzmann (1898–1990) in Nürnberg heraus. Hunkel gründete 1926 die Selbsthilfe der Arbeit (SdA) als Indexbank und Bausparkasse, die das Freigeld *Wara* herausgab, das später von Timm zugunsten seiner *Wära* absorbiert wurde. Im Kuratorium der SdA war der FWB vertreten. Diehl war ab 1930 als parteifreier zweiter Bürgermeister in dem Dorf Gräfelfing bei München aktiv und setzte im bodenreformerischen Sinn den Ankauf von Grundstücken durch.[178]

Die »goldenen Jahre« der Weimarer Republik bedeuteten für die Freiwirtschaftsbewegung wie andere völkische Strömungen und die NSDAP tendenziell einen Niedergang, der sich in einer weiteren organisatorischen Zersplitterung ausdrückte. 1927 wurde in Hamburg die Freiwirtschaftliche Arbeitspartei gegründet, die etwa 1.000 Mitglieder hatte; der Verband des FWB in der Hansestadt war mehrheitlich völkisch orientiert. Endlose Debatten um Wahlteilnahmen führten 1929 dazu, daß zwei FWB-Mitglieder die Volkspartei der Mitte gründeten. 1931

---

175 Bericht aus Hamburg, »Freiwirtschaft«, Heft 20, 1926, S. 397.

176 Notizen, »Freiwirtschaft«, Heft 3, 1926, S. 51 f.

177 Bartsch, 1994, S. 46 ff.

178 Werner, 1989, S. 62; Bartsch, 1994, S. 78 f.; Auskunft Gemeindearchiv Gräfelfing, 13.8.2007.

wurde ein weiterer Antrag auf Wahlbeteiligung vom FWB abgelehnt, die unterlegenen Befürworter spalteten sich ab und gründeten die Freiwirtschaftliche Arbeitspartei Deutschlands (FPD), in der die Volkspartei der Mitte aufging. Sie errang allerdings weniger Stimmen als 1924 der FWB.[179]

Erst die Weltwirtschaftskrise bescherte den Freiwirten einen neuen Aufschwung. 1932 erlebten die Gesellianer mit etwa 16.000 Anhängern in den verschiedenen Organisationen ihren bisher größten Zuspruch in Deutschland.[180] Dazu gehörten die Experimente mit der *Wära*, das »Wunder von Wörgl« sowie die *Stamp Scrips* in den USA und die Anerkennung von Gesells Ideen durch renommierte Ökonomen wie Fisher und Keynes. Der amerikanische Schriftsteller Ezra Pound wurde zum begeisterten Propagandisten der Freiwirtschaft und besuchte Wörgl. Nach dem Ersten Weltkrieg hatte sich Pound mit den bizarren Theorien von Douglas beschäftigt. 1924 ging er nach Italien und wandte sich bald dem Faschismus zu. Während der Wirtschaftskrise pries er die faschistische Politik und schrieb Pamphlete gegen Wucher und Zinsen, an denen die Juden schuld seien. Er begeisterte sich für Keynes und Gesell, dem er bescheinigte, ein Gegenmittel gegen Wucher erfunden zu haben.[181] Als Pound nach dem Zweiten Weltkrieg wegen seiner faschistischen Betätigung von den Alliierten inhaftiert wurde, würdigte er in seinen »Pisaner Gesängen« Wörgl als den Ort und seinen Bürgermeister als den Mann, der die »Wucherzinsen« abgeschafft habe.[182] Pound ist heute der geistige Mentor einer militanten Fraktion der italienischen Faschisten.

Die Mitgliederzahl des FKB lag nach der Abspaltung des Proletarischen Blocks stabil unter 200. 1928 wurde die Zeitung »Freiwirtschaft« eingestellt. Danach stieg die Mitgliederzahl und erreichte 1932 mit etwa 600 ihr Maximum. Timm konnte die »Freiwirtschaft« nach vierjähriger Pause wieder herausgeben, und seine »Letzte Politik« erreichte eine Auflage von 10.000 Exemplaren.[183] Prominentestes Mitglied des FKB war Paul Freiherr von Schoenaich (1866–1954), Generalmajor a.D. und Vorsitzender der Deutschen Friedensgesellschaft, der auf Vortragsreise durch die Großstädte geschickt wurde.[184] Ostern 1932 startete Timm eine Freiland-Aktion. Er unterstellte dem *Wära*-Geld eine »Lawinentendenz« zugunsten der Gesellianer. Die Freiland-Aktion werde »viel weitgreifender und großartiger«, versprach er auf dem FKB-Bundestag in Erfurt. Mit Spenden sollte ein neuer

179 Werner, 1989, S. 62 f.; Bartsch, 1994, S. 48 f.
180 Werner, 1989, S. 64.
181 Desai, 2006, S. 24, 28, 33 ff., 40, 43, 102 f., 134.
182 Broer, 2007, S. 276 ff.
183 Timm, Januar/Februar, 1932, S. 1 ff.; Wendnagel, S. 56; Bartsch, 1992, S. 39, 53.
184 Bartsch, 1992, S. 53; Werner, 1990, S. 68.

Freiland- und Mutterbund Grund aufkaufen und an Meistbietende verpachten, der Erlös sollte in den Aufkauf weiteren Landes und an die Mütter des Bundes entsprechend der Zahl ihrer Kinder fließen. Timm wollte keine landwirtschaftlichen Siedlungen gründen wie seine Vorläufer, sondern möglichst viel Geld verdienen; er würde lieber den Potsdamer Platz in Berlin als einen Acker kaufen. Die Aktion sollte der Propaganda sowie der Finanzierung und Vorbereitung der Gesellschen Lehre dienen und nicht zuletzt die Zahl der Anhänger vermehren. Bald würde der FKB »alle anderen Bewegungen überflügeln durch die Art und Zahl unserer Fisiokratenkinder«, prophezeite Timm.[185]

Freiwirtschaft und Nationalsozialismus

Im FWB wurde Stirners Philosophie abgelehnt. Sveistrup, der in der Preußischen Staatsbibliothek in Berlin tätig war, und Diehl, der als Lehrer in München arbeitete, suchten eine weltanschauliche Alternative. Die FKB-Konkurrenten hätten Stirner nicht begriffen und betrieben »Begriffspantscherei«, rügte Sveistrup. Daß Gesell sich gelegentlich auf den Individualanarchisten bezog, führte der Bibliothekar darauf zurück, daß der sonst als Genie angehimmelte Meister »philosophisch offensichtlich schwach und ungeschult gewesen« sei.[186] Die grundsätzliche Differenz sah Sveistrup darin, daß Stirner den Menschen als Egoisten begriffen habe, während für Gesell diese Eigenschaft bloß eine methodische Annahme zum Verständnis der Wirtschaft gewesen sei. Stirners Egoismus sei vordarwinistisch, Gesell gehe von einem biologischen Selbst- und Arterhaltungstrieb aus, der sich auf die »Erhaltung des Ganzen« beziehe, auf Gemeinde, Volk, Rasse und Menschheit.[187] Die Freiwirtschaft sei keiner Weltanschauung zugeordnet, sondern eine Brücke für viele, eine Technik, die auch mit einer Diktatur oder einem religiösen System verbunden werden könne, meinte Sveistrup.[188]

Diehl hingegen favorisierte die Lehre von Paul Krannhals (1883–1934). Dessen Hauptwerk *Das organische Weltbild*, 1928 im Bruckmann Verlag erschienen, lobte er als »in seiner Grundtendenz geradezu richtunggebend für uns«.[189] Krannhals bezog sich auf Henry Ford und Silvio Gesell, plädierte für eine Kunstwährung und gegen den Goldstandard.[190] In Riga geboren, lebte er wie Diehl ab 1926 in Gräfelfing.[191] Ihm ging es um eine

185 Timm, März/April, 1932, S. 48 ff.
186 Sveistrup, 1932, S. 7 ff., 82.
187 Ebd., S. 76 ff.
188 Ebd., S. 84 f., 87.
189 Diehl, April/Mai 1931, S. 33, 47.
190 Krannhals, 1928, Band 1, S. 222 f., 239 f.
191 Ortsarchiv Gräfelfing, Auskunft 5.11.2007.

religiöse und künstlerische Erneuerung »durch eine wahrhaft lebendige, allumfassende Weltanschauung, die sich mit innerer Notwendigkeit aus diesem wieder befreiten schöpferischen Kern unseres nordisch-deutschen Seelentums entfaltet«.[192] Organisches Denken hieß für Krannhals, den Rationalismus, den er als jüdisch identifizierte, zugunsten instinktiven Handelns, Fühlens und Denkens aus einem rassisch bestimmten Urgrund zu überwinden. »Wir Deutschen lassen uns auf allen Lebensgebieten vom jüdischen Geist beherrschen und sind noch stolz auf diesen Sieg der Objektivität«, bemängelte er. Dabei gestalte das Judentum als »wurzelloses Volk« die Wirtschaft nach einer mechanisch-materialistischen, rationalen Denkweise.[193] Im Zeitalter des Rationalismus werde das Göttliche aus der Welt verbannt und wissenschaftlich zergliedert. Es gelte, die »wiederbelebende mütterliche Kraft des organischen Denkens« zu entdecken.[194] Insbesondere störte Krannhals die Idee der menschlichen Gleichheit, die die Juden ersonnen hätten. Er setzte auf Rasse und Ungleichheit. Alle Hochkulturen sind laut Krannhals nordisch bestimmt, und Rassenmischung sei negativ.[195] Die Gegenwart deutete Krannhals als Wendezeit, als Zeit der »Wiedergeburt germanisch-deutschen Seelentums als des Trägers einer neuen Kulturepoche«. Es gelte, den »Endkampf zwischen Hakenkreuz und Sowjetstern« auszufechten. Diesen Kampf zu führen, dazu sei der Nationalsozialismus bestimmt, weil er im »blutsbestimmten Geist der Volksgemeinschaft« verwurzelt sei.[196] 1931 rief die Reichsleitung des Nationalsozialistischen Deutschen Studentenbundes (NSDStB) dazu auf, sich an einer Arbeitsgruppe zu beteiligen, die Krannhals leitete. In der Zeitschrift »Bewegung« des NSDStB konnte er schließlich seine Lehren weiter verbreiten.[197]

Diehl mußte gewußt haben, mit wem er es zu tun hatte. Als ökonomische Basis einer völkischen Erneuerung propagierte er die »natürliche Wirtschaftsordnung«, die den heimischen Erzeuger bevorzuge. »Daß der Lebensraum eines Volkes eine mit gleichen Zügen behaftete Gemeinschaft erzeugt, in der sich schließlich ein Artbewußtsein entwickelt, ist eine Tatsache, die nicht bestritten werden kann«, schrieb der Gymnasiallehrer.[198] Die organizistische Vorstellung von Staat und Gesellschaft als geschlossener biologischer Einheit, in der je-

192 Krannhals, 1936, S. 4.
193 Krannhals, 1928, Band 1, S. 249 f.
194 Krannhals, 1934, S. 301 ff.
195 Krannhals, 1928, Band 2, S. 444 f., 448 f., 454.
196 Krannhals, 1931b, S. 4.
197 Arbeitsgemeinschaft »Das organische Weltbild«, 1931, S. 4; Krannhals, 1931a, S. 4; Krannhals, 1931c, S. 7.
198 Diehl, April/Mai 1931, S. 35 f.

der einzelne auf seine Funktion gegenüber dem Ganzen reduziert ist, teilte Diehl, wenn er »die einzelnen Menschen als die
natürlichen Zellen des Staates« bezeichnete und den Kapitalismus als Fremdkörper, der den Organismus schädige.[199] Als
Krannhals im Sommer 1934 starb, wurde er von führenden Nationalsozialisten gewürdigt.[200] Diehl hielt an seinem Grab eine
Trauerrede. »In einer wahrhaft organischen Volksgemeinschaft,
deren Wesen er mit philosophischem Tiefblick ergründete,
sah er die Möglichkeit zur Rettung und zum Wiederaufstieg
seines Volkes«, sprach der vormalige FWB-Funktionär.[201] Im
gleichen Jahr bemängelte Diehl, es fehle der NSDAP an einer
guten Analyse und Begründung, um ihr Programmziel »Brechung der Zinsknechtschaft« umzusetzen. Diehl rügte Gottfried Feder als oberflächlich und den »Zinskampf« der Nazis
als »demagogisches Gaukelspiel«.[202] Nur wer ernsthaft gegen
Geld- und Bodenmonopol kämpfe, statt wie die Nazis »aus op-
portunistischen Gründen« auszuweichen, »der darf von sich
behaupten, daß es ihm ehrlich um die Erhaltung und Ertüchti-
gung der Rasse zu tun ist«.[203] Er setzte die »geniale Intuition«
Gesells dagegen.[204] Während die ökonomischen Ansätze der
NSDAP, insbesondere Feders, Murks seien, seien die Gesellianer
dank ihres Meisters die einzigen, die das deutsche Volk aus Not
und Elend erlösen könnten. Und damit wäre die Freiwirtschaft
auch besser geeignet, den Zuzug Fremder zu stoppen und die
rassische Hochzucht zu befördern. »Die Einwanderung Fremd-
stämmiger wird gerade in der freiwirtschaftlich organisierten
Gemeinschaft sich auf ein Mindestmaß beschränken, weil bei
einem wahrhaft freien Wettbewerb der mit Sprache und Sitte
vertraute Einheimische dem Zugewanderten immer überlegen
ist. Die Sicherung der wirtschaftlichen Existenz, die sich als
Folge der Freilandreform ergibt, ist der zuverlässigste Schutz
der Bodenständigkeit der Bevölkerung.«[205] Den Fanatismus der
Nazis fand der Lehrer Diehl »undeutsch«.[206] Zutreffend warnte er, daß Hitler auf Krieg setze, was er aus rassenhygienischen
Gründen ablehnte: Denn im Krieg blieben »die Geringerwerti-
gen« übrig, weil moderne Waffen die Besten töteten. »Wir haben schon auf eine Ursache der Verschlechterung der Rassen
hingewiesen, die systematische Ausrottung der Tüchtigsten
durch den Krieg.«[207] Immerhin lehnte Diehl 1931 den Antisemi-

199 Ebd., S. 37 f.
200 Hauer, 1934, S. 385.
201 Diehl, 1935a, S. 41.
202 Diehl, 1931, S. 6–15.
203 Ebd., S. 39.
204 Ebd., S. 25.
205 Diehl, April/Mai 1931, S. 39; Diehl, 1931, S. 30 f.
206 Ebd., S. 44.
207 Ebd., S. 35, 38.

tismus der NSDAP noch ab.[208] Fünf Jahre später, als er Krannhals als Wegbereiter der neuen Zeit würdigte, behauptete er, der
Kapitalismus sei das Produkt jüdischen Nomadentums. Die
Welt werde seit Jahrtausenden vom »Gelddenken der nomadischen Geistigkeit« gelenkt. Dieses sei dominant, »weil die no-
madische Geistigkeit den Lebenswelten seiner Wirtsvölker, die
sie selbst nicht besitzt, eine Macht entgegenstellen will, welche
dieses Lebenswerte beherrscht. Diese Macht ist der jüdische
Geist selbst, seine Auffassung des Geldes ist der vollendetste
Ausdruck seines Wesens.«[209]

Diehls Haltung war paradigmatisch: Auch Hunkel (1923),
Uhlemayr (1923) und Walker (1931) kritisierten Feder und die
NSDAP, weil und sofern deren wirtschaftspolitische Vorstellungen nicht denen Gesells entsprachen.[210] Walker schrieb 1931,
die Nazis würden »wenigstens, wenn auch nur mit Schlagwor-
ten«, über Zins reden.[211] Ihre Finanz- und Währungstheorien
verdienten »Beachtung«. Richtig sei, im Finanzkapital die
Macht zu sehen, die »die Zinswirtschaft verschuldet« habe,
falsch jedoch, nur die Juden verantwortlich zu machen, den jedermann könne Geld mißbrauchen. Darum ende die NS-These
in einer »Sackgasse«, es gelte, das Geldwesen zu ändern, nicht
»Personen auszuwechseln«.[212] Ende 1933 rechtfertigte Walker
die NS-Diktatur mit einem »Versagen der Demokratie«. Darum
brauche Hitler Gesell, sonst könne er seine Ziele nicht erreichen.
»Hitler hat den unbedingten Willen, das Wohl des schaffenden
Menschen im neuen Staat zu sichern«, lobte Walker und betonte, daß sich die Freiwirtschaftsbewegung auf ihrem Essener
Bundestag zu Pfingsten 1933 »in einmütiger Geschlossenheit
der nationalen Regierung zur Lösung ihrer sozialen Aufgaben
zur Verfügung gestellt« habe. Die Gründe, die es dem »Weimarer System« unmöglich gemacht hätten, mit der sozialen Frage
fertig zu werden, bestünden in Nazi-Deutschland nicht mehr.[213]

Die antidemokratisch-elitäre Haltung vieler Freiwirte
einschließlich Gesells bot eine inhaltliche Übereinstimmung mit dem Nationalsozialismus ebenso wie der Haß auf
den Marxismus und der Rassismus.[214] Dabei beharrten die
Gesellianer auf ihrer eigenen Variante. In der FKB-Zeitschrift
»Freiwirtschaft« erschienen dazu im Herbst 1933 drei Beiträge.
Karl Tuschwitz und Theodor Reents betonten, daß Freiland und

208 Ebd., S. 17, 42.
209 Diehl, 1936/37, S. 69 f.
210 Onken, Bartsch, 1997, S. 9 ff.
211 Walker, 1931, S. 135.
212 Ebd., S. 168 f.
213 Ebd., S. 233, 235 f.
214 Werner, 1989, S. 78 f., 82 f.

Freigeld die Auslese, das »Hinaufpflanzen«, fördern würden.[215] Die »Giftblüten des Schmarotzerinstinktes« vergingen, statt dessen würden Genies wie Gesell gezeugt.[216] Timm formulierte eine Differenz zu den Nazis, als er schrieb, das »Bevölkerungsproblem« liege in der Frage, »wie erhalten wir uns und unsere Art, wobei wir es jedem überlassen, zu bestimmen, was seine Art ist und was nicht, ihm auch freistellen, eine fremde Art höher zu schätzen, d.h. erhaltungswürdiger zu finden als die eigene«.[217] Allerdings habe sich die »weiße Menschheit« in den vergangenen 20 Jahren selbst schwer geschädigt, die »Farbigen« würden »überall an die Mauern (pochen) und drohen Rache zu nehmen«. Er griff implizit Gesells alte Forderung auf, die weiße Rasse müsse gegen Schwarze und Asiaten zusammenhalten: Bevölkerungspolitik habe den Sinn, »eigenes Wesen und eigene Art in solcher Stärke zu erhalten, daß die Farbigen nicht allein schon durch ihre Zahl alle weiße Kultur erdrücken«.

Unter den Freiwirten fanden sich zudem von Anfang an offene Antisemiten wie Christen, Hasse, Hunkel, Simons und Weißleder, in der Weimarer Phase kamen Leute wie Schumann dazu. Während der NS-Zeit traten insbesondere der FWB-Funktionär Kurt Becker, Franz Hochstetter und Bruno Schliephacke als Judenhasser auf. Leute wie Otto Lautenbach, ein ehemaliger FWB-Vorstand, benutzten nun regelmäßig Synonyme wie »goldene Internationale« oder »internationale Hochfinanz« zur Bezeichnung einer angeblichen Weltherrschaft der Juden.[218] Selbst die *Protokolle der Weisen von Zion* wurden von Lautenbach wegen einiger angeblich verblüffender »Erkenntnisse« positiv gewürdigt.[219] Für Schumann enthielt diese plumpe Fälschung die reine Wahrheit.[220]

Der FKB-Vorstand rief die Leser der »Letzten Politik« im Sommer 1932 zur Mitarbeit an einer Artikelserie »Zum Kampf gegen die Nazis« auf, weil unter ihrer Herrschaft die Freiwirtschaft »einen langen Winterschlaf wird halten müssen«. Uhlemayr vom FWB warnte vor einem »Todesweg mit einer langen Reihe von Leidensstationen und Martersteinen«.[221] Die Wende folgte im Winter 1932/1933.[222] Zunächst versuchten FWB, FKB und FPD sich in einem FFF-Reichskartell zu verbinden. Allerdings erklärte sich die FPD um Theodor Reents für die Hitlerre-

215 Tuschwitz, 1933, S. 102 ff.; Reents, 1933, S. 109 ff.
216 Tuschwitz, 1933, S. 109.
217 Timm, 1933, S. 114.
218 Becker, Juni 1940, S. 467 f.; August 1941, S. 43 f.; Dezember 1941, S. 234 f.; Januar 1942, S. 265; April 1942, S. 380; Schliephacke, Juli 1940, S. 23 ff.; Lautenbach, August-September 1933, S. 46; Januar 1941, S. 243 ff.; Juni 1941, S. 432.
219 Lautenbach, Oktober 1935, S. 159 f.
220 Schumann, August 1936, S. 41 ff.
221 Onken, Bartsch, 1997, S. 10, 12.
222 Ebd., S. 13.

gierung und löste sich im Juli 1933 auf. FWB und FKB arbeiteten erst einmal weiter. Der FWB bot Hitler seine Mitarbeit an, Bekker und Lautenbach feierten die Nazis. Dennoch wurde der FWB am 20. Januar 1934 verboten.[223]

Im Februar 1933 gaben die Fisiokraten die ironisch gemeinte Parole »Alle Macht der NSDAP« aus, damit die Nazis schnell abwirtschaften könnten. Im März durchsuchte die Polizei Timms Verlag und nahm Timm für zwei Tage in Haft. »Hati« und seine Genossen waren eingeschüchtert und fielen um. Unter dem Pseudonym Maximos rief Engert zur »positiven Mitarbeit am Aufbau des neuen Deutschland« auf, sofern es die Nazis mit der Brechung der Zinsknechtschaft ernst meinten.[224] Der FWB entließ Berta Heimberg als Sekretärin, der FKB Alfred Bader als Geschäftsführer, beide wegen ihrer jüdischen Herkunft. Auf dem Bundestag zu Ostern 1933 in Hamburg schob Timm den Juden die Schuld am Antisemitismus zu und begrüßte die Zerschlagung der Gewerkschaften. Im März 1934 stoppte die Polizei die Auslieferung der »Letzten Politik«; Timm wanderte später nach Argentinien aus.[225]

Organisierten Widerstand gegen die NS-Herrschaft gab es nicht. Lediglich einzelne waren aktiv. Heimberg organisierte im Ruhrgebiet illegale Versammlungen und verbreitete Flugblätter, bis sie 1939 ins Exil nach London ging.[226] Manche wurden verfolgt, wie Johannes Ude, ein österreichischer katholischer Priester, der gegen die Pogrome von 1938 protestierte, der christliche Freiwirt Uhlemayr, der 1942 seinen Mißhandlungen erlag, und der Verleger Zitzmann aus Lauf bei Nürnberg.[227] Bis Ende 1937 wurden rund 220 Titel seines Verlags verboten, im Juni 1938 wurde er von der Gestapo verhaftet. Bis Oktober 1943 war Zitzmann in den KZs Dachau, Oranienburg und Flossenbürg eingesperrt.[228]

Die Mehrheit der Freiwirte aber paßte sich an. Hunderte traten der Partei bei, schreibt Bartsch.[229] Sveistrup wurde am 1. Mai 1933 NSDAP-Mitglied.[230] Schumann mußte sich möglicherweise wegen der Aufnahmesperre, die die NSDAP 1933 angesichts des Ansturms verhängte, vier Jahre gedulden.[231] Lautenbach wurde 1941 Mitglied der SS; er brachte es bis zum Rottenführer.[232] Der

223 Ebd., S. 17, 19, 72.
224 Onken, 1997, S. 14.
225 Ebd., S. 15 f.
226 Ebd., S. 33.
227 Werner, 1990, S. 92 f.; Onken, 1997, S. 34.
228 Ebd., S. 38, Anmerkung 168, S. 163; Schreiben Gedenkstätte Flossenbürg, 18.2.2008.
229 Onken, Bartsch, 1997, S. 70.
230 BA NSDAP-Gaukartei, Sveistrup, Hans, Nr. 3.471.363.
231 BA RSK Schumann, Hans, 18.12.1941, Bild 982, Bild 994.
232 BA SM/SS L2, 2390 f., 2394.

Schweizer Werner Zimmermann verfaßte im Frühling 1933 eine Broschüre, in der er Richard Wagners »Lied der Nibelungen« freiwirtschaftlich als Epos von der Macht des Geldes und als Plädoyer für eine »deutsche ehrliche Währung der Arbeit« interpretierte. Die Interpretation des antisemitischen Bayreuther Künstlers war korrekt. Zimmermann steuerte das Klischee von der ehrlichen, deutschen Arbeit gegen die »internationale Hochfinanz« bei und widmete die Schrift Hitler, »dem Erbauer eines neuen Deutschland«.[233] Ein Jahr später schien Zimmermann enttäuscht, weil das »neue Deutschland« immer noch kein »soziales, arbeitsfrohes, freies Geld« geschaffen hatte und am Goldstandard festhielt.[234]

Pünktlich zum 1. Mai 1933, den die Nationalsozialisten zum »Tag der nationalen Arbeit« ausriefen, gründeten Freiwirte den Rolandbund in der NSDAP. Drei Tage vorher hatten Sveistrup, Hochstetter und Theodor Benn (Jahrgang 1891), Bruder des Dichters Gottfried Benn, der Bankprokurist Wilhelm Radecke (Jahrgang 1898) sowie Carl Heinz Sonnenschmidt aus Hamburg und Ernst Goebel aus Berlin an Hitler geschrieben. Sie bekannten sich als Freiwirte und Vertreter des Rolandbundes, als Mitglieder im Stahlhelm und im Alldeutschen Verband, »in innigster Verbindung mit einer Bewegung, die verkannt und geschmäht tapfer ihren eigenen Weg gegangen ist in heißer Sorge und tragischem Ringen um des deutschen Volkes Rettung«. Nun distanzierten sie sich von den »Lehren und dem Gebaren der bisherigen freiwirtschaftlichen Bewegung«. Sie wollten aber weiter gegen die »internationale Hochfinanz« und für Währungssouveränität als »souveräner Beherrschung des völkischen Schicksals« kämpfen. »Die Bundesführung hat deshalb den Wunsch, sich ausdrücklich dem Herrn Reichskanzler zu unterstellen«, schließt der Brief.[235]

Zum 1. Mai schickten sie Hitler eine Denkschrift. Sie erklärten dem Führer, daß sich der Name ihres Bundes aus der Inschrift der Roland-Figur auf dem Bremer Marktplatz ableite, wonach der Kaiser im Mittelalter die Marktfreiheit gewährt hatte. Diese Freiheit des Marktes sei »Bedingung der Wehrfähigkeit«, dagegen gefährde eine Goldwährung »unsere Wehrkraft«. Notwendig sei eine Währungshoheit, die nur durch Gesells Freigeld, das »heimattreueste Geld der Welt«, zu erreichen wäre. Nur mit einer »nationalen Wirtschaftsordnung« könne sich Deutschland behaupten. Eine Autarkie, wie sie die Nazis propagierten, würde zur »Rückbildung« führen und »wäre angesichts des Bevölkerungswachstums der östlichen und farbi-

233 Zimmermann, 1933a, S. 6, 16, 22 f.
234 Zimmermann, 1934, S. 9.
235 BA, Sveistrup, PK M 120, Brief an Hitler, 28.4.1933, 1040 ff., 1048.

gen Völker der Untergang des deutschen Reiches«. Die Freiwirte plädierten für eine intensive Binnenwirtschaft. Dem Bauern
müsse die Scholle in einem technisch hochentwickelten Betrieb
gesichert werden. Diese Denkschrift unterschrieben außer den
Absendern des Briefes vom 28. April noch drei weitere Freiwirte,
darunter Schumann.[236]

Der Rolandbund sollte die Freiwirte in der NSDAP vereini-
gen und eine Plattform bieten. Sie machten sich einige Hoffnung, weil Gottfried Feders Stern zu sinken begann. Er wurde
mit dem Posten eines Staatssekretärs abgespeist. Bis November
1934 war er Reichssiedlungskommissar im Wirtschaftsmini-
sterium. Anschließend wurde er Professor an der Technischen
Universität in Berlin und beschäftigte sich mit Raumplanung.
Seine Zinstheorien spielten keine Rolle mehr. Franz Hochstetter, einst Anhänger Feders, wurde nun eine wichtige Figur der
Freiwirtschaft.

1917 hatte der Elektroingenieur und Volkswirt den deutschen U-Boot-Krieg, der zivile Opfer bewußt in Kauf nahm,
gerühmt. Hochstetter forderte umfangreiche Annexionen.[237]
Deutschland brauche mehr Land im »Kampf ums Dasein«, darum sei ein zusammenhängendes Wirtschaftsgebiet über die
Türkei und Ägypten bis in die Tropen notwendig. Eine Export-
orientierung wäre verkehrt, weil damit Deutschland vom Ausland abhängig würde, dagegen sprächen »ernste Bedenken« aus
»rassen- und bevölkerungspolitischen Überlegungen«.[238] Im
Juli 1927 trat Hochstetter der NSDAP bei.[239] 1931 fungierte er
als kommissarischer Leiter eines Ausschusses für theoretische
Bank- und Geldfragen der NSDAP in Berlin.[240] Im gleichen Jahr
publizierte er in der »Reihe Nationalsozialistische Bibliothek«,
die Feder herausgab und die im Verlag Franz Eher Nachfahren
der NSDAP erschien, ein Pamphlet gegen die »Grundlagen der
Geldversklavung in Deutschland«, für die er die Juden verantwortlich machte. »Die Wirtschaftsgeschichte aller europäischen Völker lehrt, daß sich als Darlehensgeber und Wucherer
stets und überall die Vertreter einer ganz bestimmten Rasse
hervortaten, die Juden.« Dies sei kein Ergebnis besonderer Geschicklichkeit oder geistiger Überlegenheit, sondern Ergebnis
ihrer nomadischen Herkunft. »Sein Urinstinkt hält ihn ab, zu
säen, zu pflügen, zu arbeiten. Er wartet wie ein echter Parasit,

236 Ebd., »Das Roland Manifest. Für Marktfreiheit und Marktordnung« vom 1. Mai
1933, »Rolandbund zur Sicherung der Markthoheit des Reiches«, Bild 1064-1112.
237 Hochstetter, 1917a.
238 Hochstetter, 1917b, S. 50, 64, 66, 102 ff.
239 BA PK E 251 Hochstetter, Franz, 14.10.1880, Bild 1978, 1980, Gaukartei München, 8.4.1935, Gauleitung Berlin, Gaukartei, 29.3.1935, Karteikarte Hochstetter, Franz,
31tt i 97, Bild 2348.
240 BA OPG E 40, Schreiben Heinrichsen, Leiter der Organisationsabteilung 2 und
Gauwirtschaftsreferent, 8.7.1932, Bild 2058 ff.

bis die Früchte der Arbeit seiner Wirtsvölker ihm von selbst
in den Schoß fallen.« Der Jude sei ein »Viehherdenzähler« und
Spekulant, im Gegensatz zu deutschen Unternehmern wie
Krupp, Siemens, Schuckert, Borsig, die Hochstetter als »wahrhaft schöpferische Persönlichkeiten« rühmte, die »zum Wohle
der Allgemeinheit« tätig seien. »Eine Welt trennt das boden-
ständige Kapital von dem schmarotzenden Zinskapital, das
unstet und flüchtig wie der ewige Jude sein Geld dorthin treibt
..., wo der Wucher blüht, wo man mühelos Besitz, den andere
erschufen, erlisten kann«, schrieb er.[241] Hochstetter behauptete wie Gesell, Geld würde gehortet, plädierte aber noch 1931 für
Feders »Baumark«, ein »zinsfreies, wertbeständiges und durch
Sachwerte vollständig gedecktes Geldzeichen«, eine »Anwei-
sung auf geleistete Arbeit«.[242]

1932 liefen gegen Hochstetter ein Disziplinar- und ein Par-
teiausschlußverfahren. Er soll interne Papiere weitergegeben
und sich abfällig über Feder geäußert haben. Im Dezember
1933 beantragte Wilhelm Karl Keppler (1882–1960), ein mittelständischer Unternehmer und NS-Wirtschaftspolitiker, den
Ausschluß Hochstetters aus der NSDAP, weil er für die Freiwirtschaft agitiere. Beide Verfahren vor dem Parteigericht verliefen
im Sande. Im Frühjahr 1935 beantragte Hochstetter das Ehren-
zeichen der NSDAP, was die Gauleitung in Berlin ablehnte.[243]

Zwei weitere Aktivisten des Rolandbundes, Benn und Radecke, wurden am 23. Januar 1933 aus der NSDAP ausgeschlossen, weil sie gegen Feder und auf freiwirtschaftlichen Veranstaltungen gegen den Kurs der Partei aufgetreten sein sollen.[244]
Radecke war 1931 der NSDAP beigetreten.[245] Ein Jahr später
hatte er Feder und das »Bonzentum« in der Partei in einer Broschüre gerügt.[246] Benn hatte eine lange braune Karriere hinter
sich, vom Deutschvölkischen Schutz- und Trutzbund über die
Deutschvölkische Freiheitspartei, die Schwarze Reichswehr
und den Jungstahlhelm. Wegen Lynchjustiz, einem der be-

---

241 Hochstetter, 1931, S. 4, 8 f.

242 Ebd., S. 18, 21 ff., 29 ff., 40, 44.

243 BA PK E 251 Hochstetter, Franz, Bild 1978, 1980; OPG E 40, Schreiben Hochstetter an Feder, 7.2.1932, Bild 2078 f.; Schreiben Heinrichsen, 8.7.1932, Bild 2058 ff.;
Antrag Keppler, 13.12.1933, Bild 1998 f.; Onken berichtet von einem Parteigerichts-
verfahren 1935 auf Betreiben Hjalmar Schachts. Seine Broschüre *Schule der Volkswirtschaft* sei konfisziert worden und er 1936 aus der NSDAP ausgetreten (Onken, 1997, S.
37). Als Quellen führt er Lautenbach und Noebe sowie die Zeitschrift »Die Gefährten«
an (Anmerkung 160, S. 63). In der Akte im Bundesarchiv findet sich dazu kein Hinweis.

244 BA OPG H 64, Radecke, Wilhelm, Bild 2035 ff., Otto Born, Bericht an Gauleiter
Goebbels, 6.11.1932, 2218 f.; Wilhelm Kube, MdL Preußen, Fraktionsführer, 28.11.1932,
2048 f.; Einladung des »Bundes für freie Wirtschaft – Silvio Gesell Bewegung«, Berlin,
15.1.1933, 2240; FWB Berlin, Flugblatt zum öffentlichem Vortrag »Ohne Hitler ins dritte Reich« am 24.1.33, mit Fox Reiner (Köln), Benn und Radecke (NSDAP), 2256.

245 BA NSDAP-Mitgliedskartei, Radecke, Wilhelm, 2094; OPG H 64, Sitzung des
Parteigerichts, 11.1.1933, 2234.

246 BA OPG H 64, Radecke, Gottfried Feders Fehler (2052 ff.).

rüchtigten Fememorde, hatte er von 1925 bis 1929 im Gefängnis gesessen, bevor er in die NSDAP eintrat.[247] SA-Führer setzten sich für Benn und Radecke ein, wobei der Führer der Standarte »Horst Wessel« den SA-Stabschef Ernst Röhm darauf hinwies, daß ein großer Teil der SA für Gesell sei. Für Radecke legte sich sogar SS-Führer Heinrich Himmler ins Zeug. Schließlich hob Hitler persönlich im Mai 1936 die Ausschlüsse von Benn und Radecke wieder auf.[248]

Nach der Ermordung der SA-Führung Ende Juni 1934 wurde der Rolandbund verboten.[249] Mehr Glück hatte Lautenbach. Er startete im Juli 1933 eine Zeitung unter dem Titel »Schule der Freiheit« – als »unabhängige Monatsschrift für organische Gestaltung von Kultur, Gesellschaft und Wirtschaft« –, die bis 1942 erschien. Lautenbach fungierte als Herausgeber, im November übernahm er auch die Redaktion. Die meisten Beiträge verfaßte er selber, viele unter diversen Pseudonymen. Zu den regelmäßigen Mitarbeitern zählten in den ersten Jahren Schumann und Engert. Hasse und Weißleder waren selten vertreten. Becker war seit 1936 Mitarbeiter und übernahm 1939 die Redaktion. Der »Reichslandschaftsanwalt« Alwin Seifert (1890–1972), Mitglied der NSDAP seit 1938, in den 1950er Jahren dann Vorsitzender des Bundes Naturschutz, verlangte in einem Beitrag, daß die Landschaft im von der Wehrmacht eroberten Osteuropa »wieder eingedeutscht werden« müsse. »Der Deutsche muß Wald haben, wo er glücklich sein soll.« Dagegen sei der Slawe »ein Steppenmensch«, der den Osten in eine Kultursteppe verwandelt habe, in der sich der Deutsche unwohl fühle.[250] Das Blatt erschien im Verlag von Zitzmann, bevor Lautenbach Ende 1935 einen eigenen Vertrieb in Berlin und später den Otto-Lautenbach-Verlag aufbaute, in dem Werke von Fisher, Hochstetter, Walker und Zimmermann erschienen.[251] Zimmermann übersetzte Irving Fishers Bestseller *Wegweiser zu gesunder Lebensführung* (1915), der 1939 im Lautenbach-Verlag erschien.[252] Zur »Gesundheit der Rasse« empfahl der prominente Ökonom eine »weise Gattenwahl« sowie die »Absonderung Schwachsinniger und untauglicher in öffentlichen Anstalten und, in angemessenen Fällen, ihre Sterilisierung«.[253]

247 BA OPG H 64, Radecke, Wilhelm, Theodor Benn, Lebenslauf, 2126.

248 BA OPG H 64, Wilhelm Sander, Führer der Standarte Horst Wessel, an Röhm, 15.12.1932, 2108 f.; Himmler, 26.9.1933, 2140; Hitler an Radecke, 2.5.1936, 2208; PK A 274, Benn, Theodor, 558.

249 Onken, Bartsch, 1997, S. 22.

250 Seifert, 1941, S. 20 ff.

251 »Schule der Freiheit«, Heft 26, Ende Dezember 1935, S. 200; Heft 19/20, April 1942.

252 Fisher, Emerson, 1939; die englische Ausgabe *How to live* erreicht 449.000 Exemplare bis zur 20. Auflage 1938.

253 Fisher, 1939, S. 133 f.

Die Autoren der »Schule der Freiheit«, allen voran Lautenbach und Becker, lobten Hitler und das Regime für ihre Politik
und vollzogen jede Wendung mit. Sie feierten die Zerstörung
der Demokratie, weil die »Freiheit des nordischen Menschen«
nicht im Liberalismus liege, bejubelten das Ermächtigungsgesetz, die Säuberung und Gleichschaltung der Presse.[254] »Braun
wie die Erde ist ihr Kleid, und ihre Sehnsucht hieß Deutschland,
ihr Kampf war eine Absage an die chaotischen Zustände, die
die Zinsherrschaft geboren hatte, ihr Kampf ging gegen den
zersetzenden, lebensfremden Geist, ihr Kampf war geboren
aus schlummernden Instinkten, die die anderen nicht mehr
verstanden, weil sie zugeschüttet waren von dem Unrat einer
widernatürlichen Welt«, schrieb Lautenbach im Herbst 1933,
als Zehntausende von Gewerkschaftern, Sozialisten, Kommunisten und Republikanern eingesperrt, viele gefoltert und
ermordet wurden. Die Demokratie schmähte er als krank und
bleichsüchtig und lobhudelte über den »Elan Hitlers« und der
Faschisten in Italien und Ungarn.[255] In den ersten Jahren wurde
die Friedenspropaganda des NS-Regimes noch von rassenhygienischen Einwänden gegen eine fatale eugenische Wirkung
eines modernen Krieges begleitet. Ab 1939 aber hieß es, der
Krieg gegen die »Plutokratie«, gegen die jüdische »goldene Internationale«, die Deutschland eine Goldwährung aufzwingen
wolle, sei so notwendig wie die Eroberung von Gebieten für ein
»Volk ohne Raum«.[256]

Lautenbach bezog sich auf das Programm der NSDAP, das
sich gegen die »Herrschaft der goldenen Internationale« wende. »Die soziale Ordnung des vergangenen Jahrhunderts hat das
Minderwertige an die Oberfläche gespült, in der neuen sozialen
Ordnung wird dem Minderwertigen dann der Boden entzogen,
wenn das Wertvolle, dem Leben dienende, ungehemmt sich
entwickeln kann. Eine deutsche Volksgemeinschaft hat in diesem Kampfe nichts zu fürchten.« Das sei die Aufgabe des Nationalsozialismus, und die »Schule der Freiheit« stelle sich in
dessen Dienst.[257] »Wir sind Herr im eigenen Haus geworden«,
schrieb Lautenbach im Februar 1937 über den Vierjahresplan,
mit dem das Regime den Krieg vorbereitete.[258] Freigeld und
Freiland böten die »ideale Lösung« für die Ziele des NS-Staates,
denn es gebe »keine natürlichere Lösung der Frauenfrage« als

254 Lautenbach, Oktober 1933a, S. 5 f.; Oktober 1933b, S. 107 ff.; November 1933,
S. 145; Hartmann, Juli 1934, S. 19; Becker, Dezember 1937, S. 325 ff.; Uhle, August
1941, S. 49 ff.
255 Lautenbach, August/September 1933, S. 45 f.
256 Lautenbach, Januar 1935, S. 193; Januar 1941, S. 243 ff.; Becker, Juni 1940,
S. 463 ff.; November 1941, S. 155; Januar 1942a, S. 261 ff.; Juni 1942, S. 459.
257 Lautenbach, Juli 1933, S. 9 f .
258 Lautenbach, Februar 1936, S. 233 ff.; Februar 1937, S. 165 f.; Januar 1938,
S. 527 ff.

die »Überwindung der durch die Wirtschaftsverhältnisse erzwungenen Berufstätigkeit der Frau, ihre Rückkehr zu ihrem natürlichsten Beruf, zum Beruf der Frau und Mutter«.[259] Engert feierte Gesells Sozialdarwinismus: »So auch werde das Leben / Eine geebnete Kampfbahn edelem Wettstreit.«[260] Lautenbach begrüßte das Erbhofgesetz als Abkehr vom römischen Bodenrecht, als Schritt zur Verbindung von Mensch und Erde, von Blut und Boden; er lobte die Zwangssterilisierung von Behinderten und Armen.[261] Schumann und Hasse beklagten rassischen Verfall und Degeneration der Arier infolge des als jüdisch diffamierten Geldsystems.[262] Der Antisemitismus von Schumann und anderen war notorisch. Dabei wurden klassische völkische Motive aufgegriffen: die Geschichte des biblischen Josef, der in Ägypten die Bauern und Handwerker einer Zinsherrschaft unterworfen habe, die Juden als Händler und Krämer, deren parasitäre Haltung und Unfähigkeit zur Arbeit aus dem Nomadentum herrühre.[263] Schumann rechnete vor, wie sehr die deutschen Juden »arische« Familien belasteten, weil jeder von ihnen 460 Reichsmark Zinsen im Jahr kassiere.[264] Becker freute sich über die Eröffnung des »Institutes zur Erforschung der Judenfrage« in Frankfurt am Main, weil »die plutokratische Internationale unser unversöhnlicher Feind« sei.[265]

Stunde Null der Gesellianer und das Wirtschaftswunder

Eine selbstkritische Auseinandersetzung mit dem Nationalsozialismus leisteten die Gesellianer nach 1945 so wenig wie die gesamte deutsche Gesellschaft. Lautenbach präsentierte sich als Widerstandskämpfer und drohte jedem, der ihn wegen seiner Kollaboration attackieren würde, mit Klage wegen übler Nachrede. Als Hochstetter 1948 starb, wurde der NSDAP-Mann von seinen Gesinnungsfreunden als »einer der ältesten und aktivsten Kämpfer der Freiwirtschaft« gerühmt, der sich »sein ganzes Leben lang unermüdlich in Wort und Schrift für ihre Verwirklichung eingesetzt« habe.[266]

Nicht bloß für Richard Batz stellte der Nationalsozialismus einen »Finanzskandal« dar.[267] So heißt es im Sofortprogramm

259 Lautenbach (Brinken), März 1934, S. 324.
260 Engert, August/September 1933, S. 76.
261 Lautenbach, Oktober 1933b, S. 107; Dezember 1933, S. 178; Lautenbach (Brinken), März 1934, S. 323.
262 Schumann (Friedrich), Juli 1935, S. 9 ff.; Januar 1936, S. 201; Hasse, September 1938, S. 167 ff.
263 Schumann, Februar 1935, S. 205 ff.; van Kampen, Juni 1937, S. 217 ff.; Hasse, 1938, S. 185 f.
264 Schumann, Februar 1941, S. 282 f.
265 Becker, Dezember 1941, S. 232 ff.
266 »Blätter der Freiheit«, Oktober 1948, S. 215. Zutreffend ist die Einschätzung: »Seine Schriften sind Kampfschriften im besten Sinn des Wortes.«
267 Bartsch, 1994, S. 141, 143.

der Freiwirtschaftlichen Vereinigung von 1946, die Faschisten hätten eine »verantwortungslose Geldvermehrung« betrieben. Der Finanzskandal des Regimes bestünde darin, daß die Nazis das Volksvermögen vergeudet hätten.[268] Die Herausgeber der Zeitschrift »Die Gefährten«, darunter Engert, Hochstetter und Zimmermann, schrieben im gleichen Jahr, das Blatt gehöre »den Suchenden«, denen, die »über die grauenvollen Jahre des entfesselten Wahnsinns den Glauben an die Möglichkeit einer Lösung, den Glauben an den Sieg des Geistes, den Sieg der Weltvernunft bewahrt haben«.[269] Das erinnert an die Legende von der inneren Emigration, in die sich während des Nationalsozialismus nach dem 8. Mai 1945 die allermeisten befunden haben wollten. Das Heft erschien im Verlag Zitzmanns. Als Herausgeber war der frühere NSDAP-Mann Reents dabei.[270] Als Redakteur der »Gefährten« amtierte Walker, der in der ersten Nummer über die »Möglichkeiten menschlichen Irrens« schrieb und bekannte, »damals« so naiv gewesen zu sein wie die Wähler der NSDAP.[271] Tatsächlich hatte Walker unterstellt, die Nazis würden eine bessere Wirtschaftspolitik betreiben, und gehofft, daß liberale und linke Strömungen der universitären Wirtschaftswissenschaften »ausgemerzt« würden. Besonders hatte Walker 1934 gewürdigt, daß die NSDAP dem Gesetz von Angebot und Nachfrage sowie dem Leistungsprinzip wieder Geltung verschaffe, gegen Trusts und Syndikate.[272]

Diehl distanzierte sich ein bißchen von seinem Idol Krannhals, behauptete allerdings, dieser hätte sich im Grabe umgedreht, wenn er miterlebt hätte, was die Nationalsozialisten aus seiner Lehre gemacht hatten.[273] Im Entnazifizierungsverfahren gab Diehl an, ihm sei 1933 der Prozeß wegen einer NS-kritischen Schrift gemacht worden. Sein Leben verdanke er einem Polizisten, der ihn gekannt und die Akten verbrannt habe.[274] Tatsächlich war Diehl seines Amtes als zweiter Bürgermeister enthoben worden. Er hatte aber weiter als Gymnasiallehrer arbeiten können, und kurz vor Weihnachten 1933 hatte ihn der Reichsstatthalter von Bayern sogar zum Studienprofessor mit einem Grundgehalt von 8.400 Reichsmark befördert.[275] 1934 wurde Diehl Mitglied des NS-Lehrerbundes und in den Reichsverband Deutscher Schriftsteller aufgenommen, mit dessen Hilfe das Regime die Autoren kontrollierte.[276] Die Brüder Paul, Her-

268 Freiwirtschaftliche Vereinigung, 1946, S. 166, 168.
269 »Die Gefährten«, Heft 1, 1946, S. 2.
270 Reents, Heft 17, November/Dezember 1947; Heft 20, Mai 1948.
271 Walker, 1946a, S. 11 f.
272 Walker, 1934, S. 91 f.
273 Diehl, 1947, S. 70 f.
274 HStA München, MK 32362, Personalakte Diehl, Lebenslauf.
275 Ebd., Beförderungsurkunde 21.12.1933.
276 BA RK/RSK II, 178, 2116 ff.

mann und Ferdinand Diehl produzierten Märchenfilme für die Reichsstelle für Unterrichtsfilm (RfdU), die an den Schulen gezeigt wurden. Berühmt wurden die Brüder Diehl durch die Figur des Igels Mecki, der in der Bundesrepublik im Fernsehen lief. Studienprofessor Diehl verfaßte zu den Märchenfilmen Aufsätze, die in der Zeitschrift der Reichsstelle publiziert wurden.[277] Die Spruchkammer stufte Diehl 1947 als nicht betroffen ein. Bis 1960 amtierte er in Gräfelfing als Bürgermeister für die CSU und ließ auf Grund und Boden der Gemeinde eine Genossenschaftssiedlung errichten und einen Park anlegen, der bis heute nach ihm benannt ist.[278]

Unklar ist die Rolle von Willi Noebe (Jahrgang 1899) in der NS-Zeit. 1938 erklärte er, er sei Kriegsfreiwilliger, Mitglied eines Freikorps und Teilnehmer des Kapp-Putsches gewesen, habe die antisemitische Deutsch-Sozialistische Partei mitgegründet und sich 1922 der NSDAP angeschlossen. Alles Tarnung, behauptete Noebe dann 1947. Walker und Noebes tschechische Lebensgefährtin, die jüdischer Herkunft war, bestätigten seine Angabe, er sei 1933 in die Tschechoslowakei emigriert und nach der Annexion 1939 ein verkappter Widerstandskämpfer gewesen. Das Mitgliedschaftsamt der NSDAP berichtete 1940 von einer Mitgliedschaft Noebes in der Partei ab 1939 in Prag. SD und Sicherheitspolizei behaupteten, Noebe sei 1934 aus der Partei ausgeschlossen worden, und verwiesen auf freiwirtschaftliche Umtriebe. Seine Aktivitäten seien »sehr undurchsichtig«.[279] Ziemlich sicher ist, daß Noebe in den frühen 1920er Jahren zum radikalen völkischen Flügel der Gesellianer zählte. In Noebes Burg-Verlag erschienen in Prag pointiert antisemitische Werke wie Schumanns *Männer gegen Gold* (1943) und Schliephackes *Märchen, Seele und Kosmos* (1942), worin deutsche Märchen als Zeugnisse einer »arteigenen« Spiritualität gedeutet werden.[280]

Diehl, Walker, Lautenbach, Noebe und Batz waren nun die wichtigsten Repräsentanten der Gesellianer in Deutschland. 1946 formierte sich in der amerikanischen Zone der Freiwirtschaftsbund (FWB) unter Führung von Lautenbach und Diehl neu. Lautenbach verfügte in Heidelberg über den Vita-Verlag sowie die Zeitschrift »Blätter der Freiheit« – der Name wurde gegenüber seinem Projekt aus der NS-Zeit nur unwesentlich geändert. Im gleichen Jahr konstituierte sich in der britischen Zone auf Initiative von Batz die Radikal-Soziale Freiheitspartei (RSF)

277 Diehl, 1935b, S. 156 ff.; 1936, S. 118 ff.; 1939, S. 178; 1940, S. 117 f.
278 Auskunft Gemeindearchiv Gräfelfing, 13.8.2007.
279 BA RK/RSK II, I 442, Erklärung Noebe, Berlin 6.12.1947, Bild 2882 ff.; Erklärung Walker, 2880; Noebe, Erklärung, 12.5.1938, 2954 ff.; BA PK i 327, NSDAP-Mitgliedschaftsamt, 30.4.1940, 556; Chef Sipo und SD, 15.4.1940, 540 f.; Chef Sipo und SD, 21.12.1940, 554 ff..
280 Schliephacke, 1942.

mit Ablegern in den übrigen Zonen, die Freigeld, völlige Gewerbefreiheit und freien Wettbewerb, kompletten Freihandel und eine Indexwährung forderte sowie eine Verteilung der Grundrente an die Mütter nach der Zahl ihrer Kinder. Noebe gründete in Berlin den Neuen Bund (NB), dem sich Walker anschloß.[281] Die sowjetischen Besatzungsbehörden inhaftierten Noebe 1947 in Berlin und schickten ihn wegen konterrevolutionärer Umtriebe für sieben Jahre in ein Lager in die Sowjetunion.[282] Die drei Organisationen repräsentierten drei unterschiedliche strategische Konzepte. Der RSF setzte auf Wahlbeteiligungen, der FWB auf überparteiliche politische Einflußnahme auf Entscheidungsträger und der NB auf Projekte. RSF und FWB bekämpften sich, Walker suchte zu vermitteln.[283]

In der unmittelbaren Nachkriegszeit gewann die Lehre Gesells noch einmal eine gewisse Anziehungskraft. Der FWB hatte schließlich um die 3.500 Mitglieder, der RSF soll etwa 5.000 Mitglieder gehabt haben.[284] In der rechtspopulistischen Wirtschaftlichen Aufbau-Vereinigung (WAV) in Bayern, die zeitweise über 14 Prozent der Stimmen bekam, gab es einen Flügel, der Gesells Lehre anhing.[285] Der FWB setzte in dieser Phase, in der selbst die CDU in ihrem Ahlener Programm vage von Sozialismus sprach, weil das kapitalistische System durch Krisen und Faschismus als diskreditiert galt, auf Restauration. Im Bündnis mit den Ordoliberalen der Freiburger Schule kämpfte Lautenbach für die »soziale Marktwirtschaft«, wie das neue Label für Kapitalismus nun hieß. Dazu verlangte der FWB vor der ersten Bundestagswahl 1949 eine Bodenrechtsreform, Indexwährung und Schwundgeld.[286] 1950 startete Lautenbach ein Volksbegehren zur Sicherung der neuen Deutschen Mark als Freigeld. Die »Gesell-Gesellen« wollen einen Umlaufzwang, berichtete das Wochenmagazin »Spiegel« über die Initiative.[287] 1951 publizierte der FWB ein Papier unter dem Titel »Magna Charta der sozialen Marktwirtschaft«, das sich gegen »Kollektivisten aller Farben und Schattierungen« wandte.[288] Eine Mitbestimmung der Arbeiter im Betrieb wurde als Schritt zum Sozialismus verteufelt.[289] Ähnlich war der Tenor einer FWB-Erklärung im

281 Werner, 1989, S. 95 ff.; Bartsch, 1994, S. 153, 157 ff.; Hüttenberger, 1973, S. 139 f.; »Die Gefährten«, 1949, S. 390 f.

282 Werner, 1989, S. 95 ff.; Bartsch, 1994, S. 153, 157 ff.

283 »Die Gefährten«, 1949, S. 460 ff., 528 ff.

284 Bartsch, 1994, S. 166 f., 191.

285 Stöss, Band 4, 1986, S. 2459; Woller, 1982, S. 99.

286 FWB, »Extrablatt der Freiheit«, in: »Blätter der Freiheit« (»BdF«), 1949, »Neue soziale Ordnung. Die Frankfurter Thesen des FWB«, »BdF«, 1949, S. 14 f.

287 »Der Spiegel«, 27.4.1950, S. 29; Lautenbach, »Volk entscheide«, »BdF«, Januar 1950, S. 5 f.

288 »Magna Charta der sozialen Marktwirtschaft«, »BdF«, Heft 13/14, 1951, S. 5 ff.; Heft 20/21, S. 9.

289 »Das Mitbestimmungsrecht«, »BdF«, Heft 6/7, 1951, S. 3 ff.

folgenden Jahr, in dem der staatliche Einfluß auf die Wirtschaft beklagt wurde, so daß »unsere Gesellschaftsordnung Schritt für Schritt dem Kollektivismus verfallen muß«.[290]

Lautenbach, Diehl und Ernst Winkler, der dritte in der FWB-Führung, hatten Erfolg. Die Wirtschaftsliberalen um Alexander Rüstow (1885–1963) und Franz Böhm (1895–1977) waren zum Bündnis bereit. Im Herbst gründeten Freiwirte und Ordoliberale die Aktionsgemeinschaft Soziale Marktwirtschaft (ASM), deren Vorstand Lautenbach, Diehl und Winkler sowie Böhm und Rüstow angehörten.[291] Der Preis für das Bündnis waren Kompromisse. Die ASM forderte stabile Währung, unabhängige Notenbank und freien Wettbewerb anstelle von Monopolen.[292] Von Freigeld und Freiland war keine Rede. Zu einer Tagung im November 1953 kamen 600 Teilnehmer, sogar Wirtschaftsminister Ludwig Erhard (CDU) gab sich die Ehre. »Nach der ersten gewonnenen Schlacht muß der Krieg für die Marktwirtschaft nun als Ganzes gewonnen werden«, erklärte er.[293] Erhards Zuspruch war der letzte Triumph Lautenbachs; er starb im Sommer 1954. Die Zeitschrift »Blätter der Freiheit« überlebte ihn nur um wenige Ausgaben. Der FWB zerfiel, weil die Resonanz auf die Gesellianer mit dem Wirtschaftswunder stark nachließ. Die Koalition aus CDU/CSU und FDP war auf solche Bündnispartner nicht mehr angewiesen. Die ASM besteht bis heute, auf ihrer Homepage erinnert nichts an die gessellianischen Gründer.[294] Die Zeitschrift »Die Gefährten« ging bereits 1950 ein.

Die braunen Grünen

Die Freiwirte konnten auch in der Folgezeit nicht an die Hochphasen der Weimarer Republik anknüpfen, als sie eine regelrechte Subkultur gebildet hatten. Sie blieben auf Jahrzehnte eine winzige Strömung, was sich erst im Zuge der Globalisierungskritik und der Tauschring- und Regionalgeldbewegung ändern sollte. Von der Lebensreformbewegung, in der sich die Freiwirte wie die Fische im Wasser bewegten, war 1945 wenig übriggeblieben. Das Unbehagen von Teilen der Mittel- und Oberschicht an Industrialisierung und Urbanisierung, das diese Szene seit dem Kaiserreich gespeist hatte, verflog mit dem einsetzenden »Wirtschaftswunder« in Westdeutschland ebenso wie das Interesse an alternativen ökonomischen Modellen. In Ostdeutschland ließen die sowjetischen Behörden und spä-

290 »Thesen für ein Grundgesetz der Wirtschaft«, »BdF«, 1952, S. 35.

291 »Gründung der Aktionsgemeinschaft soziale Marktwirtschaft«, »BdF«, 1953, S. 133.

292 ASM-Beilage, S. III, »BdF«, 1954.

293 »Bericht über die Tagung der Aktionsgemeinschaft soziale Marktwirtschaft«, »BdF«, 1953, S. 475 ff.

294 http://www.asm-ev.de/ (Stand: 8.3.2012).

ter die SED keine solche politische Organisierung zu, wie das Schicksal Noebes und des Neuen Bundes zeigte. Einige Zentren der Freiwirtschaft und Lebensreform – Erfurt, Leipzig und Dresden mit der Gartenstadt Hellerau, ein Teil Berlins sowie das Umland mit der wichtigen Siedlung Eden – lagen im Osten.

Wera Wendnagel schildert in ihrer Autobiographie, daß die Bewegung nur mehr aus ein paar versprengten, verbitterten alternden Männern zu bestehen schien. Zu den Überresten zählte eine Partei, die ab 1950 unter dem Namen Freisoziale Union (FSU) firmierte. Ihr Vorgänger, die RSF, erreichte bei der ersten Bundestagswahl 1949 mit 0,9 Prozent der Stimmen ihr Maximum. Die FSU war eine rechte Splitterpartei, mit etwa 3.000 Mitgliedern in den frühen 1960er Jahren.[295] Erster Vorsitzender wurde Batz, in der Weimarer Zeit Geschäftsführer des westdeutschen Landesverbands des FWB und ab 1926 Bundesgeschäftsführer des FKB.[296] Unter seiner Führung verhandelte die FSU 1950 in Nordrhein-Westfalen über ein Wahlbündnis mit dem Block der Heimatvertriebenen und Entrechteten (BHE), einem Zusammenschluß ehemaliger Nazi-Funktionäre.[297] Während der Präsidentschaft von Radecke, dem ehemaligen NSDAP-Mann, schlossen sich Mitglieder der 1952 verbotenen nazistischen Sozialistischen Reichspartei (SRP) an, darunter der spätere langjährige Generalsekretär der FSU (1969–1982), Ferdinand Böttger. Wegen ehemaliger SRP-Mitglieder auf ihrer Liste wurde der FSU 1952 die Teilnahme an den Kommunalwahlen in Wolfsburg untersagt.[298] Außerdem bestanden Kontakte zur Deutsch-Sozialen Union Otto Strassers (1897-1974), dem Bruder von Gregor Strasser (1892-1934), die beide im Machtkampf mit Hitler unterlegen waren und bis heute Referenzpersonen für Nationalrevolutionäre sind.[299]

In den frühen 1970er Jahren stimmte die FSU in die Kritik von rechts gegen die »Entspannungspolitik« der sozialliberalen Koalition ein, weil diese die Teilung Deutschlands zementiere.[300] Im Programm von 1992 versprach die FSU einen »Mutterlohn« für jedes Kind, der aus der Bodenpacht bezahlt werden sollte. Die FSU trat für das »Selbstbestimmungsrecht des deutschen Volkes« ein sowie gegen jede Einschränkung deutscher Souverä-

---

295 Werner, 1989, S. 96, 98 f.; Stöss, Band 3, S. 1397, S. 1415 f.; Rowold, 1974, S. 360 ff.
296 FKB-Bundestag, »Freiwirtschaft«, Heft 10, 1926, S. 212; Stöss, Band 3, S. 1417.
297 Bartsch, 1994, S. 187.
298 Geden, 1996, S. 159; Woelk, 1992, S. 19 f.; Stöss, Band 3, 1986, S. 1408 ff.
299 Gregor Strasser war 1932 der zweite Mann in der NSDAP, bevor er sich mit Hitler überwarf und zurücktrat. Otto Strasser gehörte der NSDAP bis 1930 an, trat aus und gründete die Schwarze Front als nationalrevolutionäre Organisation. 1933 emigrierte er, kehrte 1955 zurück und vertrat die Idee eines »deutschen Sozialismus« mit Ständestaat, völkischer Erneuerung und einem neutralen Großdeutschland (Stöss, S. 1408, 1243 ff.).
300 Stöss, S. 1414.

nität aufgrund der NS-Verbrechen. Im Programm von 1995 wird die ehemalige DDR konsequenterweise als »mitteldeutsches Gebiet« bezeichnet.[301] Der FSU-Landesverband Niedersachsen publizierte im Mai 1995 eine Erklärung zum 50. Jahrestag der Befreiung von der NS-Herrschaft, in der es heißt, die »Goldene Internationale« habe Krieg gegen Deutschland geführt, weil dieses ein eigenes Wirtschaftssystem aufbauen wollte.[302]

Die Parteizeitschrift »Der Dritte Weg«, die für das gesamte Spektrum der Freiwirte wichtig war, wurde von Schumann, dem Antisemiten und ehemaligen NSDAP-Mann, geleitet; 1969 wurde er wieder in den FSU-Vorstand gewählt. Der Titel des Blattes knüpfte an Vorstellungen der völkischen Lebensreformer an.[303] Die FSU und ihre Parteizeitung »Dritter Weg« unterstützten die Apartheidpolitik in Südafrika, rassistische Positionen, ein reaktionäres Frauenbild, Verschwörungstheorien und rechte Geschichtsauffassungen.[304] So etwa der Oberstudienrat Reiner Bischoff, der in Baden-Württemberg einen Arbeitskreis des Bundes für Umwelt und Naturschutz in Deutschland (BUND) zu Wirtschaft und Finanzen leitete und bis 1995 dem BUND-Landesvorstand angehörte.[305] Er verpackte rassistische Ideologie in die Sprache der sogenannten Neuen Rechten, als er schrieb, Kapitalismus führe zu »kulturelle(r) Entwurzelung« und »Minderheitsproblemen«. Im Sinne des Ethnopluralismus, der für eine getrennte Entwicklung von als unterschiedlich und unvereinbar gedachten Völkern plädiert, wandte sich Bischoff gegen »Völkerverneinung und -auflösung« sowie »multikulturelle Ideologien«.[306]

Professor Johannes Jenetzky glaubt an genetisch verschiedene Völker und Rassen und wirbt für »Regionalismus und völkische Eigenständigkeit«.[307] Im Sommer 1989 durfte er im »Dritten Weg« schreiben: »Schicken wir alle Dritte-Welt-Wirtschaftsflüchtlinge und Balkanzigeuner zurück, dann gewinnen wir Platz für Volksdeutsche aus Rußland und Rumänien. Ja, ist das nicht Rassismus? Nein, denn mit Volksdeutschen, Balten und Ungarn kann man unseren Wohlstand sichern, mit anderen Menschengruppen geht das nicht: Rhodesien war reich, Zimbabwe wird immer ärmer. In Südafrika werden wir nach dem Abtritt der Weißen das gleiche Trauerspiel erleben. (...) Bis zum Ersten Weltkrieg war in Deutschland die geistige Werthöhe hoch, die Kriminalität niedrig, Volkstum und Familie

301 Geden, S. 160 f.
302 Werner, 1999, S. 18 f.
303 Ebd., S. 7; Bartsch, 1994, S. 216, 221.
304 Werner, 1999, S. 10–21.
305 Geden, 1996, S. 193 ff.
306 Bischoff, 1996, S. 35 ff.
307 Werner, 1999, S. 20.

gesund und ein hoffnungsvoller, allgemeiner Fortschritt zu erwarten. Nach dem Zweiten Weltkrieg wurden wir den übrigen verfallenden Gesellschaften angepaßt. Der Kulturabstieg läßt die Heutigen den Hochstand ihrer Ahnen nicht mehr erkennen, die Bildung ist auf den Stand der Primitiven aus den Vereinigten Staaten abgefallen.«[308]

Noch in den 1990er Jahren schrieb im »Dritten Weg« der NS-Jurist Erich Hermann Bockhoff (1911–1996), vormals Funktionär des NS-Studentenbundes und Autor der »Nationalsozialistischen Monatshefte«, unter seinem Pseudonym Ernst van Loen.[309] Besonders gefragt waren in der NS-Zeit seine Hetzschriften gegen die Sowjetunion, die dem Regime eine pseudo-völkerrechtliche Legitimation für den Überfall, das »Unternehmen Barbarossa«, lieferten.[310] 1995 beschrieb der unverbesserliche Loen/Bockhof den Jahrestag der militärischen Niederlage der Nationalsozialisten und der Befreiung Europas als »50. Wiederkehr des sich als Endsieg der Geschichte verstehenden Triumphes des imperial-globalen Allmachtsanspruchs des internationalen Weltfinanzkapitals über den ganzen Planeten«.[311] In einem Nachruf der FSU-Zeitschrift schrieb Johannes Heinrichs 1996, Bockhoff sei als Gegner des Stalinismus von den Nazis »zunächst eingespannt und mißbraucht, dann fallengelassen« worden.[312]

Während die FSU insgesamt einflußlos blieb,[313] formierte sich um 1956 innerhalb der Partei ein Bund freisozialer Lebensreformer um Georg Otto, der die neu entstehende Umweltbewegung mit beeinflussen wird.[314] In der Schweizer Zeitschrift »Evolution« und in Zitzmanns FKK-Blatt »Helios« tauchten kritische Beiträge über Umweltzerstörung und die Gefahren der Atomkraft auf, nachdem zuvor die »Blätter der Freiheit« deren Nutzung noch als Chance betrachtet hatten.[315] FSU-Mitglieder arbeiteten beim Weltbund zum Schutz des Lebens (WSL) mit, den der Förster Günther Schwab 1958 in Salzburg gegründet hatte. Schwab war im Oktober 1930 in Wien in NSDAP und SA eingetreten, wo er es bis zum Sturmführer gebracht hatte.[316] Nach dem Zweiten Weltkrieg verfaßte er Bestseller wie *Der Förster vom Silberwald*, quasi das Buch zum gleichnamigen Film,

308 Ebd., S. 19.
309 Bockhoff (van Loen), 3/1991, S. 9; 5/1991, S. 28; 12/1991, S. 11 f.
310 Bockhoff, 1936, S. 326 ff.; 1937a, S. 203 ff.; 1937b, S. 23 ff.; 1938, S. 203 ff.
311 Loen, 1996, S. 7.
312 Heinrich, Juli/August 1996, S. 21; Heinrichs, 1997, S. 132, 157.
313 Die FSU benannte sich 2001 in »Humanwirtschaftspartei« um; aus dem »Dritten Weg« wurde die Zeitschrift »Humanwirtschaft«, seit 2009 »Humane Wirtschaft«.
314 Stöss, S. 1412 ff.
315 Walker, 1958, S. 12; Schmidt, 1961, S. 41 f.
316 BA, Schwab, Guenther, RK/RSK II 1548, Bild 1794 ff., Schwab, Lebenslauf, 31.12.1938, Bild 1800, Fragebogen zur Aufnahme in die Reichsschrifttumskammer, 1810 ff.

dem erfolgreichsten deutschsprachigen Heimatschinken dieser
miefigen Ära, Tierbücher wie *Dackelglück* oder *Die grüne Glückse-
ligkeit: Ein Handbuch vom edlen Waidwerk*. Er beschrieb die Gefahren von Umweltgiften und Radioaktivität, allerdings galt seine
Sorge dem Erbgut und der globalen Vormacht der Weißen.[317]
1992 schrieb Schwab in einem Beitrag im »Gesundheitsberater«,
dem Blatt von Max O. Bruker (1909–2001), die Kultur werde allmählich absinken, die Schwachsinnigen sich stärker vermehren als die angeblich Begabten. Eine Folge sei »der Geltungsver-
lust der weißen Rasse in aller Welt«.[318]

Walter Gmelin, erster Präsident der deutschen WSL-Sekti-
on, war 1926 in die NSDAP eingetreten, nach 1933 Kreisleiter des
Rassenpolitischen Amtes und Arzt in der Euthanasie-Anstalt
Grafeneck geworden, in der ab 1940 mehr als 10.000 Behinderte und psychisch Kranke ermordet wurden.[319] Sein Nachfolger beim WSL, Helmut Mommsen, war 1933 in NSDAP, SA
und Nationalsozialistischen Ärztebund eingetreten.[320] Bruker,
ebenfalls WSL-Chef, war Mitglied der SA, Anwärter des NS-
Ärztebundes und für das Amt für Volksgesundheit der NSDAP
zugelassen.[321] Er gilt in der Umweltbewegung als Experte für
gesunde Ernährung. Bruker konstruierte einen Zusammenhang
zwischen »Frauenkrankheiten« und Verhütungsmitteln bzw.
gesundheitsschädlicher Lebensweise.[322] Wenn eine Frau so »ihren Körper schädigt«, hofft Bruker auf Sterilität: »vom biologischen Standpunkt aus eine sinnvolle Maßnahme, weil dadurch
der Anteil der Bevölkerung von der Fortpflanzung ausgeschlossen wird, der keine gesunde Nachkommenschaft gewährleisten
kann«.[323] Weil Frauen Erziehungsarbeit scheuten, käme es zu
immer mehr verweichlichten Einzelkindern. »Zur Vorbereitung
für die späteren Lebensaufgaben sind drei Kinder geeigneter als
nur zwei. Dies entspricht dem Kampf ums Dasein im späteren
Leben mehr. Bei drei Kindern sieht sich das eine meist einer
Mehrheit von zweien gegenüber.«[324]

Bruker und Mommsen kandidierten 1969 auf der Bundes-
tagswahlliste der FSU.[325] Die deutsche Sektion des WSL wurde
ab 1974 von Werner Georg Haverbeck (1909–1999) geführt, der
Funktionär im NS-Studentenbund (NSDStB), in der Hitlerju-
gend und der NSDAP sowie SS-Mitglied gewesen war; ab 1950
war er Pfarrer der anthroposophischen Christengemeinschaft.

317 Schwab, 1969/70, S. 20 f.; 1994, S. 136.
318 Schwab, 1992, S. 11.
319 Melzer, 2003, S. 318; Geden, 1996, S. 105 f.
320 Melzer, 2003, S. 306; Geden, 1996, S. 105 f.
321 Melzer, 2003, S. 358.
322 Bruker, 1989, S. 146 ff.
323 Bruker, 1989, S. 147 f.
324 Bruker, 1982, S. 280.
325 Melzer, 2003, S. 355 ff.; Geden, 1996, S. 107; Stöss, Band 3, S.1412 f.

1963 gründete er als Schulungszentrum in Vlotho das Collegium Humanum (es wird 2008 als »rechtsextrem« verboten). Dort referierten auch die Gesellianer Professor Felix Binn und Helmut Creutz; 1973 hielt die FSU ihren Parteitag in Vlotho ab.[326]

Eine Reihe von Freiwirten, darunter Creutz, zählten zu den Gründern der Grünen. Eine Gruppe um Georg Otto war am Aufbau der Grünen Liste Niedersachsen stark beteiligt, dem späteren Landesverband der Partei, Wera Wendnagel war später in Frankfurt aktiv. Tristan Abromeit legte im März 1980 ein Papier vor, in dem er den Grünen mit Bezug auf Gesell, Adam Smith, Damaschke, Hertzka und die Ordoliberalen, mit denen die Freiwirte in der Gründungsphase der Bundesrepublik paktiert hatten, einen freiwirtschaftlichen »Dritten Weg« vorschlug – zur »Befreiung der Marktwirtschaft vom Kapitalismus«.[327] Die Klassiker Gesells nannte er in seinem Beitrag zur Programmdebatte nicht direkt. Statt Schwundgeld verlangte Abromeit ein »funktionsgerechtes Geld« mit gleichbleibender Umlaufgeschwindigkeit und eine Geldmengenregulierung. Statt Bodenreform forderte er ein »neues Bodenrecht«. Jeder solle die Möglichkeit haben, Land zu nutzen, und müsse dafür einen Nutzungspreis entrichten, der in Form einer »Mütterrente« an die Frauen nach der Zahl ihrer Kinder verteilt wird.[328] Obendrein schlug Abromeit ein umfassendes Deregulierungs- und Privatisierungsprogramm vor. Er wollte die Ladenöffnungszeiten freigeben, das Postmonopol aufheben und den öffentlichen Nahverkehr privatisieren, ebenso Schulen und Universitäten, womit er eine anthroposophische Position übernahm. Diese sollen autonom sein, bekämen vom Staat kein Geld mehr und sollen »über den Preis für ihre Dienstleistungen ihre Kosten decken«.[329] Der Freiwirt nahm damit die neoliberale Politik vorweg. Er plädierte für »mehr Wettbewerb«, wetterte gegen den »Mißbrauch des sozialen Netzes« und »Zwangsversicherungen«. Er forderte eine Gleichstellung privater Versicherungen und eine Kostenbeteiligung der Patienten an der medizinischen Versorgung.[330] Das »Gegenmachtmodell der Gewerkschaften« hielt Abromeit für »unbrauchbar zur Lösung sozialer Konflikte«.[331]

Damit konnten die Gesellianer in dieser Phase bei den Grünen nicht mehr landen. Die Mehrheit votierte 1980 für ein Grundsatzprogramm, demzufolge die Rechte von Arbeitern und Gewerkschaften gestärkt, die Aussperrung verboten und die 35-Stunden-Woche bei vollem Lohnausgleich gefordert

---

326 Geden, S. 160 f.; Woelk, 1992, S. 19 f.
327 Abromeit, 1980, S. 3 f., 6 f.
328 Ebd., S. 21 f., 25 ff.
329 Ebd., S. 33, 41 f., S. 44.
330 Ebd., S. 37.
331 Ebd., S. 32.

wird.[332] Es war diese Wende nach links, die zum Austritt der meisten konservativen bis ökofaschistischen Kräfte um Herbert Gruhl, Baldur Springmann und Werner Georg Haverbeck führte, aus denen die Ökologisch-Demokratische Partei (ÖDP) hervorging. Die Gesellianer konnten keinen Einfluß auf die Programmatik oder die Parteipolitik mehr ausüben. Ihre Anzahl dürfte um 1989 bei etwa 200 gelegen haben, bei einer Parteimitgliedschaft von insgesamt weit über 20.000 Personen. Bei einer Abstimmung über Manifeste der verschiedenen Fraktionen bei den Grünen kamen die Gesellianer auf etwa 350 Unterschriften.[333]

---

332 Die Grünen, Das Bundesprogramm, 1980, S. 8 f.
333 Mende, 2011, S. 164 ff.; Bartsch, 1994, S. 240 ff., 247, 284; Werner, 1990, S. 99 f.; Stöss, Band 3, S. 1515 ff.

6

Links blinken, rechts abbiegen

Mit der Natürlichen Wirtschaftsordnung zum Green New Deal

D as Engagement in der Umweltbewegung und bei den Grünen brachte den Freiwirten keinen Aufschwung; sie blieben eine randständige kleine Gruppe, solange sie buchstabengetreu an der Lehre Gesells klebten. Bewegung kommt erst in den 1980er Jahren auf. Nach dem Zerfall und der Auflösung der Internationalen Freiwirtschaftlichen Union (IFU) gründen Freiwirte aus Deutschland, Österreich, der Schweiz, Belgien und Luxemburg 1982 die Internationale Vereinigung für Natürliche Wirtschaftsordnung (INWO-International). Der erste Kongreß findet im folgenden Jahr in Wörgl statt. Nach dem dritten Kongreß 1991 in Konstanz wird die INWO zu einem Dachverband umgewandelt. Im Jahr zuvor war aus der zerrütteten freiwirtschaftlichen Liberalsozialistischen Partei (LSP) die Schweizer INWO geworden. 1993 wandeln die Deutschen ihre Sektion in einen Verein mit dem Namen Initiative für Natürliche Wirtschaftordnung (INWO) um. Unter dem Vorsitz von Wera Wendnagel, der Nichte von Hans Timm, bringt es der Verein auf etwa 200 Mitglieder.[1] Die Arbeitsgemeinschaft freiwirtschaftlicher Christen (AfC), 1950 gegründet und mit schrumpfendem Anhang, verwandelt sich 1988 in die Organisation Christen für gerechte Wirtschaftsordnung (CGW) unter Leitung von Professor Roland Geitmann, einem Verwaltungsjuristen und Kommunalpolitiker aus Baden, der dem Vorstand der INWO angehört hatte.

Mit dabei ist der Jurist Dieter Suhr (1939–1990), der zu den Revisionisten gerechnet werden kann. Er kritisiert die Lehre als »geldtheoretisch nicht nur unzutreffend, sondern geradezu irreführend«. Geld zu horten sei »in der Regel unsinnig«, weil einem Erträge entgingen, die man eingestrichen hätte, wenn man es richtig anlegen würde. Darum werde Geld nicht gehortet, sondern aus Gründen der Liquidität vorgehalten, argumentiert Suhr und orientiert sich damit eher an Keynes.[2] Statt hoheitlich-politisch Schwundgeld einzuführen, empfiehlt Suhr ein »Selbsthilfeverfahren«. Banken sollten dazu gewonnen werden, spezielle Konten mit einem besonderen Geld einzurichten. Faktisch würde es sich um Verrechnungseinheiten handeln, nicht um eigene Geldscheine oder Münzen. Es sollen Gebühren für Bereitstellungs- und Überziehungskosten in Höhe von einem Prozent pro Monat sowie für die Kontoführung erhoben werden

---

1 Wendnagel, 2010, S. 352 f., S. 359; Bartsch, 1994, S. 305 ff.
2 Suhr, 1987, S. 101, 109 f.

und Risikozuschläge für Kredite. Zinsen gibt es in Suhrs Modell nicht.[3] Er nimmt damit theoretisch die aktuelle Orientierung auf Komplementärwährungen und Tauschringe vorweg. Suhr, Geitmann und Kennedy öffnen die selbstbezogene Szene für eine Zusammenarbeit mit anderen, insbesondere Christen und Anthroposophen, die das freiwirtschaftliche »Seminar für freiheitliche Ordnung« in Bad Boll, das 1954 gegründet worden war, schon vorweggenommen hatte.[4] Als Bezugspersonen werden von der CGW die Bodenreformer Damaschke, George und Oppenheimer sowie Proudhon genannt. Programmatisch knüpfen INWO und CGW an Gesell an, der Fokus liegt auf zinslosem Geld. Der Begriff »Freiland« wird kaum mehr verwendet, statt dessen ist von einer Bodenreform die Rede.[5]

INWO und CGW werden Mitgliedsorganisationen von Attac Deutschland. Anhänger der Lehre Gesells treten als Repräsentanten von Attac auf. Tauschringe und Gesellianer-Gruppen mischen vor Ort in Attac-Gruppen und Sozialforen mit. Auf der Sommeruniversität von Attac-Frankreich in Arles im August 2001 sind Tauschringe ebenso vertreten wie auf den Europäischen Sozialforen in Florenz 2002 und in Paris 2003. In Florenz initiieren französische Gruppen einen Workshop über Tauschsysteme in Europa. Außerdem tritt der Anthroposoph und Regionalgeld-Befürworter Thomas Mayer aus München als Referent auf, der mit Hilfe von Bürgerentscheiden damals noch bspw. eine zinslose Parallelwährung »München-Geld« als Konkurrenz zur DM einführen wollte. Bei dem Bürgerbegehren »München aus der Schuldenfalle« hat Mayer in den neunziger Jahren mit rechten Gruppen wie dem Bund freier Bürger (BfB) und der ÖDP kooperiert. Mayer ist Gründer und war langjähriger Geschäftsführer von Mehr Demokratie e.V., einem Verein, der bundesweit für Volksabstimmungen agitiert, und er hat seine Vorstellungen auch in der Rechtsaußenpostille »Junge Freiheit« präsentiert. [6]

In einem Attac-Papier zu einer »Alternativen Weltwirtschaftsordnung« (2004) findet sich neben Verfechtern einer »ökosozialen Marktwirtschaft« und einer »ökologischen Wirtschaftsdemokratie«, die einen »Mix aus Marktmechanismus und Rahmenplanung« favorisiert, eine dritte Strömung, die mit Parolen wie »Überwindung des kapitalistischen Wirtschaftssystems« links blinkt und nach rechts abbiegt. Diesem Konglomerat mögen einige Linke angehören, der Kontext verweist jedoch auf Gesellianer und Ökofeministinnen wie Maria

---

3 Suhr, 1987, S. 111 ff., 116 ff.
4 Bartsch, 1994, S. 199 ff.
5 Geitmann, 2000; Rosenberger, Aarau 1994; INWO, Flugblatt, Kontakt Wendnagel (undatiert); INWO, »Fairconomy«, Flugblatt (undatiert).
6 Mayer, 2000.

Mies, eine Feministin, Soziologin und Attac-Aktivistin, die eine lokal und regional beschränkte Subsistenzwirtschaft verficht. Gefordert werden von dieser dritten Richtung eine lokale und regionale Entwicklung, Subsistenzwirtschaft samt Tauschringen und Regionalgeld.[7] Beim ersten deutschen Sozialforum im Juli 2005 in Erfurt plaziert sich die CGW mit einem großen Infostand mitten in der Stadt und fungiert mit der INWO und der anthroposophischen Initiative Netzwerk Dreigliederung als offizielle Unterstützerin des Forums. Im gleichen Jahr veranstalten Anthroposophen, Gesellianer und der DGB-Kreisverband die »Globalisierungswochen Kassel« und stoßen auf Kritik von antifaschistischen Gruppen. Auf den Sommeruniversitäten von Attac-Deutschland 2005 und 2009 wird kontrovers diskutiert, nachdem sich Elmar Altvater, ein marxistisch orientierter Politikwissenschaftler, und andere Attac-Leute negativ zur Freiwirtschaft geäußert hatten. Gleichwohl organisieren Attac Halle und die grünen-nahe Heinrich-Böll-Stiftung von Sachsen-Anhalt 2009 eine Veranstaltungsreihe unter dem Titel »WeltMacht Geld« mit Christoph Körner (CGW), Klaus Popp (INWO) und Frank Jansky (Regiogeld e.V.) als Referenten.

Kritik von außen führt nur begrenzt zu einer Auseinandersetzung mit der eigenen Geschichte, am ehesten bei Werner (1990, 1999), während Onken und Bartsch das Problem herunterspielen. Onken verharmlost seit Jahren und systematisch Gesells Menschenzucht-Ideen.[8] Wendnagel meint, Gesell habe provozieren wollen und sich auf eine naive Vererbungslehre bezogen. Eigentlich habe er bloß die wahre Natur der Frau, ihren »gefühlsbetonten weiblichen Instinkt«, von männlicher Vorherrschaft befreien wollen, um eine »Gesundung der menschlichen Art« zu ermöglichen.[9] Bartsch räumt »eine Spur von Sozialdarwinismus« bei Gesell ein und rechtfertigt diese: »Jedoch richtet sie sich vor allem gegen Ehen mit Alkoholikern.«[10] Bei freier Liebeswahl der Frauen und freiem Wettbewerb unter den

7 Attac, 2004, S. 23, 38 f.

8 Darwins Evolutionslehre habe sich seines Denkens »bemächtigt«, und Gustav Simons »stülpte Gesells wirtschaftlichen Reformen auch eine völkische Weltanschauung über«, schreibt Onken, als sei Gesell nur passiv gewesen (»Zum Geleit«, GW 6, S. 7, 10). An andere Stelle schreibt er, Gesell tendierte unter dem Einfluß Frankfurths zur Evolutionslehre (GW 7, S. 11). Laut Onken hat Gesell mit Begriffen wie »Zuchtwahl« und »Hochzucht« eigentlich nur ausdrücken wollen, daß er ein »ganz besonderes Vertrauen in die Fähigkeit der Frauen, geeignete Partner als Väter für die gemeinsamen Kinder auszuwählen«, habe. Onken verweist auf Parallelen zur »Einstellung moderner Evolutionstheoretiker wie Eibl-Eibesfeldt«, eines Schülers von Konrad Lorenz, der in rechten Kreisen gern zitiert wird (»Zum Geleit«, GW 7, S. 11 ff., 15). Später behauptet Onken, Gesell habe sich von der Evolutionstheorie beeinflussen lassen, während die Kirchen am Kreationismus festhielten. Begriffe wie »Hochzucht« und »Fehlzucht« würden zwar grauenhafte Assoziationen wecken, allerdings habe Gesell sich stets vom Grundsatz der sozialen Gleichheit aller Menschen leiten lassen (2008, S. 8, 12).

9 Wendnagel, 1998, S. 33 f.

10 Schmitt, Bartsch, 1989, S. 14.

Männern sei »natürliche Auslese« möglich, dann »platzen die Eiterbeulen, die größten Probleme – Staat, Klerus, Überbevölkerung, Krieg«.[11] Auch Werner spricht nur von »sozialdarwinistischen Interpretationen« Gesells, die er als zeitbedingt und historisch belastet wertet. Er findet diese »kontraproduktiv« für die Ausbreitung der Lehre und bedauert, daß einige Freiwirte solche Ansichten »leider heute immer noch« vertreten.[12] Dabei ist die Affinität zu Sozialdarwinismus und Rassenhygiene auch nach 1945 nachweisbar und wird so wenig aufgearbeitet wie die Kollaboration mit dem NS-Regime. Glaubt man Onken und Bartsch, so sind bloß ein paar schwarze Schafe auf die Nazis hereingefallen.

Die »Stiftung für Reform der Geld- und Bodenordnung« ist symptomatisch für den Umgang mit der Vergangenheit. Bei »Quellenstudien zur Geschichte der Geld- und Bodenreform« sei man darauf gestoßen, daß ihr Gründer Johannes Schumann während der NS-Diktatur in seinen Büchern *Krieg der Milliardäre* (1939) und *Männer gegen Gold* (1943) »unerträgliche antisemitische Ansichten« vertreten habe, teilt Fritz Andres 2007 für den Vorstand mit. Davon distanziere man sich »in aller Schärfe«, auch wenn »ein Teil der Verfechter einer Geld- und Bodenreform während der NS-Diktatur geglaubt haben mochte, mit regime-konformen Verlautbarungen geld- und bodenreformerische Ziele tarnen zu sollen, so rechtfertigte dies Äußerungen wie die von J. Schumann jedenfalls nicht«.[13] Besser spät als gar nicht, könnte man meinen, aber an dieser Erklärung ist einiges schief. Schumann hat keineswegs bloß in diesen zwei Büchern und nicht nur zwischen 1933 und 1945 antisemitische Positionen vertreten, so daß die Erwägung, er habe vielleicht bloß vermeintlich ehrenwerte Ziele tarnen wollen, danebenliegt. Schumann war Antisemit und die Geld- und Bodenreform ein Produkt des völkisch-lebensreformerischen Milieus. Bezeichnend ist, daß die Haltung Schumanns längst von anderen Freiwirten kritisiert worden war, aber es noch Jahre dauerte, bis die Stiftung sich offiziell äußerte.[14]

Günter Bartsch (1927–2006), der sich als unparteiischer Zeithistoriker ausgab und etliche Beiträge zur Freiwirtschaft verfaßt hat, weist selber eine schillernde politische Biographie auf. Von 1947 bis 1953 war er Mitglied der KPD. 1972 veröffentlichte er ein Werk über Anarchismus in Deutschland, darin wird Silvio Gesell als »Anarcho-Liberaler« charakterisiert. Drei Jahre später schrieb Bartsch ein Buch unter dem Titel *Revolution*

11 Ebd., S. 15.
12 Werner, 1989, S. 130.
13 Andres, 2007.
14 Werner, 1999, S. 7 ff.; Liberalsoziale in Bündnis 90/Die Grünen, 1995, S. 4 f.

von rechts?, in dem er positiv Bezug auf Teile der sogenannten Neuen Rechten nahm. 1977 schlug er eine Brücke vom Anarchismus zur Anthroposophie. 1990 erscheint eine affirmative Biographie von ihm über Otto Strasser im Verlag von Siegfried Bublies, einem Ex-Mitglied von NPD und Republikanern, der die nationalrevolutionäre Zeitschrift »Wir Selbst« herausgibt, für die Bartsch schreibt.[15]

Die unaufgearbeiteten braunen Elemente der Freiwirtschaft und die Möglichkeit, sie an antisemitische Deutungen anzuschließen, sind gefährlich, gerade in einer Zeit der Polarisierung, des verschärften Klassenkampfs von oben und eines realen oder gefürchteten Abstiegs von Teilen der Mittelschicht, in der Hemmungen zunehmend fallen. Rassistische und sozialdarwinistische, biologistische und eugenische Einstellungen breiten sich in der Bevölkerung aus, wie der Erfolg Thilo Sarrazins einerseits und die Studien des Teams um Wilhelm Heitmeyer andererseits belegen.[16] Antisemitismus in der klassischen Form scheint noch tabu, äußert sich aber im Kontext von Wirtschaftskrise und Verschwörungstheorien und ist als Antizionismus salonfähig.

Vergleicht man Attac und die Freiwirtschaft, gibt es einen gewichtigen Unterschied: Die Anhänger Gesells konzentrieren sich auf den Zins. Die Lehre von der Zinsknechtschaft, welche aus der guten Marktwirtschaft den schlechten Kapitalismus mache, ist ihr Dogma. Attac verfolgt grundsätzlich eher sozialdemokratisch-reformistische Ziele, die die parteiförmige Sozialdemokratie längst abgelegt hat. Gemeinsam ist beiden, Freiwirtschaft wie Attac, die beschränkte Vorstellung, es seien im wesentlichen Erscheinungen der Zirkulationssphäre für alle Übel dieser Welt verantwortlich.[17] Was der Freiwirtschaft das Schwundgeld, ist für Attac die Tobin-Steuer. Seit zwei Jahrzehnten gewinnt die Freiwirtschaft wieder mehr Anhänger. Junge Leute haben 2009 mit dem Verein Global Change Now (GCN) eine Organisation gegründet, die für eine »Neuordnung des Geldsystems« eintritt und nicht den altbackenen Charme der Freiwirtschaft zu versprühen scheint. Allerdings sind Gesellianer-Organisationen Partner; Freiwirte treten bei Veranstaltungen und in der GCN-Academy in der »Villa Creutz«, benannt nach Helmut Creutz, in Köthen auf. Im März 2011 veranstaltete GCN einen »Geldkongreß« in Berlin, der von nahezu allen deutschen Gesellianer-Organisationen einschließlich der aus der

---

15 Heni, 2006, S. 45, 51 ff.; Hethey, Kratz, 1991, S. 126 f.; Feit, 1987, S. 180; Wölk, 1992, S. 44 ff.; Bartsch, 1975; 1977; 1983/1984, S. 24 ff.; 1990.

16 Heitmeyer, 2012, S. 25 ff.

17 Attac Frankreich, 2002, S. 35.

FSU hervorgegangenen Humanwirtschaftspartei sowie der Eso-teriker-Partei Die Violetten unterstützt wurde.[18] Der Zuspruch dürfte auch auf Tauschringe und Regionalwährungen zurück-zuführen sein, die zwar größtenteils vor sich hin dümpeln, aber ein größeres Rekrutierungspotential entwickeln dürften, als die Verkündung der reinen Lehre allein dies könnte. Sie ent-sprechen der verbreiteten Haltung, man müsse sich praktisch betätigen, statt erst einmal nachzudenken. Die aktuelle Krise wird skurrilen Ideen obendrein Resonanz verschaffen. So plä-dierten beim »Seminar für freiheitliche Ordnung« zum Thema »Vom Regiogeld zum nationalen Parallelgeld« im November 2011 zwei Referenten für die Wiedereinführung der Drachme in Griechenland als Komplementärwährung zum Euro, einmal mit und einmal ohne Umlaufgebühr.[19] Der Wiener Wirtschafts-wissenschaftler und Gesellianer Gerhard Senft (2012) wirbt für eine »Geldanarchie« – mit Bezug auf liberale Ökonomen wie Jean Baptist Say und Friedrich August Hayek (1899–1992) –, um eine angebliche Geldknappheit zu überwinden.[20]

Ein modifiziertes freiwirtschaftliches Konzept ist anschluß-fähig an eine autoritäre staatliche Krisenverwaltung und öko-logische Modernisierung, Stichwort Green New Deal, die auf Elendsselbstverwaltung, Arbeitsdienst und eine Unterwerfung weiterer Lebensbereiche unter Mechanismen der Kapitalakku-mulation zielt. Zu den wichtigsten Vertretern dieser Richtung gehören Margrit Kennedy und Bernhard Lietaer.[21]

Kennedy zählte anfangs zu denen, die die Freiland-Idee be-tonten; sie wärmte unter Bezug auf Otani sogar den völkischen Topos vom angeblich besonders verderblichen römischen Bo-denrecht wieder auf. Sie unterstellte ebenso wie Hermann Ben-jes, daß in Teilen Europas bis ins späte Mittelalter Grund und Boden kollektives Eigentum der Dörfer gewesen und an Ein-zelpersonen verpachtet worden seien.[22] Das Freiland-Prinzip sei im Mittelalter also verwirklicht gewesen. Historisch ist das falsch. Grund und Boden gehörten überwiegend der Krone, dem Adel und der Kirche. Die Herrscher gaben das Land samt seinen Bewohnern an adelige Vasallen weiter. Nur ein Teil des Bodens befand sich im Besitz freier Bauern, ein kleiner Bereich gehörte den Dörfern kollektiv und wurde von allen nach Bedarf genutzt.

Der Finanzexperte Lietaer (Jahrgang 1942) war als leitender Angestellter der belgischen Zentralbank für die Einführung der European Currency Unit (ECU), dem Vorläufer des Euro, mit

18 http://globalchangenow.de/ (25.5.2012).
19 Lang, 2012, S. 25.
20 Senft, 2012, S. 18 ff.
21 Kennedy, Lietaer, 2004.
22 Benjes, 1995, S. 76; Kennedy, 1989c, S. 22; Kennedy, 1991, S. 54, Anmerkung 13, S. 61.

verantwortlich und arbeitete später als Geschäftsführer und Händler eines Offshore-Währungsfonds. Die Zeitschrift »Business Week« wählte ihn zum Top-Welt-Währungshändler. In den 1990er Jahren dozierte er an einer amerikanischen Universität über archetypische Psychologie, die auf den faschistischen Psychologen Carl Gustav Jung (1875–1961) zurückgeht.[23] Lietaer greift die in Esoterik-Kreisen beliebte Ying-Yang-Lehre auf und stellt eine männliche, unterdrückerische »Yang-Wirtschaft«, in der Geld Zinsen heckt und Konkurrenz herrscht, einer kooperativen, nachhaltigen »Ying-Wirtschaft« entgegen, die wir erreichen könnten, wenn uns die Unterdrückung des Archetyps der »Großen Mutter« bewußt würde. In seiner »Ying-Wirtschaft« gäbe es »Ying-Währungen« für die lokale Wirtschaft, mit zinslosen Krediten, die den Tausch vermitteln und die die vorhandenen »Yang-Währungen« zu einer Ganzheit ergänzen würden. Kennedy wiederum vertritt die typische Position Gesells, daß Geld gehortet werden könne und dadurch Zins und Zinseszins erpreßt würden. Wie alle modernen Freiwirte erklärt sie Umweltzerstörung zur Folge eines »krankhaften Wachstums«, das der Zins verursache. Im Gegensatz zur klassischen Freiwirtschaftslehre plädieren die beiden für Komplementärwährungen als einer Vielfalt von Geld, das jeweils für bestimmte Zwecke in Umlauf gebracht werden soll. Während Kennedy ihnen eine »Rettungsboot-Funktion« zuschreibt, falls das heutige Währungssystem zusammenbricht, und sie als »Embryos einer neuen Ökonomie« sieht, propagiert Lietaer eine »Monetary Democracy« mit Komplementärwährungen, von denen es seinen Angaben zufolge weltweit bereits 2.700 gibt, sowie eine Weltwährung ohne Zinsen, die er *Terra* nennt. Vorhandene Währungen blieben bestehen, während *Terra* das Problem schwankender Wechselkurse beheben soll und damit an Gesells Projekt der Internationalen Valuta Assoziation (IVA) mit ihren IVA-Noten anknüpft.[24]

Komplementärwährungen für bestimmte Zwecke anstelle von Geld als allgemeinem Tauschmittel bedeuten, daß die Empfänger dieses Geld nicht so ausgeben können, wie sie es für richtig und sinnvoll halten, ähnlich wie der Staat Asylbewerber mit befristeten Lebensmittelgutscheinen reglementiert. Der Staat würde obendrein Ausgaben sparen. So hat Lietaer für Brasilien ein Gutschein-System vorgeschlagen, *Saber* genannt nach dem portugiesischen Wort für Kennen/Wissen. Die Scheine sollten von einer Nichtregierungsorganisation oder dem Bildungsmi-

---

23 Lietaer, 2009, S. 442; Gess, 1994, S. 156 ff.

24 Lietaer, Hallsmith, 2011, S. 207; Lietaer, 2009, S. 449 ff.; Litaer, Ulanowicz, Goerner, 2009; Lietaer, 2001; Lietaer, 2000, S. 8 ff.; Kennedy, 2005b; Kennedy, 2009, S. 433; Kennedy, 2011, S. 64; Hubert, 2004, S. 90 ff.

nisterium an Kinder in armen Regionen ausgegeben werden. Die Kleinen würden damit ältere Kinder für Nachhilfe bezahlen, die wiederum kaufen sich Unterstützung bei Jugendlichen, die schließlich ein Studium an der Universität damit bezahlen könnten. Die Universitäten würden die *Saber*-Scheine bei der Regierung mit einem Schwund von 50 Prozent in konventionelle Währung einlösen, um sich zu finanzieren. Der *Saber* würde »Ketten des Lernens durch Lehren« auslösen und die Ausgabe von 10 Billionen Dollar ersetzen, prophezeit Lietaer.[25] Kennedy schreibt, daß der *Saber* in einem Schuljahr plus vier Monaten ein Fünftel seines Wertes verlieren würde. Zusammen mit einer Einsparung von 50 Prozent je Studienplatz ergäbe sich ein zehnfacher Nutzen für das Bildungssystem. Eine Milliarde Dollar im Etat des Bildungsministeriums würde einen Nutzen von zehn Milliarden stiften.[26] Was die wundersame Geldvermehrung verschleiert, ist, daß der Vorschlag darauf hinausläuft, Bildung zu privatisieren und zu monetarisieren. Der Anspruch, daß alle gleiche Chancen durch gleiche Bildung in einem öffentlichen System bekommen, wäre aufgegeben. Insofern paßt Lietaers *Saber* gut ins Schema neoliberaler Deregulierung.

Den Charakter einer Schatten- und Armutswirtschaft hat das Zeit-Bank-System aus den USA, das Lietaer und Gwendolyn Hallsmith, Vorstand des Unternehmens Global Community Initiatives aus dem US-Bundesstaat Vermont, im gleichen Buch anpreisen. In diesem System würden Erwerbslose arbeiten und ein Guthaben bekommen, das sich nach den Arbeitsstunden bemißt. Menschen könnten damit ihren Lebensstandard verbessern, ohne Abzüge von der Sozialhilfe. Die Beteiligten degradieren sich dabei selbst zum Humankapital (»We are all assets«).[27]

Als weitere Komplementärwährung empfehlen Lietaer und Hallsmith Carbon-Currency-Units (CCU), also eine Kohlenstoff-Währung, zur freiwilligen Reduzierung der Abgase. Die Konsumenten bekommen elektronische Karten, auf denen Boni eingetragen werden, wenn man neue Geräte oder Autos kauft, die weniger Kohlendioxid produzieren. Händler können sich gegenseitig mit CCU bezahlen, diese auf einem Markt verkaufen oder bei der Verwaltung des CCU-Programms in konventionelles Geld umtauschen. Anhand einer eigenen elektronischen Zertifizierung in Echtzeit wäre jederzeit nachvollziehbar, wie ein CCU entstanden ist. Datenschutz ist kein Thema.[28] Dieses CCU-System würde den Konsum ankurbeln, so daß insgesamt mehr Energie und Rohstoffe verbraucht werden. Von der Ener-

25 Lietaer, Hallsmith, 2011, S. 84 ff.; Kennedy, 2011, S. 69 ff.
26 Ebd.
27 Lietaer, Hallsmith, 2011, S. 52, 137 f.
28 Ebd., S. 106 ff.

giebilanz her ist es aber sinnvoller, etwa ein Auto zu fahren, bis es schrottreif ist, selbst wenn es mehr Benzin verbraucht als ein schicker Neuwagen. Denn zwei Drittel der Energie, die ein Auto je verbraucht, sind bereits verpufft, wenn der nagelneue Wagen aus der Fabrikhalle rollt.

Mithilfe einer Komplementärwährung namens *Biwa Kippu* will Lietaer einen See in Japan retten, den die Industrie verschmutzt hat. Dazu soll jeder Anwohner jedes Jahr einen bestimmten Beitrag in *Biwa Kippu* bezahlen. Die Summe könne jeder durch Arbeit im Bereich Umweltschutz, die in dieser Komplementärwährung bezahlt wird, aufbringen oder *Biwa Kippu* auf einem Markt erwerben. Komplementärgeld würde in diesem Fall das Verursacherprinzip aushebeln. Unternehmen zerstören die Umwelt, und die Schäden beseitigen die Anwohner in einem modernen Frondienst.[29] Das ist der »Community-Kapitalismus« oder »Natürliche Kapitalismus«, von dem Lietaer, Hallsmith und die amerikanische Juristin und Sozialwissenschaftlerin Hunter Lowins schwärmen. »Natürlicher Kapitalismus bietet eine Chance für Geschäfte, Profit zu machen, indem man mit und nicht gegen die Natur arbeitet«, indem man »in alle Formen von Kapital investiert, die zu einem nachhaltigen Reichtum führen«, schreibt Lovins, Präsidentin der Natural Capitalism Incorporation.[30] Für Lietaer und Hallsmith ist alles Kapital: nicht bloß Maschinen, Geld und Arbeitskraft, sondern das Wissen, die Bildung und Kreativität von Menschen, ihre Beziehungen und Wertvorstellungen, ebenso die reinigende Kraft des Wassers und die Bäume, die Sauerstoff produzieren und Kohlendioxid absorbieren, Kulturzentren und historische Stätten, die man zu Touristenattraktionen umfunktionieren kann.[31]

Am Anfang dieses »natürlichen« Kapitalismus steht eine Inventur: Alle Bedürfnisse und alle Ressourcen, die noch nicht in den Flow von Kapital einbezogen sind, sollen ermittelt werden. Komplementärwährungen haben nach Lietaer und Hallsmith die Funktion, solche unbefriedigten Bedürfnisse mit ungenutzten Ressourcen zusammenzubringen.[32] Dieser grüne Kapitalismus könnte für das Kapital ein Ausweg aus der strukturbedingten Wirtschaftskrise sein. Diese ist durch eine Überakkumulation von Kapital gekennzeichnet, in der die stoffliche Produktion nicht mehr genügend profitable Anlagemöglichkeiten bietet. Darum bläht das Kapital, wie in früheren Krisen, den Finanzsektor auf. Dieser grüne Kapitalismus wäre jedoch

29 Ebd., S. 109 f.
30 Ebd., S. XI ff.
31 Ebd., S. 45 ff.
32 Ebd., S. 50 f.

nur eine weitere, intensivere Stufe der Unterwerfung des Menschen und der Umwelt unter den gnadenlosen, zerstörerischen und mörderischen Prozeß der Akkumulation. Geldpfuschereien in der Version von Lietaer und Kennedy, quasi als Gesell 2.0, befördern diese Entwicklung.

Ein besseres Leben und ein schonender Umgang mit der Umwelt sehen anders aus. Statt die Monetarisierung und damit Durchkapitalisierung des Lebens voranzutreiben, sollten wir aus den Fehlern der Argentinier lernen. Entscheidend ist die Verfügung über die Produktionsmittel. Die zehn Millionen Männer und Frauen, die sich 2002 am Tauschring-*Credito*-System beteiligt haben, hätten also besser Land, Fabriken und Büros besetzen und versuchen sollen, diese kollektiv, demokratisch und an den Maximen einer Gebrauchswertökonomie orientiert zu bewirtschaften, statt sich rostendes Geld aufschwatzen zu lassen.

Literaturverzeichnis

Primärliteratur

Tristan Abromeit, *Der Dritte Weg. Die Natürliche Wirtschaftsordnung (NWO). Ein programmatischer Beitrag für die grüne Bewegung zum Programmkongreß der Grünen im März 1980 in Saarbrücken*, Hannoversch-Münden 1980

Alternative 2000, Sonderdruck, Organ der Aktion Arbeit, Gesundheit, Umwelt, Frieden von Georg Otto, »Vor 60 Jahren wurde der Welt ein Zeichen gegeben: Wie sich die Tiroler Gemeinde Wörgl mit Freigeld von Arbeitslosigkeit und Finanzkrise befreite«, 1992

AmmerLechTaler-Verein für nachhaltiges Wirtschaften, Faltblatt, Juli 2006

Fritz Andres, »Erklärung der Stiftung für Reform der Geld- und Bodenordnung zu ihrem Gründer Johannes Schumann«, 2007 http://www.sozialoekonomie.info/Kritik___Antwort/Kritik___Antwort_3/AKG-3-4_Schumann/akg-3-4_schumann.html (9.6.2012)

Anonymus, »Papiergeld und Goldwährung«, »Hammer«, Nr. 349, Januar 1917

Arbeitsgemeinschaft »Das organische Weltbild«, in: »Die Bewegung«, »Zeitschrift des Nationalsozialistischen Deutschen Studentenbundes«, Folge 10, 1931

»Archiv für Rassen- und Gesellschaftsbiologie« (»ARGB«), 1904–1944

Arndt-Bötius, »Ein Wort zur Geldreform«, »Hammer«, Nr. 231, Februar 1912

Leo Arons, *Die Actenstücke des Disziplinarverfahrens gegen den Privatdocenten Dr. Arons*, Berlin 1900

Attac Frankreich, »Manifest 2002«, in: Attac Deutschland, Hrsg., *Eine andere Welt ist möglich*, Dokumentation des Attac-Kongresses in Berlin 2001, Hamburg 2002

Attac Deutschland, Hrsg., *Diskussionen in Attac Deutschland zu einer Alternativen Weltwirtschaftsordnung (AWWO)*, Oktober 2004

Alfred Bader, »Dem Andenken Georg Blumenthals«, »Letzte Politik«, Nr. 27, 1929

BAG Bundesarbeitsgemeinschaft bundesdeutsche Tauschsysteme, Positionspapier, Stand Anfang 2000

Günter Bartsch, *Revolution von rechts? Ideologie und Organisation der Neuen Rechten*, Freiburg 1975

Bartsch, *Vom Kronstadt- zum Achbergerlebnis. Die Assoziation der einzelnen*, Achberg 1977

Bartsch, »Planetarismus und Ethnopluralismus – ein Polpaar?«, »Wir Selbst«, Dezember/Januar 1983/84

Bartsch, *Zwischen drei Stühlen: Otto Strasser. Eine Biographie*, Koblenz 1990

Bartsch, *Stirners Anti-Philosophie und die revolutionären Physiokraten. Zwei Essays*, Berlin 1992

Bartsch, *Die NWO-Bewegung Silvio Gesells*, Lütjenburg 1994

Kurt Becker, »Um Staatsideen, Erdräume und Völkerrechte«, »Schule der Freiheit« (»SdF«), Heft 11, Dezember 1937

Becker, »Der Krieg als Wille und Schicksal«, »SdF«, Juni 1940

Becker, »Zeitspiegel«, »SdF«, August 1941

Becker, »Zeitspiegel«, »SdF«, Heft 9/10, November 1941

Becker, »Notwendige Wissenschaft«, »SdF«, Heft 11/12, Dezember 1941

Becker, »Zeitspiegel«, »SdF«, Heft 13/14, Januar 1942 (a)

Becker, »Die Neugestaltung Europas«, »SdF«, Heft 13/14, Januar 1942 (b)

Becker, »Zeitspiegel«, »SdF«, Heft 19/20, April 1942

Becker, »Zeitspiegel«, »SdF«, Heft 23/24, Juni 1942

Hermann Benjes, *Wer hat Angst vor Silvio Gesell?*, Bickenbach 1995

»Bericht über den FKB-Bundestag Hamburg«, »Freiwirtschaft«, Heft 10, 1926

Hans Bernoulli, »Satiren und Zwiegespräche«, »Deutscher Kulturwart«, Nr.7/8, November/Dezember 1924

Ottomar Beta, *Darwin, Deutschland und die Juden oder der Juda-Jesuitismus. Dreiunddreißig Thesen nebst einer Nachschrift über einen vergessenen Factor der Volkswirtschaft*, Berlin 1875

Beta, »Monarchie, Polenfrage und Bodenreform«, Teil 2, »Hammer«, Nr. 126, September 1907; Teil 3, Nr. 129, November 1907

Beta, »Zum Fall Damaschke«, »Hammer«, Nr. 135, Februar 1908

Klaus Biene, »Gesellschaft gestalten: Gemeinwohlökonomie – Programm der Zukunft«, in: Klaus Kleffmann, Hrsg., »Tausch-System-Nachrichten«, »TSN-Online«, Nr. 17, September 2002

Karl Binding, Alfred Hoche, *Die Freigabe der Vernichtung lebensunwerten Lebens. Ihr Maß und ihre Form*, Leipzig 1920

Reiner Bischoff, »Karl Marx – immer noch ein Idol«, »Der Dritte Weg« (»DDW«), Juli/August 1996

»Blätter der Freiheit« (»BdF«), Zeitschrift, 1946–1954

Richard Bloeck, *Deutschvölkische Erbpachtsiedlung*, Berlin 1916

Georg Blumenthal, »Individuum und Allgemeinheit im Lichte der Physiokratie«, in: »Der Physiokrat«, Nr. 11, März 1913

Blumenthal, Hrsg., *Das Reformgeld von Silvio Gesell*, Heft 18 des Deutschen Kulturbundes (DKB), Berlin-Oranienburg, 1913

Blumenthal, *Die Befreiung von der Geld- und Zinsherrschaft. Ein neuer Weg zur Überwindung des Kapitalismus*, dritte erweiterte Auflage, Berlin 1919 (a)

Blumenthal, *Sozialisierung oder Aufteilung. Vorschlag an alle Sozialisten, Kom-*

munisten und Bolschewisten, Berlin 1919 (b)

Blumenthal, *Individuum und Allgemeinheit*, Berlin 1923

Hannah Blumenthal, »Besser gar nicht opponieren als auf diese Art«, »Frei-wirtschaft«, Heft 14, 1926

Erich Hermann Bockhoff, »Ist die Sowjetunion ein Völkerrechtssubjekt?«, »NS-Monatshefte«, Nr. 73, 1936

Bockhoff, »Aktive Jurisprudenz gegen den Bolschewismus und seine bürger-lichen Helfershelfer«, »NS-Monatshefte«, Nr. 84, 1937 (a)

Bockhoff, »Der Bolschewismus als Rechtsproblem«, »NS-Monatshefte«, Nr. 90, 1937 (b)

Bockhoff, »Sowjet-Imperialismus und Komintern-Abwehr«, »NS-Monats-hefte«, Nr. 96, 1938

Bockhoff (Pseudonym Ernst van Loen), »Der Kassensturz der Weltgeschich-te«, »DDW«, Heft 3/1991

Bockhoff (Loen), »Warnungen der Propheten und Philosophen«, »DDW«, Heft 5/1991

Bockhoff (Loen), »Hundert Jahre Rerum Novarum«, »DDW«, Heft 12/1991

Siglinde Bode, »Regionale Währungen für entwicklungsschwache Regionen – Möglichkeiten für eine regionale Ökonomie«, in: »Zeitschrift für Sozialöko-nomie«, Nr. 144, März 2005

Bodenreformprogramme, *Jahrbuch der Bodenreform* 1907

Rudolf Bovensiepen, »Bodenreform und germanisches Recht«, *Jahrbuch der Bodenreform* 1929

Wolfgang Broer, *Schwundgeld. Bürgermeister Michael Unterguggenberger und das Wörgler Währungsexperiment 1932/33*, Innsbruck, Wien, Bozen 2007 (a)

Broer, »Das Experiment von Wörgl«, »Wiener Zeitung«, 21.9.2007 (b)

Max O. Bruker, *Lebensbedingte Krankheiten*, Hopferau 1982

Bruker, *Gesund durch richtiges Essen*, 16. überarbeitete Auflage, München 1989

Willi Buch, *50 Jahre antisemitische Bewegung. Beiträge zu ihrer Geschichte*, Mün-chen 1937

Bund Deutscher Bodenreformer, Satzung vom 2.4.1898, *Jahrbuch der Boden-reform* 1907

Peter Campester, »John Maynard Keynes und die Gesell-Schule«, »DDW«, Juli/August 1996

Antonio Cardella, »Attualità di Proudhon«, »Arivista anarchica«, Nr. 364, Mailand Sommer 2011

Edward Castleton, »Pierre-Joseph Proudhon, Anarchist. Hommage an einen radikalen Denker zu seinem 200. Geburtstag«, »Le Monde Diplomatique«, 16.1.2009

Chiemgauer.info, Faltblatt, April 2005

Chiemgauer in Zahlen und Fakten, http://www.chiemgauer.info/uploads/
media/Eckdaten2003-2006.pdf (31.12.2006)

Chiemgauer in Zahlen und Fakten, www.chiemgauer.info/uploads/media/
Eckdaten2003-2006.pdf (13.12.2007)

Theophil Christen, *Die Schuld der Reichsbank an Deutschlands Zusammenbruch*,
Sontra 1920

Christen, *Unsere großen Ernährungs-Torheiten*, fünfte Auflage, Dresden 1921
(a)

Christen, *Die Strategie der Bodenreform*, dritte Auflage, Erfurt 1921 (b)

Christen, *Die menschliche Fortpflanzung. Ihre Gesundung und Veredelung* (1917),
achte Auflage, München 1926

W. Claaßen, »Ein neuer Lebensreformer«, Teil 1, »Hammer«, Nr. 222, September 1911; Teil 2, Nr. 223, Oktober 1911; Teil 3, Nr. 223, Oktober 1911

Hans Cohrssen, »Kreisendes Geld«, »SdF«, Heft 27, Januar 1936

Cohrssen, *Einer der auszog die Welt zu verändern. Erinnerungen eines Jahrhun-
dertzeugen*, Frankfurt/Main 1996

Colectivo Situaciones, *Que se vayan todos. Krise und Widerstand in Argentinien*,
Berlin 2003

Helmut Creutz, »Überentwicklungen, die zum ökonomischen Kollaps führen«, in: Kreuzberger Tauschring und Netzwerk Selbsthilfe, Hrsg., *Ohne
Moos geht's los – Tauschringe in Deutschland*, Februar 1997

Creutz, *Das Geld-Syndrom. Wege zu einer krisenfreien Wirtschaftsordnung*, 5. un-
veränderte Auflage, Aachen 2003

Creutz, »Möglichkeiten und Grenzen praktischer Geldexperimente«, in:
»Zeitschrift für Sozialökonomie«, Nr. 144, März 2005

Creutz, »Das verflixte Geld«, »Die Zeit«, Nr. 35, 2007

Creutz, *Die 29 Irrtümer rund ums Geld*, Wien 2008

Creutz, »Geldschöpfungen der Banken – Realität oder Theorie«, »Humane
Wirtschaft«, Nr. 1, 2012

Adolf Damaschke, *Manchestertum, Antisemitismus oder Bodenbesitzreform?*
Berlin 1891

Damaschke, *Kamerun oder Kiautschou? Eine Entscheidung über die Zukunft der
deutschen Kolonialpolitik*, Berlin 1900

Damaschke, *Die staatsbürgerliche Aufgabe nach dem Kriege*, Berlin 1915

Damaschke, in: Adolf Damaschke zu seinem 50. Geburtstag, Frankfurt/Oder
1918

Damaschke, *Die Bodenreform*, 20. Auflage, Jena 1923

Damaschke, *Aus meinem Leben*, Teil 1, Leipzig/Zürich 1924, Teil 2, 1925

Damaschke, Rezension Volk ohne Jugend, *Jahrbuch der Bodenreform* 1932

Damaschke, »Aus der ersten national-sozialen Bewegung Deutschlands«, *Jahrbuch der Bodenreform* 1933

Darwin, *Die Abstammung des Menschen*, 1871, 3. Auflage, Wiesbaden 1966

J. Bradford Delong, »Risiken der Zinswende«, »Financial Times Deutschland«, 4.5.2004

Deutscher Freiland-Freigeld-Bund, »Was wir wollen« (Flugschrift), in: Christen, 1920, Innenseite

Hans Diefenbacher, Ingo Leipner, »Wirtschaften ohne Mark oder Euro«, »Politische Ökologie«, Nr. 53, September/Oktober 1997

Paul Diehl, »Das organische Weltbild«, »Die Neue Welt«, Nr. 1/2, April/Mai 1931

Diehl, *Wohin führt uns der Nationalsozialismus?*, Nürnberg 1931

Diehl, »Trauerrede für Paul Krannhals«, »SdF«, Heft 6, August 1935 (a)

Diehl, »Märchen und Film«, in: *Film und Bild in Wissenschaft, Erziehung und Volksbildung*, Stuttgart/Berlin, 1935 (b)

Diehl, »Die Technik des Puppenfilmes«, *Film und Bild*, 1936

Diehl, »Das Organische im Wirtschaftsbild«, »SdF«, Heft 9, 1936/37

Diehl, »Der Wettlauf zwischen Hase und Igel«, *Film und Bild*, 1939

Diehl, »Der Puppenfilm als Kunstwerk«, *Film und Bild*, 1940

Diehl, *Deutschland ist tot, es lebe Deutschland*, Heidelberg 1947

DöMak-Tauschring Halle, »döInfo II«, »Das Zinsproblem – Texte zum Thema gerechtes Geld«, Dezember 1996

DöMak-Tauschring Halle, »döInfo 97«, »Tips zum praktischen Umgang«, Dezember 1997

Hans Dornemann, »Klassenbewußtsein als die Voraussetzung für den Klassenkampf«, »Freiwirtschaft«, Heft 12, 1926

Douglas Social Credit Secretariat, *What is Social Credit all about?*, 2010, http://douglassocialcredit.com/WHAT%20IS%20SOCIAL%20CREDIT.pdf;

Rolf Engert, *Der Geldstreik*, Bern 1918

Engert, *Die Freiwirtschaft. Ein Praktischer Ausdruck der Stirnerschen Philosophie*, Erfurt 1921

Engert, »Egoismus«, »Freiwirtschaft«, Heft 12, 1926

Engert, *Silvio Gesell als Person*, Leipzig 1933

Engert, »Olympischer Siegesgesang«, »SdF«, Heft 2/3, August/September 1933

Engert, *Silvio Gesell in München* (1950), Hannoversch-Münden 1986

Engert, *Die Würde der Persönlichkeit und ihre Wahrung durch die natürliche Wirtschaftsordnung*, 1923/25, Max-Stirner-Archiv Leipzig, Sonderreihe Stirneriana der Zeitschrift »Der Einzige«, Nr. 21, Oktober 2001, hrsg. von Kurt W. Fleming

Eon Bayern, »energie.aktiv«, 4/2007

Paul Epple, *Von Proudhon zu Silvio Gesell*, Erfurt 1933

Erbbauvertrag Eden mit der Obstbaukolonie Eden e.G., *Jahrbuch Bodenreform* 1907

H.F., »Merkwürdiges von Silvio Gesell«, »Hammer«, Nr. 512, Oktober 1923

Gottfried Feder, »Die Irrlehre des Freigeldes«, »Hammer«, Nr. 441, November 1920

Feder, »Das Herzstück unseres Programmes«, *NS-Jahrbuch* 1927

Feder, »Brechung der Zinsknechtschaft«, *NS-Jahrbuch* 1931

Feder, »Grundsätzliches über nationalsozialistische Wirtschaftspolitik«, *NS-Jahrbuch* 1932

Irving Fisher, *The Theory of Interest*, 1930

Fisher, *Stamp Scrip*, 1933

Fisher, Haven Emerson, *Lebe richtig. Ein Wegweiser zu gesunder Lebensführung nach modernen wissenschaftlichen Grundsätzen* (1915), Bad Buckow/Leipzig 1939

Fisher, *100 Prozent Money* (1935), Kiel 2007

Michael Flürscheim, *Der einzige Rettungsweg*, 1880, dritte Auflage, Dresden und Leipzig 1894

Heinrich Freese, *Bodenreform!*, Gotha 1907

»Freiland«, Zeitschrift, 1893/1894

»Freiwirtschaft«, Zeitschrift, 1919–1933, anfangs »Deutsche Freiwirtschaft«

Freiwirtschaftliche Vereinigung, Sofortprogramm, »BdF«, August 1946

Freiwirtschaftsbund (FWB), »Extrablatt der Freiheit«, »BdF«, 1949

FWB, »Neue soziale Ordnung. Die Frankfurter Thesen des FWB«, »BdF«, 1949, S. 14 f.

Theodor Fritsch, *Zwei Grundübel. Boden-Wucher und Börse*, Leipzig 1894

Fritsch, »Kapital und Arbeit«, »Hammer«, Nr. 100, August 1906

Fritsch, »Bodenfrage und römisches Recht«, »Hammer«, Nr. 146, Juli 1908

Fritsch, »Warum einige Siedlungsversuche fehlschlugen«, »Hammer«, Nr. 150, September 1908

Fritsch, »Grundbesitz und Bodenwucher«, »Hammer«, Nr. 230, Dezember 1912

Fritsch, »Anti-Rathenau«, Teil 2, »Hammer«, Nr. 379, April 1918

Fritsch, »Wie bewahren wir den Mittelstand vor dem Untergang?«, »Hammer«, Nr. 646, Mai 1929

Francis Galton, *Hereditary Genius. An Inquriy into ist Laws and Consequences*, (1869), zweite Auflage 1892, London 1962

»Die Gefährten«, Zeitschrift, 1946–1950

Roland Geitmann, *Damit Geld dient und nicht regiert. Einführung*, hrsg. von der CGW, zweite Auflage, Berlin 2000

Christian Gelleri, »Regiogeld und Spieltheorie«, »Zeitschrift für Sozialökonomie«, Nr. 144, März 2005

Gelleri, Chiemgauer Statistik 2003 bis 2011, 25.1.2012, http://www.chiemgauer.info/fileadmin/user_upload/Dateien_Verein/Chiemgauer-Statistik.pdf

Henry George, »The Chinese on the Pacific Coast«, »New York Tribune«, 1.5.1869

George, *Progress and Poverty*, 1879, New York 1973

Silvio Gesell, *Gesammelte Werke* (GW), Band 1 bis 19

Gesell, »Die Metallwährung in der Geschichte«, Teil 1, »Hammer«, Nr. 243, August 1912 (GW 6); Teil 2, Nr. 244, August 1912 (GW 6)

Gesell, »Zur Frage der Geldreform«, »Hammer«, Nr. 248, Oktober 1912 (GW 6)

Gesell, »Geldreform und Christentum«, »Hammer«, Nr. 258, 1913 (GW 6)

Gesell, »Finanzielle oder wirtschaftliche Kriegsrüstung«, Oranienburg-Eden, Januar 1915 (GW 8, Kriegsflugblatt Nr. 5 von 1914)

Gesell, »Gold und Frieden«, Bern, 1916 (GW 10)

Gesell, »Die Überwindung des Goldwahns und die Zertrümmerung der britischen Weltmacht«, in: Ungewitter, 1918

David Graeber, *Schulden. Die ersten 5.000 Jahre*, Stuttgart 2012

Alfred Grotjahn, *Soziale Pathologie*, Berlin 1923

Die Grünen, Das Bundesprogramm, Bonn 1980

Daniel Guerin, *Anarchismus. Begriff und Praxis*, Frankfurt/Main 1979, 8. Auflage

Ernst Haeckel, *Die natürliche Schöpfungsgeschichte*, Berlin 1868

Alexander Hahn, »History repeating- Das Wunder von Wörgl als Vorbild«, www.wirtschaftsblatt.at, 8.7.2011

»Hammer«, Hrsg. Theodor Fritsch, Zeitschrift, 1902–1940

Hammergruppe Halle, »Die volkswirtschaftlichen Grundbegriffe und die Geldreform«, »Hammer«, Nr. 235 und 241, 1912

Franz Hartmann, »Die Gleichschaltung der Hochfinanz«, »SdF«, Heft 1, Juli 1934

Paul Hasse, »Die Auslese des Menschen in der Kultur«, »SdF«, Heft 6, September 1938

Wilhelm Hauer, »Nachruf« (auf Paul Krannhals), »Deutscher Glaube«, Heft 9, 1934

Hans Haustein, »Die Bedeutung der Eugenik für den Staat«, »Sozialistische Monatshefte«, Heft 12, 1917

Joseph Hayder, *The Case For Land Nationalisation*, London 1913, Introduction by Alfred Russel Wallace

Johannes Heinrichs, *Gastfreundschaft der Kulturen. Multikulturelle Gesellschaft in Europa und deutsche Identität. Eine aktuelle Einmischung*, Essen 1994

Heinrichs, »Ein Leben zwischen den Rädern des Systems«, »DD«, Juli/August 1996

Heinrichs, *Sprung aus dem Teufelskreis – Logik des Sozialen und Natürliche Wirtschaftslehre*, Wien 1997

Theodor Hertzka, *Freiland. Ein sociales Zukunftsbild*, Leipzig 1890

Hertzka, »Wirtschaftliche Grundsätze Freilands«, »Freiland«, 3.2.1894

Franz Hochstetter, *Englands Wirtschaftskrieg und unsere U-Boote*, Berlin 1917 (a)

Hochstetter, *Mehr Land!*, Berlin 1917 (b)

Hochstetter, *Leihkapital und Goldwährung als Grundlagen der Goldversklavung in Deutschland*, München 1931, Reihe Nationalsozialistische Bibliothek, Heft 26

Hochstetter, *Geld und Kredit als Störer der modernen Tauschwirtschaft*, zweite Auflage, Lauf 1936

Günter Hoffmann, »Nicht für Pesos und Dollars – sondern für Creditos«, »TSN-Online«, Nr. 17, September 2002

Martin Hoffmann (Diogenes), »Zur Frage der Einheitsfront«, »Freiwirtschaft«, Heft 7, 1926

Humanwirtschaftspartei, Reformprogramm, Oktober 2002, file://H:\WEB_Humanwirtschaft\htm_p\fp_reform.htm

Humanwirtschaftspartei, Bezirksverband Berlin, Wahlprogramm 2006

Ernst Hunkel, *Von der Auferstehung deutscher Volksreligion*, Oranienburg 1915

Hunkel, *Deutsche Gemeinschaft. Von der religiösen Einheit und Freiheit des deutschen Volkes*, Berlin 1916

Hunkel, »Abbau der Freiwirtschaftsziele?«, »Freiwirtschaft«, Heft 10, 1926 (a)

Hunkel, »Beispiel einer Kritik, wie sie nicht sein soll«, »Freiwirtschaft«, Heft 20, 1926 (b)

Infoblatt der Stadt Villa Gesell, »Villa Gesell – Kurze historische Beschreibung«. Municipalidad de Villa Gesell, Secretaría de Turismo y Cultura, undatiert

Initiative für natürliche Wirtschaftsordnung (INWO), Flugblatt, Kontakt Wendnagel (undatiert)

INWO, »Fairconomy«, Faltblatt, (undatiert)

INWO, »Knöllchen für Spekulanten«, Infoblatt 1 (undatiert)

Jahrbuch der Bodenreform, Herausgeber Adolf Damaschke, 1905–1942

Jo van Kampen, »Mutterrecht und Völkersterben«, »SdF«, Heft 49, Juni 1937

Hans R. Kaufmann, »Der Begabungsschwund in Europa«, »Evolution«, Heft 31, 1961

Margrit Kennedy, »Frauen tragen die größte Last«, »Der Gesundheitsberater«, Teil 1, August 1989 (a); Teil 2, September 1989 (b); Teil 3, Dezember 1989 (c)

Kennedy, *Geld ohne Zinsen und Inflation*, überarbeitete Ausgabe, München 1991

Kennedy, »Regio ergänzt Euro – Ein neuer Weg zu nachhaltigem Wohlstand«, »Zukünfte – Zeitschrift für Zukunftsgestaltung und vernetztes Denken«, Nr. 46, Frühjahr 2004

Kennedy, Bernard Lietaer, *Regionalwährungen. Neue Wege zu nachhaltigem Wohlstand*, München 2004

Kennedy, »Komplementärwährungen zur wirtschaftlichen Lösung sozialer Probleme«, »Zeitschrift für Sozialökonomie«, Nr. 144, März 2005 (a)

Kennedy, *Zehn Thesen zur wirtschaftlichen Lösung sozialer, kultureller und ökologischer Probleme durch komplementäre Währungen*, Mai 2005 (b)

Kennedy, *Geld und Spiritualität – Vom Tabu zur Lösung*, zusammen mit Stefan Brunnhuber, November 2005 (c)

Kennedy, »Was uns völlig fehlt, ist eine Vielfalt von Geldern«, in: Geseko von Lüpke, Hrsg., *Zukunft entsteht aus Krise*, München 2009

Kennedy, »Wir brauchen Modellprojekte und Aktionen«, »Oya. Anders denken, anders leben«, Heft 8, Mai/Juni 2011

Kennedy, *Occupy Money*, Bielefeld 2012

John Maynard Keynes, *Allgemeine Theorie der Beschäftigung, des Zinses und des Geldes*, 1936

Hugo Kierdorf, »In Memoriam John Maynard Keynes«, »BdF«, Juli 1946

Cheskel Zwi Klötzel, »Die Erlösung von Gold und Zins – Das Wära-Wunder im bayrischen Wald«, in: Rudolf Olden, *Propheten in Deutscher Krise: Das Wunderbare oder die Verzauberten*, Berlin 1932

»Knochen unter Umlaufdruck«, »Die Tageszeitung«, 12.11.1993

Paul Krannhals, *Das organische Weltbild. Grundlagen einer neuentstehenden deutschen Kultur*, Zwei Bände, München 1928

Krannhals, »Das organische Weltbild«, in: »Die Bewegung«, Folge 12, 1931 (a)

Krannhals, »Der NS als weltanschauliche Bewegung«, in: »Das organische Weltbild«, Organ der Münchner AG Das organische Weltbild, in: »Die Bewegung«, Folge 14, 1931 (b)

Krannhals, »Tradition und Neuerung«, in: »Das organische Weltbild«, Organ der Münchner AG Das organische Weltbild, in: »Die Bewegung«, Folge 16, 1931 (c)

Krannhals, »Wissenschaftliches Erkennen und organisches Denken«, in: »Deutsches Bildungswesen«, Erziehungswissenschaftliche Monatsschrift des Nationalsozialistischen Lehrerbundes, 1934, Heft 6

Krannhals, »Einführung in das organische Weltbild«, »SdF«, Heft 6, August 1935

Krannhals, »Glaube und Kunst«, »Deutscher Glaube«, Heft 1, 1936

Oskar Lafontaine, Interview, »Neues Deutschland«, 13.2.2006

Gustav Landauer, *Aufruf zum Sozialismus*, Berlin 1919, zweite vermehrte und verbesserte Revolutionsausgabe

Gerhardus Lang, »Vom Regiogeld zum nationalen Parallelgeld«, »Humane Wirtschaft«, Nr. 1, 2012

Ferdinand Lassalle, »Offenes Antwortschreiben«, in: ders., *Reden und Schriften*, Köln 1987

Otto Lautenbach, »Umsturz und Aufbau«, »SdF«, Heft 1, Juli 1933

Lautenbach, »Ende der Völkerdemokratie«, »SdF«, Heft 2/3, August/September 1933

Lautenbach, »Umsturz und Aufbau«, »SdF«, Heft 4, Oktober 1933 (a)

Lautenbach, »Die Eroberung des Vaterlandes«, »SdF«, Heft 4, Oktober 1933 (b)

Lautenbach, »Freiheit und Bindung. Luther und der Kampf unserer Zeit«, »SdF«, Heft 5, November 1933

Lautenbach, »Oswald Spenglers Flucht ins Schicksal«, »SdF«, Heft 6, Dezember 1933

Lautenbach (Pseudonym Klaus Brinken), »Bodenplan für Deutschland«, »SdF«, Heft 9, März 1934

Lautenbach, »Von der Saar nach Europa«, »SdF«, Heft 27, Januar 1935

Lautenbach, »In Memoriam Paul Krannhals«, »SdF«, Heft 6, August 1935

Lautenbach, »Die Protokolle der Weisen von Zion«, »SdF«, Heft 16, Oktober 1935,

Lautenbach, »Neues Wirtschaftsdenken«, »SdF«, Heft 31, Februar 1936

Lautenbach, »Herr im Haus«, »SdF«, Heft 34, Februar 1937

Lautenbach (Pseudonym Kurt Kämpfer), »Die goldene Internationale«, in: Lautenbach, *Von der Schule der Freiheit und ihres Verlages*, 1937

Lautenbach, »Fünf Jahre deutscher Aufbau«, »SdF«, Heft 17, Januar 1938

Lautenbach, »Die Zinsherrschaft führt Krieg«, »SdF«, Heft 13/14, Januar 1941

Lautenbach, »Acht Jahre Schule der Freiheit«, »SdF«, Heft 23/24, Juni 1941

Paul Lehmann, »Währung und Volkswirtschaft«, Teil 1, »Hammer«, Nr. 426, März 1920; Teil 2, Nr. 431, Juni 1920

Lehmann, »Zur Kritik des Gesellschen Schwundgeldes«, »Hammer«, Nr. 451, April 1921

Lehmann, »Silvio Gesell als Retter Deutschlands«, »Hammer«, Nr. 506, Juli 1923 (a)

Lehmann, »Silvio Gesell als Politiker«, »Hammer«, Nr. 509, September 1923 (b)

Liberalsoziale in Bündnis 90/Die Grünen, Erklärung anläßlich des 50. Jahrestages der Befreiung vom Faschismus, in: »Alternative 2000, Zeitschrift für eine liberalsoziale Ordnung«, Nr. 15, Sommer 1995

Bernard Lietaer, »Die Alchemie des Geldes«, in: »Tattva Viveka. Forum für Wissenschaft, Philosophie und spirituelle Kultur«, Nr. 15, November 2000

Lietaer, Interview, »brand eins«, Nr. 7, 2001

Bernard Lietaer, »Ich würde sagen: Baut Flöße«, in: Geseko von Lüpke, 2009

Lietaer, Robert Ulanowicz, Sally Goerner, »Options for Managing a Systemic Bank Crisis«, in: »Sapiens-Journal«, Volume 2, Nr. 1, März 2009

Lietaer, Gwendolyn Hallsmith, *Creating Wealth. Growing Local Economies With Local Currencies*, Gabriola Island 2011

Richard Lieske, »Zu Gesells Papierwährung«, »Hammer«, Nr. 246, September 1912

Radi K. Linsky, »Schwundgeld – nichts als Schwund?«, in: »Contraste«, Nr. 97, Oktober 1992

Ernst van Loen, Hrsg., Johannes Kleinhappl: *Soziales Christentum. Analysen, Essays und Fragmente aus dem Nachlaß*, Innsbruck/Wien 1994

Loen, Hrsg., Johannes Kleinhappl: *Unus contra omnes. Einer gegen alle. Der schwere Weg gegen den Strom. Dokumentation – Reflexion – Kommentar*, Innsbruck/Wien 1996

Otto Maaß, Programm der Deutschen Freiwirtschaft, März 1920

Otto Maaß, »Das ›Freiwirtschaftliche Archiv‹ und ›Die Neue Welt‹«, in: »Die Neue Welt. Freiwirtschaftliches Archiv«, Nr. 1/2, April/Mai 1931

Gerhard Margreiter, »Der argentinische Schuldentango führt zu Freigeld«, »r-evolution, Zeitschrift der INWO«, Nr. 5, Januar/Februar 2002

Karl Marx, »Zur Judenfrage« (1843), Marx-Engels-Werke (MEW) 1

Marx, *Die heilige Familie* (1845), MEW 2

Marx, Brief an P.W. Annenkow, 1846, MEW 4

Marx, *Das Elend der Philosophie*, 1847, MEW 4

Marx, *Das Kapital*, Band 1–3, MEW 23–25

Marx, *Kritik des Gothaer Programms*, 1875, MEW 19

Marx, Brief an John Swinton, 1881, MEW 35

Marx, Brief an Friedrich Adolph Sorge, 1881, MEW 35

Thomas Mayer, »Des Volkes Wille«, »Junge Freiheit«, Nr. 47, 17.11.2000

Mayer, »Regiogeld. Ein Schritt zur Demokratisierung des Geldes«, Flugblatt von Omnibus Gmbh für direkte Demokratie, Juni 2004

Alexander von Muralt, »Der Wörgler Versuch mit Schwundgeld«, in: »Ständisches Leben«, Heft 6, 1933

Erich Mühsam, »Gustav Landauer. Gedenkblatt zu seinem 50. Geburtstag« (1920), in: Viesel, 1980

Max Nettlau, *Geschichte der Anarchie. Der Vorfrühling der Anarchie*, Band 1 (1925), Duisburg 1993; Band 2 (1927), 1993; Band 3 (1932), 1996; Band 5: Anarchisten und Syndikalisten (1931), Vaduz 1984

Friedrich Nietzsche, *Genealogie der Moral*, GW 5, Kritische Studienausgabe, herausgegeben von Giorgio Colli und Mazzino Montinari, München 1988

Oberland Regional e.V., »Der Regio im Oberland«, Faltblatt (undatiert)

Werner Onken, *Modellversuche mit sozialpflichtigem Eigentum*, Lütjenburg 1997

Onken, Bartsch, *NWO unter dem Hakenkreuz. Anpassung und Widerstand*, Lütjenburg 1997

Onken, *Silvio Gesell und die Natürliche Wirtschaftsordnung. Eine Einführung in Leben und Werk*, Lütjenburg 1999

Onken, »Marktwirtschaft ohne Kapitalismus«, »Infobrief des Netzwerks gegen Konzernherrschaft«, Nr. 14, Dezember 2003

Onken, *Vom Sozialdarwinismus zur solidarischen Ökonomie*, 2008, http://www.sozialoekonomie.info/Kritik___Antwort/Kritik___Antwort_4/Sozialdarwinismus-Nachbearbeit/sozialdarwinismus-nachbearbeit.HTM (Abfrage 23.8.2012)

Franz Oppenheimer, *Freiland in Deutschland*, Berlin 1895,

Oppenheimer, *Der Ausweg. Notfragen der Zeit*, zweite Auflage, Jena 1919

Oppenheimer, »Genossenschaftliche Ansiedlung«, Rede gehalten auf dem zweiten Reichs-Siedlertage zu Leipzig, 15. August 1920, Jena 1920

Oppenheimer, *Erlebtes, Erstrebtes, Erreichtes. Erinnerungen von Franz Oppenheimer*, Berlin 1931

Oppenheimer, *Weder so noch so. Der dritte Weg*, Potsdam 1933

Yoshito Otani, *Licht und Schatten Europas. Essays über soziale und gesellschaftliche Probleme*, Neu-Ulm 1980

Otani, *Untergang eines Mythos*, 2. Auflage, Hamburg 1981

Otani, »Ausweg«, 1981, Heft 1 + Heft 2

Gebhard Ottacher, *Der Welt ein Zeichen geben. Das Freigeldexperiment von Wörgl/Tirol 1932/33*, Kiel 2007

Georg Otto, *Berichte aus der NWO-Bewegung* (undatiert)

Andres Perez, »Die argentinische Krise und mögliche Ansteckungseffekte«, »Context« XXI, Wien, Nr. 3–4, 2002

Alfred Ploetz, *Grundlinien einer Rassenhygiene*, Berlin 1895

Ploetz, »Bund für Mutterschutz, Notizen«, in: »Archiv für Rassen- und Gesellschaftsbiologie« (»ARGB«), 2. Jahrgang, 1905, Heft 1

Ploetz, »Willibald Hentschels Vorschlag zur Hebung unserer Rasse«, »ARGB«, 1904

Karl Polenske, »Die Bedeutung des Londoner Schlußprotokolls«, »Deutscher Kulturwart«, Nr. 7/8, November/Dezember 1924

Pierre Joseph Proudhon, *Die Volksbank*, Verlag Monte Verita, Wien, zweite Neuauflage ohne Jahresangabe

Ignacio Ramonet, »Die Märkte entwaffnen« (1997), in: Attac Deutschland, Hrsg., *Alles über Attac*, Frankfurt am Main 2004

Rubén Ravera, »Los clubes de trueque en Argentina«, 28.1.2003, in: »Autosuficiencia«, 12.2.2003, www.autosuficiencia.com.ar

Theodor Reents, »Die bevölkerungspolitische Bedeutung der freiwirtschaftlichen Theorien«, »Freiwirtschaft«, Heft 4/5, 1933

Reents, »Kulturpolitik der Gegenwart«, »Die Gefährten«, Heft 17, November/Dezember 1947

Reents, »Mehr Licht«, »Die Gefährten«, Heft 20, Mai 1948

Regiogeld e.V., »Werte- und Qualitätsstandards des Regiogeld e. V.«, 2006/07, http://www.regiogeld.de/uploads/media/Werte_Qualitaetsstandards_Regiogeld_01.pdf (21.5.2012)

Klaus Reichenbach, »Der tiefere Sinn des Tauschens«, in: »Tausch-System-Nachrichten«, »TSN-Online«, Herausgeber Klaus Kleffmann, Nr. 17, September 2002

»Revolutionäre Situation in Argentinien?«, »Wildcat-Zirkular«, Nr. 65, Februar 2003

Klaus Rohrbach, *Freigeld. Michael Unterguggenberger und das »Währungswunder von Wörgl«*, 2. Auflage, Schloß Hamborn 2002

Heinz Roland, »Rundreise durch Lets-Land«, »Wochenzeitung« (»Woz«), Zürich, Nr. 22, 31.5.1996

Werner Rosenberger, *Die Welt im Umbruch. Entwurf einer nachkapitalistischen Wirtschaftsordnung*, INWO-Schweiz, Hrsg., überarbeitete 2. Auflage, Aarau 1994

Gustav Ruhland, »Wirtschaftliche Theorien«, Teil 1, »Hammer«, Nr. 212, 1911; Teil 2, Nr. 213

Carl Rußwurm, *Das germanische Grundgesetz von der Freiheit des Menschen und der Welt*, Leipzig 1916

»Thilo Sarrazin im Gespräch, Klasse statt Masse. Von der Hauptstadt der Transferleistungen zur Metropole der Eliten«, »Lettre International«, Heft 86, September 2009, S. 197 ff.

Sarrazin, *Deutschland schafft sich ab. Wie wir unser Land aufs Spiel setzen*, 2. Auflage München 2010

Satzung der Deutschen Gartenstadtgesellschaft e.V., in: »Gartenstadt. Mitteilungen der DGG«, 11. Jahrgang, Mai/Juni 1927, Heft 3

Satzung der Genossenschaft Eden, *Jahrbuch Bodenreform* 1906

Werner von Saucken, »Zur Geld- und Bodenreform«, »Hammer«, Nr. 226, November 1911

Saucken, »Bodenrente, Getreide-Zölle und Rassen-Verfall«, »Hammer«, Nr. 232, 1912

Wilhelm Schallmayer, *Die drohende physische Entartung der Culturvölker*, zweite Auflage, Berlin und Neuwied 1895

Schallmayer, »Generative Ethik«, »ARGB«, Heft 2, 1909

Bruno Schliephacke, »Organische Weltanschauung und dogmatische Religion«, »SdF«, Juli 1939

Schliephacke, »Die Religion der Germanen«, »SdF«, Heft 23/24, Juni 1942

Schliephacke, *Märchen, Seele und Kosmos*, zweite verbesserte Auflage, Prag 1942

Werner Schmid, *Silvio Gesell. Die Lebensgeschichte eines Pioniers*, Bern 1954

Schmidt, »Der Mensch und die Natur«, »Evolution«, Heft 38, 1961

Klaus Schmitt, Günter Bartsch, Hrsg., *Silvio Gesell. »Marx« der Anarchisten?*, Berlin 1989

Wilhelm Schrameier, »Die Landpolitik im Kiautschougebiet«, *Jahrbuch der Bodenreform* 1911

Schrameier, *Die deutsche Bodenreform-Bewegung*, Jena 1912

Willibald Schulze, »Ottomar Beta und die Bodenfrage«, »Hammer«, Nr. 679/680, 1930

Schulze, »Proudhon«, »Hammer«, Nr. 693/694, Mai 1931

Hans Schumann, »Der Ring der revolutionären Jugend«, »Freiwirtschaft«, Heft 3, Februar 1926

Schumann, »Um die Linie des RJR. Einige Schlußbemerkungen«, »Freiwirtschaft«, Heft 11, Juni 1926

Schumann, »Drei Kapitel aus der Geschichte der Geldherrschaft«, »SdF«, Heft 29, Februar 1935

Schumann, »Gustav Frenssen: Der Glaube der Nordmark«, »SdF«, Heft 26, Dezember 1935

Schumann (Pseudonym Martin Hardt), »Die kommende Internationale«, »SdF«, August 1936

Schumann (Pseudonym Hans Friedrich), »Kleine Studie zu Rosenbergs Mythus«, »SdF«, Heft 2, Juli 1935

Schumann, »Der Kampf ums Kind«, »SdF«, Heft 27, Januar 1936

Schumann, »Der Zins als Problem«, »SdF«, Heft 15/16, Februar 1941

Schumann, *Männer gegen Gold*, Prag/Berlin/Leipzig 1943

Günther Schwab, *Wie soll das weitergehen? Was jeder vom Lebensschutz wissen muß*, ohne Datum, etwa 1969/70

Schwab, »Die Menschheit am Neubeginn«, in: »Gesundheitsberater«, Januar 1992

Schwab, *... aber wir fürchten uns nicht*, Hannover 1994

Regina Schwarz, »Tauschen ohne Wachstumswahn – Die Freiwirtschaft als humane und ökologische Alternative«, in: Netzwerk gegen Konzernherrschaft, Infobrief Nr. 10, Oktober 2002

Alwin Seifert, »Die Zukunft der ostdeutschen Landschaft«, »SdF«, 1941

Bernd Senf, »Fließendes Geld und Heilung des sozialen Organismus«, in: »Tattva Viveka«, Nr. 9, Juli 1998, Nachdruck aus: »Der Dritte Weg«, Juni 1996

Senf, *Die blinden Flecken der Ökonomie: Wirtschaftstheorien in der Krise*, München 2001

Senf, *Der Nebel um das Geld. Zinsproblematik, Währungssysteme, Wirtschaftskrisen*, Kiel 2009

Gerhard Senft, *Aufbruch ins gelobte Land. Die Ursprünge der Kibbutz-Wirtschaft*, Wien 1997

Senft, »Dezentrale Geldschöpfung. Ein aktuelles Zukunftsthema«, »Humane Wirtschaft«, Nr. 1, 2012

S.G. (Gustav Simons), »Lebensanschauung und Wirtschaftsweise«, »Hammer«, Nr. 219, August 1911

Simons, »Silvio Gesell«, »Hammer«, Nr. 225, November 1911

Simons, »Die Geheimnisse unseres Geldwesens und ihre Entschleierung«, »Hammer«, Nr. 227, Dezember 1911

Simons, *Die Überwindung des Kapitalismus, eine Vorbedingung für die Volksgesundheit*, Berlin-Oranienburg circa 1911–14

Simons, *Unsere Volksgesundheit, die gefährdete von heute, die gehobene in Zukunft*, Oranienburg, 1911–14

Simons, *Unsere Volkswirtschaft. Gemeinschädlich heute, gemeinnützig in Zukunft*, 1911–14

Simons, *Das Zinsproblem*, 1911–14

Simons, *Das Agrarproblem*, 1911–14

Simons, *Das Volkswirtschaftsproblem*, 1911–14

Simons, *Manchestertum – Sozialismus oder deutsche Erwerbsordnung*, 1911–14

Theodor Stamm, *Die Erlösung der darbenden Menschheit*, 1871, dritte Auflage, Stuttgart 1884

Stamm, *Des Adam Smith und seiner Schüler Haupt-Irrlehre*, Berlin 1886

Karl von Stengel, Rezension von O. Köbner, Einführung in die Kolonialpolitik, *Jahrbuch der Bodenreform*, 1908

Horst Stowasser, *Freiheit pur. Die Idee der Anarchie, Geschichte und Zukunft*, Frankfurt/Main 1995

Christoph Strawe, »Solidarische Ökonomie. Die Frage nach dem gerechten Preis«, »Sozialimpulse«, Nr. 4, 2006

Dieter Suhr, »Befreiung der Marktwirtschaft vom Kapitalismus«, in: INWO, Hrsg., 125. *Geburtstag von Silvio Gesell, Vorträge der Tagung in St. Vith*, 1987

Ulrich van Suntum, »Wir brauchen Keynes 2.0«, Interview »Zeit-Online«, 1.10.2009

Hans Sveistrup, *Stirners drei Egoismen. Wider Karl Marx, Othmar Spann und die Fysiokraten*, Lauf bei Nürnberg 1932

Tauschring Fünf-Seen-Land, »Marktzeitung«, November 2001

Talent-Schweiz, »Grundsätze«, www.talent.ch/tauschring_talent.html, (4.12.2007)

Tauschring Westerwald, Flugblatt »Grundsätze, Spielregeln, Gebühren und Dienstleistungen« (undatiert)

Stefan Thimmel, »Tauschbörsen: Gescheitertes Experiment oder Erfahrung für die Zukunft«, in: Colectivo Situaciones, 2003, S. 161 ff.

Hans Timm, »Die Unverheirateten in der Physiokratie«, »Freiwirtschaft«, Heft 8, April 1926

Timm, »Die Wära-Aktion«, »Freiwirtschaft«, Heft 16, August 1926

Timm, »Wära-Ausweis«, »Freiwirtschaft«, Heft 18, September 1926

Timm, »Die Entstehung des FWB und des FKB«, »Freiwirtschaft«, Heft 22, November 1926

Timm, »Zwei Jahre scheintot«, »Freiwirtschaft«, Heft 1, Januar/Februar 1932

Timm, »Die Freilandaktion als Gegenstück zur Wära-Aktion«, »Freiwirtschaft«, Heft 2, März/April 1932

Timm, »Bevölkerungspolitik, Rassenkampf und Technik«, »Freiwirtschaft«, Heft 4/5, 1933

Timm, »Das erste Freigeld«, in: »Die Gefährten«, September/Dezember 1949

Ernst Toller, *Eine Jugend in Deutschland*, Leipzig 1990

Karl Tuschwitz, »Leonardo da Vinci – Silvio Gesell«, »Freiwirtschaft«, Heft 4/5, 1933

Wolfgang Uchatius, »Das Wunder von Wörgl«, »Zeit-Online«, 28.12.2010

Hans Uhle, »Mythos und Wirklichkeit des Reiches«, »SdF«, August 1941

Benedikt Uhlemayr, *Silvio Gesell*, Nürnberg/Bern/Leipzig 1931

Richard Ungewitter, *Nackt*, Stuttgart 1909

Ungewitter, Hrsg., *Deutschlands Wiedergeburt durch Blut und Eisen*, Stuttgart 1918

Maria Wagemuth, »Die wirtschaftliche Befreiung des Mannes durch die Mutterrente«, »Freiwirtschaft«, Heft 5, 1926

Sahra Wagenknecht, *Freiheit statt Kapitalismus*, Frankfurt/Main 2011

Peter Wahl, Peter Waldow, *Tobin-Steuer: Kapital braucht Kontrolle*, Attac Basis-Text Nr. 3, Hamburg 2002

Adolf Wahrmund, »Zur deutschen Wirtschaftsreform«, Teil 1, »Hammer«, Nr. 1, Januar 1902; Teil 2, Nr. 2, Februar 1902

Karl Walker, *Das Problem unserer Zeit und seine Meisterung*, Lauf an der Pegnitz, 1931

Walker, »Nationalsozialistische Wissenschaft«, »SdF«, Heft 13, Oktober 1934

Walker (Pseudonym Karl Heinrich), »Wissenschaft und Wahrheit«, in: Lautenbach, Uchtdorf/Weimar/Leipzig, 1937

Walker, »Vom Sinn der Demokratie«, »Die Gefährten«, Heft 1, Mai 1946 (a)

Walker, *Überwindung des Imperialismus*, 1946 (b), *Ausgewählte Werke* (AGW), Lütjenburg 1995

Walker, »Werk und Weltanschauung«, 1948, AGW

Walker, »Vorwort zur Neuauflage der Natürlichen Wirtschaftsordnung«, Lauf 1949

Walker, *Das Buchgeld. Ein Beitrag zur theoretischen Klärung*, Heidelberg 1951

Walker, »Die Überwindung des Kapitalismus unter Beibehaltung des marktwirtschaftlichen Wettbewerbs«, Mai 1954, AGW

Walker, »Programmentwurf für die Arbeitstagung im August 1956«, AGW

Walker, »Der Mensch und die Lebensentfaltung«, »Helios«, Heft 88, 1958

Walker, »Gesell, Keynes und die moderne Nationalökonomie«, 1962, AGW

Walker, »Fortentwicklung freiwirtschaftlicher Vorstellungen«, April 1975 (a), AGW

Walker, »Antwort auf kritische Einwände«, 1975 (b), AGW

Gaby Weber, »Prosumieren statt Konsumieren. Tauschhandel in Argentinien«, »Deutschlandradio«, Manuskript, 23.7.2002

Weber, »Eine reale Alternative«, »Die Gazette«, München August 2002

Heinrich Wehberg, *Die Bodenreform im Lichte des humanistischen Sozialismus*, München und Leipzig 1913

Marina Weisband, »Partei ohne Programm?«, Interview, »Humane Wirtschaft«, Nr. 3, 2012

Christine Weiß, »Bedeutung der Tauschringe«, Teil 4, in: »Angebot & Nachfrage«, Herausgeber Michael Wünstel, Nr. 26, März 1998

Otto Weißleder (Fridericus), »Zur Frage der Gesellschen Geldreform«, »Hammer«, Nr. 395, Dezember 1918

Weißleder (Friderikus), »Die beiden Grundfehler unserer Wirtschaftsordnung, Teil 1. Das Geld«, »Neues Leben«, 1916, Heft 2; »Teil 2. Das Bodenrecht«, Heft 3; »Ein Beitrag zur Überschätzung des Geldes«, Heft 4; »Ist arbeitsloses Einkommen berechtigt?« Heft 10

Weißleder (Friderikus), »Der undeutsche Ursprung unserer heutigen Wirtschaftsordnung«, »Neues Leben«, 1917, Heft 2/3

Weißleder (Fridericus), »Zur Gesellschen Geldreform«, »Hammer«, Nr. 405, Mai 1919

Thomas Wendel, »Talentprobe«, »Magazin Süddeutsche Zeitung«, Nr. 16, 19.4.1996

Wera Wendnagel, »Die Frauenfrage in der männlichen Ökonomie«, »Zeitschrift für Sozialökonomie«, Nr. 118, 1998

Wendnagel, *Mariannes Vermächtnis oder wie mir meine Mutter die Freiwirtschaft vererbte*, Sulzbach/Taunus 2010

Hans Joachim Werner, *Geschichte der Freiwirtschaftsbewegung. 100 Jahre Kampf für eine Marktwirtschaft ohne Kapitalismus*, Münster/New York 1989

Werner, *Gutachten zum angemessenen Umgang mit den Vorwürfen des Rechtsextremismus gegen die FSU*, 1999

Helene Wessel, »Von der Notwendigkeit und den Grenzen der sozialen Fürsorge«, *Jahrbuch der Bodenreform* 1932

Christiane Wiedemann, Susann Weimann, Bodo Koppe, »Memorandum. Neogermanische Beeinflussung im Tauschring«, 15.8.1997 (Manuskript)

Julius Wilhelm, »Berichte aus Afrika«, »Freiland«, 9.7.1894

Ernst Winkler, *Theorie der natürlichen Wirtschaftsordnung*, Heidelberg 1952

Siegbert Wolf, *Silvio Gesell. Eine Einführung in Leben und Werk eines bedeutenden Sozialreformers*, Hannoversch-Münden 1983

Wirtschaftsring, 16.5.2012, http://www.wir.ch/index.cfm?CBD9201D3DBB11D 6B9950001020761E5

»Wörgl vorm Wiener Gericht«, »Freiwirtschaft«, Heft 4/5, 1933

Michael Wünstel, »Das Geld zum Diener des Menschen machen«, 1992, www.tauschring.de (Abfrage 3.11.2005)

»Das Wundergeld von Wörgl«, »Freiwirtschaft«, Heft 3, Sommer 1933

Werner Zimmermann, *Der Ring des Nibelungen. Rettende Quellen der Einsicht und der Kraft zu Deutschlands Aufstieg*, Nürnberg 1933 (a)

Zimmermann, *Die Befreiung der Frau*, Lauf 1933 (b)

Zimmermann, »Antwort auf einen Brief von Fidus«, in: »Tau«, Heft 117, Januar 1934

Zimmermann, *Sozialismus in Freiheit* (1919), Lauf 1946

Sekundärliteratur

Theodor W. Adorno, »Was bedeutet: Aufarbeitung der Vergangenheit?«, in: *Kulturkritik und Gesellschaft*, Band 2, Gesammelte Schriften, Band 10.2, Darmstadt 1998

Derek H. Aldcroft, »Die Zwanziger Jahre«, in: *Geschichte der Weltwirtschaft*, Band 3, München 1978

Elmar Altvater, »Eine andere Welt mit welchem Geld?«, in: *Globalisierungskritik und Antisemitismus. Zur Antisemitismusdiskussion in Attac*, Reader Nr. 3 des Wissenschaftlichen Beirats von Attac Deutschland, 2004

Antifa Gruppe Harburg-Land, Hrsg., *Wehret den Anfängen. Über rechtsextreme Tendenzen bei den Grünen des Landkreises Harburg*

Hannah Arendt, *On Revolution*, New York 1963

Neil Baldwin, *Henry Ford and the Jews. The Mass-Production of Hate*, New York 2001

Ralf Bambach, »Gracchus Babeuf«, in: Euchner 1991

Judith Baumgartner, »Die Obstbaukolonie Eden«, in: Katalog 2001 (siehe Puschner)

Edward Bell, *Social Classes and Social Credit in Alberta*, Montreal 1993

Peter Bierl, »Der Mensch ist keine Fruchtfliege«, »Jungle World«, Nr. 19, 12.5.2011

Bierl, *Wurzelrassen, Erzengel und Volksgeister. Die Anthroposophie Rudolf Steiners und die Waldorfpädagogik*, aktualisierte und erweiterte Neuausgabe, Hamburg 2005

Reinhard Blomert, *John Maynard Keynes*, Reinbek 2007

Michael Böhnisch, »Die Hammerbewegung«, in: *Handbuch* 1999 (siehe Puschner et al.)

Murray Bookchin, *Social Anarchism or Lifestyle Anarchism*, San Francisco/Edinburgh, June 1995

Bookchin, *The Third Revolution. Popular Movements in the Revolutionary Era*, Band 2, London/Washington 1998; Band 4, London/New York 2005

Detlef Claussen, *Vom Judenhaß zum Antisemitismus. Materialien einer verleugneten Geschichte*, Darmstadt/Neuwied 1987

Claussen, »Traditioneller Judenhaß und moderner Antisemitismus«, Interview in »Blätter des Iz3W«, Nr. 178, Dezember 1991/Januar 1992

Mike Dash, *Tulpenwahn. Die verrückteste Spekulation der Geschichte*, München 2002

Meghnad Desai, *The Route of All Evil. The Political Economy of Ezra Pound*, London 2006

Mike Davis, *Die Geburt der Dritten Welt. Hungerkatastrophen und Massenvernichtung im imperialistischen Zeitalter*, Berlin/Hamburg/Göttingen 2005

Markus Elsässer, »Robert Owen«, in: Euchner, 1991

Walter Euchner, Hrsg., *Klassiker des Sozialismus. Von Babeuf bis Plechanow*, Band 1, München 1991

Margret Feit, *Die Neue Rechte in der Bundesrepublik*, Frankfurt/Main 1987

Iring Fetscher, »Charles Fourier«, in: Euchner, 1991

Alvin Finkel, *The Social Credit Phenomenon in Alberta*, Toronto 1989

Janos Frecot, Johann Friedrich Geist, Diethart Krebs, *Fidus 1868–1948. Zur ästhetischen Praxis bürgerlicher Fluchtbewegungen*, München 1972

Sebastian Friedrich, »Die Erneuerung von Mensch, Gesellschaft und Rasse?«, »Stadtzeitung für Südbaden«, Ausgabe 71, Nr. 3, 2008

Jost Fritz, »Abgesang auf ein politisches Chamäleon. Eine Betrachtung der FW-Bewegung aus antifaschistischer Sicht, Teil 1: Von den Anfängen bis 1945«, in: »Lotta«, Nr. 15, Winter 2004

Bernhard Gahlen, Heinz-Dieter Hardes, Fritz Rahmeyer, Alfons Schmid, *Volkswirtschaftslehre. Eine problemorientierte Einführung*, 14. verbesserte Auflage, Tübingen 1983

Gfk Geo Marketing, Kaufkraft 2011, http://www.gfk-geomarketing.de/marktdaten/marktdaten/gfk_kaufkraft_deutschland_2011.html

Heinz Gess, *Vom Faschismus zum neuen Denken. C. G. Jungs Theorie im Wandel der Zeit*, Lüneburg 1994

Gerd Hardach, »Der Erste Weltkrieg«, in: Wolfram Fischer, Hrsg., *Geschichte der Weltwirtschaft*, Band 2, München 1973

Dieter Haselbach, *Franz Oppenheimer. Soziologie, Geschichtsphilosophie und Politik des »Liberalen Sozialismus«*, Opladen 1985

Michael Heinrich, *Kritik der politischen Ökonomie. Eine Einführung*, Stuttgart 2004

Wilhelm Heinrichsmayer, Oskar Gans, Ingo Evers, *Einführung in die Volkswirtschaftslehre*, 6. Auflage, Stuttgart 1985

Wilhelm Heitmeyer, Hrsg., *Deutsche Zustände*. Folgen 1–10, Berlin 2002–2012

Clemens Heni, *Salonfähigkeit der Neuen Rechten*, Marburg 2007

Raimund Hethey, Peter Kratz, Hrsg., *In bester Gesellschaft. Antifa-Recherche zwischen Konservativismus und Neo-Faschismus*, Göttingen, 1991

Joachim Höppner, Waltraud Seidl-Höppner, *Von Babeuf bis Blanqui. Französischer Sozialismus und Kommunismus vor Marx*, Band 2, Texte, Leipzig 1975

Eva-Maria Hubert, *Tauschringe und Marktwirtschaft. Eine ökonomische Analyse lokaler Komplementärökonomien*, Stuttgart 2004

Michael Hudson, »Henry George's Political Critics«, in: Laurence S. Moss, Hrsg., *Henry George: Political Ideologue, Social Philosopher and Economic Theorist*, American Journal of Economics and Sociology, 2008

Peter Hüttenberger, *Nordrhein-Westfalen und die Entstehung seiner parlamentarischen Demokratie*, Siegburg 1973

Guido Huß, Ellen Weitbrecht, Ute Gräber-Seisinger (Redaktion), *Wirtschaft heute*, Bonn 2006

Kenneth Janda, *Political Partys. A Cross-National Survey*, New York/London, 1980

Hauke Janssen, *Nationalökonomie und Nationalsozialismus. Die deutsche Volkswirtschaftslehre in den dreißiger Jahren*, Marburg 1998

Jürgen Kaun, *Kritik der freiwirtschaftlichen Geld- und Zinstheorie*, Stuttgart 1986

Kaun, »Keine Begrenzung des Wirtschaftswachstums«, in: »Contraste«, Nr. 84, 1991

Mechthild Leutner, »Kiautschou – Deutsche ›Musterkolonie‹ in China«, in: Ulrich van der Heyden, Joachim Zeller, Hrsg., *Macht und Anteil an der Weltherrschaft. Berlin und der deutsche Kolonialismus*, Münster 2005

Marcel van der Linden, Wayne Thorpe, »Aufstieg und Niedergang des revolutionären Syndikalismus«, in: »1999. Zeitschrift für Sozialgeschichte des 20. und 21. Jahrhunderts«, Nr. 3/1990

Jochen-Christoph Kaiser, Kurt Nowak, Michael Schwartz, *Eugenik, Sterilisation, »Euthanasie«. Politische Biologie in Deutschland 1895–1945. Eine Dokumentation*, Halle 1992

Victor Karady, *Gewalterfahrung und Utopie. Juden in der europäischen Moderne*, Frankfurt/Main 1999

Gerhard Klas, *Die Mikrofinanz-Industrie. Die große Illusion oder das Geschäft mit der Armut*, Berlin 2011

Wolfgang R. Krabbe, *Gesellschaftsveränderung durch Lebensreform*, Göttingen 1974

Frederic Krier, *Sozialismus für Kleinbürger. Pierre-Joseph Proudhon – Wegbereiter des Dritten Reiches*, Köln/Weimar/Wien 2009

Robert Kurz, »Politische Ökonomie des Antisemitismus. Die Verkleinbürgerlichung der Postmoderne und die Wiederkehr der Geldutopie des Silvio Gesell«, »Krisis«, 16/17, 1995

Louis Lerouge, »Rinks und lechts kann flau/mann nicht velwechsern – odel doch?«, »Contraste«, 106/107, Juli/August 1993

Curt Philipp Lorber, *Die Freigeld- und Freilandtheorie von Silvio Gesell. Eine rezeptionsgeschichtliche Betrachtung unter besonderer Berücksichtigung von John Maynard Keynes*, Frankfurt 2009

Charles R. McCann, jr., »Apprehending the Social Philosophy of Henry George«, in: Moss, 2008, in: Laurence S. Moss, Hrsg., Henry George: Political Ideologue, Social Philosopher and Economic Theorist, Malden 2008

Silke Mende, »*Nicht rechts, nicht links, sondern vorn«. Eine Gründungsgeschichte der Grünen*, München 2011

Jörg Melzer, *Vollwerternährung, Diätetik, Naturheilkunde, Nationalsozialismus und sozialer Anspruch*, Stuttgart 2003

George L. Mosse, *Die Geschichte des Rassismus in Europa*, Frankfurt/Main 1990

Franz Neubacher, *Freiland. Eine liberalsozialistische Utopie*, München 1987

Reinhard Opitz, Hrsg., *Europastrategien des deutschen Kapitals 1900–1945*, 2. Auflage Köln 1994

Opitz, *Faschismus und Neofaschismus*, Köln 1996

Werner Plumpe, *Wirtschaftskrisen. Geschichte und Gegenwart*, 2. Auflage, München 2011

Moishe Postone, »Anti-Antisemitism and National Socialism: Notes on the German Reaction to ›Holocaust‹, »New German Critique«, Nr. 19, Winter 1980

Uwe Puschner, Walter Schmitz, Justus H. Ulbrich, *Handbuch zur Völkischen Bewegung 1871–1918*, München 1999 (*Handbuch*)

Uwe Puschner, *Die völkische Bewegung im wilhelminischen Kaiserreich*, Darmstadt 2001 (a)

Puschner, »Lebensreform und völkische Weltanschauung«, in: Kai Buchholz, Rita Latocha, Hilke Peckmann, Klaus Wolbert, Hrsg., *Die Lebensreform. Entwürfe zur Neugestaltung von Leben und Kunst um 1900*, Band 1, Darmstadt 2001 (b) (Katalog)

Puschner/Ulbricht, »Kurzbiographien: Ernst Hunkel«, in: Puschner, Schmitz, Ulbricht, *Handbuch zur Völkischen Bewegung 1871–1918*, München 1999

Thilo Ramm, *Pierre-Joseph Proudhon: Ausgewählte Texte*, Stuttgart 1963

Gerhard Rösl, *Regionalwährungen in Deutschland – Lokale Konkurrenz für den Euro?*, Reihe 1: Volkswirtschaftliche Studien, Nr. 43/2006, Hrsg. Deutsche Bank

Manfred Rowold, *Im Schatten der Macht. Zur Oppositionsrolle der nicht-etablierten Parteien in der Bundesrepublik*, Düsseldorf 1974

Gerhard Scheit, *Verborgener Staat, lebendiges Geld. Zur Dramaturgie des Antisemitismus*, Freiburg 1999

Inge Schlotzhauer, *Ideologie und Organisation des politischen Antisemitismus in Frankfurt am Main 1880–1914*, Studien zur Frankfurter Geschichte, Nr. 28, Frankfurt/Main 1989

Stefanie von Schnurbein, »Die Suche nach einer ›arteigenen‹ Religion«, in: *Handbuch*, 1999 (siehe Puschner et. al)

Julius Schoeps, Joachim Schlör, Hrsg., *Antisemitismus. Vorurteile und Mythen*, München 1995

Dirk Schubert, *Die Gartenstadtidee zwischen reaktionärer Ideologie und pragmatischer Umsetzung. Theodor Fritschs völkische Version der Gartenstadt*, Dortmund 2004

Michael Schwartz, *Sozialistische Eugenik. Eugenische Sozialtechnologien in Debatten und Politik der deutschen Sozialdemokratie*, Bonn 1995

Astrid Segert, Irene Zierke, *Auf der Suche nach Eden. Die lebensreformerische Genossenschaft Eden an der Schwelle zum 21. Jahrhundert*, Münster 2001

Michael Seligmann, *Aufstand der Räte. Die erste bayerische Räterepublik vom 7. April 1919*, Grafenau 1989

Michael Silagi, *Henry George und Europa. Zur Entstehungsgeschichte der europäischen Bodenreformbewegungen*, München 1973

Silagi, »Henry George and Europe«, »American Journal of Economics and Sociology«, 1992, Heft 2

Edmund Silberner, *Sozialisten zur Judenfrage*, Berlin 1962

Robert Skidelsky, *John Maynard Keynes. The Economist As Saviour*, Volume 2, London 1992

Ross A. Slotten, *The Life of Alfred Russel Wallace. The Heretic in Darwin's Court*, New York/Chichester 2004

Joachim Starbatty, Hrsg., *Klassiker des ökonomischen Denkens*, Band 1 (a) und 2 (b), München 1989

Zeev Sternhell, *Die Entstehung der faschistischen Ideologie. Von Sorel zu Mussolini*, Hamburg 1999

Richard Stöss, Hrsg., *Parteienhandbuch*, Opladen 1986, Band 1–4

John Toye, *Keynes on Population*, Oxford 2000

Enzo Traverso, *Die Marxisten und die jüdische Frage*, Mainz 1995

Justus H. Ulbricht, »Völkische Erwachsenenbildung«, in: *Handbuch* 1999 (a)

Ulbricht, »Völkisches Verlagswesen«, in: *Handbuch* 1999 (b)

Ulbricht, »›Bünde deutscher Lichtkämpfer‹. Lebensreform und völkische Bewegung«, Katalog 2001 (siehe Puschner)

Hansjörg Viesel, *Literaten an der Wand. Die Münchner Räterepublik und ihre Schriftsteller*, Frankfurt/Main 1980

Andrea Visotschnig, »Die Regionalwährung Waldviertler«, Wien 2010, Diplomarbeit

Franz Walter, Viola Denecke, Cornelia Regin, *Sozialistische Gesundheits- und Lebensreformverbände*, Band 2, Bonn 1991

Peter Weingart, Jürgen Kroll und Kurt Bayertz, *Rasse, Blut und Gene. Geschichte der Eugenik und Rassenhygiene in Deutschland*, Frankfurt/Main 1992

James Webb, *Das Zeitalter des Irrationalen*, Wiesbaden 2008

Hans Woller, *Die Loritz-Partei. Geschichte, Struktur und Politik der Wirtschaftlichen Aufbau-Vereinigung (WAV) 1945–1955*, Stuttgart 1982

Reinhard Würffel, *Lexikon Deutscher Verlage von A bis Z*, Berlin 2000

Massimo Ferrari Zumbini, *Die Wurzeln des Bösen. Gründerjahre des Antisemitismus: Von der Bismarckzeit zu Hitler*, Frankfurt/Main 2003

Register

Neuer Bund 202, 204
»Neues Leben« (Zeitschrift) 170 ff.
»New Age« (Zeitschrift) 114
Niekisch, Ernst 176, 178
Nietzsche, Friedrich 29, 117, 121, 123, 163
Noebe, Willi 181, 201 f., 204

Occupy-Bewegung 13
OECD 12
Onken, Werner 8 ff., 19, 97, 104, 143, 154, 213 f.
Otani, Yoshito 19, 29, 157 f., 216
Ottacher, Gebhard 44 f.
Otto, Georg 44, 206, 208
Owen, Robert 54 f., 147

Physiokratische Vereinigung (PV) 163, 180 f.
Physiokratischer Verlag 163
Piratenpartei 22
Ploetz, Alfred 72 f., 117, 133, 135, 142
Polenske, Karl 170, 176 f., 180 ff., 184
Popp, Klaus 213
Postone, Moishe 145 f.
Proletarischer Block 185, 187
Proudhon, Pierre-Joseph
16, 18f., 55–60, 64, 84, 91, 94, 101 f., 104, 127, 147, 151, 161, 165, 183, 212

Radecke, Wilhelm 194, 196 f., 204
Radikal-Soziale Freiheitspartei (RSF) 201 f., 204
Rakowitz, Nadja 20
Ramonet, Ignacio 12
Rassenpolitisches Amt der NSDAP 157, 207
Ravera, Rubén 48
Reents, Theodor 191 f., 200
Regiogeld e.V. 32 f., 36, 213
Regio München 33, 37
Regio Oberland 33, 37 f.
Regio Ostallgäu 33, 37
Reichsdeutscher Mittelstandsverband 74
Reichshammerbund 74
»r-evolution« (INWO-Zeitschrift) 48
Ricardo, David 80
Rieger, Jürgen 29 f.
Ring revolutionärer Jugend (RJR) 183
Roca, Julio Argentino 137
Röhm, Ernst 197
Rösl, Gerhard 20, 26, 34, 36
Roland 32, 36 f.
Rolandbund 194–197
Roosevelt, Franklin D. 47
Rosenberger, Werner 96, 100 f.
Rüdiger, Helmut 40
Rüstow, Alexander 203
Ruhland, Gustav 74
Rußwurm, Carl 170

SA 197, 206 f.
Saber 207, 217 f.
Say, Jean Baptist 80, 86, 109, 111, 216
Schallmayer, Wilhelm 128
Schliephacke, Bruno 192, 201
Schmidt, Helmut 12

Uhlemayr, Benedikt 84, 191 ff.
Ungewitter, Richard 175
United Labour Party 62
Unterguggenberger, Michael 42–45
Urstromtaler 33, 37

Verein für physiokratische Politik 163
Verlag Franz Eher Nachfahren 195
Verlag Monte Verita 60
Vita-Verlag 201
Vogel, Gesima 157 f.

Wara 186
Wära 39–43, 45 f., 186 f.
Wagenknecht, Sahra 14
Wagner, Heinrich von 73
Wagner, Richard 156, 194
Walker, Karl 18, 20, 85, 92, 97, 100, 106–110, 112, 152 f., 191, 197, 200 ff.
Wallace, Alfred Russel 62, 66, 127
Walras, Leon 81
Weber, Gaby 49 f.
Weber, Max 72
Wehberg, Heinrich 68 f., 76
Weisband, Marina 22
Weißleder, Otto (Pseudonyme Fridericus, Friderikus)
149, 171 f., 178, 180, 182, 192, 197
Welkende Blüten 32
Weltbank 12
Weltbund zum Schutz des Lebens (WSL) 206 f.
Welthandelsorganisation (WTO) 12
Wendnagel, Wera 108, 184, 204, 208, 211, 213
Werner, Hans-Joachim 19
Wessel, Helene 73
Wessel, Horst 197
Wicksell, Knut 81, 113
»Wir selbst« (Zeitschrift) 215
Wirtschaftliche Aufbau-Vereinigung (WAV) 202
Wirtschaftsring (WIR) 46
Witzmann, Hermann von 71
Wölk, Volkmar 20
Woltmann, Ludwig 72

Yunus, Muhammad 15

Zentrumspartei 126
Zimmermann, Werner 46, 144, 152, 194, 197, 200
Zitzmann, Karl 178
Zitzmann, Rudolf 186, 193, 197, 200, 206